菜根谭

[明]洪应明 著

枕读 译

图书在版编目（CIP）数据

中国古典生活风雅四书：全四本／（明）张岱等著；傅野等译. -- 贵阳：贵州大学出版社，2022.12
ISBN 978-7-5691-0703-6

Ⅰ.①中… Ⅱ.①张… ②傅… Ⅲ.①笔记 - 中国 - 古代 - 选集 Ⅳ.①Z429.2

中国版本图书馆 CIP 数据核字 (2022) 第 254230 号

中国古典生活风雅四书
ZHONGGUO GUDIAN SHENGHUO FENGYA SISHU

张岱等 著

译　　者	傅　野　杨四平　张凯文等
责任编辑	葛静萍
出版发行	贵州大学出版社有限责任公司
	地址：贵州市花溪区贵州大学北校区出版大楼
	邮编：550025　　电话：0851—88291180
印　　刷	小森印刷霸州有限公司
开　　本	880mm×1230mm　1/32
字　　数	400 千字
印　　张	30.75
版　　次	2023 年 2 月第 1 版
印　　次	2023 年 2 月第 1 次印刷
书　　号	ISBN 978-7-5691-0703-6
定　　价	138.00 元（全四册）

目录 |

修省篇 /002

三十八则

应酬篇 /026

五十一则

评议篇 /056

四十八则

闲适篇 /086

四十八则

概论篇 /112

一九八则

修省篇

士人有百折不回之真心,
才有万变不穷之妙用。

修省篇

近现代 / 齐白石 /

谷穗蚂蚱（局部）

一

欲做精金美玉的人品，定从烈火中煅来；
思立掀天揭地的事功，须向薄冰上履过。

译文：

　　想拥有美玉一般的优良品德，定要历经烈火般的千锤百炼；要成就丰功伟绩，须经受如同在薄冰上行走的考验。

二

一念错，便觉百行皆非，
防之当如渡海浮囊，勿容一针之罅漏；
万善全，始得一生无愧，
修之当如凌云宝树，
须假众木以撑持。

译文：

　　一念之差，会感觉所有行为都有过失，所以预防差错应当像对待渡河用的气囊一样，不容许哪怕针尖大小的漏洞；万千善事做得周全，才能一生心无愧疚，所以升华自身修为，应当像对待佛家的凌云宝树，沉淀一枝一叶，才能撑起胸中丘壑。

三

忙处事为,常向闲中先检点,过举自稀;
动时念想,预从静里密操持,非心自息。

译文:

忙碌中的为人处世,应在平常闲暇之余先行自检自查,这样过失的行为自然很少;

行动时的起心念想,需在宁静安逸之时主动周密筹谋,如此错误的念头必会消失。

四

为善而欲自高胜人,施恩而欲要名结好,
修业而欲惊世骇俗,植节而欲标异见奇,
此皆是善念中戈矛,理路上荆棘,最易夹带、最难拔除者也。
须是涤尽渣滓,斩绝萌芽,才见本来真体。

译文:

为了高人一等而做善事,为了获得名利而施恩惠,为了惊世骇俗而长修为,为了标新立异而养节操。这些念头都是从善的障碍,是通往理想之路的荆棘,我们最容易携带,却最难根除。必须要洗净思绪中的杂念,将其扼杀于萌芽状态,才能不忘初心。

五

能轻富贵,不能轻一轻富贵之心;
能重名义,又复重一重名义之念。
是事境之尘氛未扫,而心境之芥蒂未忘。
此处拔除不净,恐石去而草复生矣。

译文:

　　能看轻富贵,却不能看淡不求富贵的心思;能看重名义,却更加重视追逐名义的念头。这是因为身处环境中的世俗污垢之气未能扫除,追名逐利的俗世心境未能忘却。如果不能彻底清除,这些妄念恐怕如被石头压制的杂草,石头挪走便又茂盛地生长出来。

六

纷扰固溺志之场,而枯寂亦槁心之地。
故学者当栖心元默,以宁吾真体;
亦当适志恬愉,以养吾圆机。

译文:

　　纷纷扰扰的场所固然能扼杀志向,但寂静如同枯槁的地方同样会消磨心性。所以有学识的人,当为心灵寻得一处清净之所,使我们的真实本心得以安宁;也要根据心灵的需要开展愉悦的活动,促进内心世界的融洽。

七

昨日之非不可留,
留之则根烬复萌,而尘情终累乎理趣;
今日之是不可执,
执之则渣滓未化,而理趣反转为欲根。

译文:

往昔的过错不能有所残留,否则便会死灰复燃,使世俗人情连累思想的乐趣;

对当下的真理不可过分执着,否则便如未化解的思想渣滓,让思索的乐趣转变为滋生欲望的摇篮。

八

无事便思有闲杂念想否,有事便思有粗浮意气否;
得意便思有骄矜辞色否,失意便思有怨望情怀否。
时时检点,到得从多入少、从有入无处,才是学问的真消息。

译文:

清闲时观察脑海中是否有闲杂的念想,忙碌时反思心中是否有浮躁的气息;

身处顺境时审视自己是否有傲慢的言行举止,困于逆境时观察自己是否有怨天尤人的情绪。

时时自我反省,才能使自身的不足从多到少、从有到无,从而成为真正有学识的人。

近现代 / 齐白石 / 丝瓜蚂蚱(局部)

九

士人有百折不回之真心,才有万变不穷之妙用。

译文:

只有具备百折不挠的品质,才能在风云变幻中,展示用之不竭的智慧。

十

立业建功,事事要从实地着脚,
若少慕声闻,便成伪果;
讲道修德,念念要从虚处立基,
若稍计功效,便落尘情。

译文:

建功立业,做每件事都要脚踏实地,若是稍微追求名声,便只能达成不正的结果;

修身立德,所有理念都要落实在精神追求上,略微计较功名利禄,便落入了世俗。

十一

身不宜忙,而忙于闲暇之时,亦可儆惕惰气;
心不可放,而放于收摄之后,亦可鼓畅天机。

译文:

身体不宜过分劳顿,但闲暇之时忙碌,则可以提高警惕,不生怠惰之气;

心灵不可过度放纵,但紧张之后放松,就能够通体舒畅,唤醒天赋灵机。

十二

钟鼓体虚,为声闻而招击撞;
麋鹿性逸,因豢养而受羁縻。
可见名为招祸之本,欲乃散志之媒。
学者不可不力为扫除也。

译文:

　　钟鼓腹中空空,由于声音响亮而招致捶打撞击;麋鹿性情安逸,因为贪念吃食而受到牵制笼络。由此可见,名利是祸害的根源,欲望是失志的载体。有学识的人必须尽力清除追名逐利的心思。

十三

一念常惺,才避去神弓鬼矢;
纤尘不染,方解开地网天罗。

译文:

　　时常保持清醒,才能避免被暗箭所伤;绝不沾染尘俗,方可挣脱天罗地网的桎梏。

十四

一点不忍的念头,是生民生物之根芽;
一段不为的气节,是撑天撑地之柱石。
故君子于一虫一蚁不忍伤残,一缕一丝勿容贪冒,
便可为万物立命、天地立心矣。

译文:

　　一丝恻隐之心,是天地万物吐露蓬勃生机的根源;一身浩然正气,是芸芸众生立于天地之间的柱石。因此君子不忍心伤害微弱的虫蚁,不容许丝毫的贪念,如此便可为天地立心、为生民立命。

十五

拨开世上尘氛,胸中自无火炎冰兢;
消却心中鄙吝,眼前时有月到风来。

译文:

　　拨开世俗杂念的纷纷扰扰,必然不会困于人情的喧嚣和淡漠;

　　消除萦绕心间的狭隘悭吝,自有明月清风映入眼帘。

十六

学者动静殊操、喧寂异趣,还是锻炼未熟,心神混淆故耳。

须是操存涵养,定云止水中,有鸢飞鱼跃的景象;风狂雨骤处,有波恬浪静的风光,才见处一化齐之妙。

译文:

　　修为自身的过程中,如果面对喧嚣和寂静,表现出不同的志趣,说明自我锤炼还没到位,心神混乱欠缺清净。

　　必须做到涵养深厚,在风轻云淡之中,能感受到生命的灵动敏捷,身处狂风骤雨之境,能寻得风平浪静的恬淡一隅,如此才能到达以不变应万变的境界。

十七

心是一颗明珠。

以物欲障蔽之,

犹明珠而混以泥沙,其洗涤犹易;

以情识衬贴之,

犹明珠而饰以银黄,其涤除最难。

故学者不患垢病,而患洁病之难治;

不畏事障,而畏理障之难除。

译文：

　　心灵像一颗明珠。如果被物欲蒙蔽，恰如混入泥沙，清洗干净还算容易；但凡有智识上的缺漏，就如同镶嵌上金银，归于洁净极其困难。所以修为自身的人，不怕俗世的尘垢，就怕心灵的残缺；不怕外界的纷纭琐事，就怕情理的偏执顽固。

十八

躯壳的我要看得破，
则万有皆空，而其心常虚，虚则义理来居；
性命的我要认得真，
则万理皆备，而其心常实，实则物欲不入。

译文：

　　看轻血肉躯体，便觉世间万物皆空，达到内心的清澈，从而使道义进驻灵魂；真切对待心性，则能感悟万千道理，获得精神的充实，避免物质的欲望荼毒心灵。

菜根谭

近现代 / 齐白石 /

扁豆蚱蜢（局部）

十九

面上扫开十层甲,眉目才无可憎;
胸中涤去数斗尘,语言方觉有味。

译文:

去掉外表的面具伪装,才不会面目可憎;涤除心灵的俗世尘埃,方能有清丽脱俗的言谈举止。

二十

完得心上之本来,方可言了心;
尽得世间之常道,才堪论出世。

译文:

掌握了人性的本来面目,方称得上明心见性;理解了世间的人之常情,才有底气超然物外。

二十一

我果为洪炉大冶,何患顽金钝铁之不可陶熔;
我果为巨海长江,何患横流污渎之不能容纳。

译文:

如果我有炽热的洪炉和精湛的冶炼技术,便不怕沉重的铁石不能被熔化;如果我是波涛翻滚的江海,便不怕容纳不下横流和沟渠。

二十二

白日欺人，难逃清夜之愧赧；
红颜失志，空贻皓首之悲伤。

译文：

白天欺辱了他人，难逃夜深人静时内心的羞愧；年少丢失了志向，年老时必然独自悲伤。

二十三

以积货财之心积学问，以求功名之念求道德，
以爱妻子之心爱父母，以保爵位之策保国家，
出此入彼，念虑只差毫末，而超凡入圣，人品且判星渊矣。
人胡不猛然转念哉！

译文：

把囤积财物的心思用来累积学问，以求取功名的念力来追求德行，像爱护妻儿那样孝顺父母，用稳固官职的策略来保卫国家。前后两种想法只有一念之差，但却能使人超脱凡俗，而到达至高志伟的境界，人品便有了天壤之别。所以生而为人，当放开眼界，心存高远志向！

二十四

立百福之基，只在一念慈祥；
开万善之门，无如寸心挹损。

译文：

　　享有不尽的福分，只在于一念之间的慈悲祥和；开启无限的善行，就必须屏退分毫的私心。

二十五

塞得物欲之路，才堪辟道义之门；
驰得尘俗之肩，方可挑圣贤之担。

译文：

　　能阻塞横流的物欲，才能开辟道义的大门；放得下凡尘俗世的负担，方可挑起贤能者的重任。

二十六

融得性情上偏私，便是一大学问；
消得家庭内嫌隙，便是一大经纶。

译文：

　　能融解性情上的私心杂念，便掌握了一大学问；能消除家庭中的嫌隙纷争，就拥有了经天纬地的才能。

二十七

功夫自难处做去者,
如逆风鼓棹,才是一段真精神;
学问自苦中得来者,
似披沙获金,才是一个真消息。

译文:

　　下功夫要从艰难的地方着手,就像逆水行舟,不畏险阻,这才是成大事的真谛;做学问要能经受苦难的磨炼,仿佛沙中淘金,坚韧不拔,这才是做学问的真奥义。

二十八

执拗者福轻,而圆融之人,其禄必厚;
操切者寿夭,而宽厚之士,其年必长。
故君子不言命,养性即所以立命;
亦不言天,尽人自可以回天。

译文:

　　性情偏执的人福分淡薄,周到宽容的人必定福泽深厚;处事急躁的人容易早夭,宽厚平和的人必能长寿。所以君子不说命运,修身养性就是立命;也不谈天理,全力以赴自然可以扭转局势。

修省篇

近现代 / 齐白石 /　　　　　　　　　　　清白传家（局部）

二十九

才智英敏者,宜以学问摄其躁;
气节激昂者,当以德性融其偏。

译文:

才思敏捷的人,适宜研究学问来压制浮躁之气;情绪激昂的人,应当修身养性来克服偏执的个性。

三十

云烟影里现真身,始悟形骸为桎梏;
禽鸟声中闻自性,方知情识是戈矛。

译文:

世事如过眼云烟散去,得见真实的自己,才觉悟肉身是束缚自己的枷锁;生活于虫鸣鸟啼中,听见内心的召唤,方知晓妄念是伤害自己的利器。

三十一

人欲从初起处剪除,便似新刍遽斩,其工夫极易;
天理自乍明时充拓,便如尘镜复磨,其光彩更新。

译文:

人的私欲在刚开始萌发的时候及时剪除,就像割新冒的小草一样,只需稍稍花费功夫;

学的道理在起初明朗的时候不断充实拓展,正如反复擦拭蒙尘的镜子,必能使它明净透亮。

三十二

一勺水,便具四海水味,世法不必尽尝;
千江月,总是一轮月光,心珠宜当独朗。

译文:

饮用一勺水,便知天下所有水的滋味,世间之事也是如此,不必事事逐一体验;千万条江水中的月影,都来自同一轮明月的照映,心性皎洁如明珠,自然能清明澄澈。

三十三

得意处,论地谈天,俱是水底捞月;
拂意时,吞冰啮雪,才为火内栽莲。

译文:

得意时的高谈阔论,就像水底捞月,最终不过虚幻一场;失意时的忍辱负重,才是烈火中生出的莲花,历经千帆终会浴火重生。

三十四

事理因人言而悟者,
有悟还有迷,总不如自悟之了了;
意兴从外境而得者,
有得还有失,总不如自得之休休。

译文:

因为他人的言谈才领悟的道理,难免还会有迷惑,终究要靠自己参悟才能彻底清楚明了;从外在环境得到的意趣兴致,必定还会有缺失,总不如由内而外生出的欢喜那么悠然自得。

三十五

情之同处即为性,舍情则性不可见;
欲之公处即为理,舍欲则理不可明。
故君子不能灭情,惟事平情而已;
不能绝欲,惟期寡欲而已。

译文:

人情通达之处就是秉性,舍弃人之常情,就无法看清本性;众人共有的欲望就是天理,舍弃这种欲望,就无法明白道义。所以君子不能灭绝情理,唯有在处事之中去平衡情理;不能杜绝欲望,只能尽量做到清心寡欲。

三十六

欲遇变而无仓忙，须向常时念念守得定；
欲临死而无贪恋，须向生时事事看得轻。

译文：

想在遭遇变故时不仓促慌乱，就要在平常守住心之所念；

要在临死之前不贪念往生，便需在世时看轻凡尘俗事。

三十七

一念过差，足丧生平之善；
终身检饬，难盖一事之愆。

译文：

一念之差造成的过错，足以毁灭平生所做的善事；终生检点谨慎行事，却难以掩盖一件事上差池的错误。

三十八

从五更枕席上参勘心体,
气未动,情未萌,才见本来面目;
向三时饮食中谙练世味,
浓不欣,淡不厌,方为切实工夫。

译文:

  清晨梦醒时审视自己的内心,此时心平气和,没有情绪,才能认清自己的本性;在一日三餐中体验人生百味,浓厚时不欣喜,淡漠时不厌弃,方具备处世的真功夫。

修省篇

近现代 / 齐白石 / 螳螂红花（局部）

应酬篇

落落者,难合亦难分;欣欣者,易亲亦易散。
是以君子宁以刚方见惮,毋以媚悦取容。

应酬篇

近现代 / 齐白石 /　　　　　　　　齐白石画集（局部）

一

操存要有真宰，无真宰则遇事便倒，何以植顶天立地之砥柱！
应用要有圆机，无圆机则触物有碍，何以成旋乾转坤之经纶！

译文：

　　人在立志时要有主见，否则遇到事情便会左右摇摆，这样怎么能成为中流砥柱呢？
　　为人处世要能随机应变，不然待人接物就会困难重重，又如何能有扭转乾坤的成就呢？

二

士君子之涉世,
于人不可轻为喜怒,喜怒轻,
则心腹肝胆皆为人所窥;
于物不可重为爱憎,爱憎重,
则意气精神悉为物所制。

译文:

君子为人处世,对人不轻易表露自己的情绪,否则自己的喜怒哀乐都被他人所窥探;对物不过分展示自己的爱憎,不然自己的精神意志就会被外物牵制。

三

倚高才而玩世,背后须防射影之虫;
饰厚貌以欺人,面前恐有照胆之镜。

译文:

倚仗才华出众而玩世不恭,就要提防背后暗箭伤人的小人;戴上忠厚的面具来欺骗他人,只怕眼前会有照出真实嘴脸的镜子。

四

心体澄彻,常在明镜止水之中,
则天下自无可厌之事;
意气和平,常在丽日光风之内,
则天下自无可恶之人。

译文:

　　内心清明澄澈,常怀心如止水的祥和,那么天下间自然没有让人生厌的事情;精神平和宁静,总有风和日丽的心境,那么天下自然没有让人憎恶的人。

五

当是非邪正之交,不可少迁就,
少迁就则失从违之正;
值利害得失之会,不可太分明,
太分明则起趋避之私。

译文:

　　面对是非曲直,不能有半分含糊,稍有不慎就违背了正道;对于利害得失,则不可过于分明,过度计较就会萌生趋利避害的私心。

六

苍蝇附骥,捷则捷矣,难辞处后之羞;
茑萝依松,高则高矣,未免仰攀之耻。
所以君子宁以风霜自挟,毋为鱼鸟亲人。

译文:

苍蝇附着在马的尾巴上,速度是快了,却难以避免身处马后的羞愧;茑萝依靠着松树向上,位置是高了,却难以幸免攀附高枝的耻辱。所以有德行的人宁愿独自傲立于霜雪之中,也不会像被圈养的虫鱼鸟兽那样依附于他人。

七

好丑心太明,则物不契;
贤愚心太明,则人不亲。
士君子须是内精明而外浑厚,
使好丑两得其平,贤愚共受其益,
才是生成的德量。

译文:

好坏之心太过分明,就很难容得下外物;贤能愚钝之心太过分明,则很难与他人亲近。所以有智慧的人通常内心精细而外表敦厚,使好坏得到平衡,让不同的人都被接纳,这才是应有的德行和肚量。

八

伺察以为明者,常因明而生暗,
故君子以恬养智;
奋迅以为速者,多因速而致迟,
故君子以重持轻。

译文:

把明察秋毫当成精明的人,常常因为过分计较而显得阴暗,所以君子应该以恬淡平和来滋养修为;做事雷厉风行的人,大多因为速度太快反而达不到目的,因此君子应该稳重地对待细微之事。

九

士君子济人利物,宜居其实,不宜居其名,居其名则德损;
士大夫忧国为民,当有其心,不当有其语,有其语则毁来。

译文:

君子与人为善,要做实实在在的事情,不能只图好名声,贪图名声必然有损德行;官员为国为民办事,须有周全的心思,不可仅凭嘴上功夫,总标榜功劳势必招来灾祸。

十

遇大事矜持者，小事必纵弛；
处明庭检饰者，暗室必放逸。
君子只是一个念头持到底，自然临小事如临大敌，
处密室若坐通衢。

译文：

　　遇到大事才表现出矜持端庄，在小事上必定放纵松弛；大庭广众之下衣冠楚楚，独处必定放纵享乐。君子应该表里如一，面对小事也谨小慎微，独处一室也言行得当。

十一

使人有面前之誉，不若使其无背后之毁；
使人有乍交之欢，不若使其无久处之厌。

译文：

　　得到他人当面的赞誉，不如消除其在背后的诋毁；刚交往时让人感觉到欢愉，不如在长久相处之后不厌倦。

十二

善启迪人心者,当因其所明而渐通之,
毋强开其所闭;
善移易风化者,当因其所易而渐及之,
毋轻矫其所难。

译文:

善于启迪他人心智的人,应当是在他人已有认知的基础上,逐渐打通知识盲点,不强行灌输他无法理解的道理;善于改善风气的人,应该在人们愿意接纳的节点上有序推行,不强行矫正他们难以改变的习性。

十三

彩笔描空,笔不落色,而空亦不受染;
利刀割水,刀不损锷,而水亦不留痕。
得此意以持身涉世,感与应俱适,心与境两忘矣。

译文:

用彩笔在空中描绘,笔不会落下色彩,空气也不会受到污染;锋利的刀刃削割流水,刀不会受到损伤,水面也不会留下痕迹。用这个道理为人处世,会感觉身心舒适,物我两忘。

十四

己之情欲不可纵,当用逆之之法以制之,
其道只在一"忍"字;
人之情欲不可拂,当用顺之之法以调之,
其道只在一"恕"字。
今人皆恕以适己,而忍以制人,毋乃不可乎?

译文:

　　自己的欲望不可以放纵,应当用拂逆的方法来克制,核心在于一个"忍"字;他人的欲望不可以违背,需要用引导的方法来调节,方法在于一个"恕"字。当下人们都宽恕自己而压制他人,怎么能达到目的呢?

十五

好察非明,能察能不察之谓明;
必胜非勇,能胜能不胜之谓勇。

译文:

　　善于明察秋毫不是真正的聪明,能洞若观火,也能在恰当的时候睁只眼闭只眼,才叫聪明;有战必胜并非真正的勇敢,能凯旋高歌,也能在必要的时候选择输给对手,才叫勇敢。

十六

随时之内善救时,若和风之消酷暑;
混俗之中能脱俗,似淡月之映轻云。

译文:

在任何情况下都善于挽救时局,就像能够消除炎炎酷暑的清风;身处尘世之中而能超脱世俗,仿佛淡淡的月光和轻轻的云朵交相辉映。

十七

思入世而有为者,须先领得世外风光,否则无以脱垢浊之尘缘;
思出世而无染者,须先谙尽世中滋味,否则无以持空寂之苦趣。

译文:

想要入世而有所作为,必须先领略尘世之外的大好风光,否则就不能脱离污垢浑浊的尘世情缘;想要出世而不染纤尘,必须先深谙世俗的各种滋味,否则就不能在空灵寂寞之处品尝清苦的乐趣。

十八

与人者,与其易疏于终,不若难亲于始;
御事者,与其巧持于后,不若拙守于前。

译文:

　　人情往来,与其最终渐行渐远,不如在交往之初保持距离;处理事务,与其在最后的环节投机取巧,不如在刚开始坚守愚拙、脚踏实地。

近现代 / 齐白石 / 　　稻穗螳螂(局部)

十九

酷烈之祸,多起于玩忽之人;
盛满之功,常败于细微之事。
故语云:"人人道好,须防一人着脑;事事有功,须防一事不终。"

译文:

　　残酷惨烈的灾祸,大多起源于有人玩忽职守;丰盛圆满的功业,常常落败于细枝末节。所以有句话说:"人人都说好,也要防备因一人懊恼而不得善终;事事都成功,还需提防一事未完而功败垂成。"

二十

功名富贵,直从灭处观究竟,则贪恋自轻;
横逆困穷,直从起处究由来,则怨尤自息。

译文:

　　功名富贵,直接从毁灭之处来探索原因,贪图依恋的心思自然就轻淡了;困顿穷苦,直接从来源之处思考由来,自然就不再怨天尤人了。

二十一

宇宙内事要力担当,又要善摆脱。
不担当,则无经世之事业;
不摆脱,则无出世之襟期。

译文:

家国天下的大事要有担当的魄力,也要善于摆脱。没有担当,就无法在社会成就一番事业;不会解脱,就没有超脱俗世的情怀。

二十二

待人而留有余不尽之恩礼,
则可以维系无厌之人心;
御事而留有余不尽之才智,
则可以提防不测之事变。

译文:

对待他人要保留一份不会穷尽的恩惠礼遇,这样才能维系贪婪的人心;做事要留有几分用之不尽的才能智慧,如此就可提防无法预料的变故。

二十三

了心自了事,犹根拔而草不生;
逃世不逃名,似膻存而蚋仍集。

译文:

　　了却心中念想,便自然了结了诸事,就像被拔除了根部的杂草不会再重生;如果逃离了俗世却放不下名声,仿佛膻味残存仍能使蚊虫聚集。

二十四

仇边之弩易避,而恩里之戈难防;
苦时之坎易逃,而乐处之阱难脱。

译文:

　　仇敌射来的弓箭容易躲避,而亲友的伤害却难以预防;困苦之时的坎坷容易越过,安乐之处的陷阱却难以逃脱。

二十五

膻秽则蝇蚋丛嘬,芳馨则蜂蝶交侵。
故君子不作垢业,亦不立芳名。
只是元气浑然,圭角不露,便是持身涉世一安乐窝也。

译文:

　　腥膻污秽之处自然会引来蚊虫的叮咬,芬芳甘甜的味道则会招惹蜜蜂蝴蝶交相侵扰。所以君子不做藏污纳垢的事情,也不树立千古流芳的名声。只会保留纯真质朴,不露锋芒,如此便能安身立命、怡然自得。

二十六

从静中观物动,向闲处看人忙,
才得超尘脱俗的趣味;
遇忙处会偷闲,处闹中能取静,
便是安身立命的工夫。

译文:

　　从安静之中察看万物的动向,在清闲之处旁观他人的忙碌,才能体会到超凡脱俗的乐趣;能做到忙里偷闲、闹中取静,就是安身立命的智慧。

应酬篇

近现代 / 齐白石 / 老少年蝴蝶（局部）

二十七

邀千百人之欢,不如释一人之怨;
希千百事之荣,不如免一事之丑。

译文:

讨得千百人的欢心,不如释怀一个人心中的怨恨;追求千百件事的荣耀,不如避免一件事情上的疏漏。

二十八

落落者,难合亦难分;欣欣者,易亲亦易散。
是以君子宁以刚方见惮,毋以媚悦取容。

译文:

孤高磊落的人,很难亲近,一旦相交就不会轻易分离;表面平和的人,容易相处,结交之后却很容易散伙。所以君子宁愿以刚正方直使人忌惮,也不要谄媚卑微来取悦他人。

二十九

意气与天下相期,如春风之鼓畅庶类,不宜存半点隔阂之形;
肝胆与天下相照,似秋月之洞彻群品,不可作一毫暧昧之状。

译文：

与天下大众意气相投，犹如春风吹拂万物，不应有半点隔阂不通；

与芸芸众生肝胆相照，恰似秋月照耀世间，不能有丝毫模糊不清。

三十

仕途虽赫奕，常思林下的风味，则权势之念自轻；世途虽纷华，常思泉下的光景，则利欲之心自淡。

译文：

仕途显赫之时，常常想一想退隐山林的风景，追求权势的念头自然会轻淡；沉浸世间繁华之际，常常想一想九泉之下的情形，追名逐利的心思自然会减少。

三十一

鸿未至先援弓，兔已亡再呼犬，总非当机作用；风息时休起浪，岸到处便离船，才是了手工夫。

译文：

大雁还没靠近就拉开弓箭，兔子逃跑后才呼唤猎犬，都是不合时机的举动；大风平息就不再掀起波澜，渡船抵达就迅速上岸，才是顺势而为的智者。

三十二

从热闹场中出几句清冷言语,便扫除无限杀机;
向寒微路上用一点赤热心肠,自培植许多生意。

译文:

在名利热闹的场所,说几句冷静的话,便能清除很多潜藏的危机;对苦寒穷困的人,给予一点赤诚和热心,就能激发他生存的意志。

三十三

随缘便是遣缘,似舞蝶与飞花共适;
顺事自然无事,若满月偕盂水同圆。

译文:

凡事顺其自然就是把握了机缘,就像飞舞的蝴蝶和飘荡的花瓣两相和谐;顺应自然规律便能不被烦恼干扰,如同天上的满月和水中的圆月一样皎洁。

三十四

淡泊之守,须从浓艳场中试来;
镇定之操,还向纷纭境上勘过。
不然操持未定,应用未圆,恐一临机登坛,
而上品禅师又成一下品俗士矣。

译文：

淡泊名利的操守，必须从繁华的名利场中经受考验后得来；镇定自如的姿态，只能在复杂的处境中，通过考验后拥有。否则内心不够坚定，面对世事不能自我圆融，只怕一有机会登临高位，原本超凡脱俗的心性就变得低级庸俗了。

三十五

廉所以戒贪。我果不贪，又何必标一廉名，以来贪夫之侧目。
让所以戒争。我果不争，又何必立一让的，以致暴客之弯弓。

译文：

用廉洁来警示贪婪的念头。如果不贪婪，就不必标榜廉洁的名声，以免引来贪婪之人的轻视。

用谦让来戒除争抢的心思。如果不好争抢，就不要树立谦让的目标，防止蛮横之人的攻击。

三十六

无事常如有事时提防，才可以弥意外之变；
有事常如无事时镇定，方可以消局中之危。

译文：

无事时要有防备之心，未雨绸缪，才能应对意料之外的变故；处事时要带着平常心，镇定自如，才能化解困局中的危机。

近现代 / 齐白石 / 红蓼蟋蟀（局部）

三十七

处世而欲人感恩，便为敛怨之道；
遇事而为人除害，即是导利之机。

译文：

　　为人处世总想让别人感激，实际是在给自己召集怨恨；处理事情只有想着为他人根除祸患，才能利于自身修为。

三十八

持身如泰山九鼎凝然不动,则愆尤自少;
应事若流水落花悠然而逝,则趣味常多。

译文:

　　修持身心要像泰山大鼎那样稳重不移,过错自然就少了;为人处世就如落花流水一样顺其自然,趣味定然无穷。

三十九

君子严如介石而畏其难亲,鲜不以明珠为怪物而起按剑之心;
小人滑如脂膏而喜其易合,鲜不以毒螫为甘饴而纵染指之欲。

译文:

　　君子像石碑一样威严,通常使人感到畏惧而难以亲和,人们多会像把明珠当成怪物,想要挥剑清除它一样待他;小人像油脂一样圆滑,但人们往往喜欢他们的容易接近,人们多会像把毒虫当成美食,来满足自己的口舌之欲一样待他。

四十

遇事只一味镇定从容,纵纷若乱丝,终当就绪;
待人无半毫矫伪欺隐,虽狡如山鬼,亦自献诚。

译文:

　　遇事只要从始至终保持镇定从容,即便事情如一团乱麻,最终也会思路清晰;待人若没有半分虚伪欺瞒,哪怕对方像山中鬼魅一样狡猾,也会献出赤诚之心。

四十一

肝肠煦若春风,虽囊乏一文,还怜茕独;
气骨清如秋水,纵家徒四壁,终傲王公。

译文:

　　内心和煦如春风拂面一样温暖,虽然囊中羞涩,还是会怜悯孤独无助的人;气节清朗像流水一样澄澈,纵使家徒四壁,也能傲视王公贵族。

四十二

讨了人事的便宜,必受天道的亏;
贪了世味的滋益,必招性分的损。
涉世者宜审择之,慎毋贪黄雀而坠深井,舍隋珠而弹飞禽也。

译文:

　　为人处世占了便宜,必定会在道义上有所亏损;贪图了世间百味的享乐,必然会有性情上的耗损。为人处世当谨慎抉择,切忌舍本逐末,切勿贪心追捕黄雀而使自己坠入深井,舍弃珍贵的珠宝来击打飞鸟。

四十三

费千金而结纳贤豪,孰若倾半瓢之粟,
以济饥饿之人;
构千楹而招来宾客,孰若葺数椽之茅,
以庇孤寒之士。

译文:

　　花费千金来结交贤士豪杰,不如献出半瓢粮食,来接济忍饥挨饿的人;修建气派的豪宅来招揽宾客,不如建造几间茅屋,来庇护孤苦无依的人。

四十四

解斗者助之以威,则怒气自平;
惩贪者济之以欲,则利心反淡。
所谓因其势而利导之,
亦救时应变一权宜法也。

译文:

消解人的好斗之心,先给他助威,他的怒气自然会平息;克制人的贪婪,满足他适量的欲望,他的贪婪之心反而会淡化。这就是因势利导的方法,也是匡救时局应付变故的权宜之计。

四十五

市恩不如报德之为厚。雪忿不若忍耻之为高。
要誉不如逃名之为适。矫情不若直节之为真。

译文:

布施恩惠,不如回报恩德,这样更厚道。洗雪愤恨,不如忍受耻辱,这样更高尚。追求荣誉,不如回避名声,这样更恰当。矫揉造作,不如耿直有节,这样更真实。

应酬篇

近现代 / 齐白石 /　　　　　　　　　　　　　　　　芙蓉小鱼（局部）

四十六

救既败之事者,如驭临崖之马,休轻策一鞭;
图垂成之功者,如挽上滩之舟,莫少停一棹。

译文:

挽救近乎失败的事情,如同驾驭即将抵达悬崖的烈马,不可轻易策马扬鞭;谋求胜局已定的事情,如同操控即将泊岸的渡船,划桨不能稍停片刻。

四十七

先达笑弹冠,休向侯门轻曳裾;
相知犹按剑,莫从世路暗投珠。

译文:

走上仕途的人弹冠相庆,会被官场老手耻笑,所以不要轻易投靠达官显贵;至交好友也会相互提防,因此不要遵从世俗,那是明珠暗投。

四十八

杨修之躯见杀于曹操,以露己之长也;
韦诞之墓见伐于钟繇,以秘己之美也。
故哲士多匿采以韬光,至人常逊美而公善。

译文:

　　杨修被曹操残杀,是因为他暴露了自己的长处;韦诞的坟墓遭钟繇盗掘,是因为他埋藏了自己的美物。所以智慧的人大多懂得隐匿才华以韬光养晦,高尚的人常常推让美名而造福公众。

四十九

少年的人,不患其不奋迅,常患以奋迅而成卤莽,故当抑其躁心;
老成的人,不患其不持重,常患以持重而成退缩,故当振其惰气。

译文:

　　血气方刚的人,不担心他不勇猛,而是担心过于迅猛而冒失鲁莽,所以要抑制他的心浮气躁;老成持重的人,不担心他不稳重,而是担心过于镇定而畏缩不前,所以要消除他的怠惰习气。

五十

望重缙绅,怎似寒微之颂德?
朋来海宇,何如骨肉之孚心?

译文:

在官场声名显赫,怎么比得上平民百姓的歌颂赞美?朋友来自四面八方,如何能像至亲骨肉那般真挚可信?

五十一

舌存常见齿亡,刚强终不胜柔弱;
户朽未闻枢蠹,偏执岂能及圆融?

译文:

通常牙齿掉落后舌头还存在,因此刚强终究不如柔弱;门板腐朽了却不见门轴生蛀虫,可见偏执怎么比得上圆融通达?

应酬篇

近现代 / 陈少梅 / 仿刘松年松泉图（局部）

评议篇

爱是万缘之恨,当知割舍;
识是众欲之本,要力扫除。

近现代 / 齐白石 /　　　　　　　　　　齐白石画集（局部）

一

物莫大于天地日月，而子美云："日月笼中鸟，乾坤水上萍。"

事莫大于揖逊征诛，而康节云："唐虞揖逊三杯酒，汤武征诛一局棋。"

人能以此胸襟眼界吞吐六合，上下千古，事来如沤生大海，事去如影灭长空，自经纶万变而不动一尘矣。

译文：

天地万物日月最大,杜甫却说:"日月是笼中的小鸟,天地是水上的浮萍。"

世间之事征伐禅让最重要,邵雍却说:"唐虞禅让不过三杯酒的事,汤武征伐仅如一局棋而已。"

人用这样的胸怀看待天下万物,用这样的眼界接纳古今之事,则事来就像大海中冒出的泡沫,事去恰如天空中消失的影子,任由天地瞬息万变,都能处变不惊。

二

君子好名,便起欺人之念;
小人好名,犹怀畏人之心。
故人而皆好名,则开诈善之门;
使人而不好名,则绝为善之路。
此讥好名者,当严责君子,不当过求于小人也。

译文：

君子贪图名声,便会起欺骗他人的念头;小人追求名声,则会心怀畏惧的心思。因此,人们都喜好名声,就会开启伪善的大门;人们都厌弃名声,则易杜绝行善的道路。所以淡泊名利的操守,应该是对君子的严格要求,对小人则不应该有这样的苛责。

三

大恶多从柔处伏,哲士须防绵里之针;
深仇常自爱中来,达人宜远刀头之蜜。

译文:

　　罪恶大多潜伏于柔软之处,智慧的人必须提防柔软丝绵藏的针;深仇大恨往往来自于友爱,通达的人应该远离刀尖上的利益。

四

持身涉世,不可随境而迁。须是大火流金而清风穆然,严霜杀物而和气蔼然,阴霾翳空而慧日朗然,洪涛倒海而砥柱屹然,方是宇宙内的真人品。

译文:

　　为人处世,不能因环境的改变而迁移本心。必须做到烈日炎炎时心中有清风、严寒凛冽时心中有和气、阴云密布时心中有朝阳、翻江倒海时心中有砥石,这才是顶天立地的高贵品格。

五

爱是万缘之根,当知割舍;
识是众欲之本,要力扫除。

译文:

情感是因缘际会的来源,必要时当知道割舍;认知是众多欲望的出处,需得竭力清除。

六

作人要脱俗,不可存一矫俗之心;
应世要随时,不可起一趋时之念。

译文:

做人要脱离世俗,但不能存有矫正习俗的心思;处事要切合时宜,但不能有随波逐流的念头。

七

宁有求全之毁,不可有过情之誉;
宁有无妄之灾,不可有非分之福。

译文:

宁愿接受他人求全责备的诋毁,也不能有超过实情的赞誉;宁愿遭受意料之外的灾祸,也不能贪图本分之外的福祉。

八

毁人者不美,而受人毁者遭一番讪谤便加一番修省,可以释回而增美;
欺人者非福,而受人欺者遇一番横逆便长一番器宇,可以转祸而为福。

译文:

诋毁他人的行为并不美好,而被诋毁的人,每当遭受诽谤便能加强自身的修身反省,可以去除邪辟,增加美德;欺辱他人并不会得到幸福,而受欺负的人,只要遇到逆境就能开阔自己的胸怀,最终因祸得福。

九

梦里悬金佩玉,事事逼真,睡去虽真觉后假;
闲中演偈谈玄,言言酷似,说来虽是用时非。

译文:

睡梦中穿金戴玉,感觉十分真实,醒来后便发现都是虚假的;闲谈时谈经论道,仿佛切中要害,要派上实际用途才知道全是无用的。

菜根谭

近现代 / 齐白石 /　　　　　　　　　　　　　　　齐白石画集（局部）

十

天欲祸人,必先以微福骄之,所以福来不必喜,要看他会受;
天欲福人,必先以微祸儆之,所以祸来不必忧,要看他会救。

译文:

　　上天要给人灾祸,必定会先给一丝福分来助长他的娇纵,所以有好事不必欢喜,要看他是否能承受;上天要给人福分,必然先给些许灾祸来让他敬畏,所以有挫折不用忧虑,要看他是否会解救。

十一

荣与辱共蒂,厌辱何须求荣;生与死同根,贪生不必畏死。

译文:

　　荣辱共生,厌弃耻辱就不必追求荣耀;生死同根,贪念生存就不可畏惧死亡。

十二

作人只是一味率真,踪迹虽隐还显;存心若有半毫未净,事为虽公亦私。

译文：

为人保持率真坦诚，即便行事低调也会声名远扬；做事心存半点私心杂念，即便公事公办也会谋取私利。

十三

鹪占一枝，反笑鹏心奢侈；
兔营三窟，转嗤鹤垒高危。
智小者不可以谋大，趣卑者不可与谈高。
信然矣！

译文：

鹪鹩身栖一根树枝，反倒嘲笑大鹏心气太大；野兔营造三个洞穴，转而嗤笑白鹤的巢穴太高。智慧平庸的人不能跟他谋定大事，趣味卑下的人不可与之谈论高尚。确实如此啊。

十四

贫贱骄人，虽涉虚骄，还有几分侠气；
英雄欺世，纵似挥霍，全没半点真心。

译文：

贫寒的人傲视权贵，虽然涉嫌虚情假意，多少还有几分侠义之气；借英雄之名欺骗他人，纵然看似豪放洒脱，却完全没有半点真心实意。

十五

糟糠不为羲肥,何事偏贪钩下饵;
锦绮岂因牺贵,谁人能解笼中囮。

译文:

糟糠难道不是为了把牲畜喂养得肥壮吗,为什么偏偏用作被鱼虾青睐的饵食呢?锦绣不会因为用来祭祀而显得更贵重,没有人愿意了解关在笼中的鸟的感受。

十六

琴书诗画,达士以之养性灵,而庸夫徒赏其迹象;山川云物,高人以之助学识,而俗子徒玩其光华。可见事物无定品,随人识见以为高下。故读书穷理,要以识趣为先。

译文:

琴书诗画,达观的人用来修身养性,平庸的人只能观赏其表象;山川景物,见解高深的人用来增长学识,凡夫俗子只能赏玩其华美。因此,食物原本没有确定的品性,只是根据人的见识高低而有所区别。所以读书和探索事理,都要以增长见识、提升志趣为根本。

菜根谭

近现代 / 齐白石 / 齐白石画集（局部）

十七

美女不尚铅华,似疏梅之映淡月;
禅师不落空寂,若碧沼之吐青莲。

译文:

　　美丽的女子不爱浓妆艳抹,就像稀疏的梅花映照着淡淡的月光;修禅的人不会感觉空虚寂寞,仿佛伫立在碧绿水面的一株青莲。

十八

廉官多无后,以其太清也;
痴人每多福,以其近厚也。
故君子虽重廉介,不可无含垢纳污之雅量。
虽戒痴顽,亦不必有察渊洗垢之精明。

译文:

　　廉洁的官员大多不得善终,是因为过于清廉;愚笨的人总是有福气,是因为他们厚道。所以君子虽然看重清廉耿直,但不能没有容忍他人缺点的气量;虽然要戒除愚昧顽固,也不能因为明察秋毫而太过精明。

十九

密则神气拘逼,疏则天真烂漫,此岂独诗文之工拙从此分哉!
吾见周密之人纯用机巧,疏狂之士独任性真,
人心之生死亦于此判也。

译文:

　　周密就会使精气神受到拘束,率直反而显现出天真烂漫,这个道理并不仅仅适用于区分文章诗词的好坏。我见过周密的人常用机巧权谋,疏放的人任性率真,一个人的内心是否有活力可以就此判断出来。

二十

翠筱傲严霜,节纵孤高,无伤冲雅;
红蕖媚秋水,色虽艳丽,何损清修。

译文:

　　翠竹傲立于寒霜之中,竹节纵然孤高,也不损伤高雅的气质;红莲在秋水之上绽放妩媚,色彩虽然艳丽,也不欠缺高洁的品质。

二十一

贫贱所难,不难在砥节,而难在用情;
富贵所难,不难在推恩,而难在好礼。

译文:

　　身处贫贱的难处,不在于保持气节,而在于展露真性情;身处富贵的难处,不在于布施恩惠,而在于对他人以礼相待。

二十二

簪缨之士,常不及孤寒之子可以抗节致忠;
庙堂之士,常不及山野之夫可以料事烛理。
何也?彼以浓艳损志,此以淡泊全真也。

译文:

　　贵族之辈,通常在保持气节和忠诚方面不如贫寒的人;朝官之人,往往在待人处事方面不如山野村夫。这是为什么呢?是因为奢靡的生活会损害人的志气,淡泊名利才能保持人的天性。

菜根谭

近现代 / 齐白石 / 　　　　　　　　　　齐白石画集（局部）

二十三

荣宠旁边辱等待,不必扬扬;
困穷背后福跟随,何须戚戚。

译文:
　　荣耀光鲜时不要得意扬扬,因为羞辱会紧随其后;贫穷困顿时不用郁郁寡欢,因为有福气相随。

二十四

古人闲适处,今人却忙过了一生;
古人实受处,今人反虚度了一世。
总是耽空逐妄,看个色身不破,认个法身不真耳。

译文:
　　古人悠闲自在,现在人们却忙忙碌碌度过一生;古人享受充实的生活,如今人们反而虚度光阴。总是追逐虚妄的身外之物,看不破肉身,认不清生活的本质。

二十五

芝草无根醴无源,志士当勇奋翼;
彩云易散琉璃脆,达人当早回头。

译文:
　　灵芝没有根基,甘泉没有源头,有志向的人应当靠自己奋勇拼搏;彩云容易消散,琉璃容易破碎,通达的人应该及早领悟,回头是岸。

二十六

少壮者,事事当用意而意反轻,
徒泛泛作水中凫而已,何以振云霄之翮?
衰老者,事事宜忘情而情反重,
徒碌碌为辕下驹而已,何以脱缰锁之身?

译文:

　　年富力强的人,应当事事用心,却反而轻浮,就像在水面随意拨水的野鸭,怎么能展翅高飞冲上云霄呢?年老体衰的人,应当看淡世事,却反而什么都放不下,就像忙忙碌碌驾车的马匹,如何能摆脱被名利所束缚的身躯呢?

近现代/齐白石/　　　　　　　　　　　水草一虫(局部)

二十七

帆只扬五分,船便安;
水只注五分,器便稳。
如韩信以勇略震主被擒,陆机以才名冠世见杀,霍光败于权势逼君,石崇死于财赋敌国,皆以十分取败者也。
康节云:"饮酒莫教成酩酊,看花慎勿至离披。"旨哉言乎!

译文:

　　帆扬起一半,船就能安稳地前行;水注满一半,容器就能稳定。

　　韩信因为勇略过人,威慑到君主而被擒杀,陆机因为才华绝顶而被杀害,霍光因为权势滔天而败亡,石崇因为富可敌国而惨死,他们都是因为达到极限而不得善终。

　　康节说:"饮酒不要酩酊大醉,赏花不要到枝叶凋零。"都非常有道理!

二十八

附势者如寄生依木,木伐而寄生亦枯;
窃利者如**蟦虹**盗人,人死而**蟦虹**亦灭。
始以势利害人,终以势利自毙。
势利之为害也,如是夫!

译文:

趋炎附势的人,就像依靠树木的寄生植物,树木被砍伐之后就干枯了;偷盗利益的人,就像吸食人血的蚊虫,人死亡后就跟着灭亡了。因为势力去害人,最终会因为势力毁灭。势力的危害,就是这样!

二十九

失血于杯中,堪笑猩猩之嗜酒;
为巢于幕上,可怜燕燕之偷安。

译文:

猩猩因为贪图杯中的美酒而被猎杀,让人觉得可笑;燕子为了眼前的安逸而在帘幕上筑巢,让人觉得可怜。

三十

鹤立鸡群,可谓超然无侣矣。
然进而观于大海之鹏,则眇然自小;
又进而求之九霄之凤,则巍乎莫及。
所以至人常若无若虚,而盛德多不矜不伐也。

译文:

白鹤站立在鸡群中,显得超然出众、无可比拟。但当它和大海之上的鹏鸟相比,自然就显得渺小了;再和云霄之上的凤凰相比,就更加望尘莫及了。所以有大智慧的人通常虚怀若谷,品德高尚的人绝不傲慢自夸。

三十一

贪心胜者,逐兽而不见泰山在前,弹雀而不知深井在后;

疑心胜者,见弓影而惊杯中之蛇,听人言而信市上之虎。

人心一偏,遂视有为无,造无作有。如此,心可妄动乎哉!

译文:

贪心的人,一心追逐野兽而看不见前面的泰山,捕捉鸟雀而没发现后面的深井;疑心重的人,见到弯弓的影子就惊呼杯中有蛇,听人说市井有老虎就信以为真。人心一旦有偏颇,就把有看成无,或者无中生有。这样,内心的妄念就产生了。

三十二

蛾扑火,火焦蛾,莫谓祸生无本;

果种花,花结果,须知福至有因。

译文:

飞蛾扑火,最终被烧焦,这不是无端降临的灾祸;果实种下后,开花结果,要知道福分是有原因的。

菜根谭

近现代 / 齐白石 /

齐白石画集（局部）

三十三

车争险道,马骋先鞭,到败处未免噬脐;
粟喜堆山,金夸过斗,临行时还是空手。

译文:

车辆在险峻之处争抢道路,骏马在驰骋时还扬鞭挥打,导致翻车落马时一定后悔莫及;粮食堆积成山,金银用斗计量,临终时依旧两手空空。

三十四

花逞春光,一番雨、一番风,催归尘土;
竹坚雅操,几朝霜、几朝雪,傲就琅玕。

译文:

春天的花朵争奇斗艳,一阵风吹雨打之后,便凋谢归于尘土;竹子坚定高雅的节操,经过霜雪的打压,仍旧傲然挺立。

近现代/齐白石/　　　　　　　　齐白石画集(局部)

三十五

富贵是无情之物,看得他重,他害你越大;
贫贱是耐久之交,处得他好,他益你反深。
故贪商於而恋金谷者,竟被一时之显戮;
乐箪瓢而甘敝缊者,终享千载之令名。

译文:

  富贵是无情的东西,看得太重,受害越大;贫贱是值得深交的朋友,和它友好相处,就会受益良多。所以贪图富庶之地和高楼大厦的人,会被一时的显赫戕害;安于粗茶淡饭和破旧衣衫的人,最终名垂千古。

三十六

鹄恶铃而高飞,不知敛翼而铃自息;
人恶影而疾走,不知处阴而影自灭。
故愚夫徒疾走高飞,而平地反为苦海;
达士知处阴敛翼,而巉岩亦是坦途。

译文:

  鹄子厌恶铃声而振翅高飞,却不知道收起翅膀,铃声自然就会消失;人厌恶自己的影子而飞奔向前,却不知道待在阴暗的地方,影子自然会隐没。所以愚昧的人只知道远走高飞,把平地看成苦海;通达的人知道收敛锋芒,这样险峻的地方也如同平坦的大道。

三十七

秋虫春鸟共畅天机,何必浪生悲喜;
老树新花同含生意,胡为妄别媸妍。

译文:

  秋天的虫子和春天的鸟儿,都体现了自然界的生机,何必徒生悲喜之情呢?苍老的树木和新生的花朵,同样蕴含着勃勃生机,何必妄自判定美丑呢?

三十八

多栽桃李少栽荆,便是开条福路;
不积诗书偏积玉,还如筑个祸基。

译文:

　　多栽种桃李少栽种荆棘,便是开辟了一条通往幸福的道路;不积累知识只积累钱财,就埋下了一个祸害的根源。

三十九

万境一辙,原无地著个穷通;
万物一体,原无处分个彼我。
世人迷真逐妄,乃向坦途上自设一坷坎,
从空洞中自筑一藩蓠。良足慨哉!

译文:

　　天地境界相同,原本没有穷困和通达的区别;万事万物都是一体,原本没有必要分个你我。世人迷失本性追逐虚妄,于是在平坦的大道上设置障碍,在空旷的地方筑起藩篱。让人感慨万分!

近现代 / 齐白石 /　　　　　　　　　　　　　　　水草游虫（局部）

四十

大聪明的人，小事必朦胧；
大懵懂的人，小事必伺察；
盖伺察乃懵懂之根，而朦胧正聪明之窟也。

译文：

有大智慧的人，在小事上显得糊涂；真正糊涂的人，在小事上却一清二楚。在小事上的计较，是大事上糊涂的根源，而在小事上糊涂，才能在大事上通达。

四十一

大烈鸿猷，常出悠闲镇定之士，不必忙忙；
休征景福，多集宽洪长厚之家，何须琐琐。

译文：

宏图大业的谋划，通常出自悠闲镇定的人，不必总是匆匆忙忙；吉兆洪福，大多聚集在宽厚的人家，不必计较琐碎的小事。

四十二

贫士肯济人，才是性天中惠泽；
闹场能学道，方为心地上工夫。

译文：

贫穷之时肯接济他人，才是天性中的福泽；热闹的场合能静心修道，才是修养心性的功夫。

四十三

人生只为欲字所累,便如马如牛,听人羁络;
为鹰为犬,任物鞭笞。
若果一念清明,淡然无欲,天地也不能转动我,鬼神也不能役使我,况一切区区事物乎!

译文:

人生如果被欲望拖累,便像牛马一样被人羁绊,如鹰犬一样任人鞭打。如果能够内心清净明白,淡泊名利,那么天地、鬼神都不能驱使我,何况是一些琐碎的事情呢?

四十四

贪得者身富而心贫,知足者身贫而心富;
居高者形逸而神劳,处下者形劳而神逸。
孰得孰失,孰幻孰真,达人当自辨之。

译文:

贪婪的人物质富裕但精神贫瘠,知足常乐的人生活简朴但内心充盈;身居高位的人身体安逸但精神劳累,地位低下的人身体劳累但精神安闲。其中的得失和真假,通达的人自然会分辨。

四十五

众人以顺境为乐，而君子乐自逆境中来；
众人以拂意为忧，而君子忧从快意处起。
盖众人忧乐以情，而君子忧乐以理也。

译文：

普通人喜欢顺境，君子的乐趣来自于逆境；普通人因为不顺心而忧虑，君子则在意气风发时感到危机。所以普通人的喜怒哀乐来自于情感，君子的喜怒哀乐来自于事理。

四十六

谢豹覆面，犹知自愧；唐鼠易肠，犹知自悔。
盖愧悔二字，乃吾人去恶迁善之门，起死回生之路也。
人生若无此念头，便是既死之寒灰，已枯之槁木矣。
何处讨些生理？

译文：

谢豹因为感到羞愧而掩面，唐鼠吐出肠子以证悔悟。羞愧悔悟之心，是人们去恶向善的起点、起死回生的门路。如果没有这个念头，犹如死去的灰烬、枯槁的草木。怎么可能还有生机呢？

四十七

异宝奇琛,俱民必争之器;瑰节琦行,多冒不祥之名。
总不若寻常历履,易简行藏,可以完天地浑噩之真,享民物和平之福。

译文:

奇珍异宝是人们必然争抢的器物,高风亮节的行为大多招来不和谐的名声。不如经历普通,低调内敛,可以保全天地的浑厚率真,享受万物平和的福分。

四十八

福善不在杳冥,即在食息起居处牖其衷;
祸淫不在幽渺,即在动静语默间夺其魄。
可见人之精爽常通于天,天之威命寓于人,天人岂相远哉!

译文:

福分不在幽暗的地方,而是体现在饮食起居的日常生活中;祸端不在遥远的地方,而表露在言谈举止之间。可见人的精气神与上天相通,上天的权威寄存在人的身上,天和人的距离并不遥远啊!

闲适篇

阶下几点飞翠落红,收拾来无非诗料;
窗前一片浮青映白,悟入处尽是禅机。

闲适篇

近现代 / 齐白石 / 葫芦蝗虫（局部）

一

昼闲人寂,听数声鸟语悠扬,不觉耳根尽彻;
夜静天高,看一片云光舒卷,顿令眼界俱空。

译文:

在悠闲又安静的白天,听几声悠扬的鸟鸣,会觉得耳根清净透彻;在天空高远的宁静夜晚,看一片片云彩的聚散,顿时觉得眼界空旷开阔。

二

世事如棋局,不着的才是高手;
人生似瓦盆,打破了方见真空。

译文:

世事就像棋局,跳出其中的旁观者才是高手;人生恰似瓦盆,破碎的时候才能领悟到意义。

三

龙可豢,非真龙,虎可搏,非真虎。
故爵禄可饵荣进之辈,必不可笼淡然无欲之人;
鼎镬可及宠利之流,必不可加飘然远引之士。

译文:

能被豢养的不是真正的龙,通过搏斗捕获的不是真正的虎。高官厚禄可以引诱贪图名利的人,但无法笼络无欲无求的人;极刑可以施加在追求恩宠的人身上,但绝不可能用于远离世俗的人。

四

一场闲富贵,狠狠争来,虽得还是失;
百岁好光阴,忙忙过了,纵寿亦为夭。

译文:

拼尽全力争来一场无关紧要的富贵,虽然得到了物质,却失去了更有意义的东西;匆匆忙忙地度过人生的大好光阴,即便长寿也和早夭没什么区别。

五

高车嫌地僻,不如鱼鸟解亲人;
驷马喜门高,怎似莺花能避俗。

译文:

　　高大的马车嫌弃偏僻的道路,不如小鱼小鸟善解人意;华丽的马车喜欢高门大户,怎么能像花鸟那样超凡脱俗。

六

红烛烧残,万念自然厌冷;
黄粱梦破,一身亦似云浮。

译文:

　　红烛燃尽,青春不再,万般念头自然开始冷却;黄粱梦碎,仕途无望,身躯便能轻如浮云。

七

千载奇逢,无如好书良友;
一生清福,只在碗茗炉烟。

译文:

　　千载难逢的机遇,不如好书良友相伴;一生的清闲福气,在品茶、焚香中就能获得。

八

蓬茅下诵诗读书,日日与圣贤晤语,谁云贫是病?
樽罍边幕天席地,时时共造化氤氲,孰谓醉非禅?

译文:

在茅草屋下诵诗读书,就像每天和圣贤交谈,谁能说贫穷是病?在野外畅快饮酒,时刻与天地万物共生,谁说醉酒不是在参禅?

九

兴来醉倒落花前,天地即为衾枕;
机息坐忘磐石上,古今尽属蜉蝣。

译文:

兴致来时醉倒在飘落的花瓣前,以天为被以地为枕;放下杂念坐在厚重的石头上,古往今来如同蜉蝣一般转瞬即逝。

十

昂藏老鹤虽饥,饮啄犹闲,肯同鸡鹜之营营而竞食?
偃蹇寒松纵老,丰标自在,岂似桃李之灼灼而争妍?

译文:

气宇轩昂的老鹤即便饥饿,饮水啄食依然气定神闲,怎么会同鸡鸭在一起争抢食物呢?寒风中的松树即便苍老,傲然挺立的姿态还在,怎么会像桃李一样争奇斗艳呢?

十一

吾人适志于花柳烂漫之时,得趣于笙歌腾沸之处,乃是造化之幻境,人心之荡念也。
须从木落草枯之后,向声稀味淡之中,觅得一些消息,才是乾坤的橐籥,人物的根宗。

译文:

我们在花红柳绿的时候怡然自得,在欢歌喧闹的地方得到乐趣,这不过是大自然转瞬即逝的幻境,是人们心中放纵的念头。

只有在草木凋零枯萎之后,在沉寂冷清之中,去寻觅生命的真谛,才是天地的动力之源,人和万物的根本。

近现代 / 齐白石 / 齐白石画集(局部)

闲适篇

近现代 / 齐白石 /　　　　　　齐白石画集（局部）

十二

静处观人事，即伊吕之勋庸、夷齐之节义，无非大海浮沤；

闲中玩物情，虽木石之偏枯、鹿豕之顽蠢，总是吾性真如。

译文：

  在安静的地方观察人事，即便是像伊尹、吕尚那样的丰功伟绩，伯夷、叔齐那样的高风亮节，也不过是大海中的泡沫；在清闲之中玩味万物，虽然像树木石头一样枯燥，像鹿和猪一样蠢笨，却是人的本性之所在。

十三

花开花谢春不管,拂意事休对人言;
水暖水寒鱼自知,会心处还期独赏。

译文:

　　花开花谢,春天并不理会,不如意之事不必对他人言说;水的冷暖,只有鱼才知道,会心的美景自己独自欣赏就好。

十四

闲观扑纸蝇,笑痴人自生障碍;
静睹竞巢鹊,叹杰士空逞英雄。

译文:

　　空闲时间观看苍蝇扑打纸窗,嘲笑痴愚的人也会像这样自己设置障碍;静静地观看抢占巢穴的喜鹊,感叹杰出人士也会像这样凭空逞英雄。

十五

看破有尽身躯,万境之尘缘自息;
悟入无怀境界,一轮之心月独明。

译文:

　　看破有限的身躯,对尘世万物的追求自然止息;领悟到高远的境界,心中便如月光照耀,明亮透彻。

十六

木床石枕冷家风,拥衾时魂梦亦爽;
麦饭豆羹淡滋味,放箸处齿颊犹香。

译文:

　　以木板为床、石头为枕,即便家中清冷,拥被入眠时也觉得内心畅快;小麦饭、大豆汤虽然味道清淡,放下筷子觉得唇齿间依然留有余香。

十七

谈纷华而厌者,或见纷华而喜;
语淡泊而欣者,或处淡泊而厌。
须扫除浓淡之见,灭却欣厌之情,
才可以忘纷华而甘淡泊也。

译文:

嘴上厌恶繁华富贵的人,真的见到繁华却感到欢喜;言语中向往淡泊名利的人,身处淡泊的环境中却感到厌恶。只有清除浓烈和淡泊的成见,消灭喜欢或厌恶的情感,才能真正忘记繁华而甘于平淡。

十八

鸟惊心,花溅泪,怀此热肝肠,如何领取得冷风月;
山写照,水传神,识吾真面目,方可摆脱得幻乾坤。

译文:

"感时花溅泪,恨别鸟惊心",心怀如此热烈的情感,如何能欣赏冷月清风呢?用高山作人格写照,以流水传达内心精神,来认识我们的真实面貌,才能摆脱虚幻世界对我们的干扰。

十九

富贵得一世宠荣,到死时反增了一个恋字,如负重担;贫贱得一世清苦,到死时反脱了一个厌字,如释重枷。人诚想念到此,当急回贪恋之首而猛舒愁苦之眉矣。

译文:

富贵的人得到一世的恩宠荣耀,到死时恋恋不舍,犹如肩负重担;贫贱的人一生清苦,临终时反而摆脱了这份厌倦,如释重负。人只要想到这一点,就会收回贪念,并舒展开紧锁的眉头。

近现代/齐白石/　　　　　　齐白石画集(局部)

二十

人之有生也,如太仓之粒米,如灼目之电光,
如悬崖之朽木,如逝海之一波。
知此者如何不悲?如何不乐?
如何看他不破而怀贪生之虑?
如何看他不重而贻虚生之羞?

译文:

　　人的生命,就像谷仓里的一颗米粒,像耀眼夺目的闪电,像悬崖边上的枯木,像茫茫大海中的波涛。知道这个道理,怎么能不悲伤,又如何能不乐观?怎么会看不破世俗而心怀贪念生命的忧虑,又如何会不看重生命而虚度一生?

二十一

鹬蚌相持,兔犬共毙,冷觑来令人猛气全消;
鸥凫共浴,鹿豕同眠,闲观去使我机心顿息。

译文:

　　鹬蚌相争渔翁得利,狡兔死走狗烹,冷眼旁观,令人的勇猛之气消失无影;海鸥和野鸭共浴水中,鹿和野猪一起安眠,闲来观看,争名逐利的心思顿时平息。

二十二

迷则乐境成苦海，如水凝为冰；
悟则苦海为乐境，犹冰涣作水。
可见苦乐无二境，迷悟非两心，只在一转念间耳。

译文：

　　执迷会让快乐变为苦海，就像水凝结成了冰；醒悟则能将苦海转变为快乐，就像冰块融化成水。可见痛苦和快乐并不是两种境界，执迷和醒悟也不是两种心境，只是在人的转念之间罢了。

二十三

遍阅人情，始识疏狂之足贵；
备尝世味，方知淡泊之为真。

译文：

　　看遍人情世故，才知道率真狂放弥足珍贵；尝遍世间百味，方醒悟淡泊宁静才是真。

二十四

地宽天高，尚觉鹏程之窄小；
云深松老，方知鹤梦之悠闲。

译文：

　　看天高地阔，才觉得大鹏的万里路程依然渺小；云雾弥漫、松树千载，才知道仙鹤般的隐居生活多么悠闲。

二十五

两个空拳握古今,握住了还当放手;
一条竹杖挑风月,挑到时也要息肩。

译文:

两手空空,即便握住了古今繁华,最终还是要放下;一根竹杖,就算挑起人情风月,临了也要放手。

二十六

阶下几点飞翠落红,收拾来无非诗料;
窗前一片浮青映白,悟入处尽是禅机。

译文:

台阶下几片落叶红花,收拾起来就是作诗的材料;窗前青山映白雪,悟透了就是禅机。

二十七

忽睹天际彩云,常疑好事皆虚事;
再观山中古木,方信闲人是福人。

译文:

忽然目睹天边的彩云,时常怀疑美好的事物皆是虚幻;再观察山林中的大树,才相信悠闲的人最有福分。

二十八

东海水,曾闻无定波,世事何须扼腕?
北邙山,未省留闲地,人生且自舒眉。

译文:

　　东海的波涛从来没有停止过翻滚,世事本无常,又何须扼腕叹息?北邙山埋葬帝王将相,不曾有空余的地方,茫茫一生,舒展眉头顺其自然就好。

二十九

天地尚无停息,日月且有盈亏,况区区人世能事事圆满而时时暇逸乎?
只是向忙里偷闲,遇缺处知足,则操纵在我,作息自如,
即造物不得与之论劳逸、较亏盈矣!

译文:

　　天地尚且没有停歇的时刻,日月也有阴晴圆缺,渺小的人世间又怎么能事事圆满而时时安逸呢?要学会忙里偷闲、知足常乐,这样就能收放自如,劳作和休息都能随自己安排,造物主也不会计较你是劳作还是休息,亏损还是盈余!

菜根谭

近现代 / 齐白石 / 　　　　　　　　齐白石画集（局部）

三十

霜天闻鹤唳,雪夜听鸡鸣,得乾坤清纯之气;
晴空看鸟飞,活水观鱼戏,识宇宙活泼之机。

译文:

　　结霜时听鹤的叫声,下雪的夜晚听鸡的啼鸣,能得到天地间的清纯气息;晴天看天空的飞鸟,溪水旁看鱼儿嬉戏,可识得宇宙中活泼的生机。

三十一

闲烹山茗听瓶声,炉内识阴阳之理;
漫履楸枰观局戏,手中悟生杀之机。

译文:

　　空闲时煮茶听壶里的声响,从炉火与茶水的变化领悟到阴阳的道理;漫步时旁观棋局,从对弈中悟出生杀的玄机。

三十二

芳菲园林看蜂忙,觑破几般尘情世态;
寂寞衡茅观燕寝,引起一种冷趣幽思。

译文:

　　在满园芬芳中看忙碌的蜜蜂,从中窥见凡尘俗世中忙忙碌碌的状态;在寂静的茅草屋下看燕子安然入睡,在这种清冷的意趣中引起人生的思考。

三十三

会心不在远,得趣不在多。
盆池拳石间,便居然有万里山川之势;
片言只语内,便宛然见万古圣贤之心,
才是高士的眼界,达人的胸襟。

译文:

　　称心如意不在于距离的远近,乐趣不在于东西的多少。盆池花草与园林假山中,也能有万里山川的气势;只言片语之中,便能看出古代圣贤之人的胸怀。这才是高明之人的眼界,通达之人的胸襟。

三十四

心与竹俱空,问是非何处安脚?
貌偕松共瘦,知忧喜无由上眉。

译文:

　　内心像竹子一样空灵,是是非非哪有容身之处?外形像苍松一样清瘦,眉目间便不会流露出忧愁欢喜。

三十五

趋炎虽暖,暖后更觉寒威;
食蔗能甘,甘余便生苦趣。
何以养志于清修而炎凉不涉,
栖心于淡泊而甘苦俱忘,其自得为更多也。

译文:

　　靠近火焰虽然暖和,但离开之后会觉得更加寒冷;吃甘蔗虽然甘甜,再吃其他食物却会觉得苦涩。倒不如在清净之处修养身心,不踏足炎凉的世态,甘于淡泊而忘掉甜和苦,就能有更多收获。

三十六

席拥飞花落絮,坐林中锦绣团裀;
炉烹白雪清冰,熬天上玲珑液髓。

译文:

　　座席上落满花瓣飞絮,仿佛坐在山林中的锦绣坐垫上。用白雪煮茶,就像熬煮天上的琼浆玉液。

三十七

逸态闲情,惟期自尚,何事外修边幅;
清标傲骨,不愿人怜,无劳多买胭脂。

译文:

　　气定神闲的姿态,只需要自我满足,不需要刻意地修饰外在;清新的姿态和高傲的风骨,不用求得他人怜爱,不必费心地涂脂抹粉。

三十八

天地景物,如山间之空翠,水上之涟漪,潭中之云影,草际之烟光,月下之花容,风中之柳态。
若有若无,半真半幻,最足以悦人心目而豁人性灵,真天地间一妙境也。

译文:

　　天地间的景物,比如山林间青翠的树木,水面上泛起的波纹,潭水中倒映的云影,月光下娇艳的花朵,清风中摇曳的柳丝。它们似有似无,一半真实一半虚幻,最是赏心悦目,让人修身养性,真是天地间奇妙的境地。

闲适篇

近现代 / 齐白石 /

齐白石画集（局部）

三十九

乐意相关禽对语，生香不断树交花，此是无此无彼得真机。

野色更无山隔断，天光常与水相连。此是彻上彻下得真境。

吾人时时以此景象注之心目，何患心思不活泼，气象不宽平！

译文：

　　飞鸟交相和鸣，乐趣无限，树枝繁花相绕，香气不断，这是不分彼此的真实。户外景色连绵不绝，没有山峰隔断，日光映照水面，水天相接，这是上下通透的境界。如果我们常常用心观赏这样的景象，哪里需要担心心情不开朗，气度不开阔！

四十

鹤唳、雪月、霜天，想见屈大夫醒时之激烈；

鸥眠、春风、暖日，会知陶处士醉里之风流。

译文：

　　野鹤的鸣叫、雪夜的明月、霜冷的天空，让人想到屈原独自清醒的悲壮情怀；鸥鸟安眠、春风和煦、艳阳高照，使人领会陶渊明酒醉之时的风流洒脱。

四十一

黄鸟情多,常向梦中呼醉客;
白云意懒,偏来僻处媚幽人。

译文:

　　黄鸟多情,常常向沉醉在梦中的人鸣叫;白云慵懒,却偏偏飘到僻静之处撩拨隐居的人。

四十二

栖迟蓬户,耳目虽拘而神情自旷;
结纳山翁,仪文虽略而意念常真。

译文:

　　居住茅草屋,见识虽然闭塞却能心旷神怡;结交山民老翁,礼仪虽然简陋但情谊真切。

四十三

满室清风满几月,坐中物物见天心;
一溪流水一山云,行处时时观妙道。

译文:

　　室内清风吹拂,案几上洒下明月的光辉,静坐其中,每个物件都让人领会天意;溪水潺潺流淌,浮云飘过山间,慢慢行走,时时都能悟出精妙的道理。

四十四

炮凤烹龙,放箸时与齑盐无异;
悬金佩玉,成灰处共瓦砾何殊?

译文:

即便烹制龙凤作为吃食,放下筷子时也和粗茶淡饭没什么不同;即使穿金戴玉,人死后化为灰烬,又和瓦砾有什么区别呢?

四十五

扫地白云来,才着工夫便起障;凿池明月入,能空境界自生明。

译文:

清扫地面后白云飘来投下影子,就像修身的工夫才刚刚开始就遇到障碍;开凿池塘后明月映照而入,能保持虚空的境界自然心思澄明。

四十六

造化唤作小儿,切莫受渠戏弄;天地原为大块,须要任我炉锤。

译文：

司命之神被唤作顽劣孩童，千万不要被他戏弄；天地原本是一块大泥丸，可以根据我们的需要来塑造。

四十七

想到白骨黄泉，壮士之肝肠自冷；
坐老清溪碧嶂，俗流之胸次亦开。

译文：

想到人生的终点不过是一堆白骨归于黄泉，即便内心有豪情壮志也会冷却；一直坐在青山绿水之中，庸俗之辈也会逐渐心胸开阔。

四十八

夜眠八尺，日啖二升，何须百般计较；
书读五车，才分八斗，未闻一日清闲。

译文：

夜晚睡眠只需要八尺床，白天饮食不过是二升米，没必要对事物百般计较；即便学富五车，才高八斗，也没听说能有一天的清净悠闲。

概论篇

醲肥辛甘非真味,真味只是淡;
神奇卓异非至人,至人只是常。

近现代 / 齐白石 /

齐白石画集（局部）

一

君子之心事,天青日白,不可使人不知;
君子之才华,玉韫珠藏,不可使人易知。

译文:

君子的内心,就像青天白日,没有什么不能让人知道的秘密;君子的才华,像收藏起来的玉石,不能轻易让他人知道。

二

耳中常闻逆耳之言,心中常有拂心之事,才是进德修行的砥石。
若言言悦耳,事事快心,便把此生埋在鸩毒中矣。

译文:

经常听逆耳的忠言,经常想不如意的事情,才是增进自我修养的基石。如果每句话都悦耳,件件事情都顺心,就像把生命埋进毒酒中一样危险。

三

疾风怒雨,禽鸟戚戚;
霁月光风,草木欣欣。
可见天地不可一日无和气,人心不可一日无喜神。

译文：

　　疾风骤雨让飞鸟都感到惶惶不安；雨过天晴后，草木都呈现出欣欣向荣的景象。因此天地之间一天都不能没有祥和之气，人的心中一天都不能欠缺欢喜的心情。

四

醲肥辛甘非真味，真味只是淡；
神奇卓异非至人，至人只是常。

译文：

　　浓醇、肥美、辛辣、甘甜，并非真实的味道，真实的味道是清淡；神妙、奇特、卓越、异常的人并不是高人，高人都是平平常常的。

五

夜深人静，独坐观心，
始知妄穷而真独露，每于此中得大机趣；
既觉真现而妄难逃，又于此中得大惭忸。

译文：

　　夜深人静，独自静坐观察自己的内心，才能感觉到妄念消除而真性显露，于是从其中领悟到生命的真谛；发现本性显露后依然有些许杂念，又因此而感受到极大的惭愧。

六

恩里由来生害,故快意时须早回头;
败后或反成功,故拂心处切莫放手。

译文:

  蒙受恩泽时往往招来祸害,所以得意之时要尽早回头;失败之后还有可能反败为胜,所以不如意时不要轻易放手。

七

藜口苋肠者,多冰清玉洁;
衮衣玉食者,甘婢膝奴颜。
盖志以淡泊明,而节从肥甘丧矣。

译文:

  能习惯粗茶淡饭的人,大多品行高洁;追求锦衣玉食的人,多甘愿卑躬屈膝迎合他人。所以有志向的人甘愿淡泊名利,否则人的节操就会在锦衣玉食中丧失。

八

面前的田地要放得宽,使人无不平之叹;
身后的惠泽要流得长,使人有不匮之思。

译文:

  人活着时对待他人要宽厚,让人没有愤愤不平的感觉;人死后要留下长久的恩泽,才能让他人一直怀念。

九

路径窄处留一步,与人行;
滋味浓时减三分,让人嗜。
此是涉世一极乐法。

译文:

道路狭窄的地方留下一点空间,让别人行走;美味的食物分享一部分,让他人品尝,这是在为人处世中获得快乐的方法。

十

作人无甚高远的事业,摆脱得俗情便入名流;
为学无甚增益的工夫,减除得物累便臻圣境。

译文:

做人不需要成就宏图大业,摆脱世俗功利就能进入名流;做学问没有特别的捷径,减少物欲的拖累就能到达至高的境界。

十一

宠利毋居人前,德业毋落人后,
受享毋逾分外,修持毋减分中。

译文:

功名利禄不要抢在别人前面,道德品质的修养不能落后他人;物质享受不要超出能承受的范围,修养身心不要降低标准。

菜根谭

近现代 / 齐白石 /　　　　　　　　　　　　　　齐白石画集（局部）

十二

处世让一步为高,退步即进步的张本;
待人宽一分是福,利人实利己的根基。

译文:
　　处世懂得让步才是高明,后退是前进的根本;为人宽厚是一种福分,利人才能最终利己。

十三

盖世的功劳,当不得一个"矜"字;
弥天的罪过,当不得一个"悔"字。

译文:
　　即便有盖世的功劳,一旦骄傲便前功尽弃;即使犯了弥天大错,诚心悔过便能重新做人。

十四

完名美节,不宜独任,分些与人,可以远害全身;
辱行污名,不宜全推,引些归己,可以韬光养德。

译文:
　　好名声不应独自享有,分一些给他人,可以远离祸患保全自身;有损名声的事情不能全部推给他人,自己也承担一些,就能韬光养晦、升华品格。

十五

事事要留个有余不尽的意思,便造物不能忌我,鬼神不能损我。

若业必求满,功必求盈者,不生内变,必招外忧。

译文:

凡事留有余地,这样即便上天也不会忌恨我,鬼神也不能损伤我。如果事事都求完美无缺,功业要求登峰造极,即便没有内忧,也会招来外患。

十六

家庭有个真佛,日用有种真道,
人能诚心和气、愉色婉言,
使父母兄弟间形体两释、意气交流,胜于调息观心万倍也。

译文:

家庭关系中有真正的信仰,日常行为中有共同的规则,那就是人与人之间能够以诚相待、和颜悦色,从而使父母兄弟之间融洽相处、齐心协力,这比静坐调息、反省内心要好成千上万倍。

十七

攻人之恶毋太严,要思其堪受;
教人以善毋过高,当使其可从。

译文:

指出他人的过错不要太严苛,要考虑对方是否能承受;教导别人行善不能要求太高,要在对方能做到的范围之内。

十八

粪虫至秽变为蝉,而饮露于秋风;
腐草无光化为萤,而耀采于夏月。
故知洁常自污出,明每从暗生也。

译文:

生长在粪土中的蛴螬最为污秽,蜕变为蝉就能饮食秋天的露水;腐烂的枯草黯淡无光,化生为萤火虫后却能在夏季熠熠生辉。所以我们要知道,高洁常常出自于污秽,光明往往来自于黑暗。

十九

矜高倨傲，无非客气，降伏得客气下，而后正气伸；
情欲意识，尽属妄心，消杀得妄心尽，而后真心现。

译文：

　　傲慢自大，来自于外在的歪风邪气，去掉这种风气，内心的正气自然滋长；人的欲望，是因为内心有妄念，消除这种妄念，就能解放真实的本性。

二十

饱后思味，则浓淡之境都消；
色后思淫，则男女之见尽绝。
故人当以事后之悔悟，破临事之痴迷，则性定而动无不正。

译文：

　　饱餐后回味，对食物的浓淡都没有感觉了；交欢之后再想淫邪的事情，就不再有男欢女爱的念头。所以应当用事情结束后的感悟，来破除面临事情时的痴迷，性情就能安定而没有杂念。

概论篇

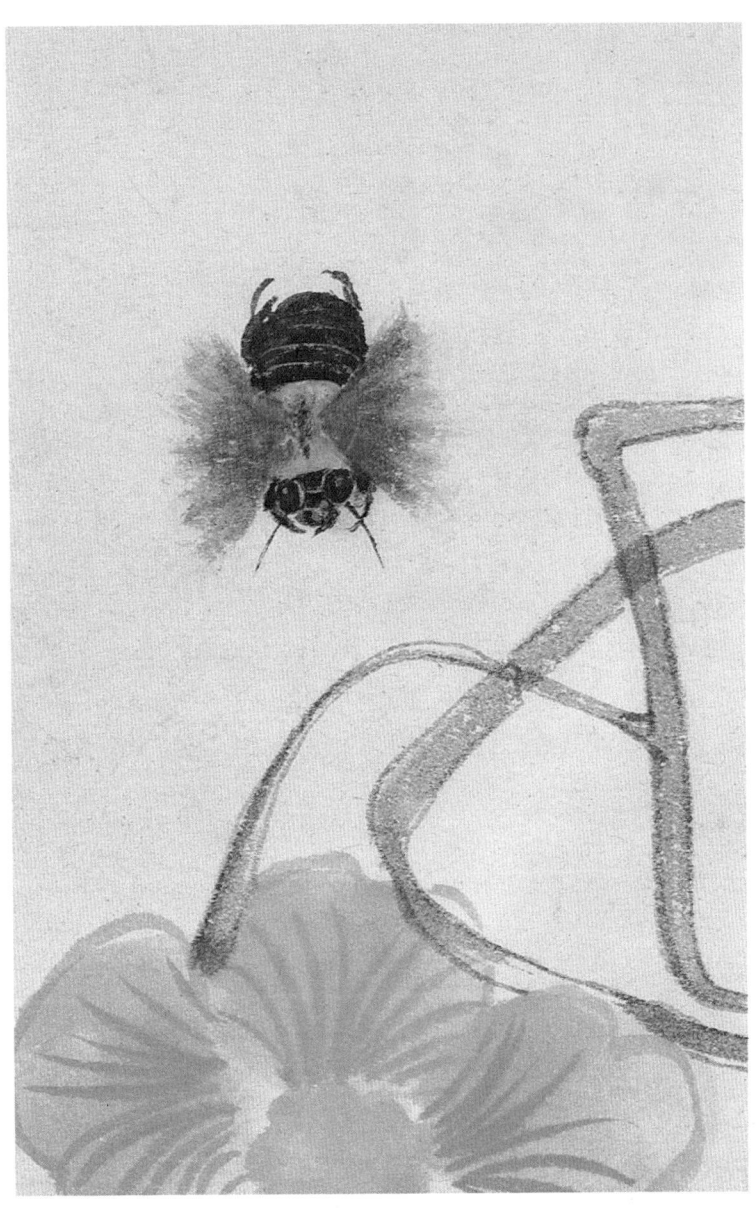

近现代 / 齐白石 / 齐白石画集（局部）

二十一

居轩冕之中,不可无山林的气味;

处林泉之下,须要怀廊庙的经纶。

译文:

　　身居高位时,不能缺少淡泊名利的操守;隐居山林时,要有胸怀天下的才识。

二十二

处世不必邀功,无过便是功;与人不要感德,无怨便是德。

译文:

　　为人处世不去刻意争取功劳,没有过错就是功劳;帮助别人不能要求他感恩戴德,没有怨恨就是恩德。

二十三

忧勤是美德,太苦则无以适性怡情;

淡泊是高风,太枯则无以济人利物。

译文:

　　做事尽心尽力是一种美德,但太过操劳就没有办法颐养性情;淡泊名利是高尚的,如果过于清心寡欲就会不近人情,对社会没有任何帮助。

二十四

事穷势蹙之人,当原其初心;
功成行满之士,要观其末路。

译文:

对于走到穷途末路的人,要体谅他最初想要做好事情的本心;对功成名就的人,要观察他是否能善始善终。

二十五

富贵家宜宽厚而反忌刻,是富贵而贫贱,其行如何能享?
聪明人宜敛藏而反炫耀,是聪明而愚懵,其病如何不败!

译文:

富贵之家应该宽厚待人,如果刻薄苛刻,那就是物质上富贵,精神上贫贱,怎么可能长久地享受富贵的生活呢?聪明的人应该收敛锋芒,如果炫耀张扬,那就是表面聪明,实际愚蠢,无法避免走向失败!

菜根谭

近现代 / 齐白石 / 齐白石画集（局部）

二十六

人情反复,世路崎岖。
行不去,须知退一步之法;
行得去,务加让三分之功。

译文:

　　世事变化无常,人生之路崎岖不平。坎坷中走不过去时,要知道退让一步;一帆风顺时,要知道礼让三分。

二十七

待小人不难于严,而难于不恶;
待君子不难于恭,而难于有礼。

译文:

　　对待心术不正的小人,做到严厉很容易,难在不用厌恶的态度对他;对待谦谦君子,做到恭敬很简单,难在始终以礼相待。

二十八

宁守浑噩而黜聪明,留些正气还天地;
宁谢纷华而甘淡泊,遗个清名在乾坤。

译文:

　　宁愿守住天性中的浑厚,也不要精于算计的聪明,保留一些浩然正气在天地之间;宁愿放弃浮华喧嚣,甘于内心的淡泊宁静,留下清白的名声在人间。

二十九

降魔者先降其心,心伏则群魔退听;
驭横者先驭其气,气平则外横不侵。

译文:

　　降服妖魔鬼怪,要先制服它们的内心,内心明净后,魔障自然退散了;控制违法乱纪的事情,就要先控制躁郁之气,心平气和了,就不会被外在的杂乱之事侵扰。

三十

养弟子如养闺女,最要严出入,谨交游。
若一接近匪人,是清净田中下一不净的种子,便终身难植嘉苗矣。

译文:

　　教养弟子就像培养闺阁中的女儿,最重要的是对社交严格要求,让他们谨慎结交朋友。一旦接近心术不正的人,就是在良田中种下不干净的种子,一辈子都长不出好的禾苗。

三十一

欲路上事,毋乐其便而姑为染指,一染指便深入万仞;理路上事,毋惮其难而稍为退步,一退步便远隔千山。

译文:

欲望上的事情,不要因为便利就随意染指,一旦沾染就会坠入万丈深渊;义理上的事情,不要因为困难就退缩让步,一旦退步便与真理有了万水千山之隔。

近现代/齐白石/ 蘑菇(局部)

三十二

念头浓者自待厚,待人亦厚,处处皆厚;念头淡者自待薄,待人亦薄,事事皆薄。故君子居常嗜好,不可太浓艳,亦不宜太枯寂。

译文:

欲望浓烈的人,对自己优厚,对他人也优厚,处处都丰厚充足;清心寡欲的人对自己淡薄,对他人也淡薄,对所有事情都薄情寡义。所以君子在生活中要欲望适中,不能太浓烈,也不能太寡淡。

三十三

彼富我仁,彼爵我义,君子故不为君相所牢笼;人定胜天,志壹动气,君子亦不受造化之陶铸。

译文:

别人有富贵而我有仁义,别人有爵位而我有正义,所以君子不会被富贵权势笼络;人能战胜自然,意志坚定就有好运气,君子不会被自然条件所限制。

三十四

立身不高一步立,如尘里振衣、泥中濯足,如何超达?处世不退一步处,如飞蛾投烛、羝羊触藩,如何安乐?

译文:

立身于社会,如果没有高远的志向,就像在灰尘中拍打衣服,在泥潭里洗脚,怎么可能超凡脱俗呢?为人处世,如果不知道退让,就像飞蛾扑火、公羊用角顶篱笆那样,怎么能得到安宁快乐呢?

三十五

学者要收拾精神,并归一处。
如修德而留意于事功名誉,必无实诣;
读书而寄兴于吟咏风雅,定不深心。

译文:

做学问要集中精力,专心致志。否则就如修养品德却意在功名利禄,必定无法有所造诣;如果读书的目的在于附庸风雅,定然不能深入内心。

三十六

人人有个大慈悲,维摩屠刽无二心也;
处处有种真趣味,金屋茅檐非两地也。
只是欲闭情封,当面错过,便咫尺千里矣。

译文:

　　人人都有慈悲之心,佛徒和刽子手没有什么差别;不管在哪里都能获得乐趣,宫殿和茅草屋没有什么不同。只是人往往被欲望和私情所蒙蔽,一旦错过了慈悲心和乐趣,便遥不可及了。

三十七

进德修行,要个木石的念头,
若一有欣羡,便趋欲境;
济世经邦,要段云水的趣味,
若一有贪著,便堕危机。

译文:

　　增进品德、修养品行,要有木石一样的意志力,一旦爱慕荣华富贵,就会被欲望所困;治国安邦,要有流水一样淡泊的心境,只要有贪婪的念头,就会坠入深渊。

三十八

肝受病则目不能视,肾受病则耳不能听。
病受于人所不见,必发于人所共见。
故君子欲无得罪于昭昭,先无得罪于冥冥。

译文:

　　肝脏生病了眼睛就看不清,肾脏受损了耳朵就听不清。病的来源在人们看不见的地方,但症状却在人们都能看见的地方。所以君子要想不在大庭广众之下获罪,就要做到在他人看不见的地方也不犯错误。

三十九

福莫福于少事,祸莫祸于多心。
惟少事者方知少事之为福;
惟平心者始知多心之为祸。

译文:

　　人的幸福莫过于少有繁杂琐事,祸患莫过于猜疑多心。只有事情少的人,才能体会清闲的幸福;只有心态平和的人,才知道疑神疑鬼的害处。

菜根谭

近现代/齐白石/ 笋(局部)

四十

处治世宜方,处乱世当圆,处叔季之世当方圆并用。
待善人宜宽,待恶人当严,待庸众之人宜宽严互存。

译文:

　　身处盛世要正直,身处乱世要圆融,生活在走向衰败的时代要方圆并用。对待善良的人要宽容,对待邪恶的人要严厉,对待庸碌平凡的人要宽严相济。

四十一

我有功于人不可念,而过则不可不念;
人有恩于我不可忘,而怨则不可不忘。

译文:

　　对别人有恩惠不可念念不忘,但自己的过错则不能不记住;别人有恩于自己不能忘记,他人的过错则不能斤斤计较。

四十二

心地干净,方可读书学古。
不然,见一善行,窃以济私;闻一善言,假以覆短。
是又藉寇兵而赍盗粮矣。

译文:

　　只有内心洁净的人,才能去读书,学习古人的智慧。如果看见一个善良的行为,就偷来美化私行;听到一句良言,就用来掩饰自己的缺点。这就好比借兵书给敌寇、送粮食给盗贼。

四十三

奢者富而不足,何如俭者贫而有余;
能者劳而俯怨,何如拙者逸而全真?

译文:

　　喜好奢华的人即便富有也不知足,比不上节俭的人虽然清贫而有盈余;能干的人操劳而招来怨恨,还不如笨拙的人安逸而能保全自己的真性情。

四十四

读书不见圣贤,如铅椠佣;
居官不爱子民,如衣冠盗;
讲学不尚躬行,如口头禅;
立业不思种德,如眼前花。

译文:

读书却不理解古圣先贤的智慧,就像一个只会记录的人;做官不爱护民众,就如同道貌岸然的强盗;讲授学问却不以身作则,就像只会口头念经而不能领会禅机的和尚;追求功业而不注重品德修养,就像眼前转瞬即逝的花朵。

四十五

人心有部真文章,都被残编断简封固了;
有部真鼓吹,都被妖歌艳舞湮没了。
学者须扫除外物,直觅本来,才有个真受用。

译文:

每个人心中都有一篇好文章,但是被各种残缺不全的书籍禁锢了;每个人心中都有一首真正的乐章,只是被妖艳的歌舞埋没了。做学问的人必须排除外界的干扰,寻觅内心的本性,才能真正受益于真实的学问。

四十六

苦心中常得悦心之趣；得意时便生失意之悲。

译文：

在困苦中要时常能找到愉悦身心的乐趣，在顺境中要能想到失意时的悲哀。

四十七

富贵名誉自道德来者，如山林中花，自是舒徐繁衍；自功业来者，如盆槛中花，便有迁徙废兴；若以权力得者，如瓶钵中花，其根不植，其萎可立而待矣。

译文：

荣华富贵如果是通过提高自身的道德修养得来，就像生长在山林中的花朵，自然能茂盛地绽放；如果是通过建功立业得来，就像栽种在花盆中的花，会因为搬迁，受环境的影响而兴盛或者干枯；如果是通过权力得来，就像插在花瓶中的花，没有在泥土中扎根，很快就会枯萎。

概论篇

近现代 / 齐白石 /　　　　　　　　　　　　　　　　齐白石画集（局部）

四十八

栖守道德者,寂寞一时;依阿权势者,凄凉万古。达人观物外之物,思身后之身,宁受一时之寂寞,毋取万古之凄凉。

译文:

遵守道德规范的人,所受的冷落只是一时的;攀附权势的人,会因遭受唾弃而长久凄凉。通达的人会透过物质看到更久远的精神世界,顾虑死后的名声,宁愿遭受一时的寂寞,而不愿得到长久的凄凉。

四十九

春至时和,花尚铺一段好色,鸟且啭几句好音。士君子幸列头角,复遇温饱,不思立好言、行好事,虽是在世百年,恰似未生一日。

译文:

春天到来,天气和顺,花朵尚能为大地铺上一层艳丽的色彩,飞鸟会鸣叫出悦耳的声音。读书人有幸拔得头筹,衣食无忧,如果不想着留下好的言论、做几件好事,那么即便在世一百年,也像没活过一天一样。

五十

学者有段兢业的心思,又要有段潇洒的趣味。
若一味敛束清苦,是有秋杀无春生,何以发育万物?

译文:

  做学问的人要有兢兢业业的心态,也要有洒脱的胸怀。如果只是一味地约束自己,清心寡欲,就只有秋天的肃杀之气而没有春天的生机勃勃,如何能让万物生长呢?

五十一

真廉无廉名,立名者正所以为贪;
大巧无巧术,用术者乃所以为拙。

译文:

  真正清廉的人不会在乎廉洁的名声,热衷于树立名声的人实际上是在贪图虚名;有智慧的人不会使用技巧,玩弄技巧的人其实是为了掩饰笨拙。

五十二

心体光明,暗室中有青天;
念头暗昧,白日下有厉鬼。

译文:

  内心光明正大,即便在黑暗的屋子里,也有身处青天白日下的坦然;如果有邪恶的念头,即便在太阳底下也会担心厉鬼缠身。

五十三

人知名位为乐,不知无名无位之乐为最真;
人知饥寒为忧,不知不饥不寒之忧为更甚。

译文:

人们都觉得有名声和地位很快乐,却不知道没有名利牵累的快乐才最为真实;人们都认为挨饿受冻让人忧虑,却不知道在衣食无忧的基础上所要承受的忧虑更为沉重。

五十四

为恶而畏人知,恶中犹有善路;
为善而急人知,善处即是恶根。

译文:

做了坏事害怕让人知道,就还有弃恶从善的道路;做了好事而急切地想让人知道,做好事的同时便也种下了恶根。

五十五

天之机缄不测,抑而伸、伸而抑,皆是播弄英雄、颠倒豪杰处。
君子只是逆来顺受、居安思危,天亦无所用其伎俩矣。

译文:

天意深不可测,有时逆境过后是顺境,也有可能先有顺境后有逆境,这些都是考验英雄豪杰的手段。君子只要能做到逆来顺受、居安思危,那么上天也就没有办法施展它的伎俩了。

五十六

福不可徼,养喜神以为招福之本;
祸不可避,去杀机以为远祸之方。

译文:

福分不能强求,保持喜悦的神情才是幸福的根本;灾祸不可避免,去除邪恶的念头才能远离祸患。

菜根谭

近现代 / 齐白石 / 齐白石画集（局部）

五十七

十语九中未必称奇,一语不中,则愆尤骈集;
十谋九成未必归功,一谋不成则訾议丛兴。
君子所以宁默毋躁、宁拙毋巧。

译文:

　　十句话中有九句正确未必会得到称赞,只要有一句话不对,所有的指责就会纷至沓来;十个谋略有九个成功未必就有功劳,只要一件事情失败就会非议丛生。所以君子宁愿沉默也不要浮躁、宁愿笨拙也不取巧。

五十八

天地之气,暖则生,寒则杀。
故性气清冷者,受享亦凉薄。
惟气和暖心之人,其福亦厚,其泽亦长。

译文:

　　天地的气象,和暖就有生机,寒冷则肃杀萧条。因此性情孤傲冷漠的人,所享受的福分也很稀少。只有心平气和、让他人感到温暖的人,才能福泽绵长。

五十九

天理路上甚宽,稍游心,胸中便觉广大宏朗;
人欲路上甚窄,才寄迹,眼前俱是荆棘泥涂。

译文:

　　天理正义的道路很宽敞,稍微用心,就会感觉宽广明朗;欲望的道路则特别狭窄,才踏出脚步,眼前便会布满荆棘泥泞。

六十

一苦一乐相磨练,练极而成福者,其福始久;
一疑一信相参勘,勘极而成知者,其知始真。

译文:

　　痛苦和快乐的交替磨炼,磨炼到极致后得到的幸福,才能长久;在怀疑和相信中反复勘验,最终得到的成果,才是真理。

六十一

地之秽者多生物,水之清者常无鱼,
故君子当存含垢纳污之量,不可持好洁独行之操。

译文:

　　有污秽的地方能生长很多生物,水太清澈的地方没有鱼虾。所以君子要有藏污纳垢的度量,不能自视高洁而特立独行。

六十二

泛驾之马可就驰驱,跃冶之金终归型范。只一优游不振,便终身无个进步。

白沙云:"为人多病未足羞,一生无病是吾忧。"真确实之论也。

译文:

野外的马匹经过驯化就能让人驾驭而驰骋万里,熔炉之外的金属最终可以通过熔炉铸造成为器物。人只要一散漫不振作,便会终生没有什么成就。陈献章说:"做人有很多毛病并不羞耻,一生没有一点过失才值得忧虑。"这是一句真理。

六十三

人只一念贪私,便销刚为柔,塞智为昏,变恩为惨,染洁为污,坏了一生人品。

故古人以不贪为宝,所以度越一世。

译文:

人只要有一丝贪婪的念头,便会由刚正变得软弱,由智慧变得昏庸,由慈悲变得残忍,由纯洁变得污浊,从而损坏一生的人品。所以古人把不贪婪作为宝贵的品质,从而度过超凡脱俗的一生。

六十四

耳目见闻为外贼,情欲意识为内贼,
只是主人公惺惺不昧,独坐中堂,贼便化为家人矣。

译文:

眼睛看到的和耳朵听到的美景声色,都是外来的盗贼,情感和欲望的念头都是我们内心的盗贼,自己的内心保持清醒警觉,就像主人端坐中堂时,盗贼就能变成家人,和自己友好相处。

六十五

图未就之功,不如保已成之业;
悔既往之失,亦要防将来之非。

译文:

图谋没有完成的功业,不如坚守已经完成的事业;后悔过去的过失时,也要防止将来可能发生的错误。

概论篇

近现代 / 齐白石 / 农耕图（局部）

六十六

气象要高旷,而不可疏狂;
心思要缜缄,而不可琐屑;
趣味要冲淡,而不可偏枯;
操守要严明,而不可激烈。

译文:

  人的气度要高远旷达,但不能粗鲁狂傲;心思要缜密细致,但不能过于琐碎;趣味要清净淡雅,但不能偏执枯燥;操守要严正光明,但不能偏激刚烈。

六十七

风来疏竹,风过而竹不留声;
雁度寒潭,雁过而潭不留影。
故君子事来而心始现,事去而心随空。

译文:

  清风吹过稀疏的竹林,风过后竹林便不再有声响;大雁飞过潭水,飞走后潭面不会再留下影子。所以君子面对事情时,会显示出本来的心性,事情过去后便又归于平静。

六十八

清能有容,仁能善断,明不伤察,直不过矫,
是谓蜜饯不甜、海味不咸,才是懿德。

译文:

　　清廉而有包容之心,仁慈而能当机立断,明智聪慧而不斤斤计较,正直而不矫枉过正。就像蜜饯不过于甜腻,海鲜不会咸到难以入口,才是真正的德行。

六十九

贫家净扫地,贫女净梳头。
景色虽不艳丽,气度自是风雅。
士君子当穷愁寥落,奈何辄自废弛哉!

译文:

　　贫穷的家庭也会清扫干净地面,穷人家的儿女也会把头发梳理整齐,这样虽然没有鲜艳华丽的色彩,却有素雅的风韵气度。所以君子虽然身处穷困寂寥的境地,又怎么能自暴自弃、放松对自己的要求呢?

七十

闲中不放过,忙中有受用;
静中不落空,动中有受用;
暗中不欺隐,明中有受用。

译文:

闲暇的时候不浪费时间,忙碌的时候就会从中受益;平静的时候没有无所事事,行动的时候就会从中受益;独处的时候光明磊落,大庭广众之下就会从中受益。

七十一

念头起处,才觉向欲路上去,便挽从理路上来。一起便觉,一觉便转,此是转祸为福、起死回生的关头,切莫当面错过。

译文:

当人发现自己的想法,指向欲望的道路,便要马上挽救,将自己拉到正义的道路上来。一有不正当的想法就察觉,之后便转变,这是转祸为福、起死回生的关键,绝对不能错过。

七十二

天薄我以福,吾厚吾德以迓之;
天劳我以形,吾逸吾心以补之;
天厄我以遇,吾亨吾道以通之。
天且奈我何哉!

译文:

上天给我微薄的福分,我就用宽厚的德行来面对;上天让我身体劳苦,我就用安逸的心境来弥补;上天让我遭遇厄运,我就自己开辟通畅的人生道路。这样,上天还能拿我怎么样呢?

七十三

真士无心邀福,天即就无心处牖其衷;
险人著意避祸,天即就著意中夺其魄。
可见天之机权最神,人之智巧何益?

译文:

真正有修养的人不会刻意乞求福分,上天会让他在无意之中得到好运;险恶的人刻意回避灾祸,上天却会特意给他一些惩罚。可见上天的玄机深不可测,人的机智巧算又有什么用呢?

菜根谭

近现代 / 齐白石 /

齐白石画集（局部）

七十四

声妓晚景从良,一世之烟花无碍;
贞妇白头失守,半生之清苦俱非。
语云"看人只看后半截",真名言也。

译文:

　　歌伎在晚年变成良家妇女,前半生的沦落风尘对她不会有什么影响;贞洁的妇女如果晚年失节,一生的清苦守节就失去了意义。俗话说"看人要看后半生",真是至理名言。

七十五

平民肯种德施惠,便是无位的卿相;
仕夫徒贪权市宠,竟成有爵的乞人。

译文:

　　平民百姓如果能积德行善、广施恩惠,那就是没有位分的宰相;达官贵人如果只是贪念权贵、博取恩宠,就只是有爵位的乞丐。

七十六

问祖宗之德泽,吾身所享者是,当念其积累之难;
问子孙之福祉,吾身所贻者是,要思其倾覆之易。

译文:

要知道祖宗给我们留下的恩德,就看我们自身所享受的东西,因此要感念祖先创造积累的艰难;要知道子孙以后会有的福泽,就看我们自己留下了什么,要时刻反思倾覆败落的危机。

七十七

君子而诈善,无异小人之肆恶;
君子而改节,不若小人之自新。

译文:

君子伪善的行为,和小人故意作恶没什么两样;君子变节堕落,还不如小人改过自新。

近现代 / 齐白石 /　　　　　　　齐白石画集(局部)

七十八

家人有过,不宜暴扬,不宜轻弃。
此事难言,借他事而隐讽之;
今日不悟,俟来日正警之。
如春风之解冻、和气之消冰,才是家庭的型范。

译文:

　　家人有过错不应该向外宣扬,也不能轻易放弃。一件事情难以言说,就借其他的事情暗示他;今天不醒悟,就改天再劝告他。就像春风化解冻土,和暖之气消解冰块,才是家庭应该有的样子。

七十九

此心常看得圆满,天下自无缺陷之世界;
此心常放得宽平,天下自无险侧之人情。

译文:

　　内心常看美满的事情,就会觉得世界没有缺陷;时常保持宽广的胸襟,天下就没有人心险恶。

八十

淡泊之士,必为浓艳者所疑;
检饬之人,多为放肆者所忌。
君子处此,固不可少变其操履,亦不可太露其锋芒。

译文:

淡泊名利的人,必然会被那些争名逐利的人所猜疑;克制谨慎的人,大多会被放纵浪荡的人所忌恨。在复杂的处境中,君子固然不能改变自己的操守,但也不能锋芒毕露。

八十一

居逆境中,周身皆针砭药石,砥节砺行而不觉;
处顺境内,满前尽兵刃戈矛,销膏靡骨而不知。

译文:

身处逆境中,就像周围都是治病的良药,让人在不知不觉中砥砺品性;处于顺境时,仿佛眼前尽是刀剑利刃,无意之中便消磨了自己的精神和意志。

八十二

生长富贵丛中者,嗜欲如猛火,权势似烈焰。若不带些清冷气味,其火焰不至焚人,必将自焚。

译文:

　　生长在富贵环境中的人,欲望如猛火一般强烈,权势像烈焰一样灼人。如果没有些许清冷的心气,这种火焰即便不伤害到他人,也足以毁灭自己。

近现代/齐白石/　　　　　　齐白石画集(局部)

八十三

人心一真,便霜可飞,城可陨,金石可贯。
若伪妄之人,形骸徒具,真宰已亡。
对人则面目可憎,独居则形影自愧。

译文:

　　人怀有一颗真诚的心,便可以在炎夏降下寒霜,可以使坚固的城墙损毁,可以使坚硬的石头裂开。一个虚伪狡猾的人,空有一副肉身,灵魂已经消亡,在人前就显得面目可憎,独处时对着自己的影子也会独自羞愧。

八十四

文章做到极处,无有他奇,只是恰好;
人品做到极处,无有他异,只是本然。

译文:

　　文章写到极致,并不是有多奇妙,只是恰到好处;人品的最高境界,也没有什么特别之处,只是本性的流露。

八十五

以幻迹言，无论功名富贵，即肢体亦属委形；
以真境言，无论父母兄弟，即万物皆吾一体。
人能看得破、认得真，才可以任天下之负担，
亦可脱世间之缰锁。

译文：

如果认为人生是一场梦幻，那么不要说功名富贵，即便是肉体，都只是上天临时委托给你的；如果把人生看成真实的经历，那么不要说父母兄弟，即便万事万物，都和自己是一体的。一个人能够看得透彻，认得真切，才能挑起天下的重担，也才能摆脱世间名利的束缚羁绊。

八十六

爽口之味，皆烂肠腐骨之药，五分便无殃；
快心之事，悉败身散德之媒，五分便无悔。

译文：

清爽可口的味道，都是腐烂肠胃的毒药，吃五分饱就没有危害；大快人心的事情，都是败坏品德的媒介，享受五分就不会让人后悔。

八十七

不责人小过,不发人阴私,不念人旧恶。
三者可以养德,亦可以远害。

译文:

不责备他人细微的过失,不揭露别人的隐私,不纠结于别人过去的恶行。这三件事可以修养品德,也可以让自己远离灾害。

八十八

天地有万古,此身不再得;
人生只百年,此日最易过。
幸生其间者,不可不知有生之乐,
亦不可不怀虚生之忧。

译文:

天地万古长存,但人的生命只有一次;人生不过区区百年时光,一天的时间一晃而过。有幸生在人间,不能不知道生命的乐趣,也不能没有虚度此生的担忧。

八十九

老来疾病,都是壮时招得;
衰时罪业,都是盛时作得。
故持盈履满,君子尤兢兢焉。

译文:

年老时的疾病,都是身强力壮时过度消耗导致的;衰弱时所遭受的罪孽,都是鼎盛时期埋下的祸根。所以人在美满顺遂的时候,尤其要小心谨慎。

九十

市私恩不如扶公议,结新知不如敦旧好,
立荣名不如种阴德,尚奇节不如谨庸行。

译文:

用恩惠收买他人,不如坚持正义取得最大多数人的支持;结交新朋友,不如维护好老朋友;追求显赫的名声,不如默默地修炼品德;崇尚奇特的名节,不如生活中谨言慎行。

九十一

公平正论不可犯手,一犯手则贻羞万世;
权门私窦不可著脚,一著脚则玷污终身。

译文:

　　社会公认的规范不能触犯,一旦触犯就会遗臭万年;权贵之家不要轻易涉足,一旦涉足就会玷污清白的名声。

近现代/齐白石/　　　　　　　　齐白石画集(局部)

九十二

曲意而使人喜,不若直节而使人忌;
无善而致人誉,不如无恶而致人毁。

译文:

曲意逢迎求得他人欢喜,不如正直守节让他人忌惮;没有能得到赞誉的善行,不如没有被人诽谤的恶行。

九十三

处父兄骨肉之变,宜从容,不宜激烈;
遇朋友交游之失,宜剀切,不宜优游。

译文:

与父母兄弟等亲人有矛盾时,应该镇定从容地解决,不应言辞激烈;发现朋友至交有过失,应当恳切地规劝,不能包庇。

九十四

小处不渗漏,暗处不欺隐,末路不怠荒,才是真正英雄。

译文:

细微之处不留下漏洞,无人的地方不做亏心事,穷途末路的时候不自暴自弃,才算是真正的英雄好汉。

九十五

惊奇喜异者,终无远大之识;
苦节独行者,要有恒久之操。

译文:

　　喜欢标新立异的人,最终不会有远见卓识;苦守名节的独行者,需要有长久的操守。

九十六

当怒火欲水正腾沸时,明明知得,又明明犯着。
知得是谁?犯着又是谁?
此处能猛然转念,邪魔便为真君子矣。

译文:

　　当一个人身处愤怒和欲望中时,即便清楚这样不对,也很难克制自己不犯错。是谁心知肚明,又是谁明知故犯呢?若能在这个时候幡然醒悟,邪恶的魔鬼也能转化为真正的君子了。

九十七

毋偏信而为奸所欺,毋自任而为气所使。
毋以己之长而形人之短,毋因己之拙而忌人之能。

译文:

不要偏听偏信而被奸人所欺骗,不要自以为是而意气用事,不用自己的长处对比他人的短处,不因自己的笨拙而嫉妒他人的才能。

九十八

人之短处,要曲为弥缝,如暴而扬之,是以短攻短;人有顽的,要善为化诲,如忿而嫉之,是以顽济顽。

译文:

他人的短处,要委婉地劝告,如果暴露宣扬,就是在用自己的短处攻击他人的短处;他人顽固的地方,应善意地去教诲感化,如果用愤怒来表达厌恶,就是用自己的顽固助长别人的顽固。

九十九

遇沉沉不语之士,且莫输心;
见悻悻自好之人,应须防口。

译文:

　　遇到沉默寡言的人,不要急着表露真心;遇到自以为是的人,应该做到谨言慎行。

一百

念头昏散处,要知提醒;
念头吃紧时,要知放下。
不然,恐去昏昏之病,又来憧憧之扰矣。

译文:

　　意念昏沉时,要提醒自己振作精神;紧张沉重时,要懂得放松舒缓。不然就会除去了昏沉散乱的毛病,又有了心神不定的困扰。

概论篇

近现代 / 齐白石 / 葡萄飞蝗（局部）

一零一

霁日青天,倏变为迅雷震电;
疾风怒雨,倏转为朗月晴空。
气机何尝一毫凝滞,太虚何尝一毫障蔽,人之心体亦当如是。

译文:

原本晴空万里,忽然间变为雷电交加;原本疾风怒雨,又突然晴空万里。大自然的运行未曾有过停滞,宇宙的变化也从不曾被阻碍,我们的内心也应当像这样,不被外物影响。

一零二

胜私制欲之功,有曰识不早、力不易者,有曰识得破、忍不过者。
盖识是一颗照魔的明珠,力是一把斩魔的慧剑,两不可少也。

译文:

战胜私心和克制欲念的功夫,有的人说不能早认识,或者没有能力战胜它,有的人说能意识到它的危害,却经受不住它的诱惑。因此人的认知是一颗照耀邪魔的明珠,意志力是一把斩除邪魔的智慧宝剑,两者缺一不可。

一零三

横逆困穷,是锻炼豪杰的一副炉锤。
能受其锻炼者,则身心交益;
不受其锻炼者,则身心交损。

译文:

　　意料之外的困难穷苦,是锻炼英雄豪杰的熔炉。能经受得住锤炼的人,身心从中受益;经受不住锤炼的人,则身心俱疲。

一零四

害人之心不可有,防人之心不可无,此戒疏于虑者;
宁受人之欺,毋逆人之诈,此警伤于察者。
二语并存,精明浑厚矣。

译文:

　　害人之心不可有,防人之心不可无,这是告诫思虑不周的人;宁愿被他人欺骗,也不要揭穿别人的欺诈之心,这是警告防备心太过的人。这两方面兼顾,就能做到既精明又厚道。

一零五

毋因群疑而阻独见,毋任己意而废人言;
毋私不惠而伤大体,毋借公论以快私情。

译文:

不要因为大众的怀疑而放弃自己独到的见解,不要一意孤行而听不进他人的意见;不能因为贪图小恩小惠而损伤大体,不能用公众舆论满足自己的私心。

一零六

善人未能急亲,不宜预扬,恐来谗谮之奸;
恶人未能轻去,不宜先发,恐招媒孽之祸。

译文:

碰到善良的人,如果不能快速亲近他,就不要预先宣扬,避免招来挑拨离间的小人;碰到邪恶的人,如果不能轻易远离,就不要轻易发作,以免招来诬陷的灾祸。

一零七

青天白日的节义,自暗室屋漏中培来;
旋乾转坤的经纶,从临深履薄中操出。

译文:

在众人面前表现出来的气节操守,都是在默默无闻的时候培养出来的;经天纬地的本领,都是从平常的小心谨慎中操练出来的。

一零八

父慈子孝、兄友弟恭,纵做到极处,俱是合当如是,着不得一毫感激的念头。
如施者任德,受者怀恩,便是路人,便成市道矣。

译文:

父母对子女慈爱,子女必对父母孝敬;哥哥对弟弟友善,弟弟必然对他尊重。在家人之间即使拿出最大的爱心做到极致,也是理所当然的,彼此之间用不着存着感激的念头。如果给予者自认为是恩人,而接受者也会记住对方的好处,那就等于骨肉血亲成了路人,把真挚的骨肉之情变成了市井交易。

一零九

炎凉之态,富贵更甚于贫贱;
妒忌之心,骨肉尤狠于外人。
此处若不当以冷肠,御以平气,鲜不日坐烦恼障中矣。

译文:

　　世态炎凉的景象,富贵人家比清贫之家更明显;嫉妒猜疑的心理,至亲骨肉比萍水相逢的人更严重。在这样的处境中如果不能保持冷静,平心静气,那就要每天陷于烦恼之中了。

一一零

功过不宜少混,混则人怀惰隳之心;
恩仇不可太明,明则人起携贰之志。

译文:

　　他人的功劳和过失不应有些许的混淆,如果混淆就会让人产生怠惰之心;对别人的感恩和仇恨不能表现得太明显,否则就会让人产生背离之心。

一一一

恶忌阴，善忌阳，
故恶之显者祸浅，而隐者祸深；
善之显者功小，而隐者功大。

译文：

　　坏事忌讳被隐瞒，好事忌讳被宣扬，因此看得见的坏事带来的危害小，看不见的坏事带来的危害大；宣扬出去的善举功德小，不为人知的善举功德大。

一一二

德者才之主，才者德之奴。
有才无德，如家无主而奴用事矣，几何不魍魉猖狂？

译文：

　　品德是才能的主人，才能是品德的奴仆。如果有才能却品德低下，就像家里没有主人而奴仆主事，怎么会不嚣张猖狂呢？

一一三

锄奸杜幸,要放他一条去路。
若使之一无所容,便如塞鼠穴者,一切去路都塞尽,则一切好物都咬破矣。

译文:

铲除奸邪小人,要给他们留一条生路。如果挡住它们所有的退路,就像堵住老鼠的洞穴,如果把所有的路都堵死,走投无路的老鼠会咬坏所有的好东西。

一一四

士君子贫不能济物者,
遇人痴迷处,出一言提醒之;
遇人急难处,出一言解救之,
亦是无量功德矣。

译文:

有学问的人虽然不能给人物质上的帮助,但在他人迷茫的时候,能用一句话提醒他;在他人遭遇危难的时候,能用一句话解救他,这也是不可估量的功德。

一一五

处己者,触事皆成药石,

尤人者,动念即是戈矛,

一以辟众善之路,一以浚诸恶之源,

相去霄壤矣。

译文:

严于律己的人,所接触的事都会成为修身的良药,怨天尤人的人,他的想法会成为损害自身修养的利器。前者是开辟了一条良善的道路,后者是打开了万恶的源泉,两者有天壤之别。

一一六

事业文章,随身销毁,而精神万古如新;

功名富贵,逐世转移,而气节千载一时。

群信不以彼易此也。

译文:

事业文章都会随着肉身的死亡而销毁,但精神却会万古长存;功名富贵会随着时移世易而转变,但气节却能留存千秋万代。所以有智慧的人不会放弃长久的精神气节,而去追寻功名利禄。

一一七

鱼网之设,鸿则罹其中;
螳螂之贪,雀又乘其后。
机里藏机,变外生变,智巧何足恃哉!

译文:

为了捕鱼拉开渔网,鸿雁却不幸被网住;螳螂捕蝉,却没想到身后黄雀带来的危机。天地万物,玄机中暗藏玄机,变化之外再生变化,人的聪明和计谋如何能应付得来呢?

一一八

作人无一点真恳的念头,便成个花子,事事皆虚;
涉世无一段圆活的机趣,便是个木人,处处有碍。

译文:

做人如果没有一点真诚的念头,便会华而不实,每件事情都显得虚伪;做事如果不能灵活变通,就会像个木头人一样,处处碍手碍脚。

概论篇

近现代 / 齐白石 / 齐白石画集（局部）

一一九

有一念而犯鬼神之禁，一言而伤天地之和，一事而酿子孙之祸者，最宜切戒。

译文：

有时候，一个念头就会触犯鬼神的禁忌，一句话就会伤害天地间的和气，一件事就会酿成贻害子孙的大祸，这些事情一定要引以为戒。

一二零

事有急之不白者，宽之或自明，毋躁急以速其忿；人有切之不从者，纵之或自化，毋操切以益其顽。

译文：

有些事情，越着急越弄不明白，宽限放松一下，或许自然就明白了，不要因为急躁而让人更加愤怒；有些人，越是急切地给他建议，他越不听从，对他宽容一些，他自然就理解了，不要操之过急让他更加固执。

一二一

节义傲青云,文章高白雪。
若不以德性陶镕之,终为血气之私、技能之末。

译文:

纵使气节可以傲视青云,文章胜过阳春白雪,如果没有良好的品德,那么气节也只能是个人的血气冲动,文章也只能算雕虫小技。

一二二

谢事当谢于正盛之时,居身宜居于独后之地;
谨德须谨于至微之事,施恩务施于不报之人。

译文:

在事业最辉煌的时候急流勇退,在清净之处修身养性,在细微之处强化品德,在无法回报的人身上施加恩德。

一二三

德者事业之基，未有基不固而栋宇坚久者；
心者修行之根，未有根不植而枝叶荣茂者。

译文：

　　高尚的品德是事业的根基，根基不稳，高楼大厦就不能持久坚固；善良的心性是修行的根本，根部稀疏，植物就不可能枝繁叶茂。

一二四

道是一件公众的物事，当随人而接引；
学是一个寻常的家饭，当随事而警惕。

译文：

　　追求道德是每个人都应该做的，应当根据每个人自身的资质来引导；做学问类似于家常便饭，要根据事情的变化而保持警惕。

一二五

念头宽厚的,如春风煦育,万物遭之而生;
念头忌刻的,如朔雪阴凝,万物遭之而死。

译文:

　　心胸宽广的人,就像和煦的春风,所有事物遇到他都生机勃勃;心思刻薄的人,就像寒风和冰雪,万事万物接触到他都会枯萎凋零。

一二六

勤者敏于德义,而世人借勤以济其贪;
俭者淡于货利,而世人假俭以饰其吝。
君子持身之符,反为小人营私之具矣,惜哉!

译文:

　　勤劳的人积极地培养自己的品德,但却有人借勤劳的名义来满足他的贪念;俭朴的人淡泊名利,却有人以俭朴的名义掩饰他的吝啬。君子修身的信条,反而成了小人谋求私利的工具,实在可惜!

一二七

人之过误宜恕,而在己则不可恕;
己之困辱宜忍,而在人则不可忍。

译文:

　　他人的过失应该宽恕,自己的过错则不能轻易放过;自己遭受的困苦和耻辱要忍受,对他人的困窘则不能袖手旁观。

一二八

恩宜自淡而浓,先浓后淡者,人忘其惠;
威宜自严而宽,先宽后严者,人怨其酷。

译文:

　　给予他人恩惠要先淡后浓,如果先浓后淡,恩惠就会被别人遗忘;施展威严要从严厉慢慢变得宽松,如果先宽松后严厉,就会被人埋怨冷酷。

一二九

士君子处权门要路,操履要严明,心气要和易。
毋少随而近腥膻之党,
亦毋过激而犯蜂虿之毒。

译文:

当官的人如果身处机要职位,操守要严明,心气要随和。不能攀附奸邪之流,也不能因态度过激而得罪阴险狡诈的人。

一三零

遇欺诈的人,以诚心感动之;遇暴戾的人,
以和气熏蒸之;
遇倾邪私曲的人,以名义气节激励之。
天下无不入我陶熔中矣。

译文:

遇到爱使用欺诈手段的人,就用真诚去感动他;遇到行为粗暴的人,就用平和去熏陶他;遇到奸诈狡猾的人,就用道义气节去激励他。这样全天下的人就没有不能被我塑造的了。

菜根谭

近现代 / 齐白石 /　　　　　　　　　　　　　　　　齐白石画集（局部）

一三一

一念慈祥,可以酝酿两间和气;
寸心洁白,可以昭垂百代清芬。

译文:

慈祥的念头,可以带来彼此之间的和气;内心洁净,能够让好名声彰显于后世。

一三二

阴谋怪习、异行奇能,俱是涉世的祸胎。
只一个庸德庸行,便可以完混沌而招和平。

译文:

阴谋诡计和古怪的习惯,以及特立独行和特殊的才能,都是给自身带来灾祸的根源。只有遵守道德规范,言行普通,才能合乎自然规则,让自己平静地生活。

一三三

语云:"登山耐险路,踏雪耐危桥。"一"耐"字极有意味。

如倾险之人情、坎坷之世道,若不得一耐字撑持过去,几何不坠入榛莽坑堑哉!

译文:

俗话说:"登山要能忍耐险峻的道路,踏雪要能忍耐危险的桥面。"一个"耐"字意味深长。面对人情险恶、世道坎坷,如果不用忍耐的方法支撑过去,就很难不掉入荆棘丛生的深谷中。

一三四

夸逞功业,炫耀文章,皆是靠外物做人。
不识心体莹然,本来不失,即无寸功只字,
亦自有堂堂正正做人处。

译文:

炫耀自己的功业和文章,都是依靠身外之物彰显自己。这样的人不知道只要心地纯洁,不失本来的面目,即便没有建功立业、著书立说,也能堂堂正正地做人。

一三五

不昧己心,不拂人情,不竭物力,
三者可以为天地立心,为生民立命,为子孙造福。

译文:

　　不违背自己的良心,不忤逆人之常情,不耗尽财力物力,做到这三件事情,就能顶天立地,为民众安身立命,为子孙留下福祉。

一三六

居官有二语曰:"惟公则生明,惟廉则生威。"
居家有二语曰:"惟恕则平情,惟俭则足用。"

译文:

　　做官要记住两句话:"只有公平才能有清明,只有廉洁才能有威严。"

　　治家要记住两句话:"只有宽恕才能抚慰人心,只有节俭才能丰衣足食。"

一三七

处富贵之地,要知贫贱的痛痒;
当少壮之时,须念衰老的辛酸。

译文:

　　身处富贵之中,要知道贫穷卑微的疾苦;身强力壮的时候,要想到年老体衰的辛酸。

一三八

持身不可太皎洁,一切污辱垢秽要茹纳得;
与人不可太分明,一切善恶贤愚要包容得。

译文:

　　修身不能过于洁身自好,对一切污秽和耻辱都要能接纳;与人相处不能过分泾渭分明,对所有的良善和痴愚都要能包容。

一三九

休与小人仇雠,小人自有对头;
休向君子谄媚,君子原无私惠。

译文:

　　不要和小人结下仇怨,小人自有冤家对头;不要向君子献媚,君子不会因私情给予人额外的恩惠。

概论篇

近现代/齐白石/ 齐白石画集（局部）

一四零

磨砺当如百炼之金,急就者非邃养;
施为宜似千钧之弩,轻发者无宏功。

译文:

　　自我磨炼要像钢铁一样千锤百炼,急功近利就不能有深厚的德行;做事情必须像对待承载千斤重量的弓箭一样,不用力就无法建立宏大的功业。

一四一

建功立业者,多虚圆之士;
偾事失机者,必执拗之人。

译文:

　　建功立业的人,大多谦逊圆融;错失良机的人,大多执拗固执。

一四二

俭,美德也,过则为悭吝,为鄙啬,反伤雅道;
让,懿行也,过则为足恭,为曲礼,多出机心。

译文:

节俭是美德,但过分节俭则显得吝啬,反而有伤体面;谦让是美德,但过分谦让就显得曲意奉承,会被认为别有用心。

一四三

毋忧拂意,毋喜快心,毋恃久安,毋惮初难。

译文:

不如意时不必忧虑,称心如意时不必欢喜,长久处于安稳的环境中不能放松警惕,刚开始遇到困难的时候不用害怕。

一四四

饮宴之乐多,不是个好人家;
声华之习胜,不是个好士子;
名位之念重,不是个好臣工。

译文:

沉迷于宴饮乐趣的人家,不是个好家庭;习惯于显赫名声的人,不是个好学者;看重名分地位的人,不是个好臣子。

一四五

仁人心地宽舒,便福厚而庆长,
事事成个宽舒气象;
鄙夫念头迫促,便禄薄而泽短,
事事得个迫促规模。

译文:

仁慈的人心胸宽广,因此能够福泽深厚,事事看起来都舒适大气;粗鄙的人心胸狭窄,所以福气单薄,生活过得局促不安。

一四六

用人不宜刻,刻则思效者去;
交友不宜滥,滥则贡谀者来。

译文:

任用人才不能刻薄,否则真心效力的人会远去;交友不能泛滥,否则会招来阿谀奉承的人。

一四七

大人不可不畏,畏大人则无放逸之心;
小民亦不可不畏,畏小民则无豪横之名。

译文:

　　要敬畏大人物,这样就不会产生放荡轻浮的念头;也要敬畏普通民众,这样才不会留下豪横霸道的名声。

一四八

事稍拂逆,便思不如我的人,则怨尤自消;
心稍怠荒,便思胜似我的人,则精神自奋。

译文:

　　事情不如人意,便想想那些还不如自己的人,这样自然不再怨天尤人;心思稍有倦怠,就想想那些比自己强的人,这样就能振奋精神。

菜根谭

近现代 / 齐白石 /

齐白石画集（局部）

一四九

不可乘喜而轻诺,不可因醉而生瞋,
不可乘快而多事,不可因倦而鲜终。

译文:

　　不能因为高兴就轻易许诺,不能借着酒醉寻衅滋事,不要因为一时痛快而惹是生非,不能因为倦怠就有始无终。

一五零

钓水,逸事也,尚持生杀之柄;
弈棋,清戏也,且动战争之心。
可见喜事不如省事之为适,
多能不如无能之全真。

译文:

　　钓鱼本是闲散安逸的事情,尚且掌握着对于鱼的生杀大权;下棋原是清雅的游戏,也免不了要动杀伐决断的心思。由此可见,即便是快乐的事情,也不如无事更为闲适,多才多艺不如没有才能更能保全本心。

一五一

听静夜之钟声,唤醒梦中之梦;
观澄潭之月影,窥见身外之身。

译文:

听寂静夜晚中响起的钟声,能把人从人生的幻境中唤醒;观看清潭中倒映的月影,能透过肉身看到自己的内心。

一五二

鸟语虫声,总是传心之诀;
花英草色,无非见道之文。
学者要天机清澈,胸次玲珑,触物皆有会心处。

译文:

鸟和虫子的鸣叫声,都是在传递大自然的秘密;花草艳丽的色彩,都是向我们传递规律的载体。做学问的人要内心清明,胸怀宽广,这样接触到的东西就能带给自己启迪。

一五三

人解读有字书,不解读无字书;
知弹有弦琴,不知弹无弦琴。
以迹用不以神用,何以得琴书佳趣?

译文:

　　人能读懂有字的书,却读不懂生活这本无字的"书";能弹奏有弦的琴,却不知道弹奏大自然这把无弦的"琴"。只知道使用有形的物件,却不懂得领会无形的神韵,这样怎么能得到弹琴和读书的真正乐趣呢?

一五四

山河大地已属微尘,而况尘中之尘;
血肉身驱且归泡影,而况影外之影。
非上上智,无了了心。

译文:

　　山河大地对于宇宙来说就是一粒尘土,更不要说渺小的人类了;血肉之躯对于无垠的时间来说就是梦幻泡影,更别提身外的功名利禄了。没有无上的智慧,就没有办法领会到这种生命的真谛。

一五五

石火光中,争长竞短,几何光阴?
蜗牛角上,较雌论雄,许大世界?

译文:

在电光石火之中,为了时间的长短费力争抢,又能争到多少时光呢?在蜗牛触角般狭窄的区域一较高下,又能赢得多大的领地呢?

一五六

有浮云富贵之风,而不必岩栖穴处;
无膏肓泉石之癖,而常自醉酒耽诗。
竞逐听人而不嫌尽醉,恬憺适己而不夸独醒。
此释氏所谓"不为法缠、不为空缠,身心两自在"者。

译文:

将荣华富贵看作浮云,但不必隐居到深山老林中;没有沉迷清泉山石的癖好,却能在饮酒赋诗中自得其乐。看他人追名逐利而不嫌弃疏离,闲适淡泊而不自命清高。这就是被佛家称为不被外物蒙蔽、不为虚幻痴迷的身心自在的人。

概论篇

近现代/齐白石/　　　　　　　　　　　　　　　　　齐白石画集（局部）

一五七

延促由于一念,宽窄系之寸心。
故机闲者一日遥于千古,
意宽者斗室广于两间。

译文:

　　时间的长短在于人的一念之间,空间的宽窄在于内心的感受。因此如果内心闲适,就会感觉一天长于千年,如果心胸宽广,就会觉得一个房间比天地宽敞。

一五八

都来眼前事,
知足者,仙境,不知足者,凡境;
总出世上因,
善用者,生机,不善用者,杀机。

译文:

　　同样是眼前的处境,对知足的人来说是仙境,不知足的人却觉得平凡无趣。世间的因缘际会,善于使用的人能创造出机会,不善于使用的人却认为危机重重。

一五九

趋炎附势之祸,甚惨亦甚速;
栖恬守逸之味,最淡亦最长。

译文:

趋炎附势的行为带来的灾祸,惨烈又迅速;安守恬淡的生活,淡雅又长久。

一六零

色欲火炽,而一念及病时,便兴似寒灰;
名利饴甘,而一想到死地,便味如嚼蜡。
故人常忧死虑病,亦可消幻业而长道心。

译文:

欲望像熊熊烈火一样燃烧,但一想到生病时的痛苦,兴致瞬间熄灭成灰;名利像糖果一样甘甜,如果想想死亡的境地,便觉得味同嚼蜡。所以一个人常常想一想疾病和死亡,也能消除不切实际的幻想,增长内心的修为。

一六一

争先的，径路窄，退后一步，自宽平一步；
浓艳的，滋味短，清淡一分，自悠长一分。

译文：

　　事事争先，就会道路狭窄，往后退一步，自然宽敞几分；浓烈的味道往往短暂，清淡一点，就能滋味悠长。

一六二

隐逸林中无荣辱，道义路上泯炎凉。
进步处便思退步，庶免触藩之祸；
着手时光图放手，才脱骑虎之危。

译文：

　　隐居在山林中就不会有是非荣辱的困扰，追求道义的心性能够泯灭世态炎凉。在前进的时候就要有引退的意识，这样能避免日后的进退两难；得手时就要立刻图谋放手，才能逃脱骑虎难下的危机。

一六三

贪得者,分金恨不得玉,封公怨不授侯,权豪自甘乞丐;
知足者,藜羹旨于膏粱,布袍暖于狐貉,编民不让王公。

译文:

　　贪得无厌的人,分到了金子却痛恨没得到玉石,封了王公又抱怨没得到侯爵,身处高位却自甘堕落;知足常乐的人,觉得粗茶淡饭胜于山珍海味,粗衫布衣比狐皮大衣更暖和,普通百姓的日子也不输王公贵族。

一六四

矜名不如逃名趣,练事何如省事闲。
孤云出岫,去留一无所系;
朗镜悬空,静躁两不相干。

译文:

　　宣扬名声不如逃避名声更有乐趣,行事干练不如减少事务来得悠闲。云朵进出山谷,去留不受外物的影响;明月当空,和人世间的喧闹寂静毫不相干。

一六五

山林是胜地，一营恋便成市朝；
书画是雅事，一贪痴便成商贾。
盖心无染著，俗境是仙都；
心有系牵，乐境成悲地。

译文：

　　山林是隐居的好地方，一旦内心有所依恋，就变成了嘈杂的闹市；书画原本是风雅的事情，一旦沉迷其中，就成了追求利益的商人。因此如果内心没有杂念，凡俗之地也是仙境；如果心中有欲望，乐土也会变成苦海。

一六六

时当喧杂，则平日所记忆者皆漫然忘去；
境在清宁，则夙昔所遗忘者又恍尔现前。
可见静躁稍分，昏明顿异也。

译文：

　　在喧闹嘈杂的环境中，平时记住的东西也会逐渐淡忘；在清净安宁的地方，过去所遗忘的东西又会恍惚地出现在眼前。可见安静和躁动，会分别带来清明和昏聩。

近现代/齐白石/　　　　　　　齐白石画集(局部)

一六七

芦花被下,卧雪眠云,保全得一窝夜气;
竹叶杯中,吟风弄月,躲离了万丈红尘。

译文:

睡在芦花被子里,就像躺在白雪和云朵上,能保全住内心的明净之气;端着竹叶砌成的香茶吟诗作对,可以逃离人间的凡尘俗事。

一六八

出世之道,即在涉世中,不必绝人以逃世;
了心之功,即在尽心内,不必绝欲以灰心。

译文:

　　超脱世俗的方法藏在凡尘俗事之中,所以不必远离人群来隔绝世事;认识内心的功夫在于凡事尽力而为,不需要杜绝欲望让自己心如死灰。

一六九

此身常放在闲处,荣辱得失,谁能差遣我?
此心常安在静中,是非利害,谁能瞒昧我?

译文:

　　把自己放在闲适的环境中,荣辱得失就没有办法差遣我;内心时常处于安静平和的状态,是非对错就都不能欺瞒我。

一七零

我不希荣,何忧乎利禄之香饵;
我不竞进,何畏乎仕宦之危机?

译文:

我不追逐荣耀,何必担心功名利禄太诱人呢?我不急于进取,何必害怕官场的危险呢?

一七一

多藏厚亡,故知富不如贫之无虑;
高步疾颠,故知贵不如贱之常安。

译文:

财富越多的人损失越大,因此要知道富贵不如贫苦来得无忧无虑;地位越高的人摔得越重,所以位高权重不如地位卑微的人能获得安宁。

一七二

世上只缘认得"我"字太真,故多种种嗜好、种种烦恼。

前人云:"不复知有我,安知物为贵。"又云:"知身不是我,烦恼更何侵?"真破的之言也!

译文:

人们把自我看得太重,所以带来了种种欲望和烦恼。古人说:"如果不知道有我,怎么会觉得外物贵重呢?"又说:"如果知道肉身并不属于自己,又怎么会被烦恼迫害呢?"这是真理啊!

一七三

人情世态,倏忽万端,不宜认得太真。

尧夫云:"昔日所云'我',今朝却是'伊';不知今日'我',又属后来谁?"人常作是观,便可解却胸中胃矣。

译文:

人情世故,瞬息万变,不应当看得太重。尧夫说:"昨天的我,到今天已经变成了他人;不知道今天的我,以后又会变成谁?"一个人经常这样去思考,就能化解胸中的牵绊了。

一七四

有一乐境界,就有一不乐的相对待;
有一好光景,就有一不好的相乘除。
只是寻常家饭、素位风光,才是个安乐窝巢。

译文:

如果拥有快乐,就一定会有相对应的不快乐;有好风景,就一定会有荒凉的地方作对比。只有寻常的饭菜、平凡的景色,才是安乐的归宿。

一七五

知成之必败,则求成之心不必太坚;
知生之必死,则保生之道不必过劳。

译文:

知道有成功就会有失败,那么追求成功的决心就不必太坚定;知道有生必有死,那么在追求养生的道路上就不必太过劳心费力。

菜根谭

近现代 / 齐白石 /　　　　　　　　　　　　　　　　齐白石画集（局部）

一七六

眼看西晋之荆榛,犹矜白刃;
身属北邙之狐兔,尚惜黄金。
语云:"猛兽易伏,人心难降;溪壑易填,人心难满。"信哉!

译文:

眼看着西晋即将灰飞烟灭,高官显宦们还在耀武扬威;肉身快要死亡了,内心还在怜惜万贯家财。俗话说:"猛兽容易降服,人心难以归顺;沟壑容易填充,人心难以满足。"的确是这样!

一七七

心地上无风涛,随在皆青山绿树;
性天中有化育,触处都鱼跃鸢飞。

译文:

如果内心没有风浪,那么所在之处都是绿水青山;一个人的天性中有爱惜生命的念头,所接触的地方都是鱼跃鸢飞的情景。

一七八

狐眠败砌，兔走荒台，尽是当年歌舞之地；
露冷黄花，烟迷衰草，悉属旧时争战之场。
盛衰何常，强弱安在，念此令人心灰。

译文：

　　狐狸在残破的台阶上做窝，野兔在荒废的楼台上奔跑，这都是曾经轻歌曼舞的地方；黄花上凝结着冰冷的露珠，衰败的草地上烟雾弥漫，这是以前金戈铁马的战场。兴衰无常，强者和弱者都已了无踪迹，想到这些，无法不让人心灰意冷。

一七九

宠辱不惊，闲看庭前花开花落；
去留无意，漫随天外云卷云舒。

译文：

　　受到恩宠和耻辱都不惊慌，就能以悠闲的心境欣赏庭院前的花开花落；来来往往都不刻意追求，自在的生活就像飘在天空中随意舒展和卷曲的白云。

一八零

晴空朗月,何天不可翱翔,而飞蛾独投夜烛?
清泉绿竹,何物不可饮啄,而鸱鸮偏嗜腐鼠?
噫!世之不为飞蛾、鸱鸮者,几何人哉?

译文:

　　晴朗的天空明月高悬,哪里都可以任意飞翔,但飞蛾却偏偏扑向夜晚的烛火;清冽的泉水和嫩绿的竹子,都可以作为食物,但鸱鸮却偏偏要吃腐烂的老鼠肉。哎,世间不做飞蛾和鸱鸮的人,有几个呢?

一八一

权贵龙骧,英雄虎战,以冷眼视之,如蝇聚膻,如蚁竞血;
是非蜂起,得失猬兴,以冷情当之,如冶化金,如汤消雪。

译文:

　　战争中的达官贵人气势威武,英雄豪杰勇猛似虎,对此冷眼旁观,不过是苍蝇聚集在腥膻的地方、蚂蚁争相吸食血污;是非得失如风起云涌,用清冷的心境对待,才能像炼铁成金、温水融化冰雪那样自然。

一八二

真空不空,执相非真,破相亦非真。问世情如何发付?在世出世,徇欲是苦,绝欲亦是苦,听吾侪善自修持。

译文:

空的境界并不是目空一切,对外物拿起和放下都不是本真。那么我们到底要如何面对世间百态呢?身在人世间,内心要能超脱凡尘俗事,追求欲望是痛苦,与世隔绝也是苦,这就需要我们自己不断修炼到达应对自如的境界。

一八三

烈士让千乘,贪夫争一文,人品星渊也,而好名不殊好利;
天子营家国,乞人号饔飧,位分霄壤也,而焦思何异焦声?

译文:

有气节的人能够把千乘之国让给他人,贪婪的人却为一文钱争得不可开交,这两者人品有天壤之别,但前者为名后者为利,本质上并没有什么区别;天子为了治理国家殚精竭虑,乞丐为了讨一口吃食口干舌燥,两者的地位相差悬殊,但内心的焦虑和苦恼并没有什么差别。

概论篇

近现代 / 齐白石 /

齐白石画集（局部）

一八四

性天澄彻，即饥餐渴饮，无非康济身心；
心地沉迷，纵演偈谈禅，总是播弄精魄。

译文：

　　天性清明澄澈，即便只是饥饿之时进餐、口渴之时饮水，也能保养身心；内心沉沦迷惑，即便天天参禅论佛，也只是在做表面功夫浪费精力。

一八五

人心有真境，非丝非竹而自恬愉，不烟不茗而自清芬。须念净境空，虑忘形释，才得以游衍其中。

译文：

　　如果人的内心有至高的境界，那么即便没有丝竹管弦也能恬静愉悦，不需要焚香品茶也能感觉清新芬芳。要做到念头纯净、境界空灵、物我两忘，才能悠闲自如地行走于人世间。

一八六

天地中万物，人伦中万情，
世界中万事，以俗眼观，纷纷各异；
以道眼观，种种是常，何须分别？何须取舍？

译文：

　　天地中的万事万物，人际关系中的人情世故，人世间的千头万绪，用凡俗的眼光来看，就会觉得纷繁复杂；用得道的眼光来看，世间种种不过都是寻常事物，没必要区分，也没必要取舍。

一八七

缠脱只在自心，心了，则屠肆糟店居然净土。不然，纵一琴一鹤、一花一竹，嗜好虽清，魔障终在。
语云："能休尘境为真境，未了僧家是俗家。"

译文：

　　是痴缠还是解脱，只在于自己的内心。如果内心超脱，那么肉铺酒店也是洁净的地方，否则即便有琴鹤相伴、花竹观赏，爱好虽然清雅，但内心的魔障始终存在。俗话说："能放下尘世才能到达真正的境界，红尘未了，即便僧人也只是俗家子弟。"

一八八

以我转物者,得固不喜,失亦不忧,大地尽属逍遥;以物役我者,逆固生憎,顺亦生爱,一毫便生缠缚。

译文:

让自我来操纵外物,得到了不会欢喜,失去了也不会忧虑,天地之间都能逍遥自在;如果自我被外物奴役,在逆境中会感到憎恶,在顺境中产生眷恋,外界的丝毫变化都会让自己身心疲惫。

一八九

试思未生之前,有何象貌?
又思既死之后,有何景色?
则万念灰冷,一性寂然,自可超物外而游象先。

译文:

试想出生之前是什么相貌,再想想死亡之后又是什么情景,就会万念俱灰,内心也会寂静释然,自然可以超然物外、悠闲自如。

一九零

优人傅粉调朱,效妍丑于毫端。俄而歌残场罢,妍丑何存?

弈者争先竞后,较雌雄于着子。俄而局尽子收,雌雄安在?

译文:

　　艺人涂脂抹粉,在舞台上把美丑演绎得淋漓尽致。然而歌舞散场后,美丽和丑陋在哪里呢?下棋的两方争先恐后,用手中的棋子一较高下。待棋局结束收起棋子,胜负又在哪里呢?

一九一

把握未定,宜绝迹尘嚣,使此心不见可欲而不乱,以澄吾静体;

操持既坚,又当混迹风尘,使此心见可欲而亦不乱,以养吾圆机。

译文:

　　如果内心的定力不够,就应该让自己远离喧嚣的尘世,让自己的内心不被欲望扰乱,以保持清澈宁静的自我;如果自己的操守足够坚定了,就应当让自己置身于红尘之中,让自己在欲望的考验中做到坐怀不乱,以此来让自己的内心圆满。

菜根谭

近现代 / 齐白石 /

齐白石画集（局部）

一九二

喜寂厌喧者,往往避人以求静。
不知意在无人,便成我相,心着于静,便是动根。
如何到得人我一空、动静两忘的境界?

译文:

喜欢寂静厌恶喧嚣的人,通常会避开人群以求得清净。他们不知道刻意追求无人之处,就成了执着;内心刻意寻找安静,便是躁动的根源。这样怎么能到达物我两忘的境界呢?

一九三

人生祸区福境,皆念想造成。
故释氏云:利欲炽然,即是火坑;贪爱沉溺,便为苦海;一念清净,烈焰成池;一念惊觉,航登彼岸。
念头稍异,境界顿殊。可不慎哉!

译文:

人生的福祸,是由内心的念想造成的。所以佛家说:欲望太多,就是火坑;沉溺于爱恨,就是苦海;内心清净,烈火就化为清池;内心觉醒,就能到达彼岸。念想稍有不同,境界便相差悬殊,不能不谨慎!

一九四

绳锯材断,水滴石穿,学道者须加力索;
水到渠成,瓜熟蒂落,得道者一任天机。

译文:

　　绳锯木断、水滴石穿,学道也是这样,必须坚持不懈才能有所收获;水到渠成、瓜熟蒂落,修行的人要顺其自然才能获得圆满。

一九五

就一身了一身者,方能以万物付万物;
还天下于天下者,方能出世间于世间。

译文:

　　能够用旁观者的心态来理解自身,才能够掌控万事万物,使得物尽其用;统治者把天下交还给所有百姓,才能从凡尘俗事中解脱。

一九六

人生原是傀儡,只要把柄在手,一线不乱,
卷舒自由,行止在我,一毫不受他人提掇,便超此场中矣。

译文:

　　人生就是一场木偶戏,只要操纵木偶的提线在自己手中,就能自由自在,前进和止步都由自己说了算,丝毫不受他人的桎梏,从而能做到超然物外。

一九七

"为鼠常留饭,怜蛾不点灯。"
古人此等念头,是吾一点生生之机,
无此,即所谓土木形骸而已。

译文:

时常为老鼠留一点剩饭,怜悯扑火的飞蛾而选择不点灯,这样慈悲的念头,是人类生生不息的原因,否则做人就和行尸走肉没有什么区别。

一九八

世态有炎凉,而我无嗔喜;
世味有浓淡,而我无欣厌。
一毫不落世情窠臼,便是一在世出世法也。

译文:

世态有炎凉和温暖,而我不因此愤怒或者欣喜;人生百味有浓有淡,而我不因此高兴或者厌恶。丝毫不沾染人情世故,便是身在世俗而内心超然物外的方法。

菜根谭

近现代 / 齐白石 /　　　　　　　　　　　　荷塘墨蝶图（局部）

全书终

长物志

[明]文震亨 著

杨四平、张凯文 译

目 录

卷一 室庐

门 /002　　阶 /004　　窗 /007　　栏杆 /008
照壁 /010　　堂 /011　　山斋 /012　　佛堂 /013
桥 /014　　茶寮 /016　　丈室 /016　　浴室 /017
台 /017　　琴室 /019　　街径 庭除 /020　　楼阁 /022
海论 /024

卷二 花木

山茶 /031　　杏 /031　　牡丹 芍药 /033　　海棠 /034
梅 /035　　桃 /037　　蔷薇 木香 /039　　瑞香 /040
罂粟 /041　　李 /041　　葵花 /042　　紫荆 棣棠 /043
玉兰 /044　　杜鹃 /045　　玫瑰 /046　　桂 /047
薇花 /048　　水仙 /049　　芙蓉 /050　　藕花 /051
萱花 /052　　金钱 /052　　蒼葡 /053　　玉簪 /053
凤仙 /054　　茉莉 素馨 百合 /056　　秋色 /057　　松 /058
柳 /061　　木槿 /062　　黄杨 /062　　芭蕉 /063
梧桐 /065　　槐榆 /066　　乌臼 /066　　椿 /067
银杏 /067　　竹 /068　　菊 /070　　兰 /073
瓶花 /076　　盆玩 /079

卷三 水石

广池 /086　小池 /089　瀑布 /090　天泉 /091
凿井 /092　地泉 /093　流水 /094　丹泉 /094
品石 /096　灵璧 /098　英石 /098　太湖石 /099
尧峰石 /099　锦川 将乐羊肚 /100　昆山石 /100　土玛瑙 /101
大理石 /102　永石 /103

卷四 禽鱼

鹤 /108　鹦鹉 /110　百舌 画眉 鹳鹆 /112　䴔䴖 /113
朱鱼 /113　鱼类 /114　蓝鱼 白鱼 /116　水缸 /116
鱼尾 /117　吸水 /117　观鱼 /119

卷五 书画

论书 /122　论画 /124　书画价 /125　古今优劣 /126
赏鉴 /131　粉本 /132　单条 /132　绢素 /133
御府书画 /134　院画 /135　名家 /137　宋绣 宋刻丝 /142
法糊 /143　装潢 /144　装褫定式 /146　褾轴 /148
裱锦 /149　藏画 /151　小画匣 /152　卷画 /152
法帖 /153　南北纸墨 /161　古今帖辨 /162　装帖 /162
宋板 /163　悬画月令 /164

卷六 几榻

榻 /168　　短榻 /170　　几 /170　　禅椅 /171

壁桌 /171　　天然几 /172　　椅 /173　　书桌 /175

方桌 /175　　台几 /176　　杌 /176　　凳 /177

交床 /177　　架 /178　　橱 /178　　佛厨 佛桌 /180

箱 /181　　床 /183　　屏 /184　　脚凳 /185

卷七 器具

香炉 /188　　香合 /191　　隔火 /192　　袖炉 /192

匙箸 /193　　箸瓶 /193　　香筒 /195　　手炉 /195

笔床 /196　　笔砚 /196　　笔格 /197　　笔屏 /199

笔船 /199　　笔筒 /200　　笔洗 /201　　水中丞 /202

水注 /204　　糊斗 /205　　蜡斗 /206　　镇纸 /206

压尺 /207　　秘阁 /207　　贝光 /208　　剪刀 /208

裁刀 /209　　灯 /210　　书灯 /211　　禅灯 /211

镜 /212　　束腰 /212　　钩 /213　　如意 /214

香橼盘 /215　　麈 /216　　钱 /216　　钵 /217

瓢 /217　　花瓶 /218　　钟磬 /219　　杖 /220

坐墩 /221　　坐团 /221　　数珠 /222　　番经 /222

扇 扇坠 /223　　琴 /226　　琴台 /228　　枕 /230

簟 /230　　研 /231　　笔 /234　　墨 /235

纸 /236　　印章 /238　　文具 /240　　梳具 /242

剑 /273　　海论铜玉
　　　　　雕刻窑器 /244

卷八 衣饰

道服 /252　　禅衣 /252　　被 /253　　褥 /254
绒单 /254　　冠 /255　　巾 /255　　帐 /256
笠 /257　　履 /257

卷九 舟车

巾车 /260　　篮舆 /260　　舟 /262　　小船 /263

卷十 位置

坐几 /266　　椅榻屏架 /267　　坐具 /267　　悬画 /268
置炉 /270　　置瓶 /271　　小室 /272　　亭榭 /273
卧室 /274　　敞室 /275　　佛室 /277

卷十一 蔬果

樱桃 /280　　桃李梅杏 /281　　枇杷 /282　　柑 /283
香橼 /283　　杨梅 /284　　橘橙 /285　　葡萄 /286

花红 /287　　五加皮 /287　　荔枝 /288　　枣 /288
栗 /290　　银杏 /291　　芡 /291　　生梨 /292
柿 /292　　菱 /293　　西瓜 /293　　石榴 /294
瓠 /295　　白扁豆 296　　山药 /296　　菌 /297
茭白 /297　　茄子 /298　　芋 /298　　萝葡 芜菁 /299

卷十二 香茗

伽南 /302　　龙涎香 /303　　片速香 /303　　沉香 /304
唵叭香 /304　　角香 /305　　甜香 /305　　黄、黑香饼 /306
安息香 /306　　暖阁 芸香 /307　　苍术 /307　　品茶 /309
虎丘 天池 /312　　六安 /312　　芥 /313　　龙井 天目 /313
松萝 /314　　洗茶 /316　　候汤 /316　　茶洗 /318
涤器 /318　　茶炉 汤瓶 /319　　茶壶 /320　　茶盏 /321
择炭 /322

卷一 室庐

清 / 焦秉贞 / 耕织图（局部）

居山水间者为上，村居次之，郊居又次之。吾侪纵不能栖岩止谷，追绮园之踪而混迹廛市，要须门庭雅洁，室庐清靓。亭台具旷士之怀，斋阁有幽人之致。又当种佳木怪箨，陈金石图书，令居之者忘老，寓之者忘归，游之者忘倦。蕴隆则飒然而寒，凛冽则煦然而燠。若徒侈土木，尚丹垩，真同桎梏、樊槛而已。志《室庐第一》。

译文：

居住在山水之间是最好的，在乡村次之，在郊野又次之。我纵使不能居住在岩间山谷，混迹在闹市中也要追寻园林绮丽，门庭必须高雅洁净，房舍需要清丽秀美，亭台有旷达之士的胸怀，斋阁有幽静之士的韵致。还要种植良木怪竹，陈列金石器物和书籍，让居住的人忘记岁月老去，借住的人忘记归家，游玩的人忘记疲倦。酷暑则凉爽有寒意，严冬则和煦温暖。如果只是一味地堆砌土木，大加粉刷，就如同枷锁，不过是囚笼而已。题记《室庐第一》。

门

用木为格,以湘妃竹横斜钉之,或四或二,不可用六。两傍用板为春帖,必随意取唐联佳者刻于上。若用石梱,必须板扉。石用方厚浑朴,庶不涉俗。门环得古青绿蝴蝶兽面,或天鸡饕餮之属,钉于上为佳,不则用紫铜或精铁,如旧式铸成亦可,黄白铜俱不可用也。漆惟朱、紫、黑三色,余不可用。

译文:

用木头做门框,以湘妃竹横斜着钉上,两根四根皆可,但六根不行。旁边用木板留出刻春联的位置,必须用心选取唐代春联中的佳作并把它刻上去。如果用石制的门枕,那么一定要加板门。石头应当选取端方、厚重、朴实的,才不落俗套。门环选择古朴的青绿蝴蝶兽面,或者天鸡、饕餮之类的瑞兽,钉在上面为最好,不然选取旧式铸成的紫铜或者精铁也可以,黄白铜都不可以用。门漆只能用朱红、紫色、黑色三种,其他颜色不可以用。

卷一

上左 / 明 / 仇英 / 桃园图卷（局部）
上右 / 清 / 焦秉贞 / 耕织图（局部）
下左 / 清 / 焦秉贞 / 耕织图（局部）
下右 / 清 / 郎世宁 / 亲蚕图（局部）

阶

自三级以至十级，愈高愈古，须以文石剥成；种绣墩或草花数茎于内，枝叶纷披，映阶傍砌。以太湖石叠成者，曰"涩浪"，其制更奇，然不易就。复室须内高于外，取顽石具苔斑者嵌之，方有岩阿之致。

译文：

从三级到十级，台阶越高意趣越古朴，台阶必须要用有纹理的石头打磨而成，在其间种植绣墩或其他花草，让枝叶杂乱散落，映衬着石阶。用太湖石砌成的叫"涩浪"，形制更奇巧，然而不易做成。复室需要内室高于外室，选取有苔藓斑迹的顽石镶嵌，方才有山林曲折的韵致。

卷一

 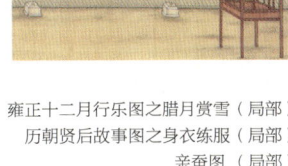

上／清／郎世宁／ 雍正十二月行乐图之腊月赏雪（局部）
下左／清／焦秉贞／ 历朝贤后故事图之身衣练服（局部）
下右／清／郎世宁／ 亲蚕图（局部）

清 / 焦秉贞 / 耕织图(局部)

窗

用木为粗格，中设细条三眼，眼方二寸，不可过大。窗下填板尺许，佛楼禅室，间用菱花及象眼者。窗忌用六，或二或三或四，随宜用之。室高，上可用横窗一扇，下用低槛承之。俱钉明瓦，或以纸糊，不可用绛素纱及梅花簟。冬月欲承日，制大眼风窗；眼径尺许，中以线经其上，庶纸不为风雪所破，其制亦雅，然仅可用之小斋丈室。漆用金漆，或朱、黑二色，雕花、彩漆，俱不可用。

译文：

用木头做成粗窗格，其间开着细长条的三个窗眼，窗眼二寸左右，不能太大。窗下安放长一尺左右的窗板，佛堂和禅室夹杂使用菱花格或象眼格。窗的数目不能是六个，可以两个三个四个，选择适宜的数目使用。房间高，则上部可使用一扇横窗，下面采用低矮的栏槛呼应。窗户都嵌以明瓦，或者用纸糊窗，不能用绛素纱或者梅花簟。冬天想要晒着太阳，则制作大窗眼的窗户，窗眼直径尺余长，中间用线缝上，使窗纸不被风雪吹破，形制也风雅，但只能用在小书斋和房间里。窗漆用金漆，或者朱、黑两色，雕花、彩漆，都不能使用。

栏杆

石栏最古,第近于琳宫、梵宇及人家冢墓。傍池或可用,然不如用石莲柱二,木栏为雅。柱不可过高,亦不可雕鸟兽形。亭、榭、廊、庑,可用朱栏及鹅颈承坐;堂中须以巨木雕如石栏,而空其中。顶用柿顶、朱饰,中用荷叶宝瓶、绿饰;"卍"字者宜闺阁中,不甚古雅;取画图中有可用者,以意成之可也。三横木最便,第太朴,不可多用。更须每楹一扇,不可中竖一木,分为二三,若斋中则竟不必用矣。

译文:

石制的栏杆是最古朴的,只是多用于道院、佛寺和墓地。池塘边有时也可以使用,但不如石雕莲花柱和木栏杆古雅。石柱不能太高,也不可以雕刻鸟兽的形状。亭、榭、廊、庑,可以使用朱红的栏杆和鹅颈承重;堂中用巨木雕出石栏的形状,中间空出。顶部选用朱色或柿子形状的顶,中间用荷叶宝瓶和绿色的纹饰;"卍"字符适合放在闺阁中,因为这个符号不是很古雅;可以从画图中选取符合自己心意的图案来做。三横木最简单也最朴素,不能多用。而且栏杆要以一根立柱为一扇,不能从中间竖一道木头分成几部分,如果在斋中就不需要栏杆了。

卷一

上／清／焦秉贞／　　　　　　　　耕织图（局部）
下／清／宫廷画师合著／　　　　　十二月令图之二月（局部）

照壁

得文木如豆瓣楠之类为之,华而复雅,不则竟用素染,或金漆亦可。青紫及洒金描画,俱所最忌。亦不可用六,堂中可用一带,斋中则止中楹用之。有以夹纱窗或细格代之者,俱称俗品。

译文:

选取有花纹的木头,比如豆瓣楠木之类的制作照壁,华美又文雅,如果不是用有纹理的木材做的,就全部漆成白色,用金漆也可以。青紫色或洒金描画,都是大忌。照壁也不能做六个,堂屋可以用一排,书斋中只有中间用。用纱窗或者细格替代的,都太普通了。

堂

堂之制，宜宏敞精丽，前后须层轩广庭，廊庑俱可容一席；四壁用细砖砌者佳，不则竟用粉壁。梁用球门，高广相称。层阶俱以文石为之，小堂可不设窗槛。

译文：

堂屋的形制，以宽敞恢宏、精致秀丽为最佳，前后都应当宽敞，可以容纳廊庑；四面用细砖砌为最好，或者用粉刷。门梁用拱形，高度和广度要相匹配。台阶都用有花纹的石头做成，小堂屋可以不开设窗槛。

山斋

宜明净,不可太敞。明净可爽心神,太敞则费目力。或傍檐置窗槛,或由廊以入,俱随地所宜。中庭亦须稍广,可种花木,列盆景。夏日去北扉,前后洞空。庭际沃以饭渖,雨渍苔生,绿缛可爱。绕砌可种翠云草令遍,茂则青葱欲浮。前垣宜矮,有取薜荔根瘞墙下,洒鱼腥水于墙上以引蔓者,虽有幽致,然不如粉壁为佳。

译文:

山斋应当明净,不能太过宽敞。明净可以使人神志清爽,太宽敞就会费眼力。有的窗檐旁边做窗槛,有的从门廊进入,都需因地制宜。中庭要稍微宽敞些,可以种植花木,摆放盆景。夏天去掉北面的窗户,使前后通透。庭院里洒些米汤,雨落青苔生,绿意惹人喜爱。台阶周围可遍种翠云草,草长起来青葱繁盛。前垣墙应当低矮,有在墙根下种薜荔,把鱼腥水洒在墙上引来藤蔓的做法,虽然幽静雅致,但粉壁仍然是最好的。

佛堂

筑基高五尺余,列级而上,前为小轩及左右俱设欢门,后通三楹供佛。庭中以石子砌地,列幡幢之属。另建一门,后为小室,可置卧榻。

译文:

佛堂需要筑五尺左右的台基,设台阶通往佛堂上,前面设小轩,左右侧均设欢门,后面与供奉佛像的地方相连。庭中用石子铺设地面,摆设幡幢之类的物品,另开一门,后面作为小室,可以放卧榻。

桥

广池巨浸,须用文石为桥,雕镂云物,极其精工,不可入俗。小溪曲涧,用石子砌者佳,四旁可种绣墩草。板桥须三折,一木为栏,忌平板作朱"卍"字栏。有以太湖石为之,亦俗。石桥忌三环,板桥忌四方磬折,尤忌桥上置亭子。

译文:

宽广的池塘,要用有纹理的石头搭桥。桥上雕刻云气景物之类,极尽精细,不能落入俗套。小溪和曲折的泉水,用石子砌成最好,四周可以种植绣墩草。木桥需要三折,用木条栏开,不能用木板做朱色万字纹栏开。有用太湖石做栏的,也落入俗套了。石桥忌讳三个转折,木桥忌讳直角转折,尤其忌讳桥上放亭子。

卷一

上 / 清 / 宫廷画师合著 /　　　　十二月令图之三月（局部）
中 / 宋 / 张择端 /　　　　　　　清明上河图（局部）
下 / 宋 / 张择端 /　　　　　　　清明上河图（局部）

茶寮

构一斗室,相傍山斋,内设茶具,教一童专主茶役,以供长日清谈,寒宵兀坐;幽人首务,不可少废者。

译文:

建一小屋在山斋旁边,中间摆放茶具,选一个小童专门负责饮茶之事,用以备白日闲谈,夜晚独坐时取用,这是隐士的首要之事,不可或缺。

丈室

丈室宜隆冬寒夜,略仿北地暖房之制,中可置卧榻及禅椅之属。前庭须广,以承日色,留西窗以受斜阳,不必开北牖也。

译文:

丈室适用于隆冬寒夜之时,与北方暖房的形制略微相仿,中间可以放置卧榻或者禅椅一类的东西。前厅应当宽广,用于承接日光,留置西边的窗户来让夕阳照射,不必开北窗。

浴室

前后二室,以墙隔之,前砌铁锅,后燃薪以俟;更须密室,不为风寒所侵。近墙凿井,具辘轳,为窍引水以入。后为沟,引水以出。澡具巾帨,咸具其中。

译文:

前后两间屋子用墙隔开,前面砌铁锅,后面烧柴火,屋子需密封,不要被寒风侵袭。靠近墙的位置凿井,安放辘轳,在墙上凿孔把水引入室内,后面开凿水沟,把水排出。洗澡用具,手巾一类的,均放置其中。

台

筑台忌六角,随地大小为之。若筑于土冈之上,四周用粗木,作朱阑亦雅。

译文:

筑台最忌讳做成六角形的,要按照地方的大小制作就行。如果建在土岗上面,四周用粗木围成栏杆,漆朱红色,也是风雅。

明 / 仇英 / 汉宫春晓图（局部）

琴室

古人有于平屋中埋一缸,缸悬铜钟以发琴声者。然不如层楼之下,盖上有板,则声不散;下空旷,则声透彻。或于乔松、修竹、岩洞、石室之下,地清境绝,更为雅称耳!

译文:

古人有在平屋中间埋一口大缸的,缸中悬挂一个铜钟,用于配合琴声。但是比不上在楼下弹琴,因为楼上有顶板,所以声音不会散。下层空旷,声音就会通透。或者在高松、修竹、岩洞、石室之下弹琴,环境清雅绝伦,更称得上是风雅!

街径 庭除

驰道广庭,以武康石皮砌者最华整。花间岸侧,以石子砌成,或以碎瓦片斜砌者,雨久生苔,自然古色,宁必金钱作垆,乃称胜地哉?

译文:

宽广的街道和庭院,用武康石砌成的最为华美整饬,花间和水塘边小道,用石子砌成,或用碎瓦片斜着砌成的,下雨多了长出青苔,自然形成古色,难道非要用金钱堆砌出来的,才能被称作美景胜地吗?

卷一

清 / 宫廷画师合著 /

十二月令图之五月（局部）

楼阁

楼阁，作房闼者，须回环窈窕；供登眺者，须轩敞宏丽；藏书画者，须爽垲高深，此其大略也。楼作四面窗者，前楹用窗，后及两旁用板。阁作方样者，四面一式，楼前忌有露台卷篷。楼板忌用砖铺，盖既名楼阁，必有定式，若复铺砖，与平屋何异？高阁作三层者最俗。楼下柱稍高，上可设平顶。

译文：

用作卧室的楼阁，需要曲折窈窕；用作登高眺望的楼阁，应当宏丽宽敞；收藏书画的，应当高深干爽，这是大致的原则。开四面窗的楼，前面开窗，后面及两旁用木板窗。四方的楼阁，四面都要同一样式，楼前不能有露台卷篷之类。楼板不能用砖铺。既然叫作楼阁，一定有固定的样式，如果又铺砖，那和平房有什么区别呢？楼阁建三层的是最俗的。下层楼的梁柱可以稍微高些，上层可做平顶。

卷一

上 / 清 / 陈枚 / 山水楼阁图（局部）
下 / 清 / 宫廷画师合著 / 圆明园四十景图之上下天光（局部）

海论

忌用"承尘",俗所称"天花板"是也;此仅可用之廨宇中。地屏则间可用之。暖室不可加簟,或用氍毹为地衣亦可,然总不如细砖之雅。南方卑湿,空铺最宜,略多费耳。

室忌五柱,忌有两厢。前后堂相承,忌"工"字体,亦以近官廨也,退居则间可用。忌旁无避弄,庭较屋东偏稍广,则西日不逼;忌长而狭,忌矮而宽。亭忌上锐下狭,忌小六角,忌用葫芦顶,忌以茆盖,忌如钟鼓及城楼式。楼梯须从后影壁上,忌置两傍,砖者作数曲更雅。临水亭榭,可用蓝绢为幔,以蔽日色,紫绢为帐,以蔽风雪,外此俱不可用。尤忌用布,以类酒舫及市药设帐也。小室忌中隔,若有北窗者,则分为二室,忌纸糊,忌作雪洞,此与混堂无异,而俗子绝好之,俱不可解。

忌为"卍"字窗傍填板,忌墙角画梅及花鸟,古人最重题壁,今即使顾、陆点染,钟、王濡笔,俱不如素壁为佳。忌长廊一式,或更互其制,庶不入俗。忌竹木屏及竹篱之属,忌黄白铜为屈戌。庭际不可铺细方砖,为承露台则可。忌两楹而中置一梁,上设叉手笆,此皆元制而不甚雅。忌用板隔,隔必以砖。忌梁椽画罗纹及金方胜。如古屋岁久,木色已旧,未免绘饰,必须高手为之。

凡入门处，必小委曲，忌太直。斋必三楹，傍更作一室，可置卧榻。面北小庭，不可太广，以北风甚厉也。忌中楹设栏楯，如今拔步床式。忌穴壁为橱，忌以瓦为墙，有作金钱、梅花式者，此俱当付之一击。又鸱吻好望，其名最古，今所用者，不知何物，须如古式为之，不则亦仿画中室宇之制。檐瓦不可用粉刷，得巨栟榈擘为承溜，最雅。否则用竹，不可用木及锡。忌有卷棚，此官府设以听两造者，于人家不知何用。忌用梅花篡。堂帘惟温州湘竹者佳，忌中有花如绣补，忌有字如"寿山""福海"之类。

总之，随方制象，各有所宜，宁古无时，宁朴无巧，宁俭无俗；至于萧疏雅洁，又本性生，非强作解事者所得轻议矣。

译文：

忌用"承尘"，也就是俗称的天花板，它只能用于官舍中。地板则是可以使用的。用于取暖的房屋不能加箪，或者也可以用氍毹做地毯，但不如用细砖风雅。南方潮湿，最好垫空铺设，花费稍微多一点。

房屋忌讳用五根梁柱，忌设左右两个厢房，前后厅堂相互承接，不可用工字形，也因其和官署相近。厢房可以供休息使用，忌正方旁边没有小巷子，前厅与堂屋相比应当宽广，位置偏东，避免西晒，不能长而窄，不能矮而宽。亭子忌讳上方尖锐下方狭窄，不能用小六角亭，不能用葫芦，不能铺盖茅草，不能做成钟鼓楼或城楼的样式。楼梯应当从后影壁后方铺设，不能放在两边，砖块铺设成曲折的更为风雅，水边的亭榭可以用蓝绢做帷幔来遮挡日光，紫绢做帐来挡风雪，除此之外都不能用。尤其忌讳用布，因为那很像酒肆和药铺一类设的帐。小室忌讳从中隔开，如果有北窗就分为两个室，忌讳用纸糊，忌讳开洞孔，否则与澡堂没有区别，但是凡夫俗子非常喜欢那，真不能理解。

忌讳在万字窗旁边装填窗板，忌讳在墙角画各色花鸟。古人最重视题字作画，现在即使是顾恺之、陆探微所画的画，钟繇、王羲之题的字，都不如素壁最为上佳。忌讳长廊从头到尾是一个样式，应当有所变化，各不相同，不落俗套。忌讳竹木屏风和竹篱笆一类，忌讳黄白铜做搭扣，庭院不能铺设细方砖，露台可以，忌在两根立柱之间的横梁和屋顶横梁之间架设斜向的支撑。这是旧式做法，不太文雅。忌用木板隔墙，只要是隔墙就得铺砖。忌讳在梁上画花纹图案。如果老屋年久木色老旧，必须重新绘制，必须挑高手绘制。

凡是进门的地方必须有小曲折，不能太直，房屋的前边必须有三根门柱，旁边再加一小间，可以放卧榻。朝北的庭院不能太大，因为北风凛冽，忌讳在房屋中间设栏杆，那是现在拔布床的样式。忌在墙上凿壁作为橱柜，不能用瓦造院墙，用瓦做铜钱梅花图案的都应该被捣毁。还有"邸吻好望"，历史最久，现在制作的不知道是什么样子，要严格按照旧式样式制作，或者仿照画中样式制作。屋檐下的水槽不粉刷，用棕榈叶铺垫最有雅趣，或者用竹筒接水，不可用木和锡。忌用卷棚，这是官府审案时用的，对平民百姓不知有什么用。忌用梅花式窗。堂屋中的帘子只用温州产的湘妃竹最好，忌讳在中间做方幅绣花，忌讳有"福山""寿海"之类的字。

总之，应当根据物品类别制作成相应的形式，使各自有所适宜，宁可古朴也不要时髦，宁可拙朴也不要取巧，宁可俭朴也不可落入俗套，至于高雅清丽的意趣，本是天性，不是乱做解释的人可以妄加议论的。

卷二 花木

清 / 余樨 / 花鸟（局部）

弄花一岁，看花十日。故帏箔映蔽，铃索护持，非徒富贵容也。第繁花杂木，宜以亩计。乃若庭除槛畔，必以虬枝古干，异种奇名，枝叶扶疏，位置疏密。或水边石际，横偃斜披；或一望成林；或孤枝独秀。草花不可繁杂，随处植之，取其四时不断，皆入图画。又如桃、李不可植于庭除，似宜远望。红梅、绛桃，俱借以点缀林中，不宜多植。梅生山中，有苔藓者，移置药栏，最古。杏花差不耐久，开时多值风雨，仅可作片时玩。蜡梅冬月最不可少。他如豆棚、菜圃，山家风味，固自不恶，然必辟隙地数顷，别为一区。若于庭除种植，便非韵事。更有石磴木柱，架缚精整者，愈入恶道。至于艺兰栽菊，古各有方。时取以课园丁，考职事，亦幽人之务也。志《花木第二》。

译文：

侍弄花木一年，赏花十天，所以帐幔掩映，护花铃缠绕的，不应当只是名贵的花木。繁花杂树，应当大面积种植。比如庭院中栏杆旁，应当有虬枝古干，奇名异种，枝叶茂盛，错落有致。或水畔石旁，横溢斜出，或者一望成林，或者一枝独秀。草木不可繁杂，随处植之，使其四季不断，景色如画。又比如桃李不能种植在庭院中，只能远观，红梅、绛桃都是借此在林中点缀，不能多种。山中的梅花，将有苔藓的移植到药栏，最为古雅。杏花花期不长，花开的时候多风雨，仅可供片刻赏玩。冬天的腊梅是必不可少的，就像豆棚菜园，是山家风味，当然也不差，然而必须专门开辟一片土地，分区种植。如果种在院子里，就不是美妙的事情了。如果人为整理架设石墩木柱，就更加错误了。至于种植菊花兰花，古时就各有方法，如今用于教园丁，考核技艺，则是文人雅士的要务。题记《花木第二》。

山茶

蜀茶、滇茶俱贵，黄者尤不易得。人家多以配玉兰，以其花同时，而红白烂然，差俗。又有一种名醉杨妃，开向雪中，更自可爱。

译文：

四川茶花，云南茶花都很名贵，黄色更不易得，普通人家多用来配玉兰花，因为花期相同，但红白相间，有点俗气。又有一种叫"醉杨妃"，开在雪中，尤为可爱。

杏

杏与朱李、蟠桃皆堪鼎足，花亦柔媚。宜筑一台，杂植数十本。

译文：

杏树与朱李、蟠桃堪称三足鼎立，花也娇柔妩媚，可以搭建一个平台混种数十种。

清 / 恽寿平 / 山水花鸟图册之牡丹（局部）

牡丹 芍药

牡丹称花王，芍药称花相，俱花中贵裔。栽植赏玩，不可毫涉酸气。用文石为栏，参差数级，以次列种。花时设宴，用木为架，张碧油幔于上，以蔽日色，夜则悬灯以照。忌二种并列，忌置木桶及盆盎中。

译文：

牡丹被称为花中之王，芍药被称为花中宰相，都是花中贵族。种植赏玩，不能寒酸。用有纹理的石头做栏杆，高低错落数级，按次列种植。花开时设宴，用木头搭架子，铺上绿色的帐幔，用以遮挡日光，晚上则悬挂一盏灯照明。忌讳两种花同时陈列，忌讳把花放在木桶或盆里。

海棠

昌州海棠有香,今不可得;其次西府为上,贴梗次之,垂丝又次之。余以垂丝娇媚,真如妃子醉态,较二种尤胜。木瓜花似海棠,故亦称"木瓜海棠",但木瓜花在叶先,海棠花在叶后,为差别耳。别有一种曰"秋海棠",性喜阴湿,宜种背阴阶砌,秋花中此为最艳,亦宜多植。

译文:

昌州海棠有香味,现在已经没有了,其次西府海棠也为上品,贴梗海棠次之,垂丝海棠再次之。我认为垂丝海棠样子娇媚,真像妃子的醉态,比其他两种更好。木瓜像海棠,所以也叫作"木瓜海棠",但木瓜花在叶前,海棠花在叶后,这是两种的差别。另外有一种叫"秋海棠",性喜阴湿,适宜种在台阶背阴处,秋天开的花中,此花最为艳丽,也适合多加种植。

梅

幽人花伴,梅实专房,取苔护藓封,枝稍古者,移植石岩或庭际,最古。另种数亩,花时坐卧其中,令神骨俱清。绿萼更胜,红梅差俗;更有虬枝屈曲置盆盎中者,极奇。蜡梅磬口为上,荷花次之,九英最下,寒月庭除,亦不可无。

译文:

隐士常常有花相伴,而梅花实在是最受宠爱的,取富有苔藓,枝干粗壮的梅花移植到岩石庭院之间,最为风雅。另种植数亩,花开的时候坐卧在花间,神清气爽。绿萼最佳,红梅俗气一些;有将枝干盘曲在盆盎中的,极为神奇。腊梅中,磬口梅是上品,荷花梅稍次,九英梅最次,然而寒冬腊月,庭院里也不能没有。

清 / 恽寿平 / 瓯香馆写生册之桃花（局部）

桃

桃为仙木,能制百鬼,种之成林,如入武陵桃源,亦自有致,第非盆盎及庭除物。桃性早实,十年辄枯,故称"短命花"。碧桃、人面桃差之,较凡桃更美,池边宜多植。若桃柳相间,便俗。

译文:

桃树是有仙气的树木,能制服百鬼,种植成林,就像走进了武陵桃花源,也很别致,但桃树不能种在盆中和庭院中。桃树成熟得早,十年就枯萎了,所以叫"短命花"。碧桃、人面桃开花迟,比一般的桃花更美,可以多种在池塘边。如果桃树、柳树一起种,就显得俗了。

清 / 余穉 /

花鸟（局部）

蔷薇 木香

尝见人家园林中,必以竹为屏,牵五色蔷薇于上。架木为轩,名"木香棚"。花时杂坐其下,此何异酒食肆中?然二种非屏架不堪植,或移着闺阁,供仕女采掇,差可。别有一种名"黄蔷薇",最贵,花亦烂漫悦目。更有野外丛生者,名"野蔷薇",香更浓郁,可比玫瑰。他如宝相、金沙罗、金钵盂、佛见笑、七姊妹、十姊妹、刺桐、月桂等花,姿态相似,种法亦同。

译文:

曾经见到人家的园林中,必用竹做屏风,上面爬满各色蔷薇。木香沿着木架攀爬,就像亭子,名叫"木香棚"。花开时节,众人坐在亭子下,与在酒馆饭店有什么分别?但是这两种花不依靠架子就不能种植,或者移植到闺房中,供女子采摘也可以。另一种叫"黄蔷薇"的,最为名贵,开的花也灿烂夺目。野外丛生的叫野蔷薇,花香更浓,可以与玫瑰相比。其他的比如宝相、金沙罗、金钵盂、佛见笑、七姊妹、十姊妹、刺桐、月桂等花,姿态相似,种植方法也相同。

瑞香

相传庐山有比丘昼寝,梦中闻花香,寤而求得之,故名"睡香"。四方奇异,谓"花中祥瑞",故又名"瑞香",别名"麝囊"。又有一种金边者,人特重之。枝既粗俗,香复酷烈,能损群花,称为"花贼",信不虚也。

译文:

相传庐山中有僧人昼寝,梦中闻到了花香,醒来找到了这种花,因此叫此花"睡香",大家感到奇怪,以为这是花中祥瑞,所以也叫"瑞香",别名"麝囊"。又有一种金边的,人们特别看重。它的枝干粗俗,香味也酷烈,能气盖群芳,称为"花贼",真是名不虚传。

罂粟

以重台千叶者为佳。然单叶者子必满,取供清味亦不恶,药栏中不可缺此一种。

译文:

罂粟以复瓣千叶的为最好,但单叶花瓣的罂粟的种子一定很多,用来做清淡的菜肴也不错,种药的园子里必不可缺。

李

桃花如丽姝,歌舞场中,定不可少。李如女道士,宜置烟霞泉石间,但不必多种耳。别有一种名郁李子,更美。

译文:

桃花像美女,在歌舞场合中必定不会少。李花就像女道士,应当种在烟霞泉石之间,但不必多种,另外有一种名叫郁李子的李花更美。

葵花

葵花种类莫定,初夏花繁叶茂,最为可观。一曰"戎葵",奇态百出,宜种旷处;一曰"锦葵",其小如钱,文采可玩,宜种阶除;一曰"向日",别名"西番葵",最恶。秋时一种,叶如龙爪,花作鹅黄者,名"秋葵",最佳。

译文:

葵花的种类不太固定,初夏时节花繁叶茂,最为好看。一种叫"戎葵",奇态百出,适宜种在空旷的地方;一种叫"锦葵",像铜钱一样小,适宜赏玩,适宜种在庭前石阶;一种叫"向日葵",也叫"西番葵",最差。秋天有一种叶子像龙爪、花色鹅黄色的,叫"秋葵",最好。

紫荆 棣棠

紫荆枝干枯索,花如缀珥,形色香韵,无一可者。特以京兆一事,为世所述,以比嘉木。余谓不如多种棣棠,尤得风人之旨。

译文:

紫荆枝干少叶,花像连缀珠玉的耳环,花形、花色、花香都没有可取之处,只因为京兆一事,为世人传述,被称述为美好的树木。我认为不如多种棣棠,还能体会风雅之人的趣味。

玉兰

玉兰，宜种厅事前，对列数株，花时如玉圃琼林，最称绝胜。别有一种紫者，名木笔，不堪与玉兰作婢，古人称辛夷，即此花。然辋川辛夷坞、木兰柴不应复名，当是二种。

译文：

玉兰适宜种在门厅前，相对排列数棵，花开时像玉圃琼林，最为称绝。玉兰中另有一种紫色的，叫作"木笔"，不配做玉兰的奴婢，古人称作"辛夷"，就是这种花。但是王辋川的辛夷坞、木兰柴不是重名，应当是另外一种。

杜鹃

花极烂熳,性喜阴畏热,宜置树下阴处。花时移置几案间。别有一种名"映山红",宜种石岩之上,又名"山踯躅"。

译文:

杜鹃花极其烂漫,其性喜阴凉怕热,适宜种植在树下阴凉处,开花时移植到几案上。另有一种叫"映山红",适宜种植在野外山坡上,也叫"山踯躅"。

玫瑰

玫瑰一名"徘徊花",以结为香囊,芬氲不绝,然实非幽人所宜佩。嫩条丛刺,不甚雅观,花色亦微俗,宜充食品,不宜簪带。吴中有以亩计者,花时获利甚夥。

译文:

玫瑰花又名"徘徊花",用它做成香囊,香气不绝,但实在不是适宜隐士佩戴的。玫瑰枝条柔嫩,长有刺,不是很文雅好看,花色也有点俗气,适合做食品,不适宜佩戴。吴中有大量种植玫瑰的,开花时节获利丰厚。

桂

丛桂开时,真称"香窟"。宜辟地二亩,取各种并植,结亭其中,不得颜以"天香""小山"等语,更勿以他树杂之。树下地平如掌,洁不容唾,花落地,即取以充食品。

译文:

成片的桂花盛开之时,真可称得上"香窟",宜开辟两亩荒地,种各种桂花,在其中造一个小亭子,不要用"天香""小山"命名,更不要种植其他的树。树下的地面像手掌一样平整,洁净得不容唾液溅落,花落地就可以当作食物。

薇花

薇花四种：紫色之外，白色者曰"白薇"，红色者曰"红薇"，紫带蓝色者曰"翠薇"。此花四月开，九月歇，俗称"百日红"。山园植之，可称"耐久朋"。然花但宜远望，北人呼"猴郎达树"，以树无皮，猴不能捷也。其名亦奇。

译文：

薇花有四种：除紫色的薇花外，白色的薇花叫白薇，红色的薇花叫红薇，紫中带蓝的薇花叫"翠薇"。这种花在四月盛开，九月花败，俗称"百日红"。山园种植，可以称作"耐久朋"。但这种花适合远观，北方人叫作"猴郎达树"，因为这树没有树皮，猴子不能攀爬。这个名字也很新奇。

水仙

水仙二种,花高叶短,单瓣者佳。冬月宜多植,但其性不耐寒,取极佳者移盆盎,置几案间。次者杂植松竹之下,或古梅奇石间,更雅。冯夷服花八石,得为水仙,其名最雅,六朝人乃呼为"雅蒜",大可轩渠。

译文:

水仙有两种,花高叶短,单瓣的最好,冬天适合多种,但水仙花性不耐寒,选取极好的品种移栽在盆中,可放在几案间。差一点的杂植松竹之下,或古梅奇石之间,更为文雅。水神河伯服用了八石这种花,得名水仙,这名字很雅致,而六朝人却叫"雅蒜",十分可笑。

芙蓉

芙蓉,宜植池岸,临水为佳;若他处植之,绝无丰致。有以靛纸蘸花蕊上,仍裹其尖,花开碧色,以为佳,此甚无谓。

译文:

芙蓉适宜种在水池岸边,临水种植最好,如果种在其他地方,肯定没有这种雅致。有人用靛纸蘸在花蕊上,裹住花尖,花开时呈碧蓝色,以为这样好看,这是没有意义的事情。

清/恽寿平/　　　　　　　　　出水芙蓉(局部)

藕花

藕花池塘最胜，或种五色官缸，供庭除赏玩犹可。缸上忌设小朱栏，花亦当取异种，如并头、重台、品字、四面观音、碧莲、金边等乃佳。白者藕胜，红者房胜。不可种七石酒缸及花缸内。

译文：

藕花在池塘里开得最好，或者种在五色官缸里，在院落里赏玩也可以。缸上忌设小朱栏。花也应当选取异种，比如并头、重台、品字、四面观音、碧莲、金边等都好。白的藕大，红的花大，不能种在装七石酒的酒缸或花缸里。

清／恽寿平／山水花鸟图（局部）

萱花

萱草忘忧，亦名"宜男"，更可供食品，岩间墙角，最宜此种。又有"金萱"，色淡黄，香甚烈，义兴山谷遍满，吴中甚少。他如紫白蛱蝶、春罗、秋罗、鹿葱、洛阳、石竹，皆此花之附庸也。

译文：

萱草忘忧，也叫"宜男"，可以食用，岩间墙角处，最宜种这种花。另有金萱，淡黄色，香味很浓，义兴郡的山谷满山都是，吴中很少。其他的像紫白蝴蝶花、春罗、秋罗、鹿葱、洛阳、石竹，都是这种花的附庸。

金钱

午开子落，故名"子午花"。长过尺许，扶以竹箭，乃不倾欹。种石畔，尤可观。

译文：

金钱，午时开花子时凋落，所以叫"子午花"。长到一尺余高，用竹竿撑起，就不会倾斜，种在石头旁边最好看。

薝葡

一名"越桃",一名"林兰",俗名"栀子",古称"禅友"。出自西域,宜种佛室中。其花不宜近嗅,有微细虫入人鼻孔,斋阁可无种也。

译文:

薝卜,一名"越桃",一名"林兰",俗名"栀子",古称"禅友",出自西域,适合种在佛室中。花不能凑近嗅闻,会有小虫子钻进鼻腔中,卧室不能放。

玉簪

洁白如玉,有微香,秋花中亦不恶。但宜墙边连种一带,花时一望成雪。若植盆石中,最俗。紫者名"紫萼",不佳。

译文:

玉簪,洁白如玉,有微微的花香,在秋天开的花里也不错。但适合在墙边连着种一带,开花时一眼望过去像雪一样,如果种在盆中,则最为俗气。紫色的叫"紫萼",不好。

凤仙

凤仙,号"金凤花",宋避李后讳,改为"好儿女花"。其种易生,花叶俱无可观。更有以五色种子同纳竹筒,花开五色,以为奇,甚无谓。花红,能染指甲,然亦非美人所宜。

译文:

凤仙,号"金凤花",宋朝为避李后讳,改名"好儿女花"。凤仙容易生长,花叶都不可取。有人将各色种子装在一起,开出各色的花,以为这很好看,其实没有意义。凤仙花红,可以染指甲,但也不适合美人。

清 / 恽寿平 / 瓯香馆写生册之凤仙花(局部)

茉莉 素馨 夜合

夏夜最宜多置,风轮一鼓,满室清芬。章江编篱插棘,俱用茉莉,花时,千艘俱集虎丘,故花市初夏最盛。培养得法,亦能隔岁发花,第枝叶非几案物,不若夜合,可供瓶玩。

译文:

茉莉、素馨、夜合,夏夜最适合多放置,夜风一吹,满室芳香,章江一带编篱笆都用茉莉。花季时,无数船只聚集在虎丘,所以花市初夏最盛。养植方法得当,来年还能继续开花,茉莉的枝叶多,不能放在几案上,不像夜合,可以插在瓶中赏玩。

秋色

吴中称鸡冠、雁来红、十样锦之属,名"秋色"。秋深,杂彩烂然,俱堪点缀。然仅可植广庭,若幽窗多种,便觉芜杂。鸡冠有矮脚者,种亦奇。

译文:

吴中叫"鸡冠""雁来红""十样锦"之类的叫"秋色"。深秋花色斑斓灿烂,都可作为点缀。但只能种在宽广的庭院中,如果多种在幽窗下,就显得芜杂。鸡冠花有矮株的,更为稀奇。

松

松、柏古虽并称,然最高贵者,必以松为首。天目最上,然不易种。取栝子松植堂前广庭,或广台之上,不妨对偶。斋中宜植一株,下用文石为台,或太湖石为栏,俱可。水仙、兰蕙、萱草之属,杂莳其下。山松宜植土冈之上,龙鳞既成,涛水相应,何减五株、九里哉?

译文:

松、柏古时虽然并称,但最为高贵的一定是松。天目山的松最为上品,但不易种植。选取栝子松种植在庭院中,或广台上,不妨种植偶数棵。室内也可种一株,下方用文石搭台,或者用太湖石做栏杆也可以。水仙、兰蕙、萱草一类,杂植于树下。山松适宜种植在土岗之上,松林已成,松涛阵阵,哪里不如"五株""九里"这样的名松呢?

卷二

近现代 / 吴湖帆 / 幽涧寒松（局部）

清 / 任熊 / 花卉四条屏之桃柳双燕图轴(局部)

柳

顺插为杨,倒插为柳,更须临池种之。柔条拂水,弄绿搓黄,大有逸致。且其种不生虫,更可贵也。西湖柳亦佳,颇涉脂粉气。白杨、风杨,俱不入品。

译文:

枝叶朝上的是杨,枝叶朝下为柳,柳树最好种植在池塘边。柔软的柳枝拂过水面,黄绿相间,十分雅致。且柳树不生虫,更为可贵。西湖柳树也好,很有女子气。白杨、风杨,都不入品。

木槿

花中最贱,然古称"舜华",其名最远,又称"朝菌"。编篱野岸,不妨间植,必称林园佳友,未之敢许也。

译文:

木槿是花中最不值钱的,但其古称舜华,名声最久远,又叫"朝菌"。野外园林不妨种植一些,一定称得上"园林佳友",其他的花不敢担此称号。

黄杨

黄杨未必厄闰,然实难长。长丈余者,绿叶古株,最可爱玩。不宜植盆盎中。

译文:

黄杨不一定闰年不长,但确实难长,一丈多高的,绿叶粗干,最适宜赏玩,不适宜种植在盆中。

芭蕉

绿窗分映,但取短者为佳,盖高则叶为风所碎耳。冬月有去梗以稻草覆之者,过三年即生花结甘露,亦甚不必。又有作盆玩者,更可笑。不如棕榈为雅,且为麈尾蒲团,更适用也。

译文:

芭蕉适合种植于窗下,但矮一点的好,因为高大的叶子容易被风刮碎。有人在冬季砍掉其梗,用稻草覆盖起来。三年后,就长出含有露水的花蕾,称为"甘露",也十分没有必要。还有制成盆景的,更可笑。芭蕉不如棕榈雅致,用来做拂尘、蒲团,更实用些。

长物志

近现代 / 徐悲鸿 / 梧桐猫蝶图轴（局部）

梧桐

青桐有佳荫,株绿如翠玉,宜种广庭中。当日令人洗拭,且取枝梗如画者。若直上而旁无他枝,如拳如盖,及生棉者,皆所不取。其子亦可点茶。生于山冈者曰"冈桐",子可作油。

译文:

梧桐的树荫很好,叶子像翠玉,适宜种植在庭院中。每天擦洗叶片,取枝梗优美的,如果树干直立光秃,没有树叶,像拳头和伞盖的,以及生棉絮的都不选。梧桐的种子可以用来沏茶。长在山冈上的叫作"冈桐",桐籽可以用来榨油。

槐榆

宜植门庭，板扉绿映，真如翠幄。槐有一种天然樛屈、枝叶皆倒垂蒙密，名"盘槐"，亦可观。他如石楠、冬青、杉、柏，皆丘垄间物，非园林所尚也。

译文：

槐、榆适合种在院子里，绿叶映衬门板，就像翠绿的帐幔。有一种弯曲枝叶倒垂的槐树，叫"盘槐"，也值得观赏。其他的如石楠、冬青、杉、柏都是墓地种植的树木，不适合种在园林中。

乌臼

秋晚，叶红可爱，较枫树更耐久。茂林中有一株两株，不减石径寒山也。

译文：

深秋的乌臼，叶子鲜红美丽，比枫树更为耐久，密林中有一两株，景色不亚于"远上寒山石径斜"诗中的霜叶的美景。

椿

椿树高耸而枝叶疏,与樗不异。香曰"椿",臭曰"樗"。圃中沿墙,宜多植以供食。

译文:

椿树高耸,枝叶稀疏,与臭椿没有区别,香的叫"椿",臭的叫"樗"。花圃的墙边宜多栽种,供食用。

银杏

银杏株叶扶疏,新绿时最可爱。吴中刹宇及旧家名园,大有合抱者,新植似不必。

译文:

银杏枝叶扶疏,刚长新叶的时候最好看,吴地的寺院和旧时大家园林里,有合抱那么大的银杏树,不必要新种。

竹

种竹宜筑土为垄，环水为溪，小桥斜渡，陟级而登，上留平台，以供坐卧，科头散发，俨如万竹林中人也。否则辟地数亩，尽去杂树，四周石垒令稍高，以石柱朱栏围之，竹下不留纤尘片叶，可席地而坐，或留石台石凳之属。竹取长枝巨干，以毛竹为第一，然宜山不宜城；城中则护基笋最佳，竹不甚雅。粉、筋、斑、紫四种俱可，燕竹最下。慈姥竹即桃枝竹，不入品。又有木竹、黄菰竹、箬竹、方竹、黄金间碧玉、观音、凤尾、金银诸竹。忌种花栏之上，及庭中平植一带，墙头直立数竿。至如小竹丛生，曰"潇湘竹"，宜于石岩小池之畔，留植数枝，亦有幽致。种竹有"疏种""密种""浅种""深种"之法。"疏种"谓三四尺地方种一窠，欲其土虚行鞭；"密种"谓竹种虽疏，然每窠却种四五竿，欲其根密；"浅种"谓种时入土不深；"深种"谓入土虽不深，上以田泥壅之。如法，无不茂盛。又棕竹三等，曰筋头，曰短柄，二种枝短叶垂，堪植盆盎；曰朴竹，节稀叶硬，全欠温雅，但可作扇骨料及画叉柄耳。

卷二

译文：

种植竹子适宜用土拢成台，四周围绕着溪流，做小桥横渡，沿着台阶向上，上面搭台供坐卧，披散头发，置于其间，像竹林中的仙人。不这样的话，可以专门开辟几亩土地，将杂树全部铲除，四周垒上石头，让它稍稍高于地面，用石栏、木栏围起来，竹林下不留灰尘落叶，可以席地而坐，或者摆放石台、石凳之类。选取竹子的杆子时，以毛竹为最佳，然而适宜在山中，不适宜在城中，城中以护基笋为最佳，其余不很文雅。粉竹、筋竹、斑竹、紫竹，四种都可以，燕竹最差。慈姥竹，也就是桃枝竹，不入流。另外也有木竹、黄菰竹、箸竹、方竹、黄金间碧玉、观音、凤尾、金银之类的竹子。忌讳在花栏之上和庭中平地种竹子，或者沿着院墙种一排。至于小竹丛生的"潇湘竹"，适宜在小池边岩石旁种几株，也很有韵致。种竹子有"疏种""密种""深种""浅种"的方法。"疏种"就是"每隔三四尺种一窠，让根有地方生长"，"密种"就是"虽然种得稀疏，但每窠都有四五株，想让它根密"，"浅种"就是"种的时候入土不深"，"深种"就是"入土虽然不深，但上面垒泥土"。照这样没有不茂盛的。还有三种棕榈竹：筋头、短柄枝叶短，可以栽在盆中，朴竹节稀叶硬，完全缺乏文雅，只可用作扇骨料和画义柄。

菊

吴中菊盛时，好事家必取数百本，五色相间，高下次列，以供赏玩。此以夸富贵容则可，若真能赏花者，必觅异种，用古盆盆植一枝两枝，茎挺而秀，叶密而肥，至花发时，置几榻间，坐卧把玩，乃为得花之性情。甘菊惟荡口有一种，枝曲如偃盖，花密如铺锦者，最奇，余仅可收花以供服食。野菊宜着篱落间。种菊有"六要二防"之法：谓胎养、土宜、扶植、雨旸、修葺、灌溉、防虫，及雀作窠时，必来摘叶，此皆园丁所宜知，又非吾辈事也。至如瓦料盆及合两瓦为盆者，不如无花为愈矣。

译文：

吴中菊花盛开之时，爱热闹的人必然要置办几百株，它们五颜六色，高低错落，以供赏玩，但这只能用来炫耀富贵罢了。如果是真正会赏花的人，必定寻觅奇异的品种，用古盆种植一两株，其茎挺拔秀美，叶茂密肥美，等到花开，摆放在几榻上坐卧把玩，才算是体会到了花的性情。甘菊只在荡口有一种，树枝弯曲像伞盖，花茂密得像锦缎铺开的，最为奇特，但只能采集花服用。野菊花适合种在院落里。种菊花有六要二防的方法：胎养、土宜、扶植、雨旸、修葺、灌溉，防虫以及防鸟雀摘叶做窝。这是园丁花匠应当了解的，而不是我们要做的。至于用瓦料盆钵以及用两块瓦合拢作花盆的，还不如不养花。

清 / 恽寿平 / 瓯香馆写生册之菊花（局部）

长物志

清 / 恽寿平 /　　　　　　　　　　　山水花鸟图册（局部）

兰

兰出自闽中者为上，叶如剑芒，花高于叶，《离骚》所谓"秋兰兮青青，绿叶兮紫茎"者是也。次则赣州者亦佳，此俱山斋所不可少，然每处仅可置一盆，多则类虎丘花市。盆盎须觅旧龙泉、均州、内府、供春绝大者，忌用花缸、牛腿诸俗制。

四时培植，春日叶芽已发，盆土已肥，不可沃肥水，常以尘帚拂拭其叶，勿令尘垢；夏日花开叶嫩，勿以手摇动，待其长茂，然后拂拭；秋则微拨开根土，以米泔水少许注根下，勿渍污叶上；冬则安顿向阳暖室，天晴无风舁出，时时以盆转动，四面令匀，午后即收入，勿令霜雪侵之。若叶黑无花，则阴多故也。治蚁虱，惟以大盆或缸盛水，浸逼花盆，则蚁自去。又治叶虱如白点，以水一盆，滴香油少许于内，用绵蘸水拂拭，亦自去矣，此艺兰简便法也。

又有一种出杭州者曰"杭兰"，出阳羡山中者名"兴兰"，一干数花者曰"蕙"，此皆可移植石岩之下，须得彼中原本，则岁岁发花。"珍珠""风兰"，俱不入品。箬兰，其叶如箬，似兰无馨，草花奇种。金粟兰名"赛兰"，香特甚。

译文：

福建产的兰花品种最佳，叶子像剑芒，花比叶高，正如《离骚》所说的"秋兰兮青青，绿叶兮紫茎"。赣州产的兰花其次，也很好，是山斋中不可少的，但只能有一盆，多了就很像虎丘的花市。盆需选择龙泉、均州、内府、供春等名窑出产的最大号的，忌讳用牛腿缸和花缸。四季培植，春天发芽，盆里的养分足够，不需要额外施肥，要经常用尘帚擦拭叶子，不能让它积攒灰尘；夏天花开时，叶子娇嫩，不能用手摇动，等它茂密了再擦拭；秋天轻轻拨开根部的土壤，用米泔水浇灌，不要把污水溅在叶子上；冬天则安置在向阳的暖房里，没有风的晴天搬出来转动花盆，让四面均匀照晒，午后再收回，不要受霜雪侵蚀。如果叶片发黑还不开花，多半是受阴的缘故。治蚁虱，只有用大盆或者缸盛水，浸没花盆，蚁虱自然去除。另外，治叶片白点的叶虱，取一盆水，滴少许香油，用棉花蘸水擦拭，叶虱就去除了，这是培养兰花的简便方法。另外有一种杭州出产的兰花叫"杭兰"，产自阳羡山中的叫"兴兰"，一根枝干上开数朵花的叫"蕙"，这种都可以移栽到岩石之下，如果有中原土，就每年都能开花。"珍珠""风兰"都不入品。箬兰的叶子像竹叶，像兰花但没有香味，十分奇特。金栗兰又叫"赛兰"，味道很香。

卷二

明 / 陈洪绶 /　　　　　　　　　　　　　兰花柱石图（局部）

瓶花

堂供必高瓶大枝，方快人意。忌繁杂如缚，忌花瘦于瓶，忌香、烟、灯煤熏触，忌油手拈弄，忌井水贮瓶，味咸，不宜于花，忌以插花水入口，梅花、秋海棠二种，其毒尤甚。冬月入硫黄于瓶中则不冻。

译文：

瓶花，放在厅堂里一定要高瓶大枝才赏心悦目。忌繁杂纷乱，忌花比瓶小，忌香、烟、灯火熏染，忌用油手玩弄，忌瓶里装井水，咸水不宜养花，插花瓶里的水忌入口，梅花、海棠这两种花的毒性特别大。冬季在花瓶中加入硫黄，水就不会结冰。

卷二

清 / 任熊 / 姚燮诗意图第七开（局部）

明 / 沈周 / 盆菊幽赏图（局部）

盆玩

盆玩,时尚以列几案间者为第一,列庭榭中者次之,余持论则反是。最古者以天目松为第一,高不过二尺,短不过尺许,其本如臂,其针若簇,结为马远之"欹斜诘曲"、郭熙之"露顶张拳"、刘松年之"偃亚层叠"、盛子昭之"拖拽轩翥"等状,栽以佳器,槎牙可观。又有古梅,苍藓鳞皴,苔须垂满,含花吐叶,历久不败者,亦古。若如时尚作沉香片者,甚无谓。盖木片生花,有何趣味?真所谓以"耳食"者矣。又有枸杞及水冬青、野榆、桧柏之属,根若龙蛇,不露束缚锯截痕者,俱高品也。其次则闽之水竹、杭之虎刺,尚在雅俗间。乃若菖蒲九节,神仙所珍,见石则细,见土则粗,极难培养。吴人洗根浇水,竹翦修净,谓朝取叶间垂露,可以润眼,意极珍之。余谓此宜以石子铺一小庭,遍种其上,雨过青翠,自然生香。若盆中栽植,列几案间,殊为无谓,此与蟠桃、双果之类,俱未敢随俗作好也。他如春之兰蕙,夏之夜合、黄香萱、夹竹桃花,秋之黄、蜜矮菊,冬之短叶水仙及美人蕉诸种,俱可随时供玩。盆以青绿古铜、白定、官、哥等窑为第一。新制者,五色内窑及供春,粗料可用,余不入品。盆宜圆不宜方,尤忌长狭。石以灵璧、英石、西山佐之,余亦不入品。斋中亦仅可置一二盆，不可多列。小者忌架于朱几，大者忌置于官砖。得旧石凳或古石莲磉为座，乃佳。

译文：

  盆景，时人以置于几案上的为第一，陈列在庭院楼台次之，我的观点则不是这样。最古朴的天目松当为第一，它高不超过二尺，矮不低于尺许，树干如臂，针叶如簇，形成画家马远的"倾斜弯曲"，郭熙的"粗豪之态"，刘松年的"层叠错落"，盛子昭的"拖拽轩昂"等各种形状，用上等花盆种植，重重叠叠，十分美观。还有古梅，枝干遒劲，苔藓密布，含花吐叶，历久不败，也很古雅。如像时人那样做成沉香片，就没有意思。让木片生花，有什么趣味？这不过是听到就相信罢了。还有枸杞、水冬青、野榆、桧柏等根如龙蛇，不露束缚锯截痕迹的，都属于上品。其次，福建的水竹，杭州的虎刺，处于雅俗之间。至于九节石菖蒲，神仙也珍爱，在石子地上长得慢，在土地里长得快，极难培养。吴人洗根浇水，修整洁净，认为取它清晨叶子上的露水，可以润眼，极其珍贵。我认为可以用石子铺一个小庭院，上面全部种满，雨后发芽，自然生香，如果盆中栽植，陈列几案，则十分无意义，它与蟠桃、双果等一样，都不能落入俗套。其他如春季的兰蕙，夏季的夜合、黄香萱、夹竹桃花，秋季的黄蜜矮菊，冬季的短叶水仙及美人蕉等，都可随时赏玩。花盆以青绿色古铜器及定窑白瓷、官窑和哥窑的瓷器最好，新产的五色内窑及供春粗料两种瓷器可用，其余的都不入品。盆宜选圆不选方，特别忌长而窄的。盆石用灵璧、英石、西山等石点缀，其余都不入品。室内也可放一两盆，不可多放。小盆景忌放在大的红色凳子上，大盆景忌放于官窑砖上，用旧石凳或石头莲花墩为座就很好。

长物志

清 / 汪承霈 /

卷二

画万年花甲图卷（局部）

卷三 水石

清 / 王武 / 花卉册（局部）

石令人古，水令人远。园林水石，最不可无。要须回环峭拔，安插得宜。一峰则太华千寻，一勺则江湖万里。又须修竹、老木、怪藤、丑树，交覆角立，苍崖碧涧，奔泉汛流，如入深岩绝壑之中，乃为名区胜地。约略其名，匪一端矣。志《水石第三》。

译文：

石头令人古朴，水令人幽远。石头和水是园林之中最不可或缺的。水要回环，石要峭拔，布局要得当。一山如华山，一水则涵括江河湖海。此外，修竹、古木、怪藤、奇树，交错兀立，悬崖深涧，泉水奔突，如同走入深山巨壑。如此，才可称作胜地。这只是举例，并不都是这样的。题记《水石第三》。

广池

凿池自亩以及顷,愈广愈胜。最广者,中可置台榭之属,或长堤横隔,汀蒲、岸苇杂植其中,一望无际,乃称巨浸。若须华整,以文石为岸,朱栏回绕,忌中留土,如俗名战鱼墩,或拟金、焦之类。池傍植垂柳,忌桃杏间种。中畜凫雁,须十数为群,方有生意。最广处可置水阁,必如图画中者佳。忌置簰舍。于岸侧植藕花,削竹为阑,勿令蔓衍。忌荷叶满池,不见水色。

译文:

开凿池塘从一亩到一顷,越大越好。最大的,水中可建楼台亭阁,或者筑长堤隔开,堤岸杂植菖蒲、芦苇等,一望无际,才叫广池。如果想要华丽规整,可以用文石砌岸,用红色栏杆环绕。忌讳在中间留土,像俗称的战鱼墩,或者模仿金山、焦山之类的。池旁植垂柳,忌桃杏杂种。水中养野鸭、大雁数群,才有生气。最广的地方可设置水中楼阁,照画中的样式修建最好。忌水中搭建有竹排的小屋。在岸边种藕花,用竹做栏杆,避免蔓延。忌讳满池荷叶,看不到水色。

卷三

清 / 宫廷画师合著 /

十二月令图之六月（局部）

清 / 樊圻 / 饮乐宴（局部）

小池

阶前石畔,凿一小池,必须湖石四围,泉清可见底。中畜朱鱼、翠藻,游泳可玩。四周树野藤、细竹。能掘地稍深,引泉脉者更佳。忌方、圆、八角诸式。

译文:

阶前岩石边开凿一小水池,四周必须用太湖石包围,池水要清澈见底。池中饲养些金鱼、水草,鱼儿在其中穿梭供人赏玩。四周种野藤、细竹,如果能挖得更深,引泉水入池,就更好。忌方、圆和八角之类的样式。

瀑布

山居引泉,从高而下,为瀑布稍易。园林中欲作此,须截竹长短不一,尽承檐溜,暗接藏石罅中,以斧劈石叠高,下凿小池承水,置石林立其下,雨中能令飞泉喷薄,潺湲有声,亦一奇也。尤宜竹间松下,青葱掩映,更自可观。亦有蓄水于山顶,客至去闸,水从空直注者,终不如雨中承溜为雅。盖总属人为,此尤近自然耳。

译文:

在山上引泉水,从高而下成为瀑布比较容易。在园林中造瀑布,需用长短不一的竹子,承接屋檐的流水暗中引入岩石的缝隙,用斧头劈石头将它垫高,下面凿小池接水,安放石林在下方,下雨时能形成飞泉喷薄,潺潺有声。这也是一种奇景。尤其在竹林松树之下,青翠掩映,更为美观。也可储水于山顶,客人到了就开闸,水飞奔而下,但终究不如承接雨水更雅,因为山顶储水总归属于人为做法,而这更贴近自然。

天泉

秋水为上，梅水次之。秋水白而洌，梅水白而甘。春冬二水，春胜于冬，盖以和风甘雨，故夏月暴雨不宜，或因风雷蛟龙所致，最足伤人。雪为五谷之精，取以煎茶，最为幽况，然新者有土气，稍陈乃佳。承水用布，于中庭受之，不可用檐溜。

译文：

秋季的雨水最好，黄梅时的雨水稍次。秋水凛冽干净，梅水清甜干净。就春、冬二季的雨水而言，春水胜于冬水，因为春季气候温和。所以夏季的暴雨不好，可能是因其风雷蛟龙导致，对人伤害最大。雪水是五谷的精华，用来煎茶最好，但新取的雪水带有土气，稍稍放置一段时间就好了。雨水要用布在中庭承接，不能取屋檐水。

凿井

井水味浊,不可供烹煮,然浇花洗竹,涤砚拭几,俱不可缺。凿井须于竹树之下,深见泉脉,上置辘轳引汲,不则盖一小亭覆之。石栏古号"银床",取旧制最大而古朴者置其上。井有神,井傍可置顽石,凿一小龛,遇岁时,奠以清泉一杯,亦自有致。

译文:

井水味道浑浊,虽不能烹煮饮用,但浇灌花木,擦洗砚台几案,都不可或缺。凿井要在竹林下,深挖引泉,上面设辘轳提取井水,不然就盖一小亭遮挡起来。石栏杆古称"银床"。取旧制最大最古朴的安置在井台上。井有神灵,井旁可放顽石,凿一个小神龛,祭祀的时候,祭一杯清泉,也别有韵致。

地泉

乳泉漫流,如惠山泉为最胜,次取清寒者。泉不难于清,而难于寒。土多、沙腻、泥凝者,必不清寒。又有香而甘者,然甘易而香难,未有香而不甘者也。瀑涌湍急者勿食,食久令人有头疾。如庐山水帘、天台瀑布,以供耳目则可,入水品则不宜。温泉下生硫黄,亦非食品。

译文:

地下涌出的泉水,像无锡惠山泉那样的为最好,其次应该选取清凉的。泉水清澈不难,难的是清凉。土多、沙细、泥多的地方,泉水必然不会清凉。有的泉水香甜,但甜的泉水多,而清香的泉水难得,没有只是清香而不甘甜的泉水。喷涌湍急的泉水,不要饮用,经常饮用会头疼。如庐山、天台山的瀑布,供人观赏可以,用作饮用水则不可行。温泉水含硫磺,也不能作为饮用水。

流水

江水取去人远者。扬子南泠,夹石渟渊,特入首品。河流通泉窦者,必须汲置,候其澄澈,亦可食。

译文:

江水应当选取人烟稀少的地方的,扬子江的南泠泉,泉水在石间喷涌,被列为极品。与泉水相通的河水,必须放置,等澄清了才能饮用。

丹泉

名山大川,仙翁修炼之处,水中有丹,其味异常,能延年却病,此自然之丹液,不易得也。

译文:

名山大川,是道士们修炼的地方,水中有丹砂,味道特别,能延年祛病,这是天然的丹液,不易得到。

卷三

近现代 / 吴湖帆 / 松壑云泉图（局部）

品石

石以灵璧为上,英石次之。然二种品甚贵,购之颇艰,大者尤不易得,高逾数尺者,便属奇品。小者可置几案间,色如漆、声如玉者最佳。横石以蜡地而峰峦峭拔者为上,俗言"灵璧无峰""英石无坡",以余所见,亦不尽然。他石纹片粗大,绝无曲折、岘崃、森耸、崚嶒者。近更有以大块辰砂、石青、石绿为研山、盆石,最俗。

译文:

石以灵璧石为上品,英石稍次。但这两个品种,非常稀少珍贵,很难买到,大的尤其难得,几尺高的就算珍品了。小的可放在几案上,色泽像漆器,声如玉石清脆的,最佳。横石,以质地如蜡、形如峰峦峭拔的为上品。世人都说"灵璧无峰""英石无坡",依我所见也不尽然。其他石头纹理粗大,绝无曲折、陡峭、高峻、挺拔之势。如今,还有用大块丹砂、石青、石绿做成研山、盆石的,最为俗气。

清 / 居廉 / 花卉奇石图（局部）

灵璧

出凤阳府宿州灵璧县,在深山沙土中,掘之乃见,有细白纹如玉,不起岩岫。佳者如卧牛、蟠螭,种种异状,真奇品也。

译文:

灵璧石产自凤阳府灵璧县,在深山沙土中可以挖掘到,有像玉一样的细白纹,没有眼孔。好的灵璧石如卧龙、盘牛,有各种奇异的形态,确实是珍品。

英石

出英州倒生岩下,以锯取之,故底平起峰,高有至三尺及寸余者。小斋之前,叠一小山,最为清贵,然道远不易致。

译文:

英石产自广州英德的倒生岩下,因为是锯下来的,所以底部平整,上面起峰,高度在一寸到三尺之间。小屋前用英石造一个小山,最为清高珍贵,但路途遥远,不易取得。

太湖石

石在水中者为贵,岁久为波涛冲击,皆成空石,面面玲珑。在山上者名"旱石",枯而不润,赝作弹窝,若历年岁久,斧痕已尽,亦为雅观。吴中所尚假山,皆用此石。又有小石久沉湖中,渔人网得之,与灵璧、英石亦颇相类,第声不清响。

译文:

水中的太湖石最珍贵,经波涛常年冲击形成许多孔洞,每一面都十分精致玲珑。在山上的叫旱石,干枯不润,伪作成弹窝,等时间久了凿痕消失,也还雅观。吴地一带的人喜欢的假山,都是用这种石头。还有渔夫捞起来的小石头,与灵璧石、英石也很相像,只声音不清脆。

尧峰石

近时始出,苔藓丛生,古朴可爱。以未经采凿,山中甚多,但不玲珑耳。然正以不玲珑,故佳。

译文:

灵尧峰石是近些年才发现的,石头上苔藓丛生,古朴可爱。因为以前没开采过,山中很多,但不精致,但正是因为不精致才更好。

锦川 将乐 羊肚

石品惟此三种最下,锦川尤恶。每见人家石假山,辄置数峰于上,不知何味?斧劈以大而顽者为雅,若直立一片,亦最可厌。

译文:

锦川、将乐、羊肚石,石头里这三种为最下品,锦川最差。每次看到别人家造假山,都放很多这些石头在上面,不知道是什么意思?石头以高大的顽石为美,如果直立一片是最让人讨厌的。

昆山石

出昆山马鞍山下,生于山中,掘之乃得,以色白者为贵。有鸡骨片、胡桃块二种,然亦俗尚,非雅物也。间有高七八尺者,置之古大石盆中,亦可。此山皆火石,火气暖,故栽菖蒲等物于上,最茂。惟不可置几案及盆盎中。

译文:

昆山石产自昆山市的马鞍山下,在山中可以挖掘到,白色的较为珍贵。有鸡骨片、核桃块两种,但都比较俗气,不雅致。偶尔有高七八尺的,放在大石盆里也可以。此山都是火石,火气暖,所以种菖蒲长势最好。唯独不能放在几案或盆里。

土玛瑙

出山东兖州府沂州，花纹如玛瑙，红多而细润者佳。有红丝石，白地上有赤红纹；有竹叶玛瑙，花斑与竹叶相类，故名。此俱可锯板嵌几榻屏风之类，非贵品也。石子五色，或大如拳，或小如豆，中有禽、鱼、鸟、兽、人物、方胜、回纹之形，置青绿小盆，或宣窑白盆内，斑然可玩。其价甚贵，亦不易得。然斋中不可多置，近见人家环列数盆，竟如贾肆。新都人有名"醉石斋"者，闻其藏石甚富且奇。其地溪涧中，另有纯红纯绿者，亦可爱玩。

译文：

土玛瑙产自山东兖州府沂州，花纹如玛瑙，红色多，质地细密润泽的为上佳。有种"红丝石"，白底上有红色丝纹；还有种叫"竹叶玛瑙"，以花纹与竹叶相似而得名。这两种都可锯成板材，用于镶嵌几案、卧榻、屏风之类的器物，不是名贵品种。有一种五彩的玛瑙石，有的大如拳头，有的小如豆粒，石头上有禽、鱼、鸟、兽、人物、风景以及回纹的形状，置于青绿小盆或宣窑白盆内，色彩斑斓，可供赏玩，价值很高，不易获得。但家里也不能过多摆放，最近看见有人在家中陈列数盆，像商铺一样。北京有一个叫"醉石斋"的地方，听说收藏的石头丰富而且珍奇。当地的山涧溪流中，还有一种纯红或纯绿色的玛瑙石，也可供赏玩。

大理石

出滇中,白若玉、黑若墨为贵,白微带青、黑微带灰者,皆下品。但得旧石,天成山水云烟如米家山,此为无上佳品。古人以镶屏风,近始作几榻,终为非古。近京口一种,与大理相似,但花色不清,石药填之为山云泉石,亦可得高价。然真伪亦易辨,真者更以旧为贵。

译文:

大理石产自云南。像玉一样白或像墨一样黑的,为上品,白里有带青、黑中带灰的,都是下品。但有一种旧石,天然生成山水云烟,如米芾父子的山水画,则是无上佳品。古人用大理石来镶嵌屏风,最近才开始用于几案卧榻,终究不是古石。镇江有一种石与大理石相似,但花纹不清晰,用药石填色成山水画,也能卖得高价。然而,真伪也容易辨别,真品越旧越珍贵。

永石

即祁阳石,出楚中。石不坚,色好者有山、水、日、月、人物之象。紫花者稍胜,然多是刀刮成,非自然者,以手摸之,凹凸者可验。大者以制屏,亦雅。

译文:

永石就是产自祁阳的石头,出自楚地。永石质地不硬,其中花色好的,有山、水、日、月、人物的图像。紫色花纹的更好些,但大多是用刀刮成,并非自然生成,用手触摸,凹凸不平,可以判断。大块的用来制作屏风,也还算风雅。

清 / 居廉 /

花卉奇石图（局部）

卷四 禽鱼

清 / 余省、张为邦 / 临蒋廷锡鸟谱（局部）

卷四

语鸟拂阁以低飞,游鱼排荇而径度,幽人会心,辄令竟日忘倦。顾声音颜色,饮啄态度,远而巢居穴处,眠沙泳浦,戏广浮深;近而穿屋贺厦,知岁司晨、啼春噪晚者,品类不可胜纪。丹林绿水,岂令凡俗之品,阑入其中。故必疏其雅洁,可供清玩者数种,令童子爱养饵饲,得其性情,庶几驯鸟雀,狎凫鱼,亦山林之经济也。志《禽鱼第四》。

译文:

啼叫的鸟儿掠檐低飞,鱼儿成排在荇草中游弋,隐士心情舒畅,成日里没有倦意。看禽、鱼的声音颜色,姿态神情。远处栖息巢穴的鸟儿,在沙中休憩,在水中游戏,近处燕雀、喜鹊、鸡、莺、乌鸦,品种不可胜数。青山绿水岂容凡俗的东西进入其中。因此,必须陈列雅洁的物品,使儿童爱怜饲养,陶冶性情。驯养禽、鱼,是隐居山林的必不可少的事情。题记《禽鱼第四》。

鹤

华亭鹤窠村所出,具体高俊,绿足龟文,最为可爱。江陵鹤泽、维扬俱有之。相鹤,但取标格奇俊,唳声清亮,颈欲细而长,足欲瘦而节,身欲人立,背欲直削。蓄之者当筑广台,或高冈土垅之上,居以茅庵,邻以池沼,饲以鱼谷。欲教以舞,俟其饥,置食于空野,使童子拊掌顿足以诱之。习之既熟,一闻拊掌,即便起舞,谓之"食化"。空林别墅,白石青松,惟此君最宜。其余羽族,俱未入品。

译文:

华亭鹤窠村的鹤,身体高大俊美,绿足龟纹,最是可爱。江陵、扬州也产鹤。选鹤要挑选风格奇俊、叫声清亮、颈项细长、足瘦有骨节、身形挺拔、背部直立的。养鹤,应筑宽阔的平台,或者高岗土坡上,搭茅草屋,临近水池,用鱼虫谷物饲养。想要教鹤舞蹈,要等到它饥饿时,把食物放在空地上,让儿童拍手顿足引诱,习以为常之后,有人拍手,就会闻声起舞,这叫作"食物驯化"。旷野山居、白石青松,只有鹤最适宜,其余禽类都不入品。

宋 / 赵佶 / 瑞鹤图（局部）

鹦鹉

鹦鹉能言,然须教以小诗及韵语,不可令闻市井鄙俚之谈,聒然盈耳。铜架食缸,俱须精巧。然此鸟及锦鸡、孔雀、倒挂、吐绶诸种,皆断为闺阁中物,非幽人所需也。

译文:

鹦鹉能学人说话,但要教它诗句以及对仗的句子,不可让它学鄙俗的市井俚语,聒噪刺耳。鸟架、食缸都要精巧。然而,鹦鹉及锦鸡、孔雀、倒挂、火鸡等,都成为闺阁中的玩物,不是文人雅士需要的。

宋 / 佚名 / 梨花鹦鹉图（局部）

百舌 画眉 鹦鹆

饲养驯熟，绵蛮软语，百种杂出，俱极可听，然亦非幽斋所宜。或于曲廊之下，雕笼画槛，点缀景色则可。吴中最尚此鸟。余谓有禽癖者，当觅茂林高树，听其自然弄声，尤觉可爱。更有小鸟名"黄头"，好斗，形既不雅，尤属无谓。

译文：

百舌、画眉、鹦鹆经过驯熟之后，可以发出多种叫声，都十分好听。但是也不是幽静的宅邸所适宜的。走廊栏杆处点缀景色尚可，吴地最喜欢这种鸟了。我以为爱好养鸟的人，应当去寻找茂密的树林，倾听自然的鸟叫声，才觉得好。还有一种小鸟叫黄头，好争斗，样子也不文雅，更没有必要饲养了。

鸂鶒

鸂鶒能敕水,故水族不能害。蓄之者,宜于广池巨浸,十数为群,翠毛朱喙,灿然水中。他如乌喙白鸭,亦可畜一二,以代鹅群,曲栏垂柳之下,游泳可玩。

译文:

鸂鶒能整饬流水,所以水里的动物不能伤害它。适宜饲养在宽广的水域,成群结队,绿毛红嘴,水中一片灿烂。其他如黑嘴白鸭,也可养一两只,代替鹅群,曲栏垂柳之下,游泳嬉戏,可供赏玩。

朱鱼

朱鱼独盛吴中,以色如辰州朱砂,故名。此种最宜盆蓄,有红而带黄色者,仅可点缀陂池。

译文:

朱鱼只盛行于吴中一带,因为颜色像辰中的朱砂所以得名。这种最适合养在盆里,红中带黄的只能点缀池塘。

鱼类

初尚纯红、纯白，继尚金盔、金鞍、锦被，及印头红、裹头红、连腮红、首尾红、鹤顶红，继又尚墨眼、雪眼、硃眼、紫眼、玛瑙眼、琥珀眼、金管、银管，时尚极以为贵。又有堆金砌玉、落花流水、莲台八瓣、隔断红尘、玉带围、梅花片、波浪纹、七星纹，种种变态，难以尽述，然亦随意定名，无定式也。

译文：

鱼类，开初人们尊崇纯红、纯白，继后尊崇金盔、金鞍、锦被，以及印头红、裹头红、连腮红、首尾红、鹤顶红，继后又尊崇墨眼、雪眼、朱砂眼、紫眼、玛瑙眼、琥珀眼，金管、银管，贵为时尚。又有堆金砌玉、落花流水、莲台八瓣、隔断红尘、玉带围、梅花片、波浪纹、七星纹等多种变异的形态，难以尽述，但也是随意定名，没有固定格式。

近现代 / 齐白石 /

鱼虾（局部）

蓝鱼 白鱼

蓝如翠,白如雪,迫而视之,肠胃俱见,此即朱鱼别种,亦贵甚。

译文:

蓝鱼翠绿、白鱼雪白,凑近了肠胃都能看得见,这是朱鱼的变种,也很珍贵。

水缸

有古铜缸,大可容二石,青绿四裹,古人不知何用,当是穴中注油点灯之物,今取以蓄鱼,最古。其次以五色内府官窑,瓷州所烧纯白者亦可用。惟不可用宜兴所烧花缸,及七石牛腿诸俗式。余所以列此者,实以备清玩一种,若必按图而索,亦为板俗。

译文:

有一种古铜水缸,能装二石水,四周布满铜绿,不知古人做什么用?应该是用于墓穴中盛油点灯的,如今用于养鱼,最古雅。其次各种内府、官窑、磁州等窑烧制的纯白色瓷缸也可以用,只是不可用宜兴烧制的花缸,以及七石牛腿缸等粗俗样式的缸。我之所以列举这些只是为玩赏提供些例子,如果按图索骥,未免呆板俗气。

鱼尾

自二尾以至九尾，皆有之，第美钟于尾，身材未必佳。盖鱼身必洪纤合度，骨肉停匀，花色鲜明，方入格。

译文：

鱼尾从两尾到九尾的都有，鱼的美都在尾巴上，身材就不一定好了。所以鱼身必须大小合适，骨肉均匀，花色鲜明，才入品。

吸水

盆中换水一两日，即底积垢腻，宜用湘竹一段，作吸水筒吸去之。倘过时不吸，色便不鲜美。故佳鱼，池中断不可蓄。

译文：

盆里的水换过一两天之后，盆底就会积攒污垢，应当选用一段湘妃竹，当吸水筒吸去。如果长时间不吸，水的颜色就不鲜艳美好，所以珍贵的鱼不能养在池子里。

近现代 / 齐白石 /

藕池观鱼图（局部）

观鱼

宜早起,日未出时,不论陂池、盆盎,鱼皆荡漾于清泉碧沼之间。又宜凉天夜月,倒影插波,时时惊鳞泼刺,耳目为醒。至如微风披拂,琮琮成韵,雨过新涨,縠纹皱绿,皆观鱼之佳境也。

译文:

观鱼应当早起,日出之前,不论池中还是盆里,鱼儿都在清泉碧沼中游动。凉爽的有月亮的夜晚观鱼也很适宜,水中的倒影,鱼儿跳跃游弋,波光粼粼,令人耳目一新。至于微风拂面,流水潺潺,雨后水涨,碧波荡漾,这都是观鱼的好环境。

卷五 书画

宋 / 佚名 / 柳院消暑图（局部）

金生于山，珠产于渊，取之不穷，犹为天下所珍惜，况书画在宇宙，岁月既久，名人艺士，不能复生，可不珍秘宝爱？一入俗子之手，动见劳辱，卷舒失所，操揉燥裂，真书画之厄也。故有收藏而未能识鉴，识鉴而不善阅玩，阅玩而不能装褫，装褫而不能铨次，皆非能真蓄书画者。又蓄聚既多，妍蚩混杂，甲乙次第，毫不可讹。若使真赝并陈，新旧错出，如入贾胡肆中，有何趣味！所藏必有晋、唐、宋、元名迹，乃称博古。若徒取近代纸墨，较量真伪，心无真赏，以耳为目，手执卷轴，口论贵贱，真恶道也。志《书画第五》。

译文：

黄金产自山里，珍珠生在水中，取之不尽，仍然为天下珍惜，何况书画存世已久，名人艺士，不能复生，能不珍藏爱护吗？一旦落入俗人之手，轻则随意翻卷，重则搓揉碎裂，这是书画的灾难。因此，能收藏而不能鉴别，能鉴别而不善赏玩，能赏玩而不能装裱，能装裱而不能依次编选，都不算真正能收藏书画的人。收藏多了，难免混乱，好坏优劣，不能有差错。如果真赝并陈，新旧错乱，如同胡人开的店，有什么趣味呢！所收藏的一定要有晋、唐、末、元时期的名迹，才称得上博古。如果只是搜集些近代作品，考量比较真伪，无心赏玩品味，以耳代目，手里拿着卷轴，口里念叨价格贵贱，这是尤为可恶的。题记《书画第五》。

论书

观古法书，当澄心定虑，先观用笔结体，精神照应；次观人为天巧、自然强作；次考古今跋尾、相传来历；次辨收藏印识、纸色、绢素。或得结构而不得锋芒者，模本也；得笔意而不得位置者，临本也；笔势不联属，字形如算子者，集书也；形迹虽存，而真彩神气索然者，双钩也。又古人用墨，无论燥润肥瘦，俱透入纸素，后人伪作，墨浮而易辩。

译文：

看古代书法范本，应当凝神静气，先看笔法结构，意境呼应，其次看人为或天然，自然或勉强做作，再次则考察古今题跋，相传来历，然后辨识收藏印章题字、纸张、绢素。仅有结构而不见笔锋芒的是摹本；虽得笔意而位置不当的是临本；笔势不顺畅，字形呆板的是集书；只形似而无精神气质的是双钩。此外，古人用墨，无论润燥肥瘦都浸透纸张、绢素，后人伪作，墨迹虚浮，容易辨别。

卷五

明 / 仇英 / 松林六逸（局部）

论画

　　山水第一，竹、树、兰、石次之，人物、鸟兽、楼殿、屋木小者次之，大者又次之。人物顾盼语言，花果迎风带露，鸟兽虫鱼，精神逼真，山水林泉，清闲幽旷，屋庐深邃，桥彴往来，石老而润，水淡而明，山势崔嵬，泉流洒落，云烟出没，野径迂回，松偃龙蛇，竹藏风雨，山脚入水澄清，水源来历分晓，有此数端，虽不知名，定是妙手。若人物如尸如塑，花果类粉捏雕刻，虫鱼鸟兽，但取皮毛，山水林泉，布置迫塞，楼阁模糊错杂，桥彴强作断形，径无夷险，路无出入，石止一面，树少四枝，或高大不称，或远近不分，或浓淡失宜，点染无法，或山脚无水面，水源无来历，虽有名款，定是俗笔，为后人填写。至于临摹赝手，落墨设色，自然不古，不难辨也。

译文：

　　山水是画中第一，竹、树、兰、石稍次，人物、鸟兽、楼殿、屋木画中，小幅的次之，大幅的又次之。人物互相交流，花果迎风而动、鸟兽虫鱼栩栩如生，山水林泉，清幽空旷，屋庐深远，小桥交错，山石古老润泽，水流清淡透明，山势高耸，泉流洒落，云烟出没，古松斜卧，小径迂回曲折，松偃龙蛇，竹藏风雨，山脚水流清澈，水源来历分明，有这样的特点，虽不著名，定是妙手。如果人物如死尸雕塑，花果如面粉捏造，虫鱼鸟兽，只有皮毛，山水林泉，布局逼仄，楼殿模糊错杂，桥梁故作断形，径无险势，路无出入方向，山石只有一面，树木没有树枝，或者高大不称，或者没有远近之分，或者浓淡失宜，点染无章法，或者山脚无水面，没有水源，虽有名人落款，也是俗气的画作，后人添画过的。至于临摹名家的赝手，落墨设色，自然不古，不难辨认。

书画价

书价以正书为标准。如右军草书一百字，乃敌一行行书；三行行书，敌一行正书；至于《乐毅》《黄庭》《画赞》《告誓》，但得成篇，不可计以字数。画价亦然。山水竹石、古名贤象，可当正书；人物花鸟，小者可当行书；人物大者及神图佛像、宫室楼阁、走兽虫鱼，可当草书。若夫台阁标功臣之烈，宫殿彰贞节之名，妙将入神，灵则通圣，开厨或失，挂壁欲飞，但涉奇事异名，即为无价国宝。又书画原为雅道，一作牛鬼蛇神，不可诘识，无论古今名手，俱落第二。

译文：

书法作品的价格，以正书为标准，如王羲之的草书一百字，只能当一行行书，三行行书当一行正书；至于《乐毅》《黄庭》《画赞》《告誓》，只要成整篇，不能以字数计算。画的价格也是这样，山水竹石、古代名人肖像，相当于正书；人物花鸟，小幅的可当行书；人物多的大幅画以及神图佛像、宫室楼阁、走兽虫鱼，可当草书。至于绘制在台阁上的功臣和宫殿中绘制的贞节烈女，能通神灵，开厨或失，挂壁欲飞等涉及奇闻轶事的画作，就是无价国宝。然而，书写绘画是风雅之事，只要画的是牛鬼蛇神的图案，无所依据的，即使出自古今名家，也要降一级。

古今优劣

书学必以时代为限。六朝不及晋魏，宋元不及六朝与唐。画则不然，佛道、人物、仕女、牛马，近不及古，山水、林石、花竹、禽鱼，古不及近。如顾恺之、陆探微、张僧繇、吴道玄及阎立德、立本，皆纯重雅正，性出天然；周昉、韩干、戴嵩，气韵骨法，皆出意表，后之学者，终莫能及；至如李成、关仝、范宽、董源、徐熙、黄筌、居寀、二米、胜国松雪、大痴、元镇、叔明诸公，近代唐、沈及吾家太史、和州辈，皆不借师资，穷工极致，借使二李复生，边鸾再出，亦何以措手其间。故蓄书必远求上古，蓄画始自顾、陆、张、吴，下至嘉隆名笔，皆有奇观。惟近时点染诸公，则未敢轻议。

译文：

书法好坏应以年代为准，六朝的不及魏晋，宋、元不及六朝和唐代。画则不同，佛道、人物、仕女、牛马，近代的不及古代的；山水、林石、花竹、禽鱼，古代的不及近代的。比如顾恺之、陆探微、张僧繇、吴道子及阎立德、阎立本的作品，都庄重雅正、自然生动；周昉、韩干、戴嵩的作品，气韵骨法，自然写意，后世学者，不能相比。至于关仝、徐熙、黄筌，宋人居案、李成、范宽、董源、二米、元代赵孟頫、黄公望、元镇、叔明，以及明代唐寅、沈周、文徵明、文嘉等人，都不借助师长画艺达到了极致，即使唐人李思道及边鸾复活，也不能插手。所以收藏书法作品必须要追求上古期间的，收藏绘画作品一定要从顾恺之、陆探微、张僧繇、吴道子开始，至明代嘉靖、隆庆年间的名家，其中都有不少珍品。只有现在画家的作品，不敢随意评价。

清 / 陈枚 / 围炉博古（局部）

清 / 陈枚 / 围炉博古（局部）

清内府收藏　　　　　　　　　　　　燕寝怡情图（局部）

赏鉴

看书画如对美人,不可毫涉粗浮之气。盖古画纸绢皆脆,舒卷不得法,最易损坏,尤不可近风日,灯下不可看画,恐落煤烬及为烛泪所污。饭后酒余,欲观卷轴,须以净水涤手;展玩之际,不可以指甲剔损。诸如此类,不可枚举。然必欲事事勿犯,又恐涉强作清态。惟遇真能赏鉴,及阅古甚富者,方可与谈。若对伧父辈,惟有珍秘不出耳。

译文:

观赏书画如同面对美女,不能有丝毫粗俗轻浮之气。因为古画纸、绢很脆,翻卷不当,最容易损坏,尤其不能被风吹日晒,灯下不能看画,可能有煤灰落在画上,或者画被烛泪污染;酒后饭余,如果想要看画,须用清水洗手;展开阅览的时候,不能用指甲划损;诸如此类,不胜枚举。但必须处处小心,还要谨防那些故作风雅的人,只有遇到真正懂得鉴赏,阅览古画丰富的人,才能与之交流,对于粗俗的人只能深藏不露。

粉本

古人画稿,谓之"粉本"。前辈多宝蓄之,盖其草草不经意处,有自然之妙。宣和、绍兴所藏粉本,多有神妙者。

译文:

古人的画稿称之为"粉本",前人都很爱收藏,因为随意草草画成的地方,有自然的美妙,宣和、绍兴年间的粉本,有许多神妙的。

单条

宋元古画,断无此式,盖今时俗制,而人绝好之。斋中悬挂,俗气逼人眉睫。即果真迹,亦当减价。

译文:

宋元的古画,绝对没有单条这种格式,这是现在的俗制,但时人非常喜欢。挂在屋子里俗气逼人,就算是真迹也要减价。

绢素

古画绢色墨气，自有一种古香可爱。惟佛像有香烟熏黑，多是上下二色。伪作者，其色黄而不精采。古绢自然破者，必有鲫鱼口，须连三四丝，伪作则直裂。唐绢丝粗而厚，或有捣熟者，有独梭绢，阔四尺余者。五代绢极粗如布。宋有院绢，匀净厚密，亦有独梭绢，阔五尺余，细密如纸者。元绢及国朝内府绢，俱与宋绢同。胜国时有宓机绢，松雪、子昭画多用此，盖出嘉兴府宓家，以绢得名，今此地尚有佳者。近董太史笔，多用砑光白绫，未免有进贤气。

译文：

古画的绢色墨气，自有一种古香，令人喜爱，只有佛像画被香烟熏黑，多为上下两种颜色，伪造的古画，虽做成黄色但没有神采。自然破损的古绢，必定有鲫鱼口，有几根丝线相连，作假的是直接裂开的。唐代的绢，丝粗而厚，有的是熟绢，也有一种"独梭绢"，宽约四尺。五代的绢很粗，像布一样。宋代有"院绢"，匀净厚密，也有"独梭绢"，宽约五尺，细密像纸。元代绢及明代内府绢都和宋绢一样。元代还有一种"宓机绢"，赵孟頫和盛懋的画多用这种绢。"宓机绢"产自嘉兴府宓家，因此得名，现在此地仍然出产上好的绢。近代董其昌的画，多用光亮的白绸，不可避免有士大夫气。

御府书画

宋徽宗御府所藏书画,俱是御书标题,后用"宣和"年号玉瓢御宝记之。题画书于引首一条,阔仅指大,傍有木印黑字一行,俱装池匠花押名款,然亦真伪相杂,盖当时名手临摹之作,皆题为真迹。至明昌所题更多,然今人得之,亦可谓"买王得羊"矣。

译文:

宋徽宗皇室收藏的书画都是他亲笔题记,后用宣和年号的用玉制瓢形御印题记。题记在书画上引首一条,只有一指宽,旁边有一行木印的黑字,都是裱画师的题款,但也是真假混杂,因为当时名家临摹的作品都题成了真迹。到了明昌年间所题的更多,但是现在的人得到也算是"买王得羊"了。

院画

宋画院众工，凡作一画，必先呈稿本，然后上真，所画山水、人物、花木、鸟兽，皆是无名者。今国朝内画水陆及佛像亦然，金碧辉灿，亦奇物也。今人见无名人画，辄以形似填写名款，觅高价，如见牛必戴嵩，见马必韩干之类，皆为可笑。

译文：

宋代皇家画院的画工所作每一幅画，必须先呈送草稿，然后才上色，所画山水人物、花木、鸟兽，都不知名；当朝内府所画神像及佛像也是这样，不过金碧辉煌，也是珍奇。现在的人见无名画，就按形状相似题写名款，以求高价，就像凡是牛就写戴嵩，见马就是韩干那样，未免可笑。

明 / 仇英 / 高山流水（局部）

名家

书画名家，收藏不可错杂，大者悬挂斋壁，小者则为卷册，置几案间。邃古篆籀，如——

钟（钟繇）　　张（张芝）　　卫（卫瓘）

索（索靖）　　顾（顾恺之）　陆（陆探微）

张（张僧繇）　吴（吴道子）

及历代不甚著名者，不能具论。

书则——

右军（王羲之）　　　大令（王献之）

智永（智永和尚）　　虞永兴

褚河南（褚遂良）　　欧阳率更（欧阳询）

唐玄宗　　　　　　　怀素（僧人怀素）

颜鲁公（颜真卿）　　柳诚悬（柳公权）

张长史（张旭）　　　李怀琳

宋高宗　李建中

二苏（苏轼、苏辙兄弟）

二米（米芾、米友仁父子）

范文正（范仲淹）　　黄鲁直（黄庭坚）

蔡忠惠　　　　　　　苏沧浪（苏舜钦）

黄长睿（黄伯思）　　薛道祖

范文穆（范成大）　　张即之

先信国（文天祥）　　赵吴兴（赵孟頫）

鲜于伯机（鲜于枢）　康里子山（康里巎巎）

张伯雨（张雨）　　　倪元镇（倪瓒）　　俞紫芝

杨铁崖（杨维桢）　　柯丹丘（柯九思）

袁清容（袁桷）　　　危太朴（危素）

我朝（明朝）则——

宋文宪濂（宋濂）　　中书舍人璲（宋璲）

方逊志孝孺（方孝孺）　宋南宫克（宋克）

沈学士度（沈度）　　俞紫芝和（俞和）

徐武功有贞（徐有贞）　金元玉琮（金琮）

沈大理粲（沈粲）　　解学士大绅（解缙）

钱文通溥（钱溥）　　桑柳州悦（桑悦）

祝京兆允明（祝允明）　吴文定宽（吴宽）

先太史讳（文徵明）　王太学宠（王宠）

李太仆应祯（李应祯）　王文恪鏊（王鏊）

唐解元寅（唐寅）　　顾尚书璘（顾璘）

丰考功坊（丰坊）

先两博士讳（先祖文彭、叔祖文嘉）

王吏部榖祥（王榖祥）　陆文裕深（陆深）

彭孔嘉年（彭年）　　陆尚宝师道（陆师道）

陈方伯鎏（陈鎏）　　蔡孔目羽（蔡羽）

陈山人淳（陈淳）　　张孝廉凤翼（张凤翼）

王徵君穉登（王穉登）

周山人天球（周天球）

邢侍御侗（邢侗）

董太史其昌（董其昌）

又如——

陈文东璧（陈璧）姜中书立纲（姜立纲）

虽不能洗院气，而亦铮铮有名者。

画则——

卷五

王右丞（王维）

李思训父子（李思训、李昭道）

周昉　董北苑（董源）

李营丘（李成）　　郭河阳（郭熙）

米南宫（米芾）　　宋徽宗（赵佶）

米元晖（米友仁）

崔白　黄筌　居寀（黄居寀）

文与可（文同）　李伯时（李公麟）

郭忠恕　　　　董仲翔（董羽）

苏文忠（苏轼）　苏叔党（苏过）

王晋卿（王诜）　张舜民

扬补之（扬无咎）　扬季衡、陈容

李唐　马远　马逵

夏珪　范宽　关仝

荆浩　李山　赵松雪（赵孟頫）

管仲姬（管道昇）　赵仲穆（赵雍）

赵千里（赵伯驹）　李息斋（李衎）

吴仲圭（吴镇）　　钱舜举（钱选）

盛子昭（盛懋）　　陈珏

陈仲美（陈琳）　　陆天游（陆广）

曹云西（曹知白）　唐子华（唐棣）

王元章（王冕）　　高士安

高克恭　王叔明（王蒙）

黄子久（黄公望）　倪元镇（倪瓒）

柯丹丘（柯九思）　方方壶（方从义）

戴文进（戴进）　　王孟端（王绂）

夏太常（夏昶）　　赵善长（赵原）

陈惟允（陈汝言） 徐幼文（徐贲）
张来仪（张羽） 宋南宫（宋克）
周东村（周臣） 沈贞吉
恒吉（沈恒吉） 沈石田（沈周）
杜东原（杜琼） 刘完庵（刘珏）
先太史（文徵明） 先和州（先叔祖文嘉）
五峰（文伯仁） 唐解元（唐寅）
张梦晋（张灵） 周官、谢时臣
陈道复（陈淳） 仇十洲（仇英）
钱叔宝（钱谷） 陆叔平（陆治）

皆名笔不可缺者。

他非所宜蓄，即有之，亦不当出以示人。

又如——

郑颠仙 张复阳（张复） 钟钦礼

蒋三松（蒋松） 张平山（张路）

汪海云（汪肇）

皆画中邪学，尤非所尚。

译文：

名家的书画，也不要收藏得太杂，大幅的挂在室内，小幅的集为卷册，放在几案间。古旧的大、小篆书，如钟繇、张芝、卫瓘、索靖、顾恺之、陆探微、张僧繇、吴道子，以及历代不甚著名的，不能尽述。

著名书法家有：王羲之、王献之、智永、虞世南、褚遂良、欧阳询、唐明皇、怀素、颜真卿、柳公权、张旭、李怀琳、宋高宗、李建中、苏轼、苏辙、米芾父子、范仲淹、黄庭坚、蔡襄、苏舜钦、黄伯思、薛绍彭、范成大、张即之、文天祥、赵孟頫、鲜于枢、康里巎巎、张雨、倪元镇、俞紫芝、杨维桢、柯九思、袁桷、危素。明代则有宋濂、宋璲、方孝孺、宋克、沈度、俞和、徐有贞、金琮、沈粲、解缙、钱溥、桑悦、祝允明、吴宽、文徵明、王宠、李应祯、王鏊、唐寅、顾璘、丰坊、文彭、文嘉、王穀祥、陆深、彭年、陆师道、陈鎏、蔡羽、陈淳、张凤翼、王穉登、周天球、邢侗、董其昌。又如陈璧、姜立纲，虽不能去除画院气，但也是名人。

著名画家有：王维、李思训父子、周昉、董源、李成、郭熙、米芾、宋徽宗、米友仁、崔白、黄筌、居寀、文同、李公麟、郭忠恕、董羽、苏轼、苏过、王诜、张舜民、扬无咎、扬季衡、陈容、李唐、赵伯驹、马远、马逵、夏珪、范宽、关仝、荆浩、李山、赵孟頫、管道昇、赵雍、赵千里、李衎、吴镇、钱选、盛懋、陈珏、陈琳、陆广、曹知白、唐棣、王冕、高士安、高克恭、王蒙、黄公望、倪元镇、柯九思、方从义、戴进、王绂、夏昶、赵原、陈汝言、徐贲、张羽、宋克、周臣、沈贞吉、沈恒吉、沈周、杜琼、刘珏、文徵明、文嘉、文伯仁、唐寅、张灵、周官、谢时臣、陈淳、仇英、钱穀、陆治。他们都是名家，不可缺少。其他的都不宜收藏，即使有，也不宜拿出来展示。又如郑颠仙、张复、钟钦礼、蒋松、张路、汪肇，都是绘画中的歪门邪道，更不能推崇。

宋绣 宋刻丝

宋绣,针线细密,设色精妙,光彩射目,山水分远近之趣,楼阁得深邃之体,人物具瞻眺生动之情,花鸟极绰约嚶唼之态,不可不蓄一二幅,以备画中一种。

译文:

宋绣,针线细密,上色精巧,光彩夺目,山水有远近的趣味;楼阁有深邃的体态,人物有活泼自然的情状,鸟雀有生动的体态。不能不收藏一两幅,作为画的一个品类。

法糊

用瓦盆盛水,以面一斤渗水上,任其浮沉,夏五日,冬十日,以臭为度;后用清水蘸白芨半两、白矾三分,去滓,和元浸面打成,就锅内打成团,另换水煮熟,去水,倾置一器,候冷。日换水浸,临用以汤调开。忌用浓糊及敝帚。

译文:

调糊的方法是,用瓦盆盛水,倒入一斤面粉,让它自然沉浮,夏季五天,冬季十天,以有臭味为标准;之后用清水蘸半两白芨、三分白矾,去掉渣滓,和原来的面粉揉在一起,另换清水在锅里煮熟,把水倒掉,放在其他的容器里晾凉,浸泡在水中,每天换水,使用的时候用热水调开,忌用浓糙糊和劣质的帚。

装潢

装潢书画，秋为上时，春为中时，夏为下时，暑湿及冱寒，俱不可装裱。勿以熟纸，背必皱起，宜用白滑漫薄大幅生纸。纸缝先避人面及接处，若缝缝相接，则卷舒缓急有损，必令参差其缝，则气力均平。太硬则强急，太薄则失力；绢素彩色重者，不可捣理。古画有积年尘埃，用皂荚清水数宿，托于大平案扦去，画复鲜明，色亦不落。补缀之法，以油纸衬之，直其边际，密其隙缝，正其经纬，就其形制，拾其遗脱，厚薄均调，润洁平稳。又凡书画法帖，不脱落，不宜数装背，一装背，则一损精神。古纸厚者，必不可揭薄。

译文：

装裱书画的时间，以秋季最佳，春季稍次，夏季更次，暑期湿热，冬季严寒，都不能装裱。不能用熟纸装裱，必然起皱，宜用光滑细薄的大幅生纸。纸缝应避开人物面部和画纸的相接处，如果画与画的缝隙相接，在翻卷中容易破损，一定要让纸缝错开。装裱时，力气要均匀，太重容易折损，太轻则用力不够；色彩重的绢素，不能捣理。积有多年尘埃的古画，用皂角水洗涤后，再用清水浸泡几天，然后摊在平案上轻轻拂去，画就会恢复鲜明的样子，颜色也不落。修补破损的方法是,将画放在油纸上,捋平边角,填充缝隙,修正经纬,根据原有的形制,填补空缺,厚薄均匀,使其光滑平整。没有脱落就不要装裱,装裱一次就减损一次精神。厚的古纸,不能揭开。

装裱定式

上下天地须用皂绫龙凤云鹤等样,不可用团花及葱白、月白二色。二垂带用白绫,阔一寸许。乌丝粗界画二条,玉池白绫亦用前花样。书画小者须乞嵌,用淡月白画绢,上嵌金黄绫条,阔半寸许,盖宣和裱法,用以题识,旁用沉香皮条边。大者四面用白绫,或单用皮条边亦可。参书有旧人题跋,不宜剪削,无题跋则断不可用。画卷有高头者不须嵌,不则亦以细画绢乞嵌。引首须用宋经笺、白宋笺,及宋、元金花笺,或高丽茧纸、日本画纸,俱可。大幅上引首五寸,下引首四寸,小全幅上引首四寸,下引首三寸。上褾除撅竹外净二尺,下褾除轴净一尺五寸。横卷长二尺者,引首阔五寸,前褾阔一尺。余俱以是为率。

译文:

书画制成卷轴规定的格式,上下必须用黑色绫、龙凤云鹤等样式,不可以用团花以及葱白、月白两色。两个垂带用白绫,宽一寸余,画两条黑色的粗直线,玉池白绫也用以前的花样。小幅的书画用挖嵌,用淡月白画绢,上嵌金黄绫条,宽半寸余,是宋徽宗宣和时代的裱画格式,用来题识,旁边用沉香皮条边。大的书画四周用白绫,或者另用皮镶边。

参书上有旧题跋的,不能剪裁,无题跋的就绝对不能用。画卷有高头的不必镶嵌,要镶嵌也应用细画绢挖嵌。引首要用宋经笺、白宋笺、宋元金花笺,或高丽茧纸、日本画纸都可以。大幅书画的上引首五寸,下引首四寸;小全幅上引首四寸,下引首三寸;上裱除上轴外净二尺,下裱除去下轴外,净一尺五寸长。横卷长两尺的,引首宽五寸,前裱宽一尺,其余的都按照这个比例。

褾轴

古人有镂沉檀为轴身,以果金、鎏金、白玉、水晶、琥珀、玛瑙、杂宝为饰,贵重可观,盖白檀香洁去虫,取以为身,最有深意。今既不能如旧制,只以杉木为身,用犀、象、角三种雕如旧式,不可用紫檀、花梨、法蓝诸俗制。画卷须出轴。形制既小,不妨以宝玉为之,断不可用平轴。签以犀、玉为之,曾见宋玉签,半嵌锦带内者,最奇。

译文:

古人有雕刻沉香或檀香木做轴身的,用包金、镀金、白玉、水晶、琥珀、玛瑙等为装饰,美观而贵重,白檀木的香气可杀虫,用作轴身最为有深意。现在已经不能按古法制作,只能用杉木做轴身了。轴头用犀牛角、象牙、牛角三种,雕刻成旧样式,不可用紫檀木、花梨木、珐琅等制作,画卷应出轴,形制小的,不妨用宝玉制作,绝对不能用平轴。签子用犀牛角、玉石制作,之前见过宋代的玉签半嵌在锦带里,最为珍奇。

裱锦

古有樗蒲锦、楼阁锦、紫驼花鸾章锦、朱雀锦、凤凰锦、走龙锦、翻鸿锦，皆御府中物。有海马锦、龟纹锦、粟地锦、皮球锦，皆宣和绫，及宋绣花鸟、山水，为装池卷首，最古。今所尚落花流水锦，亦可用；惟不可用宋段及纻绢等物。带用锦带，亦有宋织者。

译文：

古代有樗蒲锦、楼阁锦、紫驼花锦、鸾鹊锦、朱雀锦、凤凰锦、走龙锦、翻鸿锦，都是皇室用品，有海马锦、龟纹锦、粟地绫、皮球绫，都是宋代宣和年间的绫，以及宋代所绣的花鸟、山水，用来装裱卷首，最具古意。现在流行的落花流水锦也可用，只是不能用宋缎或者纻绢等。带用锦带，也有宋代所织的锦带的。

明 / 仇英 / 竹院品古（局部）

藏画

以杉、杪木为匣,匣内切勿油漆、糊纸,恐惹霉湿。四五月,先将画幅幅展看,微见日色,收起入匣,去地丈余,庶免霉白。平时张挂,须三五日一易,则不厌观,不惹尘湿。收起时,先拂去两面尘垢,则质地不损。

译文:

装画的匣子用杉木、杪木做,匣子里面切勿上油漆、糊纸,以防长霉,四五月份,先将画取出展开,微微晾晒一下,即收入匣内,放在离地一丈余高的地方,可以避免生白霉。平时张挂,应三五天更换一次,不至于使观画者厌烦、也使画不沾染灰尘湿气。收起时,先拂去两面的尘垢,就不会损伤画卷的质地。

小画匣

短轴作横面开门匣,画直放入。轴头贴签,标写某书某画,甚便取看。

译文:

横开门的短轴画匣,画可以直接放入,轴头贴标签,标明名称,方便拿取观看。

卷画

须顾边齐,不宜局促,不可太宽。不可着力卷紧,恐急裂绢素。拭抹用软绢细细拂之。不可以手托起画背就观,多致损裂。

译文:

卷画时要两边对齐,不能太紧不能太宽,不能用力卷紧,以防绢素破裂,用柔软的绢轻轻擦拭,不能用手托起画背就看,这样容易导致画破裂。

法帖

历代名家碑刻，当以《淳化阁帖》压卷，侍书王著勒，末有篆题者是。

蔡京奉旨摹者，曰《太清楼帖》；

僧希白所摹者，曰《潭帖》；

尚书郎潘思旦所摹者，曰《绛帖》；

王寀辅道守汝州所刻者，曰《汝帖》；

宋许提举刻于临江者，曰《二王帖》；

元祐中刻者，曰《秘阁续帖》；

淳熙年刻者，曰《脩内司本》；

高宗访求遗书于淳熙阁摹刻者，曰《淳熙秘阁续帖》；

后主（南唐后主李煜）命徐铉勒石，在淳化之前者，曰《昇元帖》；

刘次庄摹《阁帖》，除去篆题年月，而增入释文者，曰《戏鱼堂帖》；

武冈军重摹《绛帖》，曰《武冈帖》；

上蔡人临摹《绛帖》，曰《蔡州帖》；

赵（曹）彦约于南康所刻，曰《星凤楼帖》；

庐江李氏刻，曰《甲秀堂帖》；

黔人秦世章所刻，曰《黔江帖》；

泉州重摹《阁帖》，曰《泉帖》；

韩平原所刻，曰《群玉堂帖》；

薛绍彭所刻,曰《家塾帖》;

曹之格日新所刻,曰《宝晋斋帖》;

王庭筠所刻,曰《雪溪堂帖》;

周府所刻,曰《东书堂帖》;

吾家所刻,曰《停云馆帖》《小停云馆帖》;

华氏所刻,曰《真赏斋帖》。皆帖中名刻,摹勒皆精。

又如历代名帖,收藏不可缺者,周、秦、汉则史籀篆石鼓文、坛山石刻,李斯篆泰山、朐山、峄山诸碑,《秦誓》(《诅楚文》),章帝(汉章帝)《草书帖》,蔡邕《淳于长夏承碑》《郭有道碑》《九疑山碑》《边韶碑》《宣父碑》《北岳碑》,崔子玉《张平子墓碑》,郭香察隶《西岳华山碑》《周府君碑》。

魏帖则元常《贺捷表》《大飨碑》《荐季直表》《受禅碑》《上尊号碑》《宗圣侯碑》。

吴帖则《国山碑》。

晋帖则《兰亭记》《笔阵图》《黄庭经》《圣教序》《乐毅论》《东方朔赞》《洛神赋》《曹娥碑》《告墓文》《摄山寺碑》《裴雄碑》《兴福寺碑》《宣示帖》《平西将军墓铭》《梁思楚碑》,羊祜《岘山碑》,索靖《出师颂》。

宋、齐、梁、陈帖，则宋《文帝神道碑》，齐倪珪《金庭观碑》，梁萧子云章草《出师颂》《茅君碑》《瘗鹤铭》、刘灵《堕泪碑》，陈智永真行二体《千文》、草书《兰亭》。

魏、齐、周帖则有魏刘玄明《华岳碑》、裴思顺《教戒经》，北齐王思诚《八分蒙山碑》《南阳寺隶书碑》《天柱山铭》，后周《大宗伯唐景碑》。

隋帖则有《开皇兰亭》、薛道衡书《尔朱敞碑》《舍利塔铭》《龙藏寺碑》。

唐帖：欧书则《九成宫铭》《房定公墓碑》《化度寺碑》《皇甫君碑》《虞恭公碑》《真书千文小楷》《心经》《梦奠帖》《金兰帖》；

虞书则《夫子庙堂碑》《破邪论》《宝昙塔铭》《阴圣道场碑》《汝南公主铭》《孟法师碑》；

褚书则《乐毅论》《哀册文》《忠臣像赞》《龙马图赞》《临摹兰亭》《临摹圣教》《阴符经》《度人经》；

柳书则《金刚经》《玄秘塔铭》；

颜书则《争坐位帖》《麻姑仙坛记》《二祭文》《家庙碑》《元次山碑》《多宝寺碑》《放生池碑》《射堂记》《北岳庙碑》《草书千文》《磨崖碑》《干禄字帖》；

怀素书则《自叙三种》《草书千文》《圣母帖》《藏真律公二帖》；

李北海书则《阴符经》《娑罗树碑》《曹娥碑》《秦望山碑》《臧怀亮碑》《有道先生叶公碑》《岳麓寺碑》《开元寺碑》《荆门行》《云麾将军碑》《李思训碑》《戒坛碑》；

太宗书《魏徵碑》《屏风帖》；高宗书《李勣碑》；玄宗《一行禅师塔铭》《孝经》《金仙公主碑》；

孙过庭《书谱》；

《延陵季子二碑》；

柳公绰《诸葛庙堂碑》；

李阳冰《篆书千文》《城隍庙碑》《孔子庙碑》；

欧阳通《道因禅师碑》；

薛稷《升仙太子碑》；

张旭《草书千文》；

僧行敦《遗教经》。

南唐则有杨元鼎《紫阳观碑》。

宋则苏、黄（苏轼、黄庭坚）诸公，如《洋州园池》《天马赋》等类。

元则赵松雪（赵孟頫）。

国朝（明代）则二宋（宋克、宋广）诸公，所书佳者，亦当兼收，以供赏鉴，不必太杂。

译文：

历代名家碑刻，首推《淳化阁帖》，由宋代翰林侍书王著临摹刊刻，末尾有篆题。蔡京奉旨临摹的，叫《太清楼帖》；僧人希白临摹的，叫《潭帖》；尚书潘思旦临摹的，叫《绛帖》；王寀辅道任汝州太守时摹刻的，叫《汝帖》；宋许提举在临江刻的，叫《二王帖》；宋元祐年刻的，叫《秘阁续帖》；宋淳熙年刻的，叫《修内司本》；宋高宗搜寻遗留的晋、唐墨迹，于淳熙阁临摹篆刻的，叫《淳熙秘阁续帖》；唐后主命徐铉刻成的，在宋淳化年之前，叫《升元帖》；宋代刘次庄摹刻临摹《淳化阁帖》删除篆题年月，增加释文的刻本，叫《戏鱼堂帖》，武冈军重新摹刻的《绛帖》叫《武冈帖》；上蔡人临摹的《绛帖》叫《蔡州帖》。宋代曹彦约在南康刻的叫《星凤楼帖》；庐江李氏所刻，叫《甲秀堂帖》；黔人秦世章所刻，叫《黔江帖》；泉州重摹《阁帖》，叫《泉帖》；韩平原所刻，叫《群玉堂帖》；薛绍彭所刻，叫《家塾帖》；曹之格所刻，叫《宝晋斋帖》；王庭筠所刻，叫《雪溪堂帖》；明代周宪王所刻，叫《东书堂帖》；文震亨家所刻，叫《停云馆帖》《小停云馆帖》；明华夏所刻，叫《真赏斋帖》。这些都是碑帖中的知名刻本，十分精致。

历代名帖，必不可缺少的是周、秦、汉三代的篆文《石鼓文》、坛山石刻，李斯的泰山、朐山、峰山等篆体碑文，《秦誓》（《诅楚文》）、章帝《草书帖》，蔡邕《淳于长夏承碑》《郭有道碑》《九疑山碑》《边韶碑》《宣父碑》《北岳碑》，崔子玉《张平子墓碑》，郭香察隶书《西岳华山碑》《周府君碑》。魏帖有钟繇《贺捷表》《大飨碑》《荐季直表》《受禅碑》《上尊号碑》《宗圣侯碑》；吴帖有《国山碑》；晋帖有《兰亭记》《笔阵图》《黄庭经》《圣教序》《乐毅论》《东方朔赞》《洛神赋》《曹娥碑》《告墓文碑》《摄山寺碑》《裴雄碑》《兴福寺碑》《宣示帖》《平西将军墓铭》《梁思楚碑》，羊祜《岘山碑》，索靖《出师颂》。宋、齐、梁、陈帖，则有《文帝神道碑》，齐倪珪《金庭观碑》，梁萧子云章草《出师颂》《茅君碑》《瘗鹤铭》，刘灵《堕泪碑》，陈智永真行二体《千文》草书《兰亭》。魏、齐、周帖有魏刘玄明《华岳碑》、裴思顺《教戒经》；北齐王思诚《八分蒙山碑》《南阳寺隶书碑》《天柱山铭》；后周《大宗伯唐景碑》。隋帖有《开皇兰亭》、薛道衡书《尔朱敞碑》《舍利塔铭》《龙藏寺碑》。唐帖，欧书有《九成宫铭》《房定公墓碑》《化度寺碑》《皇甫君碑》《虞恭公碑》《真书千文小楷》《心经》

《梦奠帖》《金兰帖》；虞书有《夫子庙堂碑》《破邪论》《宝昙塔铭》《阴圣道场碑》《汝南公主铭》《孟法师碑》。褚书有：书有《乐毅论》《哀册文》《忠臣像赞》《龙马图赞》《临摹兰亭》《临摹圣教》《阴符经》《度人经》；柳书有《金刚经》《玄秘塔铭》；颜书有《争坐位帖》《麻姑仙坛记》《二祭文》《家庙碑》《元次山碑》《多宝寺碑》《放生池碑》《射堂记》《北岳庙碑》《草书千文》《磨崖碑》《干禄字帖》；怀素书有《自叙三种》《草书千文》《圣母帖》《藏真律公二帖》；李北海书有《阴符经》《娑罗树碑》《曹娥碑》《秦望山碑》《臧怀亮碑》《有道先生叶公碑》《岳麓寺碑》《开元寺碑》《荆门行》《云麾将军碑》《李思训碑》《戒坛碑》；太宗书《魏徵碑》《屏风帖》；高宗书《李勣碑》；玄宗书《一行禅师塔铭》《孝经》《金仙公主碑》；孙过庭《书谱》；《延陵季子二碑》；柳公绰《诸葛庙堂碑》；李阳冰《篆书千文》《城隍庙碑》《孔子庙碑》；欧阳通《道因禅师碑》；薛稷《升仙太子碑》；张旭《草书千文》；僧人行敦《遗教经》。南唐则有杨元鼎《紫阳观碑》，宋则有苏轼、黄庭坚，如《洋州园池》《天马赋》等。元则有赵松雪。明代则有宋克、宋广等人，其中的好的帖子，也应收藏一些，以供鉴赏，但不必太多。

上／宋／张择端　　　　　　清明上河图（局部）
中／明／仇英　　　　　　　汉宫春晓图（局部）
下／宋／张择端　　　　　　清明上河图（局部）

南北纸墨

古之北纸,其纹横,质松而厚,不受墨;北墨,色青而浅,不和油蜡,故色淡而纹皱,谓之"蝉翅拓"。南纸其纹竖,用油蜡,故色纯黑而有浮光,谓之"乌金拓"。

译文:

古代的北纸的花纹是横着的,质地松,纸张厚,不太吸墨;北墨多用松烟制成,色泽青浅,不和油蜡相融,所以,北拓色淡而多皱纹,被称为"蝉翅拓"。南纸是竖直的花纹,南墨用油烟及蜡制成,因此,南拓色纯黑有光泽,称为"乌金拓"。

古今帖辨

古帖历年久而裱数多,其墨浓者,坚若生漆,纸面光彩如砑,并无沁墨水迹侵染,且有一种异馨,发自纸墨之外。

译文:

古代的帖保存时间长,装裱次数多,墨迹浓厚的,像生漆一样坚硬,纸面光亮,没有墨迹沾染,而且有种来自纸外的特殊的香味。

装帖

古帖宜以文木薄一分许为板,面上刻碑额卷数,次则用厚纸五分许,以古色锦或青花白地锦为面,不可用绫及杂彩色;更须制匣以藏之,宜少方阔,不可狭长、阔狭不等。以白鹿纸镶边,不可用绢。十册为匣,大小如一式,乃佳。

译文:

古帖应用一分厚的细木板,木板上刻写碑额卷数,次者就用五分厚纸,用古色锦或青花白地锦做封面,不可用绫和其他颜色;还要做匣子存放,匣应该稍微宽方一点,不能瘦长或长短不相等,用白鹿纸镶边,不能用绢。十册装一匣,大小样式同一的最好。

宋板

藏书贵宋刻，大都书写肥瘦有则，佳者有欧、柳笔法，纸质匀洁，墨色清润。至于格用单边，字多讳笔，虽辨证之一端，然非考据要诀也。书以班、范二书、《左传》《国语》《老》《庄》《史记》《文选》、诸子为第一，名家诗文、杂记、道释等书次之。纸白板新，绵纸者为上，竹纸活衬者亦可观，糊背批点，不蓄可也。

译文：

藏书以宋代刻本为贵，其字迹大都肥瘦有度，其中佳品有欧阳询、柳公权的笔法，纸质匀净，墨色润泽；至于格用单边，用字多用讳笔，虽然可以作为辨别的一种标准，但不是考证的要诀。收藏书籍，以班固的《汉书》、范晔的《后汉书》，以及《左传》《国语》《老子》《庄子》《史记》《文选》和诸子百家著作作为第一，名家诗文、杂记、道教、佛教等书次之。纸张白、版面新，用绵纸的为上等，竹纸做活衬的也不错，有糊背或批语圈点的，不收也罢。

悬画月令

岁朝，宜宋画福神及古名贤像；元宵前后，宜看灯、傀儡；正、二月，宜春游、仕女、梅、杏、山茶、玉兰、桃、李之属；三月三日，宜宋画真武像；清明前后，宜牡丹、芍药；四月八日，宜宋元人画佛及宋绣佛像；十四，宜宋画纯阳像；端午，宜真人玉符，及宋元名笔端阳景、龙舟、艾虎、五毒之类；六月，宜宋元大楼阁、大幅山水、蒙密树石、大幅云山、采莲、避暑等图；七夕，宜穿针乞巧、天孙织女、楼阁、芭蕉、仕女等图；八月，宜古桂或天香、书屋等图；九、十月，宜菊花、芙蓉、秋江、秋山、枫林等图；十一月，宜雪景、蜡梅、水仙、醉杨妃等图；十二月，宜钟馗迎福、驱魅、嫁妹；腊月廿五，宜玉帝、五色云车等图。至如移家，则有葛仙移居等图；称寿，则有院画寿星、王母等图；祈晴，则有东君；祈雨，则有古画风雨神龙、春雷起蛰等图；立春，则有东皇太乙等图，皆随时悬挂，以见岁时节序。若大幅神图，及杏花、燕子、纸帐梅、过墙梅、松柏、鹤鹿寿星之类，一落俗套，断不宜悬。至如宋元小景、枯木竹石、四幅大景，又不当以时序论也。

译文：

正月初一，宜挂宋代福神及古代名贤画像；元宵前后，宜挂观灯、傀儡的图画；正月、二月宜挂春游、仕女及梅、杏、山茶、玉兰、桃、李之类的画；三月三，宜挂宋画真武神像；清明前后，宜挂牡丹、芍药之类的画；四月八日，宜挂宋人画佛像及宋代刺绣佛像；四月十四日，宜挂宋画纯阳像；端午，宜挂真人、玉符之类的画，以及宋元名家所画端阳、龙舟、艾虎、五毒之类；六月，宜挂宋元大阁楼、大幅山水、茂密树石、大幅云山、采莲、避暑等图画；七夕，宜挂穿针乞巧、天仙织女及楼阁、芭蕉、仕女等图画；八月，宜挂古桂、天香、书屋等图画；九月和十月，宜挂菊花、芙蓉、秋江、秋山、枫林等图；十一月宜挂雪景、腊梅、水仙、醉杨妃等图；十二月宜挂钟馗、迎福、驱魅、嫁妹等图；腊月二十五宜挂玉帝、五色云车等图；如果搬家则应挂葛仙移居等图；过寿宜挂寿星、王母等院画；求天晴挂东君；求雨挂风雨神龙、春雷起蛰等图；立春挂东皇、太乙等图，跟随时令悬挂，遵从节序。如果是大幅的神图，包括杏花、燕子、纸帐梅、过墙梅、松柏、鹤鹿、寿星之类，一旦落入俗套，就万万不可悬挂。至于宋元小景、枯木、竹石四幅大景，就不用拘泥于时序了。

卷六 几榻

明 / 仇英 / 赵孟頫写经换茶图（局部）

古人制几榻,虽长短广狭不齐,置之斋室,必古雅可爱,又坐卧依凭,无不便适。燕衎之暇,以之展经史,阅书画,陈鼎彝,罗肴核,施枕簟,何施不可。今人制作,徒取雕绘文饰,以悦俗眼,而古制荡然,令人慨叹实深。志《几榻第六》。

译文:

古人制作几、榻,虽然长短、宽窄不一,但放在居室里,一定是古雅美观的,而且坐卧倚靠,没有不方便、不舒适的地方。茶余饭后,用此翻阅书籍、古画,陈列文物,摆设菜肴果蔬,躺卧休息,没有不可以的。现今制作的,只求雕绘装饰,以取悦世俗的眼光,古时形制荡然无存,实在令人感叹。题记《几榻第六》。

明/仇英/ 汉宫春晓图（局部）

榻

座高一尺二寸，屏高一尺三寸，长七尺有奇，横一尺五寸，周设木格，中贯湘竹，下座不虚，三面靠背，后背与两傍等，此榻之定式也。有古断纹者，有元螺钿者，其制自然古雅。忌有四足，或为螳螂腿，下承以板，则可。近有大理石镶者，有退光朱黑漆中刻竹树以粉填者，有新螺钿者，大非雅器。他如花楠、紫檀、乌木、花梨，照旧式制成，俱可用。一改长大诸式，虽曰美观，俱落俗套。更见元制榻，有长一丈五尺，阔二尺余，上无屏者，盖古人连床夜卧，以足抵足，其制亦古，然今却不适用。

译文：

榻座高一尺两寸，屏高一尺三寸，长七尺有余，宽一尺五寸，周围设木格，以湘妃竹贯穿其中，后面和两边三面都有靠背，这是定式。有古断纹的，有元螺钿的，样式自然古雅。榻下不要做成四只脚，做成螳螂腿形状，下面用木板支撑即可。近年出现大理石镶嵌的，也有漆上退光朱黑漆，后在中间刻画竹树，用粉填涂，还有新螺钿的，这些完全不属古雅器物。其他如用花楠木、紫檀木、乌木、花梨木，照旧式规格制成的，都可以用，一旦改成长大的样式，虽说壮观，却落入俗套。也有元代制作的榻，长一丈五尺，宽二尺左右，上面没有靠背，便于古人夜晚将它连接起来睡觉，两脚相对，这种样式也古朴，但也不适合如今。

短榻

高尺许，长四尺，置之佛堂、书斋，可以习静坐禅，谈玄挥麈，更便斜倚，俗名"弥勒榻"。

译文：

短榻高一尺左右，长四尺，放在佛堂、书斋中，可以习静坐禅，谈论玄学，也方便斜倚，俗称"弥勒榻"。

几

以怪树天生屈曲若环若带之半者为之，横生三足，出自天然，摩弄滑泽，置之榻上或蒲团，可倚手顿颡，又见图画中有古人架足而卧者，制亦奇古。

译文：

几由天生弯曲像半个环带一样的怪树做成，做三只几腿，出自天然，打磨光滑后，放置在榻或蒲团上，可用以放手靠头。也见图画中有古人在躺卧时用来放脚，形制也奇特古雅。

禅椅

以天台藤为之,或得古树根,如虬龙诘曲臃肿,槎牙四出,可挂瓢、笠及数珠、瓶钵等器。更须莹滑如玉,不露斧斤者为佳。近见有以五色芝粘其上者,颇为添足。

译文:

禅椅用天台山的藤做成,或者用像虬龙一样弯曲臃肿的老树根制作,树根上须有四出的斜枝,可挂瓢笠、念珠、净瓶等物品,光滑如玉、无斧劈痕迹的为佳品。近来发现有用五色芝粘在上面的,十分画蛇添足。

壁桌

长短不拘,但不可过阔。飞云、起角、螳螂足诸式,俱可供佛。或用大理及祁阳石镶者,出旧制,亦可。

译文:

壁桌长短不拘束,但不能过宽,飞云、起角、螳螂足等样式,都可以用来供奉佛像,或者用大理石、祁阳石镶嵌的旧样式也可以。

天然几

以文木如花梨、铁梨、香楠等木为之;第以阔大为贵,长不可过八尺,厚不可过五寸,飞角处不可太尖,须平圆,乃古式。照倭几下有拖尾者,更奇。不可用四足如书桌式,或以古树根承之,不则用木。如台面阔厚者,空其中,略雕云头、如意之类,不可雕龙凤、花草诸俗式。近时所制,狭而长者,最可厌。

译文:

天然几用花梨、铁梨、香楠等有纹理的木材制成;以宽大为贵,长八尺以内,厚五寸以内,飞角不可太尖,要平滑,这才是古式。日本式几案有拖尾的更珍奇。不可做成像书桌一样的四只脚,也可用老树根做脚。不然就用木做两脚,台面宽厚的,中间空出,略微雕刻一些云头、如意之类,不可雕刻龙凤、花草等俗样式。近些时候所做的窄长的款式最令人讨厌。

椅

椅之制最多。曾见元螺钿椅,大可容二人,其制最古;乌木镶大理石者,最称贵重,然亦须照古式为之。总之,宜矮不宜高,宜阔不宜狭,其折叠单靠、吴江竹椅、专诸禅椅诸俗式,断不可用。踏足处须以竹镶之,庶历久不坏。

译文:

椅子的形制最多,曾见元代的螺钿椅,大小可容两人,形制最古;镶嵌大理石的乌木椅,最贵重,但也要照古样式制作。总之,椅子宜矮不宜高,宜宽不宜窄,诸如单靠背折叠椅、吴江竹椅、专诸禅椅等俗气的样式,绝对不能用。踏脚的地方镶上竹子,可经久不坏。

明 / 沈周 / 盆菊幽赏图（局部）

书桌

中心取阔大,四周镶边,阔仅半寸许,足稍矮而细,则其制自古。凡狭长、混角诸俗式,俱不可用,漆者尤俗。

译文:

书桌的中心应该宽大,四周镶边,宽仅有半寸左右,桌腿略微矮、细一点,形制自然就古朴了。但凡窄长混角等俗样式的都不可用,上漆的最俗。

方桌

旧漆者最多,须取极方大古朴、列坐可十数人者,以供展玩书画。若近制八仙等式,仅可供宴集,非雅器也。燕几别有谱图。

译文:

以前方桌多上漆,须选取最方大古朴的,可以坐下十几人,以供展览书画。现在的八仙桌样式只能用于宴席,不是文雅的器物。燕几另有图样。

台几

倭人所制,种类大小不一,俱极古雅精丽,有镀金镶四角者,有嵌金银片者,有暗花者,价俱甚贵。近时仿旧式为之,亦有佳者,以置尊彝之属,最古。若红漆狭小三角诸式,俱不可用。

译文:

台几是日本人制作的,种类大小不一,极其古雅精致,有镀金镶四角的,有嵌金银片的,有暗花的,都价值不菲。近年仿造旧式制作的,也有佳品,用来陈设酒器,最为古雅。红漆的及狭小的三角形等样式的,均不可取。

杌

杌有二式,方者四面平等,长者亦可容二人并坐,圆杌须大,四足彭出。古亦有螺钿、朱黑漆者。竹杌及绦环诸俗式,不可用。

译文:

杌有两种,方形的四面等长,长条形的可坐两人,圆形的要大一些,四脚向外倾斜,古式也有螺钿朱黑漆的,但竹子、绳子编的俗样式,不能用。

凳

凳亦用狭边厢者为雅,以川柏为心,以乌木镶之,最古。不则竟用杂木,黑漆者,亦可用。

译文:

凳子镶有窄边的较为雅致,中间用柏木、乌木镶边,这样最古雅。不然,全用杂木,漆成黑色也可以。

交床

即古胡床之式。两脚有嵌银、银铰钉圆木者,携以山游,或舟中用之,最便。金漆折叠者,俗不堪用。

译文:

交床就是古代胡床的样式,两脚有嵌银、银铰钉圆木的,带去游山或者在舟中使用,最为方便。漆成金黄色就俗气到不能忍受了。

架

书架有大小二式,大者高七尺余,阔倍之,上设十二格,每格仅可容书十册,以便检取,下格不可置书,以近地卑湿故也,足亦当稍高;小者可置几上,二格平头,方木、竹架及朱黑漆者,俱不堪用。

译文:

书架有大小两种,大的高七尺左右,宽为高的两倍,分为十二格,每格只能放十册书,便于取放,下面几格不能放书,因为靠近地面,容易受潮。书架的脚要高一些,小的可以放在几上。二格平头、方木、竹架及朱黑漆的,都不可耐用。

橱

藏书橱须可容万卷,愈阔愈古,惟深仅可容一册。即阔至丈余,门必用二扇,不可用四及六。小橱以有座者为雅,四足者差俗,即用足,亦必高尺余,下用橱殿,仅宜二尺,不则两橱叠置矣。橱殿以空如一架者为雅。小橱有方二尺余者,以置古铜玉小器为宜。大者用杉木为之,可辟蠹。小者以湘妃竹及豆瓣楠、赤水、椤木为古。黑漆断纹者为甲品，杂木亦俱可用，但式贵去俗耳。铰钉忌用白铜，以紫铜照旧式，两头尖如梭子，不用钉钉者为佳。竹橱及小木直楞，一则市肆中物，一则药室中物，俱不可用。小者有内府填漆，有日本所制，皆奇品也。经橱用朱漆，式稍方，以经册多长耳。

译文：

藏书的橱柜需容纳万卷书籍，越大越好，只是深度只能容一册书，即使书橱宽可达一丈多，柜门只能两扇，不能四扇或六扇。小橱柜以有底座的为雅，四只脚的稍俗，即使做成带脚的，脚必须有一尺高，下部的橱殿只宜两尺，不然就做成两个叠放。橱殿以一架高最好。小橱柜一般为二尺见方，适合陈列铜器、玉器等小古玩。大的用杉木做，可避免生虫，小的用湘妃竹及豆瓣楠、赤水木、椤木做，最为古朴。黑漆断纹为佳品，杂木也可用，但样式不能俗气。铰钉忌用白铜，要用紫铜做成旧样式，两头尖如梭子，不用钉钉的最好。竹橱及小木架，一种是商铺所用，一种是药铺所用，都不能用。小的有内府填漆的，有日本制造的，都是珍品。收藏佛经的书橱应漆朱漆，样式偏方，因为经书比较长。

佛厨 佛桌

用朱黑漆,须极华整,而无脂粉气,有内府雕花者,有古漆断纹者,有日本制者,俱自然古雅。近有以断纹器凑成者,若制作不俗,亦自可用;若新漆八角委角,及建窑佛像,断不可用也。

译文:

佛橱、佛桌用朱黑漆,必须极其华丽整饬,没有脂粉气,内府雕花的、古漆断纹的、日本制造的,都很自然古雅。近年有断纹凑成的,如制作不俗气,也可用;新漆八角委角,以及建窑佛像,绝不能用。

箱

倭箱黑漆嵌金银片,大者盈尺,其铰钉锁钥,俱奇巧绝伦,以置古玉重器,或晋、唐小卷,最宜。又有一种差大,式亦古雅,作方胜、缨络等花者,其轻如纸,亦可置卷轴、香药、杂玩,斋中宜多畜以备用。又有一种古断纹者,上圆下方,乃古人经厢,以置佛坐间,亦不俗。

译文:

镶有金银片的黑漆日本箱子,大小超过一尺,铰链、锁钥都精美绝伦,适合收藏古玉等贵重物品或晋、唐时的小卷书画;又有一种稍大一点的,式样也很古雅,画有方胜、缨络等花纹,像纸一样轻,可放卷轴、香药及杂玩,室中应多准备几个备用。还有一种古漆的,上圆下方,是古人放经书的箱子,放在佛座间,也不俗。

清内府收藏　　　　　　　　　　　燕寝怡情图（局部）

床

以宋元断纹小漆床为第一,次则内府所制独眠床,又次则小木出高手匠作者,亦自可用。永嘉、粤东有折叠者,舟中携置亦便。若竹床及飘檐、拔步、彩漆、卍字、回纹等式,俱俗。近有以柏木琢细如竹者,甚精,宜闺阁及小斋中。

译文:

床是宋元时期的断纹小漆床最好,其次是内府制造的单人床,再次是手艺高超的木匠做的,也可以留作自用。永嘉、粤东两地的折叠床,在舟船中携带也很方便;诸如竹床及飘檐、拔步、彩漆、万字、回纹等样式,都很俗气。近年有将柏木雕成竹子形状的,非常精美,适合放在闺阁及小室中。

屏

屏风之制最古，以大理石镶，下座精细者为贵，次则祁阳石，又次则花蕊石。不得旧者，亦须仿旧式为之。若纸糊及围屏、木屏，俱不入品。

译文：

屏风的形制最古，以大理石镶嵌下座且精细的最珍贵，其次是祁阳石的，再次是花蕊石的。没有古旧的，也需仿照古旧样式制作，纸糊的、木制的和环绕的，都不入品。

脚凳

以木制滚凳,长二尺,阔六寸,高如常式,中分一档,内二空,中车圆木二根,两头留轴转动,以脚踹轴,滚动往来,盖涌泉穴精气所生,以运动为妙。竹踏凳方而大者,亦可用。古琴砖有狭小者,夏月用作踏凳,甚凉。

译文:

脚凳是用木头做成的能滚动的凳子,长二尺,宽六寸,高度和平常一样,中间分为两格,内部是空的,两根圆木插在中间,两头露出来当作轴用脚踹轴,使之来回滚动,按摩使涌泉穴生精气。宽大的竹踏凳,也可以用。狭小的古琴砖,夏日用作踏凳,特别清凉。

卷七 器具

明 / 仇英 / 汉宫春晓图（局部）

古人制器尚用，不惜所费，故制作极备，非若后人苟且，上至钟、鼎、刀、剑、盘、匜之属，下至陷糜、侧理，皆以精良为乐，匪徒铭金石、尚款识而已。今人见闻不广，又习见时世所尚，遂致雅俗莫辨。更有专事绚丽，目不识古，轩窗几案，毫无韵物，而侈言陈设，未之敢轻许也。志《器具第七》。

译文：

古人制作器具崇尚实用，不惜花费，制作极其完备，不是后人的敷衍可以比得上的。从钟、鼎、刀、剑、盘，到笔墨、纸张，古人都以制作精良为好，不只是崇尚金石、题字。现在的人见识不广，又习惯了追求时尚，导致了雅俗不分；更有人只求华丽，看不见古雅，轩窗几案，没有风雅的东西，却随便谈论陈设，不敢苟同。题记《器具第七》。

香炉

三代、秦、汉鼎彝,及官、哥、定窑,龙泉、宣窑,皆以备赏鉴,非日用所宜。惟宣铜彝炉稍大者,最为适用;宋姜铸亦可,惟不可用神炉太乙,及鎏金、白铜、双鱼、象鬲之类。尤忌者,云间、潘铜、胡铜所铸八吉祥、倭景、百钉诸俗式,及新制建窑、五色花窑等炉。又古青绿博山亦可间用。木鼎可置山中,石鼎惟以供佛,余俱不入品。古人鼎彝,俱有底盖,今人以木为之,乌木者最上,紫檀、花梨俱可,忌菱花、葵花诸俗式。炉顶以宋玉帽顶及角端、海兽诸样,随炉大小配之,玛瑙、水晶之属,旧者亦可用。

译文:

三代、秦、汉时期的鼎彝,以及官窑、哥窑、定窑、龙泉窑、宣窑制造的香炉,都是用来赏玩的,而不适合日常使用。只有稍大的明代宣德铜炉最适用;宋代姜氏所铸的也可以,唯独不可用佛炉、太乙香炉,以及镀金白铜双鱼、象形之类铜炉。尤其忌用是云间、潘氏、胡氏所铸造的八吉祥、日本风景、百钉等俗样式,以及新产的建窑、五色花窑等香炉。另外青绿博山炉也偶尔可以用。木香炉可置于山中,石香炉只可用于供佛,其余的都不入品。

古代香炉都有底盖,现在都用木做成,乌木的最好,紫檀、花梨木都可以,但忌饰有菱花、葵花等俗样式。炉盖可做成玉石帽顶及神兽、海兽的形状,根据香炉的大小配成,旧时的玛瑙、水晶之类也可用。

长物志

宋 / 赵佶 / 捣练图（局部）

香合

宋剔合色如珊瑚者为上，古有一剑环、二花草、三人物之说。又有五色漆胎，刻法深浅，随妆露色，如红花绿叶、黄心黑石者次之。有倭盒三子、五子者，有倭撞金银片者。有果园厂，大小二种，底盖各置一厂，花色不等，故以一合为贵。有内府填漆合，俱可用。小者有定窑、饶窑蔗段、串铃二式，余不入品。尤忌描金及书金字，徽人剔漆并磁合，即宣成、嘉隆等窑，俱不可用。

译文：

香盒以宋代像珊瑚一样的剔红漆盒为上品，古时有"一剑环、二花草、三人物"的说法，其次又有五色漆胎，雕刻深浅，随着装饰显现颜色，比如红花绿叶、黄心黑石。有日本三格、五格的，有日本撞金银片的，有果园厂的，分大小两种，底、盖分厂制作，花色不同，因此以底盖花色一致的为贵。还有内府填漆香盒，都可以用。小香盒有定窑产及饶窑产蔗段、串铃两种，其余的不入品。尤其忌讳描金及写金字，徽州所造剔红、黑漆瓷盒，以及宣成、嘉隆等窑产的，都不能用。

隔火

炉中不可断火,即不焚香,使其长温,方有意趣,且灰燥易燃,谓之"活灰"。隔火,砂片第一,定片次之,玉片又次之,金银不可用。以火浣布如钱大者,银镶四围,供用尤妙。

译文:

香炉不能断火,即使不焚香,也要让它长时间保持温度,这样才有意趣,而且香灰干燥易燃,这称为"活灰"。隔火首选砂片,其次是定窑瓷片,再次是玉片,金银不可用。将铜钱大小的火浣布用银边镶嵌四周,供隔火使用,最妙。

袖炉

熏衣炙手,袖炉最不可少。以倭制漏空罩盖漆鼓为上,新制轻重方圆二式,俱俗制也。

译文:

熏衣烤手,袖炉最不可少,以日本制的镂空罩盖鼓形的最好,新制的轻重方圆两种,都是俗制。

匙箸

紫铜者佳,云间胡文明及南都白铜者亦可用;忌用金银,及长大、填花诸式。

译文:

紫铜的匙箸最好,云间胡文明以及南都白铜的都可以用;忌用金银以及长大、填花诸样式。

箸瓶

官、哥、定窑者虽佳,不宜日用;吴中近制短颈细孔者,插箸下重不仆。铜者不入品。

译文:

官窑、哥窑、定窑产的箸瓶虽然好,但不适宜日常使用,近年来,吴中所做的短颈细孔箸瓶,下部重,不倒。铜制的不入品。

明 / 仇英 / 汉宫春晓图（局部）

香筒

旧者有李文甫所制,中雕花鸟竹石,略以古简为贵。若太涉脂粉,或雕镂故事人物,便称俗品,亦不必置怀袖间。

译文:

旧式插香筒有李文甫制作的,筒面刻有花鸟、竹石等花样,古朴简单的更好;如果脂粉气太重,或者雕刻上故事人物,就很俗气。另外,也不必放在怀中袖间。

手炉

以古铜青绿大盆及篱篆之属为之。宣铜兽头三脚鼓炉亦可用,惟不可用黄白铜及紫檀、花梨等架。脚炉旧铸有俯仰莲坐细钱纹者,有形如匣者,最雅。被炉有香毯碌等式,俱俗,竟废不用。

译文:

手炉用古青绿铜大盆及篱篮之类做成,宣铜制兽头三脚鼓身的炉也可用,但不能用黄白铜及紫檀、花梨木等架子。脚炉旧时铸造的,有莲花座细铜钱花纹的,以及形状像匣子的,最雅致。被炉有香球等样式的都俗,不可用。

笔床

笔床之制，世不多见，有古鎏金者，长六七寸，高寸二分，阔二寸余，上可卧笔四矢，然形如一架，最不美观，即旧式，可废也。

译文：

笔床的形制，如今不多见了，有古鎏金的，长六七寸，高一寸二分，宽两寸余，上可放四支笔，但形状像一个架子，最不美观，即使是旧制也可以废弃了。

笔觇

定窑、龙泉小浅碟，俱佳；水晶、琉璃诸式，俱不雅；有玉碾片叶为之者，尤俗。

译文：

笔觇，定窑、龙泉窑的小浅碟都好，水晶、琉璃的样式都不雅观，有一种玉碾片叶做的，尤其庸俗。

笔格

笔格虽为古制，然既用研山，如灵璧、英石，峰峦起伏，不露斧凿者为之，此式可废。古玉有山形者，有旧玉子母猫，长六七寸，白玉为母，余取玉玷或纯黄纯黑玳瑁之类为子者；古铜有鎏金双螭挽格，有十二峰为格，有单螭起伏为格；窑器有白定三山、五山及卧花哇者，俱藏以供玩，不必置几研间。俗子有以老树根枝，蟠曲万状，或为龙形，爪牙俱备者，此俱最忌，不可用。

译文：

笔架虽是古制，但既然已经有了砚台，如灵璧石、英石做成的，其峰峦起伏，不露斧凿痕迹，因此笔架也就可以废弃了。古玉笔架有山形的，有子母猫的，长六七寸，用白玉做成母猫，其余的用有瑕疵的玉或者纯黄、纯黑的玳瑁做成小猫；古铜笔架有鎏金双螭挽格的，有十二山峰为格的，有一螭起伏为格的；瓷器笔架有定窑白瓷的三山、五山和卧花哇的，都是供收藏赏玩的，不必放在几案、砚台之中。有俗人将老树根盘曲成龙等各种形状，爪牙都有，这是最忌讳的，不可用。

明 / 仇英 / 汉宫春晓图（局部）

笔屏

镶以插笔,亦不雅观,有宋内制方圆玉花版,有大理旧石、方不盈尺者,置几案间,亦为可厌,竟废此式可也。

译文:

笔屏是镶嵌用来插笔的,也不雅观。有宋代内府制造的方圆玉花的样式,有古大理石、长宽不满一尺的,放在几案间,也不讨喜,这种样式可以废弃了。

笔船

紫檀、乌木细镶竹篾者可用,惟不可以牙、玉为之。

译文:

笔船,紫檀、乌木细竹镶嵌竹篾的可以用,唯独不可用象牙、玉石来做。

笔筒

湘竹、栟榈者佳,毛竹以古铜镶者为雅,紫檀、乌木、花梨亦间可用,忌八棱菱花式。陶者有古白定竹节者,最贵,然艰得大者;青冬磁细花及宣窑者,俱可用。又有鼓样,中有孔插笔及墨者,虽旧物,亦不雅观。

译文:

笔筒以湘妃竹、棕榈制成的为佳,毛竹制成的,以镶嵌古铜为雅,紫檀、乌木、花梨木的也可以,忌用八棱菱花样式。陶瓷材质的,以定窑白瓷的竹节形笔筒最好,但难得到大的;青冬瓷细花及宣窑的笔筒都可用。还有一种鼓形笔筒,其中有孔用来插笔和墨,即使是旧物,也不雅观。

笔洗

玉者有钵盂洗、长方洗、玉环洗。古铜者有古鏒金小洗,有青绿小盂,有小釜、小卮、匜,此五物原非笔洗,今用作洗最佳。陶者有官、哥葵花洗、磬口洗、四卷荷叶洗、卷口蔗段洗,龙泉有双鱼洗、菊花洗、百折洗,定窑有三箍洗、梅花洗、方池洗,宣窑有鱼藻洗、葵瓣洗、磬口洗、鼓样洗,俱可用。忌绦环及青白相间诸式。又有中盏作洗,边盘作笔砚者,此不可用。

译文:

玉石笔洗有钵盂洗、长方洗、玉环洗;古铜笔洗有古鏒金小洗,有青铜小盂,有小釜、小卮、小匜,这几种原本不是笔洗,现在用作笔洗最好。陶瓷笔洗有官窑、哥窑产的葵花洗、磬口洗、四卷荷叶洗、卷口蔗段洗;龙泉窑产有双鱼洗、菊花洗、百折洗;定窑产有三箍洗、梅花洗、方池洗;宣窑产有鱼藻洗、葵瓣洗、磬口洗、鼓形洗,这些都可用。忌用绦环洗及青白相间等式样。另外还有以盏做笔洗,边盘做笔砚的,都不可用。

水中丞

铜性猛,贮水久则有毒,易脆笔,故必以陶者为佳。古铜入土岁久,与窑器同,惟宣铜则断不可用。玉者有元口瓮,腹大仅如拳,古人不知何用,今以盛水,最佳。古铜者有小尊、罍、小甒之属,俱可用。陶者有官、哥瓷肚小口钵盂诸式。近有陆子冈所制兽面锦地与古尊罍同者,虽佳器,然不入品。

译文:

铜水盂因为性猛烈,贮水过久就有毒,容易使笔变脆,所以用陶瓷的最好。古铜器埋在土里多年,与窑器相同,也可以用,但宣铜器绝不能用。有一种玉制圆口瓮,内部仅有拳头大小,不知古人做什么用,现在用来装水正好。古铜器中的小酒杯、小水杯之类,都可以用。陶瓷的有官窑、哥窑的瓷肚小口钵盂等式样的。近代有陆子冈制作的兽面锦地,与古酒器差不多,虽然是好器物,但不入品。

明 / 项元汴 /　　　　　　历代名瓷图谱（局部）

水注

古铜玉俱有辟邪、蟾蜍、天鸡、天鹿、半身鸤鹉杓、鋄金雁壶诸式滴子,一合者为佳。有铜铸眠牛,以牧童骑牛作注管者,最俗。大抵铸为人形,即非雅器。又有犀牛、天禄、龟、龙、天马口衔小盂者,皆古人注油点灯,非水滴也。陶者有官、哥、白定,方圆立瓜、卧瓜、双桃、莲房、蒂、叶、茄、壶诸式。宣窑有五采桃注、石榴、双瓜、双鸳诸式,俱不如铜者为雅。

译文:

古铜和玉制的水注有辟邪、蟾蜍、天鸡、天鹿、半身鸤鹉杓、鋄金雁壶等式样的滴子,一套的最好;还有一种铜铸的眠牛,以牧童骑牛做注管的,最俗。大凡做成人形的都不雅观,还有犀牛、天禄、龟、龙、天马口衔小盂等式样,这些是古人注灯油的器具,而不是注水的。陶瓷水注有官窑、哥窑、定窑产的方圆立瓜、卧瓜、双桃、莲蓬、蒂、叶、茄子、壶等样式;宣窑产有五彩桃注、石榴、双瓜、双鸳鸯等样式,都不如铜制的雅观。

糊斗

有古铜有盖小提卣,大如拳,上有提梁索股者;有瓮肚如小酒杯式,乘方座者;有三箍长桶、下有三足;姜铸回文小方斗,俱可用。陶者,有定窑蒜蒲长罐,哥窑方斗如斛,中置一梁者,然不如铜者便于出洗。

译文:

糊斗,有古铜的,拳头大小的有盖的小提卣,上面有绳索的提手;有像小酒杯一样的瓮肚,有方座的;有三箍长桶,下有三脚的;还有姜铸回纹小方斗,这些都可以用。陶瓷的有定窑蒜蒲长罐、哥窑的中间有一横着的提手的方斗,但都不如铜的便于清洗。

蜡斗

古人以蜡代糊，故缄封必用蜡斗熨之。今虽不用蜡，亦可收以充玩，大者亦可作水杓。

译文：

古人用蜡烛代替糨糊，所以封口必须用蜡斗熨过，现在虽然不用蜡，但蜡斗也可以收藏赏玩，大的还可以做水盂。

镇纸

玉者有古玉兔、玉牛、玉马、玉鹿、玉羊、玉蟾蜍、蹲虎、辟邪、子母螭诸式，最古雅。铜者有青绿虾蟆、蹲虎、蹲螭、眠犬、鎏金辟邪、卧马、龟、龙，亦可用。其玛瑙，水晶，官、哥、定窑，俱非雅器。宣铜马、牛、猫、犬、狻猊之属，亦有绝佳者。

译文：

镇纸，玉石的有古玉兔、玉牛、玉马、玉鹿、玉羊、玉蟾蜍、蹲虎、辟邪、子母螭等式样的最古雅。铜器的有青绿虾蟆、蹲虎、蹲螭、眠犬、鎏金辟邪、卧马、龟、龙，也可以。其他的玛瑙，水晶，官窑、哥窑、定窑瓷器的，都不雅。宣铜的马、牛、猫、犬、狮之类，也有极好的。

压尺

以紫檀、乌木为之,上用旧玉璏为纽,俗所称"昭文带"是也。有倭人鏒金双桃银叶为纽,虽极工致,亦非雅物。又有中透一窍,内藏刀锥之属者,尤为俗制。

译文:

压尺,以紫檀、乌木做成,上面有用古玉做成猪形的提手,俗称"昭文带"。有一种日本所制的鏒金双桃银叶提手,虽然非常精致,也不是雅物。还有在中间挖一个孔,里面放置刀锥之类的东西的,更是俗制。

秘阁

以长样古玉璏为之,最雅。不则倭人所造黑漆秘阁如古玉圭者,质轻如纸,最妙。紫檀雕花及竹雕花巧人物者,俱不可用。

译文:

用长条古玉璏做成的秘阁,最古雅;或者日本所造的如同古玉圭的黑漆秘阁,质地像纸一样轻薄,最是精妙。紫檀雕花以及竹子雕刻花和人物的,都不可用。

贝光

古以贝螺为之,今得水晶、玛瑙,古玉物中,有可代者,更雅。

译文:

贝光古代以贝壳做成,现在用水晶、玛瑙,古玉器中有可以替代的最好。

剪刀

有宾铁剪刀,外面起花镀金,内嵌回回字者,制作极巧。倭制折叠者,亦可用。

译文:

有精铁做的剪刀,外面有镀金的花纹,内部嵌有回人的文字,制作极其精巧。日本制的折叠剪刀,也可以用。

裁刀

有古刀笔，青绿裹身，上尖下圆，长仅尺许，古人杀青为书，故用此物，今仅可供玩，非利用也。日本番夷有绝小者，锋甚利，刀靶俱用瀫𪈻木，取其不染肥腻，最佳。滇中鋄金银者亦可用；溧阳、昆山二种，俱入恶道，而陆小拙为尤甚矣。

译文：

古代刀笔，通身青绿，上尖下圆，长一尺多。古人要刮去竹简表面的青皮才能书写，所以要用它，现在仅供赏玩而已，没有作用。有一种日本制造的小刀，刀刃非常锋利，刀把都用红豆木做成，不沾油腻，极好。云南的鋄金银的，也可用。溧阳、昆山两地产的，都落入俗套，而陆小拙所制的最不好。

灯

闽中珠灯第一,玳瑁、琥珀、鱼魫次之,羊皮灯名手如赵虎所画者,亦当多蓄。料丝出滇中者最胜,丹阳所制有横光,不甚雅。至如山东珠、麦、柴、梅、李、花草、百鸟、百兽、夹纱、墨纱等制,俱不入品。灯样以四方如屏,中穿花鸟,清雅如画者为佳,人物、楼阁仅可于羊皮屏上用之,他如蒸笼圈、水精球、双层、三层者,俱最俗。篾丝者虽极精工华绚,终为酸气。曾见元时布灯,最奇,亦非时尚也。

译文:

灯,福建的珠灯最好,玳瑁、琥珀、鱼魫次之,羊皮灯由赵虎等名家画的,也应多收藏一些。料丝产自云南的最好,丹阳产的,有横光,不是很雅;至于山东的珠灯、麦灯、柴灯、梅花灯、李花灯、花草灯、百鸟灯、百兽灯、夹纱灯、墨纱灯等,都不入品。灯的样式以四面如屏,中间有花鸟,清雅如画的最好,人物、楼阁只可用于羊皮灯,其他的如蒸笼圈、水晶球、双层、三层等样式的,都很俗。篾丝灯的,虽然精巧华丽,但有酸腐之气。曾见元代的布灯,最奇特,但也不是时尚的东西。

书灯

有古铜驼灯、羊灯、龟灯、诸葛灯,俱可供玩而不适用。有青绿铜荷一片檠,架花朵于上,古人取金莲之意,今用以为灯,最雅。定窑三台、宣窑二台者,俱不堪用。锡者取旧制,古朴矮小者为佳。

译文:

书灯有古铜驼灯、羊灯、龟灯、诸葛灯,都可供赏玩,但不适用。有一种铜制青绿古灯台,像在荷叶上竖起一枝荷花,古人取金莲之意,现在用来做灯,非常古雅。定窑三台、宣窑二台的,都不能使用。锡制的按照旧制,取古朴矮小的比较好。

禅灯

高丽者佳,有月灯,其光白莹如初月;有日灯,得火内照,一室皆红,小者尤可爱。高丽有頫仰莲、三足铜炉,原以置此,今不可得,别作小架架之。不可制如角灯之式。

译文:

禅灯,以高丽国的最好,有月灯,灯光洁白晶莹如新月;有日灯,灯火映照,一室皆红,小的尤其可爱。高丽有俯仰莲、三足铜炉,原来有,现在已经见不到。另做小架子搁置,不可做成角灯的样子。

镜

秦陀、黑漆古光背质厚无文者为上，水银古花背者次之。有如钱小镜，满背青绿，嵌金银五岳图者，可供携具。菱角、八角、有柄方镜，俗不可用。轩辕镜，其形如球，卧榻前悬挂，取以辟邪，然非旧式。

译文：

镜子，以秦图镜、黑漆古镜，厚重无花纹的为上品；水银古镜有花纹的次之。有铜钱大小的小镜，背面布满铜绿，镶嵌金银五岳图样的，可以携带；菱角形、八角形及有柄方镜，俗不可用。轩辕镜，形状如球，悬挂在卧榻前，用以辟邪，但也不属旧式。

束腰

汉钩、汉珙仅二寸余者，用以束腰，甚便；稍大，则便入玩器，不可日用。绦用沉香、真紫，余俱非所宜。

译文：

汉钩、佩玉，只有二寸左右，用来束腰，非常方便；稍微大一点的，就属于玩物了，不适合日常使用。编丝绳要用沉香色、真紫色，其他的都不适宜。

钩

古铜腰束绦钩,有金、银、碧填嵌者,有片金银者,有用兽为肚者,皆三代物也;有羊头钩、螳螂捕蝉钩鏒金者,皆秦汉物也。斋中多设,以备悬壁挂画及拂尘、羽扇等用,最雅。自寸以至盈尺,皆可用。

译文:

古代腰带钩,有用金、银、玉镶嵌的,有金银片的,有做成兽形的,这都是三代的古物;有羊头钩、螳螂捕蝉钩、鏒金钩,都是秦、汉时期的。斋舍中多准备一些,用以悬挂书画及拂尘、羽扇等,最好。小到一寸大到一尺,都可以用。

如意

古人用以指挥向往,或防不测,故炼铁为之,非直美观而已。得旧铁如意,上有金银错,或隐或见,古色蒙然者,最佳。至如天生树枝、竹鞭等制,皆废物也。

译文:

如意,古人是用来指挥或者防身以备不测的,所以用铁铸成,不只是美观而已。古旧的铁如意,上面有金银错,若隐若现,古色朦胧,最好。至于用天生的树枝、竹鞭等制作的,都是废物。

香橼盘

有古铜青绿盘,有官、哥、定窑青冬磁、龙泉大盘,有宣德暗花白盘,苏麻尼青盘,朱砂红盘,以置香橼,皆可。此种出时,山斋最不可少。然一盘四头,既板且套,或以大盘置二三十,尤俗,不如觅旧朱雕茶橐架一头,以供清玩,或得旧磁盘长样者,置二头于几案间,亦可。

译文:

香橼盘,有古代青铜盘,有官窑、哥窑、定窑的青冬瓷盘、龙泉窑大瓷盘,有宣德窑的暗花白盘、青花盘、朱砂红盘,用来放置香橼皆可。香橼出产之时,山斋最不可少。但是,如一盘三四个,既呆板又俗套,如用大盘放上二三十颗,尤为俗;不如在古朱雕茶架上放一颗,以供清玩,或者取古长瓷盘,放上两颗,置于几案间也可。

麈

古人用以清谈，今若对客挥麈，便见之欲呕矣。然斋中悬挂壁上，以备一种。有旧玉柄者，其拂以白尾及青丝为之，雅。若天生竹鞭、万岁藤，虽玲珑透漏，俱不可用。

译文：

拂尘，古人用于清谈之时，现在对着客人挥舞拂尘，就会令人作呕了。但是居室悬挂一把在墙上，收藏一把旧玉柄的、白尾或青丝做的拂尘，是雅观的。那些天生的竹鞭或古藤做的，虽然玲珑剔透，但不能用。

钱

钱之为式甚多，详具《钱谱》。有金嵌青绿刀钱，可为签，如《博古图》等书，成大套者用之。鹅眼货布，可挂杖头。

译文：

古钱样式很多，《钱谱》有详细记载，有金嵌青绿刀钱，可作签，如《博古图》等书都有大段介绍。鹅眼小钱、货布可挂在手杖头上。

钵

取深山巨竹根,车旋为钵,上刻铭字或梵书,或《五岳图》,填以石青,光洁可爱。

译文:

取深山大竹根,车成圆钵,上刻铭字或梵书,或《五岳图》,用石青填色,光洁可爱。

瓢

得小匾葫芦,大不过四五寸,而小者半之,以水磨其中,布擦其外,光彩莹洁,水湿不变,尘污不染,用以悬挂杖头及树根禅椅之上,俱可。更有二瓢并生者,有可为冠者,俱雅。其长腰、鹭鸶、曲项,俱不可用。

译文:

取大不过四五寸,小则二三寸的葫芦,用水打磨内部,用布擦拭外壁,使其光洁莹润,沾水不变色,也不沾尘土,将它挂在手杖上、树根禅椅上,都可以。还有二瓢并生的、可用作帽子的,都很文雅。长腰葫芦的,如鹭鸶的及颈部弯曲的葫芦,都不可以用。

花瓶

古铜入土年久,受土气深,以之养花,花色鲜明,不特古色可玩而已。铜器可插花者,曰尊,曰罍,曰觚,曰壶,随花大小用之。磁器用官、哥、定窑古胆瓶、一枝瓶、小蓍草瓶、纸槌瓶,余如暗花、青花、茄袋、葫芦、细口、扁肚、瘦足、药坛,及新铸铜瓶、建窑等瓶,俱不入清供。尤不可用者,鹅颈壁瓶也。古铜汉方瓶,龙泉、均州瓶,有极大高二三尺者,以插古梅,最相称。瓶中俱用锡作替管盛水,可免破裂之患。大都瓶宁瘦,无过壮,宁大,无过小,高可一尺五寸,低不过一尺,乃佳。

译文:

古铜因为埋在土里多年,受土气深,用来养花,则花色鲜亮,不只是可以当作古玩而已。可用于插花的铜器有尊、罍、觚、壶,根据花的大小选用。瓷器的用官窑、哥窑、定窑的古胆瓶,一枝瓶、小蓍草瓶,其余如暗花、青花、茄袋、葫芦、细口、扁肚、瘦足、药坛及新铸铜瓶,建窑等瓶,都不能用于清供,尤其不能用鹅颈壁瓶。古铜汉代方瓶,龙泉、均州瓶中有一种极高大的二三尺的瓶子,最适合用来插古梅。瓶子中都用锡制内胆盛水,可防止瓶子破裂。花瓶宁可瘦长,不可过于粗壮,宁大勿小,高可以到一尺五寸,矮不过一尺最合适。

钟磬

不可对设,得古铜秦、汉镈钟、编钟及古灵璧石磬声清韵远者,悬之斋室,击以清耳。磬有旧玉者,股三寸,长尺余,仅可供玩。

译文:

钟磬不可相对着摆放,用秦汉时的古铜镈钟、编钟,以及古灵璧石磬中响声清亮悠远的,悬挂在居室,敲击以清耳。有一种古玉磬,股三寸,长一尺有余,只能供赏玩。

杖

鸠杖最古,盖老人多咽,鸠能治咽故也。有三代立鸠、飞鸠杖头,周身金银填嵌者,饰于方竹、筇竹、万岁藤之上,最古。杖须长七尺余,摩弄滑泽,乃佳。天台藤更有自然屈曲者,一作龙头诸式,断不可用。

译文:

鸠杖最古老,因为老人容易噎到,鸠鸟能治,所以将手杖的把手做成鸠鸟形。有三代时期的立鸠、飞鸠杖头,周身镶嵌金银,装在方竹、筇竹、万岁藤之上,很古雅。杖应有七尺多长,抚摩光滑的,最好。天台藤本有自然弯曲的,如做成龙头等样子,一定不能用。

坐墩

冬月用蒲草为之，高一尺二寸，四面编束，细密坚实，内用木车坐板以柱托顶，外用锦饰。暑月可置藤墩。宫中有绣墩，形如小鼓，四角垂流苏者，亦精雅可用。

译文：

冬月用蒲草做成的坐墩，高一尺两寸，四面编扎起来，细密结实，内部用木板铺垫，用木柱撑起，外用锦布装饰；夏天可用藤墩，宫中有绣墩，形状像小鼓，四角垂吊流苏，也很精巧雅致。

坐团

蒲团大径三尺者，席地快甚。棕团亦佳。山中欲远湿辟虫，以雄黄熬蜡作蜡布团，亦雅。

译文：

蒲团直径约三尺，很方便席地而坐，棕团也很好。居住山中，想要避免潮湿生虫，可用蜡和雄黄一起煎熬，做成蜡布坐团，也很古雅。

数珠

以金刚子小而花细者为贵,以宋做玉降魔杵、玉五供养为记总;他如人顶、龙充、珠玉、玛瑙、琥珀、金珀、水晶、珊瑚、砗磲者,俱俗;沉香、伽南香者则可;尤忌杭州小菩提子及灌香于内者。

译文:

数珠以小而花纹细的菩提树种子做的为贵,宋代的玉石降魔杵、玉石五供养做记总,其他如人头骨、龙鼻骨、珠玉、玛瑙、琥珀、金珀、水晶、珊瑚、海贝壳做的数珠,都很俗气;沉香、伽南香也可以做;但尤其忌用杭州的小菩提子做的及里面灌注香料的。

番经

常见番僧佩经,或皮袋,或漆匣,大方三寸,厚寸许,匣外两傍有耳系绳,佩服中有经文,更有贝叶金书、彩画天魔变相,精巧细密,断非中华所及,此皆方物,可贮佛室,与数珠同携。

译文:

常见外国僧人随身携带经书,有的用皮袋子装,有的用漆盒子装,盒子三寸见方,厚一寸多,盒子两旁有系耳绳，僧服中有佛经，还有贝叶、金书、彩画、天神画像，精巧细密，绝不是中土的能比的，这些外来佛物，可收藏在佛堂，与数珠一起佩戴。

扇 扇坠

羽扇最古，然得古团扇雕漆柄为之乃佳。他如竹篾、纸糊、竹根、紫檀柄者，俱俗。又今之折叠扇，古称"聚头扇"，乃日本所进，彼中今尚有绝佳者，展之盈尺，合之仅两指许，所画多作仕女乘车、跨马、踏青、拾翠之状，又以金银屑饰地面及作星汉人物，粗有形似，其所染青绿奇甚，专以空青、海绿为之，真奇物也。川中蜀府制以进御，有金铰藤骨、面薄如轻绡者，最为贵重；内府别有彩画五毒、百鹤鹿、百福寿等式，差俗，然亦华绚可观；徽、杭亦有稍轻雅者；姑苏最重书画扇，其骨以白竹、棕竹、乌木、紫白檀、湘妃、眉绿等为之，间有用牙及玳瑁者，有员头、直根、绦环、结子、板板花诸式，素白金面，购求名笔图写，佳者价绝高。其匠作则有李昭、李赞、马勋、蒋三、柳玉台、沈少楼诸人，皆高手也。纸敝墨渝，不堪怀袖，别装卷册以供玩，相沿既久，习以成风，至称为姑苏人事，然实俗制，不如川扇适用耳。扇坠，宜用伽楠、沉香为之，或汉玉小玦及琥珀眼掠皆可，香串、缅茄之属，断不可用。

译文：

扇子中，羽毛扇最古雅，但雕漆扇柄的古团扇，也很好；其他如竹篾扇、纸糊扇、竹根及紫檀做扇柄的，都俗气。现在的折扇，古代叫作"聚头扇"，是从日本引进的。日本现在还有极精美的折扇，展开有一尺之大，合上只有两指宽；扇面所画多为仕女乘车、骑马、踏青、拾翠等；还有画金银满地，以及神仙的，略微形似，所用青绿色颜料很是独特，专门用空青、海绿做成，真是奇特之物。四川府进献朝廷的，用金铰藤骨，扇面薄如绢的，最为贵重；内府还有彩画、五毒、百鹤鹿、百福寿等，稍嫌俗气，但也还绚丽可观；徽州、杭州也有比较轻雅的；苏州最喜欢书画扇，扇骨用白竹、棕竹、乌木、紫檀、白檀、斑竹、眉绿等做成，间或也有用象牙及玳瑁做的，有圆头、直根、绦环、结子、板板花等样式，扇面为素白金面，花钱请名家题字作画，好作品价格极高。工匠李昭、李赞、马勋、蒋三、柳玉台、沈少楼等人，都是高手。纸墨品质低劣，经不住携带，于是装订成册，供人玩赏，这相沿已久，习以成风，以至于成为苏州的特色。其实这不过是一种俗制，不如四川扇子实用。扇坠宜用伽南、沉香，或者汉玉小玦及用琥珀眼掠都可以，香珠、缅茄之类，绝不可用。

近现代 / 陈少梅 / 山水册扇面图（局部）

琴

琴为古乐，虽不能操，亦须壁悬一床。以古琴历年既久，漆光退尽，纹如梅花，黯如乌木，弹之声不沉者为贵。琴轸，犀角、象牙者雅。以蚌珠为徽，不贵金玉。弦用白色柘丝，古人虽有朱弦清越等语，不如素质有天然之妙。唐有雷文、张越，宋有施木舟，元有朱致远，国朝有惠祥、高腾、祝海鹤及樊氏、路氏，皆造琴高手也。挂琴不可近风露日色。琴囊须以旧锦为之。轸上不可用红绿流苏。抱琴勿横。夏月弹琴，但宜早晚，午则汗易污，且太燥，脆弦。

译文：

琴是古乐器，即便不会弹奏，也要挂一张古琴在墙上，古琴以时间长，漆光退尽，有梅花纹，颜色黯淡如乌木，而琴声却以不低沉的为贵。琴轸以犀角、象牙的为雅。音位镶嵌珍珠，不以金玉为贵。琴弦用白色柘丝，古人虽有朱弦清越的说法，但终不如白弦有天然的美妙。唐代雷文、张越，宋代有施木舟，元代有朱致远，明代有惠祥、高腾、祝海鹤及樊氏、路氏，都是造琴高手。悬挂古琴，不可靠近容易风吹日晒的地方。琴囊应用古锦制成。琴轸不可装饰红绿流苏。拿琴时不要横抱。夏天弹琴只宜早晚，中午时汗水多，容易弄脏琴，而且天气太燥热，琴弦很脆。

卷七

明 / 仇英 /　　　　　　　　　　　　　　汉宫春晓图（局部）

琴台

以河南郑州所造古郭公砖,上有方胜及象眼花者,以作琴台,取其中空发响,然此实宜置盆景及古石;当更制一小几,长过琴一尺,高二尺八寸,阔容三琴者为雅。坐用胡床,两手更便运动;须比他坐稍高,则手不费力。更有紫檀为边,以锡为池,水晶为面者,于台中置水蓄鱼藻,实俗制也。

译文:

琴台,用河南郑州所产古郭公砖,上有方胜、象眼花样的建造,是因为它中空,能使声音响亮,其实,它更适合摆放盆景古石。放置一小几,长超过琴一尺,高二尺八寸,宽能放置三张琴的,才雅观。坐凳用胡床,两手更便于运动,需要比一般的稍高,这样手不费力。也有人用紫檀镶边,用锡做水池,用水晶做台面,在台中蓄水养鱼,实在是俗制。

宋 / 赵佶 /　　　　　　　　　　　　　　　　听琴图（局部）

枕

有"书枕",用纸三大卷,状如碗,品字相叠,束缚成枕。有"旧窑枕",长二尺五寸,阔六寸者,可用。长一尺者,谓之"尸枕",乃古墓中物,不可用也。

译文:

枕头有书枕,用纸三大卷,形状像碗,叠成品字形,束缚在一起做成枕头。有古窑枕,长二尺五寸,宽六寸的可用。而长一尺的称为"尸枕",是古墓中的东西。

簟

茭簟出满喇伽国,生于海之洲渚岸边,叶性柔软,织为"细簟",冬月用之,愈觉温暖,夏则蕲州之竹簟最佳。

译文:

茭簟产自马六甲,茭草生长在海岛边,叶子柔软,织成细草席,冬天使用,十分温暖,夏天则最好用蕲州的竹席。

研

研以端溪为上，出广东肇庆府，有新旧坑、上下岩之辨，石色深紫，衬手而润，叩之清远，有重晕青绿小鸜鹆眼者为贵；其次色赤，呵之乃润；更有纹慢而大者，乃"西坑石"，不甚贵也。又有天生石子，温润如玉，摩之无声，发墨而不坏笔，真稀世之珍。有无眼而佳者，若白端、青绿端，非眼不辨。黑端出湖广辰、沅二州，亦有小眼，但石质粗燥，非端石也。更有一种出婺源歙山龙尾溪，亦有新旧二坑，南唐时开，至北宋已取尽，故旧砚非宋者，皆此石。石有金银星，及罗纹、刷丝、眉子，青黑者尤贵。漈溪石出湖广常德、辰州二界，石色淡青，内深紫，有金线及黄脉，俗所谓"紫袍金带"者是。洮溪研出陕西临洮府河中，石绿色，润如玉。衢研出衢州开化县，有极大者，色黑。熟铁研出青州。古瓦研出相州。澄泥研出虢州。研之样制不一，宋时进御有玉台、凤池、玉环、玉堂诸式，今所称"贡研"，世绝重之。以高七寸、阔四寸、下可容一拳者为贵，不知此特进奉一种，其制最俗。余所见宣和旧砚有绝大者，有小八棱者，皆古雅浑朴，别有圆池、东坡、瓢形、斧形、端明诸式，皆可用。葫芦样稍俗；至如雕镂二十八宿、鸟、兽、龟、龙、天马，及以眼为七星形，剥落研质，嵌古铜玉器于中，皆入恶道。研须日涤，去其积墨败水，则墨光莹泽，惟研池边斑驳墨迹，久浸不浮者，名曰"墨锈"，不可磨去。砚，用则贮水，毕则干之。涤砚用莲房壳，去垢起滞，又不伤研。大忌滚水磨墨，茶酒俱不可，尤不宜令顽童持洗。

研匣宜用紫黑二漆，不可用五金，盖金能燥石。至如紫檀、乌木及雕红、彩漆，俱俗，不可用。

译文：

砚台以端溪的为上品，产自广东肇庆，称为"端砚"。端砚石有新旧坑、上下岩之分，石色深紫，手感润泽，敲击声音清远，有重晕、青绿、小鹦鹉眼的为珍贵；其次是红色，对砚呵气则变润的；石纹宽大的是西坑石，不太珍贵。有一种天生石子，温润如玉，研磨无声，发墨而不坏笔，确实是稀世珍品。也有无眼的好砚台，如白端、青绿端，因此，不能以是否有眼判断；黑端出自湖广辰州、沅州，虽有小眼，但石质粗糙干燥，不是端石。还有一种出自婺源歙山、龙尾溪的，也有新旧二坑，南唐时开始开采，到北宋就已采尽，所以旧砚中，不是宋代的，都是这里的石头。砚石有金银星、罗纹、刷丝、眉子，其中青黑色的尤其珍贵。澄溪石出自湖广常德、辰州二地，石色淡青，内部深紫，有金黄色的纹理，俗称"紫袍金带"。洮溪砚出自陕西临洮的河中，石为绿色，润泽如玉。衢砚出自衢州开化县，有极大的，为黑色。熟铁砚出自青州。古瓦砚出自相州。澄泥砚出自虢州。砚台的式样规格不一，宋代进献皇宫的，有玉台、凤池、玉环、玉堂等样式，现在所称"贡砚"，世间极其看重。其实贡砚以高七寸，宽四寸，下面能放进一只拳头的为贵。不知这个规定而制作的一定很俗。我见过的宣和古砚台，有很大的，有小八菱形的，都很古雅拙朴；还有圆池、东坡瓢形、斧头形、端明等式样，都可以用。葫芦形的稍俗，诸如雕镂二十八星宿、鸟、兽、龟、龙、天马，以及做成七星形，剔下部分砚石，嵌入古铜玉器等，都不是正确的做法。砚台要每天清洗，去除积攒的墨汁废水，墨汁才会光亮润泽，唯有砚池边斑驳墨迹，久浸洗不去，即名叫"墨锈"的，不可磨去。砚台用时倒水，用完后则晾干。清洗砚台可用莲蓬壳，既可去除污垢，又不损伤砚台。特别忌讳用开水磨墨，茶水、酒水都不可以，更不要让顽童洗涤。砚台盒宜用紫色或黑色漆木盒，不可用金属盒子，因为金属易使砚石干燥。至于紫檀、乌木，以及雕红、彩漆盒，都很俗，不可用。

笔

尖、齐、圆、健,笔之四德,盖毫坚则尖,毫多则齐,用茼贴衬得法,则毫束而圆,用纯毫附以香狸、角水得法,则用久而健,此制笔之诀也。古有金银管、象管、玳瑁管、玻璃管、镂金、绿沈管,近有紫檀、雕花诸管,俱俗不可用,惟斑管最雅,不则竟用白竹。寻丈大笔,以木为管,亦俗,当以筇竹为之,盖竹细而节大,易于把握。笔头式,须如尖笋;细腰、葫芦诸样,仅可作小书,然亦时制也。画笔,杭州者佳。古人用笔洗,盖书后即涤去滞墨,毫坚不脱,可耐久。笔败则瘗之,故云"败笔成冢",非虚语也。

译文:

尖、齐、圆、健是毛笔的四个标准。毫毛坚硬,毫就尖;毫毛多,毫就齐;粘贴得好,毫就圆;用纯毫与香狸油、胶水粘贴得法,笔就耐用,称为健,这是制笔的要诀。古代有金银管、象管、玳瑁管、玻璃管、镂金、绿沈管,近代有紫檀管、雕花管等,这些都很俗气,不可用,只有斑竹管最雅致,不然就用白竹。有的大笔,用木做笔杆,也很俗,应该用筇竹做,因为这种竹子细而且竹节大,易于把握。笔头应像尖笋,细腰、葫芦等样子的,只能用于写小字,当然这也是现在通用的式样。画笔以杭州的为佳。古人用笔洗,用后立即洗去积墨,这样笔毛坚硬不会脱落,可以用很久。笔坏了就埋起来,所以有"败笔成冢"的说法,此话不假。

墨

墨之妙用，质取其轻，烟取其清，嗅之无香，摩之无声，若晋、唐、宋、元书画，皆传数百年，墨色如漆，神气完好，此佳墨之效也。故用墨必择精品，且日置几案间，即样制亦须近雅，如朝官、魁星、宝瓶、墨玦诸式，即佳，亦不可用。宣德墨最精，几与宣和内府所制同，当蓄以供玩，或以临摹古书画，盖胶色已退尽，惟存墨光耳。唐以奚廷珪为第一，张遇第二。廷珪至赐国姓，今其墨几与珍宝同价。

译文：

好墨质地要轻，墨色要清，闻着无香，研磨无声，如晋、唐、宋、元书画，都历经数百年，仍然墨色漆黑，神气完好，这是好墨的功效。所以用墨一定要选精品，而且每日摆放在几案间，所以形制也要雅。如朝官、魁星、宝瓶、墨玦等式样的墨，即使再好，也不可用。宣德墨最是精品，几乎与宣和内府制造的墨相同，应该收藏供赏玩，或者用以临摹古书画，因为墨的胶色已退尽，只留下墨光。唐代的墨以奚廷珪制为第一，张遇制的第二。廷珪被赏赐国姓，他制的墨现在几乎与珍宝同价。

纸

古人杀青为书,后乃用纸。北纸用横帘造,其纹横,其质松而厚,谓之"侧理";南纸用竖帘,二王真迹,多是此纸。唐人有硬黄纸,以黄蘖染成,取其辟蠹。蜀妓薛涛为纸,名"十色小笺",又名"蜀笺"。宋有澄心堂纸,有黄白经笺,可揭开用;有碧云春树、龙凤、团花、金花等笺;有匹纸,长三丈至五丈;有彩色粉笺及藤白、鹄白、蚕茧等纸。元有彩色粉笺、蜡笺、黄笺、花笺、罗纹笺,皆出绍兴;有白箓、观音、清江等纸,皆出江西。山斋俱当多蓄以备用。国朝连七、观音、奏本、榜纸,俱不佳,惟大内用细密洒金五色粉笺,坚厚如板,面砑光如白玉,有印金花五色笺,有青纸如段素,俱可宝。近吴中洒金纸、松江谭笺,俱不耐久,泾县连四最佳。高丽别有一种,以绵茧造成,色白如绫,坚韧如帛,用以书写,发墨可爱,此中国所无,亦奇品也。

译文:

古人去除竹简表面青皮写字,后来才用纸书写。北纸用横帘制造,是横纹,质松而厚,称为"侧理";南纸用竖帘制造,王羲之、王献之的真迹,多是用这种纸。唐代有硬黄纸,用黄蘖染成,因为可以避虫。四川名妓薛涛造的纸，名叫"十色小笺"，又名"蜀笺"。宋代有澄心堂纸，有黄白经笺，可以揭层使用；有碧云春树、龙凤、团花、金花等笺；有匹纸，长三到五丈；有彩色粉笺及藤白、鹄白、蚕茧等纸。元代有彩色粉笺、蜡笺、黄笺、花笺、罗纹笺，都产自绍兴；有白箓、观音、清江等纸，都产自江西；山居都应当多储存一些备用。明代连七、观音、奏本、榜纸都不好，只有宫廷用的细密洒金五色粉笺，坚硬厚实像木板，光滑如白玉，有印金花五色笺的，有像素色绸缎的青纸，都很宝贵。近年吴中的洒金纸、松江的谭笺，都不耐久，泾县的连四最好。高丽另有一种用棉茧制造的纸，色白如绫，坚韧如帛，用以书写，发墨可爱，这是中国没有的珍品。

印章

　　以青田石莹洁如玉，照之灿若灯辉者为雅；然古人实不重此，五金、牙、玉、水晶、木、石皆可为之，惟陶印则断不可用，即官、哥、青冬等窑，皆非雅器也。古鎏金、镀金、细错金银、商金、青绿、金、玉、玛瑙等印，篆刻精古，纽式奇巧者，皆当多蓄，以供赏鉴。印池以官、哥窑方者为贵，定窑及八角、委角者次之。青花白地、有盖、长样俱俗。近做周身连盖滚螭白玉印池，虽工致绝伦，然不入品。所见有三代玉方池，内外土锈血侵，不知何用，今以为印池，甚古，然不宜日用，仅可备文具一种。图书匣以豆瓣楠、赤水、椤木为之，方样套盖，不则退光素漆者亦可用，他如剔漆、填漆、紫檀镶嵌古玉及毛竹、攒竹者，俱不雅观。

译文：

　　印章以洁白如玉、照去灿烂如灯光的青田石为雅，但古人确实不重视这个，金属、象牙、玉石、水晶、木石都可·篆刻印章，只有陶瓷印章绝不能用，即使是官、哥、青冬等窑制的，也不是雅器。古鎏金、镀金、细错金银、商金、青绿、金玉、玛瑙印章中，篆刻精致，印鼻样式奇巧的，都应多多收藏，以供鉴赏。印泥池以官窑、哥窑的方盒最好，定窑以及八角形、委角的稍次，青花白底的、有盖子的、长形的，都很俗。近年有一种盒，盖连体做成螭形的白玉印池，虽然做工精妙绝伦，但不入品。见过有夏商周时期的玉石方池，内外部有土锈血侵，不知做什么用，现在用作印池就很古雅，但不宜常用，仅可做一种文具储备。图书盒用豆瓣楠、赤水、椤木做成方形套盒，不然做成退光素漆的也可使用，其他如雕漆、填漆、紫檀镶嵌古玉及毛竹、攒竹的、都不雅观。

文具

文具虽时尚，然出古名匠手，亦有绝佳者，以豆瓣楠、瘿木及赤水、椤为雅，他如紫檀、花梨等木，皆俗。三格一替，替中置小端砚一，笔觇一，书册一，小砚山一，宣德墨一，倭漆墨匣一。首格置玉秘阁一，古玉或铜镇纸一，宾铁古刀大小各一，古玉柄棕帚一，笔船一，高丽笔二枝；次格，古铜水盂一，糊斗、蜡斗各一，古铜水杓一，青绿鎏金小洗一；下格稍高，置小宣铜彝炉一，宋剔合一，倭漆小撞、白定或五色定小合各一，矮小花尊或小斛一，图书匣一，中藏古玉印池、古玉印、鎏金印绝佳者数方，倭漆小梳匣一，中置玳瑁小梳及古玉口匜等器，古犀玉小杯二；他如古玩中有精雅者，皆可入之，以供玩赏。

译文：

文具虽然时尚，但出自古代名匠之手的，也有非常绝妙的，用豆瓣楠、瘿木及赤水、椤木做的最雅，其他如紫檀、花梨等木做的，都很俗。三层为一屉，其中放一小端砚，一个笔觇，一卷书册，一个小砚台，一块宣德墨，一个日本黑漆盒。第一格放玉秘阁一块，古玉或铜镇纸一块，宾铁古刀大小各一把，古玉柄棕帚一把，笔船一个，高丽笔两支；

第二格放古铜水盂一个,糊斗、蜡斗各一个,古铜水勺一个,青绿鎏金小笔洗一个;第三格稍高,放小宣铜彝炉一个,宋代剔红漆盒一个,日本漆提盒、定窑白瓷或五色瓷小盒各一个,日本小花尊或小觯一个,图书匣一个,中间装极好的古玉印池、古玉印、鎏金印数方,日本漆小梳匣一个,内中置备玳瑁小梳子及古玉口匜等用具,古犀牛玉石小杯两个;其他的古玩如果有精致的,都可放进去,以供玩赏。

梳具

以瘿木为之,或日本所制;其缠丝、竹丝、螺钿、雕漆、紫檀等,俱不可用。中置玳瑁梳、玉剔帚、玉缸、玉合之类,即非秦、汉间物,亦以稍旧者为佳。若使新俗诸式阑入,便非韵士所宜用矣。

译文:

梳具用瘿木做成,或者是日本所制,其他如缠丝、竹丝、螺钿、雕漆、紫檀等,都不可用。中间放置玳瑁梳、玉剔帚、玉缸、玉盒之类,即使不是秦、汉时期的,也要稍微古旧一些的为好;如果现在流行的俗样式放进去了,就不是适合风雅人士使用的了。

剑

今无剑客,故世少名剑,即铸剑之法亦不传。古剑铜铁互用,陶弘景《刀剑录》所载有"屈之如钩,纵之直如弦,铿然有声者",皆目所未见。近时莫如倭奴所铸,青光射人。曾见古铜剑,青绿四裹者,蓄之,亦可爱玩。

译文:

现在没有剑客,所以世间少有名剑,铸剑技艺也失传了。古剑铜铁互用,陶弘景所著《刀剑录》记载的"弯曲如钩、笔直如弦、铿锵有声"的剑,都没有人亲眼见过。近年来,已没有能像日本剑那样青光射人的了。布满铜绿的古铜剑,也可收藏以供玩赏。

海论铜玉雕刻窑器

三代秦汉人制玉，古雅不凡，即如子母螭、卧蚕纹、双钩碾法，宛转流动，细入毫发。涉世既久，土锈血侵最多，惟翡翠色、水银色，为铜侵者，特一二见耳。玉以红如鸡冠者为最；黄如蒸栗、白如截肪者次之；黑如点漆、青如新柳、绿如铺绒者又次之。今所尚翠色，通明如水晶者，古人号为"碧"，非玉也。玉器中圭璧最贵；鼎彝、觚尊、杯注、环玦次之；钩束、镇纸、玉瑵、充耳、刚卯、琪珈、珌琫、印章之类又次之；琴剑觽佩、扇坠又次之。

铜器：鼎、彝、觚、尊、敦、鬲最贵；匜、卣、罍、觯次之；簠、簋、钟、注、歃血盆、奁、花囊之属又次之。三代之辨，商则质素无文，周则雕篆细密，夏则嵌金银，细巧如发。款识少者一二字，多则二三十字，甚或二三百字者，定周末、先秦时器。篆文，夏用鸟迹，商用虫鱼，周用大篆，秦以大小篆，汉以小篆。三代用阴款，秦汉用阳款，间有凹入者，或用刀刻如镌碑，亦有无款者，盖民间之器，无功可纪，不可遽谓非古也。有谓铜气入土久，土气湿蒸，郁而成青；入水久，水气卤浸，润而成绿；然亦不尽然，第铜气清莹不杂，易发青绿耳！铜色，褐色不如朱砂，朱砂不如绿，绿不如青，青不如水银，水银不如黑漆，黑漆最易伪造，余谓必以青绿为上。伪造有冷冲者，有屑凑者，有烧斑者，皆易辨也。

窑器：柴窑最贵，世不一见，闻其制：青如天，明如镜，薄如纸，声如磬，未知然否。官、哥、汝窑以粉青色为上，淡白次之，油灰最下。纹，取冰裂、鳝血、铁足为上，梅花片、墨纹次之，细碎纹最下。官窑隐纹如蟹爪，哥窑隐纹如鱼子。定窑以白色而加以泑水如泪痕者佳，紫色、黑色俱不贵。均州窑色如胭脂者为上，青若葱翠、紫若墨色者次之，杂色者不贵。龙泉窑甚厚，不易茅蔑，第工匠稍拙，不甚古雅。宣窑冰裂、鳝血纹者，与官、哥同，隐纹如橘皮，红花、青花者，俱鲜彩夺目，堆垛可爱；又有元烧"枢府"字号，亦有可取。至于永乐细款青花杯，成化五彩葡萄杯及纯白、薄如琉璃者，今皆极贵，实不甚雅。

雕刻精妙者，以宋为贵，俗子辄论金银胎，最为可笑，盖其妙处在刀法圆熟，藏锋不露，用朱极鲜，漆坚厚而无敲裂，所刻山水、楼阁、人物、鸟兽，皆俨若图画，为佳绝耳！元时张成、杨茂二家，亦以此技擅名一时。国朝果园厂所制，刀法视宋尚隔一筹，然亦精细。至于雕刻器皿，宋以詹成为首，国朝则夏白眼擅名，宣庙绝赏之。吴中如贺四、李文甫、陆子冈，皆后来继出高手；第所刻必以白玉、琥珀、水晶、玛瑙等为佳器，若一涉竹木，便非所贵。至于雕刻果核，虽极人工之巧，终是恶道。

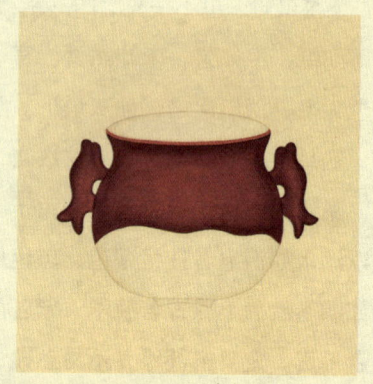
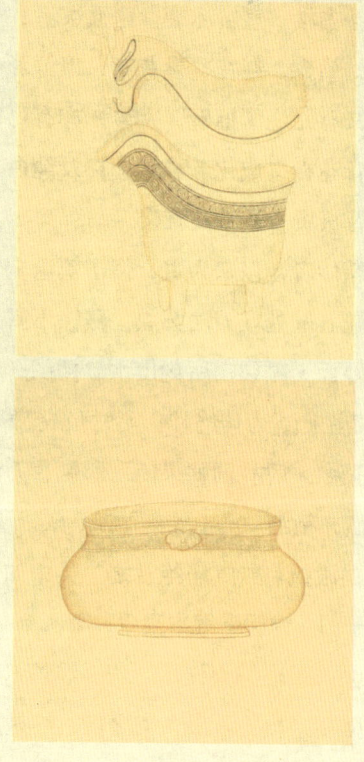

明 / 项元汴 /

历代名瓷图谱(局部)

译文：

夏商周及秦汉时期的玉器，古雅不凡，例如子母螭、卧蚕纹、双钩碾法，婉转流动，细致精巧，流传已久，有土锈血侵的最多，唯有翡翠色、水银色的铜侵的，只见过一两件。玉器数红如鸡冠的最好；娇黄如蒸熟的栗子，白如油脂的，次之；黑如点漆，青如新柳，绿如绒布的，更差一些。现在时兴的透明如水晶的翠色，古人称为"碧"，而不是玉。玉器中圭璧最宝贵；鼎彝，觚尊及杯注、环玦稍次；带钩、镇纸、玉瓏、充耳、刚卯、瑱珈、珌琫、印章之类再次；琴剑觿佩，扇坠更次。铜器：鼎、彝、觚、尊、敦、鬲，最珍贵；匜、卣、罍、觯次之；簠、簋、钟、注、歃血盆、盉、花囊之类，又次之。三代的区别是，商代的朴素无文，周代的雕刻细密，夏代的镶嵌金银，像发丝一样细巧，款识少则一二字，多则二三十字，甚至二三百字的，一定是周末先秦时的古器。篆文：夏代用鸟迹，商代用虫鱼；周用大篆；秦用大、小篆，汉代用小篆。三代用阴文，秦汉用阳文，间或也有阴文；或者用刀刻如镌碑，也有无题款的，那是民用器具，无功可纪，不能据此认为它不是古器。有的说铜器埋在地下很久，土气湿润熏蒸，郁结生成青色；在水中久了，水气浸泡，生成绿色。但也不尽然，因为铜质地纯洁，容易生锈。铜器的颜色：褐色不如朱砂色，朱砂色不如绿色，绿色不如青色，青色不如水银色，水银色不如黑漆色，黑漆色最容易伪造，我认为一定要以青绿色的为上品。伪造有用冷冲的，有用屑凑的，有烧成斑的，都容易辨别。窑器：柴窑产的最珍贵，世间难得一见，据说其特点是，青如天，明如镜，薄如纸，声如磬，不知对不对。官窑、哥窑、汝窑的以粉青色为上品，淡白色的稍次，油灰色的最差。纹理：以冰裂、鳝血、铁足为上品，梅花片、墨纹的稍次，细碎纹最差。官窑的暗纹如蟹爪，哥窑的暗纹如鱼子，定窑的以白底上釉水像泪痕的最好，紫色、黑色的都不太好。均州窑器颜色如胭脂的为上品，青翠葱绿、紫色发黑的稍次，杂色的不珍贵。龙泉窑的很厚，不易损坏，只是工艺稍差，不太古雅。宣窑冰裂、鳝血纹的，与官窑、哥窑的相同，橘皮、红花、青花的暗纹，都鲜艳夺目，堆叠摆放，十分可爱；还有元代的枢府字号，也有上好的。至于明永乐年制细款青花杯、成化年制的五彩葡萄杯及纯白薄如玻璃的，现在都很贵重，其实并不十分雅致。雕刻精妙的，以宋代的为贵，俗人都说金银胎的，最可笑，因为妙处在刀法圆熟，藏锋不露，用朱色极艳，漆层坚厚而无裂缝；所刻山水、楼阁、人物、鸟兽，宛如图画，为绝好。元代的张成、杨茂二位名家，就因此技艺名噪一时；明代果园厂所制，刀法与宋代相比还有距离，但也精细。至于雕刻器皿，宋代以詹成为首，明代则是夏白眼的最著名，宣宗年间特别受推崇。苏州的贺四、李文甫、陆子冈，都是后来的高手，但他们的所雕刻的只有白玉、琥珀、水晶、玛瑙等是佳品，一旦涉及竹木，就不珍贵了。至于雕刻果核，虽然技艺极其精巧，但终归是旁门左道。

卷八 衣饰

宋/赵佶/ 捣练图（局部）

衣冠制度，必与时宜，吾侪既不能披鹑带索，又不当缀玉垂珠。要须夏葛、冬裘，被服娴雅，居城市有儒者之风，入山林有隐逸之象。若徒染五采，饰文缋，与铜山金穴之子，侈靡斗丽，亦岂诗人粲粲衣服之旨乎？至于蝉冠朱衣，方心曲领，玉佩朱履之为汉服也；幞头大袍之为隋服也；纱帽圆领之为唐服也；檐帽襕衫，申衣幅巾之为宋服也；巾环襟领，帽子系腰之为金元服也；方巾团领之为国朝服也，皆历代之制，非所敢轻议也。志《衣饰第八》。

译文：

衣饰的规格制度，一定要合乎时宜。我们既不能衣衫褴褛，扎草索，也不能缀玉垂珠，而应当夏天穿葛麻，冬天穿皮裘；穿着应当娴雅，居住城市应有儒者风度，闲居山林则有隐逸之象。如一味追求华丽鲜艳，与富贵之子争奇斗艳，哪里是诗人衣着鲜明的宗旨呢？至于蝉冠红衣、方心曲领、玉佩红鞋成为汉服；幞头大袍成为隋服；纱帽圆领成为唐服；檐帽襕衫、申衣幅巾成为宋服；巾环襟领、帽子系腰成为元服；方巾团领成为明服，这都是各个朝代形成的制度，并非谁敢随意谈论的。题记《衣饰第八》。

道服

制如申衣,以白布为之,四边延以缁色布,或用茶褐为袍,缘以皂布。有月衣,铺地如月,披之则如鹤氅。二者用以坐禅策蹇,披雪避寒,俱不可少。

译文:

修道之人的衣服形制像申衣,用白布制成,四周用黑布裹边,或者用茶褐色布镶黑边。另外有披风,铺在地上是月亮的形状,披着像鹤的翅膀。二者用来坐禅,骑马挡雪,都是必不可少的。

禅衣

以洒海剌为之,俗名"琐哈剌",盖番语不易辨也。其形似胡羊毛片缕缕下垂,紧厚如毡,其用耐久,来自西域,闻彼中亦甚贵。

译文:

僧人的衣服是用洒海剌做的,俗称"琐哈剌",是番语,不易理解。它的样子像胡羊毛层层下垂,紧厚像毛毡,很耐用,产自西域,据说在那里也很珍贵。

被

以五色氆氇为之，亦出西蕃，阔仅尺许，与琐哈剌相类，但不紧厚；次用山东茧绸，最耐久，其落花流水、紫、白等锦，皆以美观，不甚雅。以真紫花布为大被，严寒用之，有画百蝶于上，称为"蝶梦"者，亦俗。古人用芦花为被，今却无此制。

译文：

被子用五色氆氇制成，也出自西域，宽只有一尺左右，与"琐哈剌"类似，但不紧厚。其次有用山东茧丝绸做的，很耐用。其中落花流水及紫、白色等锦缎的，都很美观，但不很雅致，用紫花布做的大被子，深冬使用，有的印各种蝴蝶图案在上面，称之为"蝶梦"，也很俗。古人用芦花做被，现在已没有这种做法了。

褥

京师有折叠卧褥，形如围屏，展之盈丈，收之仅二尺许，厚三四寸，以锦为之，中实以灯心，最雅。其椅榻等褥，皆用古锦为之。锦既敝，可以装潢卷册。

译文：

京师有一种折叠褥子，形状像围屏，展开长一丈多，收起来长只有二尺左右，厚三四寸，用锦缎做成，中间装灯芯草的最好。用于椅榻的褥子，都用古锦制成，用坏后，锦缎还可以用来装潢卷册。

绒单

出陕西、甘肃，红者色如珊瑚，然非幽斋所宜；本色者最雅，冬月可以代席。狐腋、貂褥不易得，此亦可当温柔乡矣。毡者不堪用，青毡用以衬书大字。

译文：

绒单产自陕西、甘肃，红色的像珊瑚，但不适合幽室，本色的最雅致，冬天还可以代替席子。狐皮、貂皮的褥不易得到，这种也可是睡具的上佳选择。毡子不能用，青毡用来衬写大字。

冠

铁冠最古,犀、玉、琥珀次之,沉香、葫芦者又次之,竹箨、瘿木者最下。制惟偃月、高士二式,余非所宜。

译文:

铁冠最古,犀角、玉石、琥珀的次之,沉香、葫芦做的再次之,竹箨、瘿木做的最差。只有偃月、高士两种式样,其余的都不适宜。

巾

唐巾去汉式不远。今所尚披云巾最俗,或自以意为之。幅巾最古,然不便于用。

译文:

唐巾与汉巾的样式差别不大,现在崇尚的披云巾最俗,有人按自己喜好来做头巾。幅巾最古雅,但不便使用。

帐

冬月以茧绸或紫花厚布为之,纸帐与䌷绢等帐俱俗,锦帐、帛帐俱闺阁中物;夏月以蕉布为之,然不易得。吴中青撬纱及花手巾制帐亦可。有以画绢为之,有写山水墨梅于上者,此皆欲雅反俗。更有作大帐,号为"漫天帐",夏月坐卧其中,置几榻橱架等物,虽适意,亦不古。寒月小斋中制布帐于窗槛之上,青、紫二色可用。

译文:

冬天用蚕丝绸或紫花厚布做成的帐,纸帐和油绢帐都很俗,锦帐、帛帐都用于闺阁;夏天用蕉布做帐,但很难得到。苏州青纱和花手巾做的床帐也可以,其中有画绢的,有画山水梅花的,这都是想追求雅致反而俗气了。还有做大帐的,叫作"漫天帐",夏天坐卧在里面,摆上几榻橱架等,虽很适意,但不古雅。冬天,房间中做布帐挂在窗户上,青紫二色的,都可以。

笠

细藤者佳,方广二尺四寸,以皂绢缀檐,山行以遮风日。又有叶笠、羽笠,此皆方物,非可常用。

译文:

细藤做的斗笠最好,方圆二尺四寸,用黑绢锁边,外出时用来遮阳挡风。还有叶笠、羽毛笠,都是本地的东西,不是常用的。

履

冬月秧履最适,且可暖足。夏月棕鞋惟温州者佳。若方舄等样制作不俗者,皆可为济胜之具。

译文:

冬天最适宜穿麻线或芦花夹稻草做的鞋子,而且可以暖脚。夏天的棕鞋,温州产的最好,像方舄等制作不俗的鞋子,可以作为旅游时的鞋具。

卷九 舟车

明 / 仇英 / 浔阳琵琶（局部）

舟之习于水也，弘舸连轴，巨槛接舻，既非素士所能办；蜻蜓、蚱蜢，不堪起居。要使轩窗阑槛，俨若精舍，室陈厦飨，靡不咸宜。用之祖远饯近，以畅离情；用之登山临水，以宣幽思；用之访雪载月，以写高韵；或芳辰缀赏，或艳女采莲，或子夜清声，或中流歌舞，皆人生适意之一端也。至如济胜之具，篮舆最便，但使制度新雅，便堪登高涉远。宁必饰以珠玉，错以金贝，被以缋罽，藉以簟弗，缕以钩膺，文以轮辕，约以镂革，和以鸣鸾，乃称周行鲁道哉？志《舟车第九》。

译文：

水中航行的大型舟船，普通文人无法拥有；小船又不能歇息起居；要使轩窗栏杆像精致的房屋，室内外的陈设宴饮，可以饯送远行，来抒发离别的情谊；可登山涉水，以抒发幽思；可踏雪赏月，书写高雅的韵致；船上共赏良辰美景，少女乘舟采莲，子夜的清雅歌声，或江中歌舞，都是人生之一大快事。至于交通工具，竹椅最为便捷，只要形制新雅，就能登高涉远。难道一定要车驾镶嵌珠玉、纹饰绚丽，才能走上通达平坦的道路吗？题记《舟车第九》。

巾车

今之肩舆,即古之巾车也。第古用牛马,今用人车,实非雅士所宜。出闽、广者精丽,且轻便;楚中有以藤为扛者,亦佳;近金陵所制缠藤者,颇俗。

译文:

当今的"肩舆",就是古时的"巾车"。只是古时靠牛马,如今用人力而已,实在不适合文人雅士使用。福建、广东的巾车,轻便精丽;楚地有用树藤为抬杠的巾车,也很好;近年南京制造的缠藤巾车,颇为俗气。

篮舆

山行无济胜之具,则篮舆似不可少。武林所制,有坐身踏足处,俱以绳络者,上下峻坂皆平,最为适意,惟不能避风雨。有上置一架,可张小幔者,亦不雅观。

译文:

走山路可以没有其他交通工具,篮舆却不可缺少。武林山制的篮舆,座位和踏板都有绳网,上下陡坡时都很平稳,最为舒适,只是不能挡风遮雨。上方有一个支架可以铺帐幔,但不雅观。

清 / 焦秉贞 / 历朝贤后故事图之亲掖銮舆（局部）

舟

形如划船,底惟平,长可三丈有余,头阔五尺,分为四仓:中仓可容宾主六人,置桌凳、笔床、酒枪、鼎彝、盆玩之属,以轻小为贵;前仓可容僮仆四人,置壶榼、茗炉、茶具之属;后仓隔之以板,傍容小弄,以便出入。中置一榻,一小几,小厨上以板承之,可置书卷、笔砚之属,榻下可置衣厢、虎子之属。幔以板,不以篷簟,两傍不用栏楯,以布绢作帐,用蔽东西日色,无日则高卷,卷以带,不以钩。他如楼船、方舟诸式,皆俗。

译文:

形状像划船,底平,长可达三丈多,头部宽五尺,分为四个舱:中舱可容宾主六人,放置桌凳、笔床、酒枪、鼎彝、盆景之类,以小巧的为贵;前舱可容童仆四人,放置酒壶、茶炉、茶具之类;后舱用木板隔出一个小巷,便于出入。安置一张榻,一个小几。小橱上放置木板,用以摆放书卷、笔砚之类。榻下可放衣箱、便器之类。用木板做幔,不可用竹篾,两旁不用栏杆,用布绢做帐幔,来遮挡东西面的日光,没有日光就卷起来,用带子卷,不用钩子。其他如楼船、方舟之类,都很俗气。

小船

长丈余,阔三尺许,置于池塘中。或时鼓枻中流,或时系于柳阴曲岸,执竿把钓,弄月吟风。以蓝布作一长幔,两边走檐,前以二竹为柱,后缚船尾钉两圈处。一童子刺之。

译文:

小船长一丈多,宽三尺左右,放在池塘中,有时在水面划桨;有时系舟柳荫曲岸边,执杆垂钓、吟风弄月。用蓝布做一长幔,两边做檐,前面用两根竹竿做柱子,后面钉子钉两圈绑在船尾,一小童撑船。

卷十 位置

明 / 仇英 / 子路问津（局部）

卷十

位置之法，烦简不同，寒暑各异。高堂广榭，曲房奥室，各有所宜，即如图书、鼎彝之属，亦须安设得所，方如图画。云林清秘，高梧古石中，仅一几一榻，令人想见其风致，真令神骨俱冷。故韵士所居，入门便有一种高雅绝俗之趣。若使前堂养鸡牧豕，而后庭侈言浇花洗石，政不如凝尘满案，环堵四壁，犹有一种萧寂气味耳。志《位置第十》。

译文：

安排置放的方法，繁简不同，寒暑各异，高楼大厦，幽居暗室，各有所适宜，即便图书及鼎彝之类的玩物，也要安放得当，才能像图画一样。倪云林的清秘阁，深山老林里，只一几一榻，却令人想要目睹这样的风致，真令神骨俱冷。所以雅士的居所，进门就有一种高雅脱俗的趣味。如果前庭养鸡养猪，后院就不可能种花弄石，这样倒不如几案堆满灰尘，四壁光秃，反而有一种萧瑟的意味。题记《位置第十》。

坐几

天然几一,设于室中左偏东向,不可迫近窗槛,以逼风日。几上置旧研一,笔筒一,笔觇一,水中丞一,研山一。古人置研俱在左,以墨光不闪眼,且于灯下更宜。书册、镇纸各一,时时拂拭,使其光可鉴,乃佳。

译文:

坐几要摆放在屋中左面偏东的位置,不要过于靠近窗户,以避风吹日晒。书案上,放一个旧砚台、一个笔筒、一个试笔碟、一个水盂、一个砚山。古人都把砚台放在左边,使墨汁的反光不闪眼,在灯下尤其是这样。还放界尺、镇纸各一个,时常擦拭,使其光可鉴人,就好。

椅榻屏架

斋中仅可置四椅一榻,他如古须弥座、短榻、矮几、壁几之类,不妨多设。忌靠壁平设数椅。屏风仅可置一面。书架及橱俱列以置图史,然亦不宜太杂,如书肆中。

译文:

居室里只能放四把椅子、一张卧榻,其他如佛像座、短榻、矮几、壁几之类,不妨多设几个。忌讳靠墙并排摆放多把椅子。屏风只能设一面,书架及橱柜都可以设,用以存放书画经史,但也不宜太杂,像在书店里一样。

坐具

湘竹榻及禅椅皆可坐。冬月以古锦制褥,或设皋比,俱可。

译文:

湘竹榻及禅椅都可坐。冬天用古锦做褥,或放虎皮垫,都可以。

悬画

悬画宜高，斋中仅可置一轴于上，若悬两壁及左右对列，最俗。长画可挂高壁，不可用挨画竹曲挂。画桌可置奇石，或时花盆景之属，忌置朱红漆等架。堂中宜挂大幅横披，斋中宜小景花鸟；若单条、扇面、斗方、挂屏之类，俱不雅观。画不对景，其言亦谬。

译文：

挂画宜高，室内只能挂一幅，如果挂两幅或者左右并排，最俗。长画应挂在高墙，不可用挨画竹曲挂。画桌可摆放奇石，或时花盆景之类，切忌摆放朱红漆架子。堂中宜挂大幅横披，书斋宜挂小幅风景花鸟画；单条、扇面、斗方、挂屏等，都不雅观。画与环境不相称，就显荒谬。

卷十

清内府收藏

燕寝怡情图（局部）

置炉

于日坐几上置倭台几方大者一,上置炉一;香盒大者一,置生、熟香;小者二,置沉香、香饼之类;箸瓶一。斋中不可用二炉,不可置于挨画桌上及瓶盒对列。夏月宜用瓷炉,冬月用铜炉。

译文:

在常用的坐几上放置一个日式小几,上面放一个炉子;一个大香盒,放生香、熟香;两个小香盒,放沉香、香饼之类;一个箸瓶。书房里不可用两个炉子,不可放在靠近挂画的桌子的上面,瓶子与盒子不可对列。夏天宜用陶瓷炉,冬天则用铜炉。

置瓶

　　随瓶制置大小倭几之上,春冬用铜,秋夏用磁。堂屋宜大,书室宜小,贵铜瓦,贱金银,忌有环,忌成对。花宜瘦巧,不宜烦杂。若插一枝,须择枝柯奇古;二枝须高下合插,亦止可一二种,过多便如酒肆;惟秋花插小瓶中不论。供花不可闭窗户焚香,烟触即萎,水仙尤甚。亦不可供于画桌上。

译文：

　　根据花瓶的形制,摆放在大小矮几上,春冬用铜瓶,秋夏用瓷瓶。堂屋宜大,书房宜小,以铜瓦瓶为贵,金银瓶子则俗,忌讳有瓶环,忌讳成对摆放。瓶花适合纤巧,不宜繁杂,如插一枝,要选择奇特古朴的枝干;二枝要高下合插,只能插一两种,过多就像酒楼一般;只有秋花插小瓶可不论多少。室内摆有插花,不可关窗焚香,花碰到烟就会枯萎,水仙花尤其如此,也不可摆在画桌上。

小室

几榻俱不宜多置,但取古制狭边书几一,置于中,上设笔砚、香合、熏炉之属,俱小而雅。别设石小几一,以置茗瓯、茶具;小榻一,以供偃卧趺坐。不必挂画。或置古奇石,或以小佛橱供鎏金小佛于上,亦可。

译文:

小室里,几、榻都不宜过多,只需要选取一个古制的窄边书几放在室中,上面摆放笔砚、香盒、熏炉之类,都要小而雅。另外,摆设一个石制小几来摆放茶具;一张小榻供躺卧小坐,不必挂画。或者摆放古代的奇石,或者用小佛橱供奉鎏金小佛像,都可以。

亭榭

亭榭不蔽风雨，故不可用佳器，俗者又不可耐，须得旧漆方面粗足、古朴自然者置之。露坐，宜湖石平矮者，散置四傍，其石墩、瓦墩之属，俱置不用，尤不可用朱架架官砖于上。

译文：

亭台水榭不能遮蔽风雨，因此不能用珍贵的器具，但粗俗的也不堪忍受，应置备一些旧漆、方面、粗足、古朴自然的东西。露天的座椅，宜用矮平的湖石散放四周，其他的石墩、瓦墩之类，都不可用，尤其不可在朱红架子上用官砖。

卧室

地屏、天花板虽俗，然卧室取干燥，用之亦可，第不可彩画及油漆耳。面南设卧榻一，榻后别留半室，人所不至，以置薰笼、衣架、盥匜、厢奁、书灯之属。榻前仅置一小几，不设一物，小方杌二，小橱一，以置香药、玩器。室中精洁雅素，一涉绚丽，便如闺阁中，非幽人眠云梦月所宜矣。更须穴壁一，贴为壁床，以供连床夜话，下用抽替以置履袜。庭中亦不须多植花木，第取异种宜秘惜者，置一株于中，更以灵璧、英石伴之。

译文：

地板、天花板虽然俗，但为保持干燥，也可以用在卧室里，只是不可上彩画和油漆。在西南方摆放一张卧榻，卧榻后要留一半的空间，用来贮放熏炉、衣架、盥洗、梳妆用品及书灯之类。卧榻前只能摆一个小几，上面不要摆放任何东西，另外置备两个小方凳，一个小橱柜，用来放香药、玩物。卧室内要简洁素雅，如果装饰得绚丽多彩，就如同闺阁，不适合幽居之人了。还要在墙壁上开凿一空穴，作为壁床，方便并床夜话，下面设抽屉用来装鞋袜。室内不须多种花木，只要种一株品种奇特的加以珍惜，再配上灵璧石、英石就可以了。

敞室

长夏宜敞室，尽去窗槛，前梧后竹，不见日色。列木几极长大者于正中，两傍置长榻无屏者各一。不必挂画，盖佳画夏日易燥，且后壁洞开，亦无处宜悬挂也。北窗设湘竹榻，置簟于上，可以高卧。几上大砚一，青绿水盆一，尊彝之属，俱取大者。置建兰一二盆于几案之侧。奇峰古树，清泉白石，不妨多列。湘帘四垂，望之如入清凉界中。

译文：

夏天应制敞室，窗户栏杆全部去除，屋前有梧桐树，屋后是竹林，不见阳光。摆放一个特别长且大的木几在屋子正中，两旁各放一架无屏长榻。夏天不必挂画，因为气温高，画容易干燥，况且后壁洞开，也无处悬挂。北窗下摆放一架湘妃竹榻，铺上草席，可以躺卧。几案上放置大砚台一个、青绿水盆一个，尊彝之类，都选择大的。几案旁摆一两盆建兰。奇峰古树、清泉白石，不妨多陈设一些。湘妃竹帘在四周垂挂，使人像走入了清凉的仙界。

清 / 焦秉贞 /　　　　　　　　　　耕织图（局部）

佛室

内供乌丝藏佛一尊,以金镠甚厚、慈容端整、妙相具足者为上,或宋、元脱纱大士像俱可,用古漆佛橱;若香象、唐象及三尊并列、接引诸天等象号曰"一堂",并朱红小木等橱,皆僧寮所供,非居士所宜也。长松石洞之下,得古石像最佳;案头以旧磁净瓶献花,净碗酌水,石鼎爇印香,夜燃石灯,其钟、磬、幡、幢、几、榻之类,次第铺设,俱戒纤巧。钟、磬尤不可并列。用古倭漆经厢,以盛梵典。庭中列施食台一,幡竿一,下用古石莲座,石幢一,幢下植杂草花数种,石须古制,不则亦以水蚀之。

译文:

佛堂内供奉乌丝藏佛一尊,以金厚实、慈眉善目且面相好的最好,或者是宋元时的脱纱大士像也可以,用古漆佛橱供奉;如果香像、唐像及三尊像并列,接引诸天等像,称为"一堂",一起用朱红小木橱供奉,这都是寺院的陈列,不适合居士。在松林石壁下找到的古石像最好;案头上供奉古瓷净瓶插花,净碗盛水,石鼎焚香,夜晚点亮石灯,钟、磬、幡、幢、几、榻之类,次第陈列,都不要纤巧。钟、磬一定不能并列。用古日本漆的经箱存放佛经。室中设一个施食台,一根挂幡竹竿,下面用一个古石莲花座石幢,幢下种植各种花草,石幢要古旧的,否则就要用水浸泡。

卷十一 蔬果

明／朱瞻基／瓜鼠图（局部）

卷十一

田文坐客，上客食肉，中客食鱼，下客食菜，此便开千古势利之祖。吾曹谈芝讨桂，既不能饵菊术，啖花草，乃层酒累肉，以供口食，真可谓秽吾素业。古人苹蘩可荐，蔬笋可羞，顾山肴野蔌，须多预蓄，以供长日清谈，闲宵小饮；又如酒枪皿合，皆须古雅精洁，不可毫涉市贩屠沽气；又当多藏名酒及山珍海错，如鹿脯、荔枝之属，庶令可口悦目，不特动指流涎而已。志《蔬果第十一》。

译文：

孟尝君的门客，上等客人吃肉，中等客人吃鱼，下等客人吃蔬菜，这就是千百年来势利的开端。我们谈论芝兰玉桂，不能吃花草，却只能吃肉饮酒，真可以说是玷污了我们的清白。古人爱吃蔬菜、竹笋及山珍野菜，所以要多准备一些，以供长日清谈、夜晚小饮；酒器以及餐具都要古雅精致，不能沾染丝毫市井屠户的气息；还应多贮藏一些名酒和山珍海味，如鹿肉脯、荔枝之类，既可口又悦目，不只是可以大饱口福。题记《蔬果第十一》。

樱桃

樱桃古名楔桃,一名朱桃,一名英桃,又为鸟所含,故《礼》称含桃。盛以白盘,色味俱绝。南都曲中有英桃脯,中置玫瑰瓣一味,亦甚佳,价甚贵。

译文:

樱桃,古名楔桃,也叫朱桃,又叫英桃,因为常被鸟含食,所以《礼记》里称为含桃,放在白色盘子里,色味俱佳。南京的曲艺坊有樱桃脯,中间放了玫瑰花瓣,也非常好,价格昂贵。

桃李梅杏

桃易生,故谚云"白头种桃",其种有匾桃、墨桃、金桃、鹰嘴、脱核蟠桃,以蜜煮之,味极美。李品在桃下,有粉青、黄姑二种;别有一种,曰嘉庆子,味微酸。北人不辨梅、杏,熟时乃别。梅接杏而生者,曰杏梅;又有消梅,入口即化,脆美异常,虽果中凡品,然却睡止渴,亦自有致。

译文:

桃树易生长,所以谚语说"白头种桃"。桃树的品种有:扁桃、墨桃、金桃、鹰嘴桃、脱核蟠桃,用蜜煮食,味道非常甜美。李子品级在桃之下,有粉青、黄姑两种;另有一种叫嘉庆子的李子,味道微酸。北方人不能分辨梅、杏,到果实成熟后才能分辨。承接杏成熟的梅子,叫作杏梅;还有一种早梅,入口即化,特别香脆,虽说只是普通果品,但能提神止渴,也自有用处。

枇杷

枇杷独核者佳,株叶皆可爱,一名款冬花,荐之果奁,色如黄金,味绝美。

译文:

独核的枇杷最好,株叶都十分可爱,又名款冬花,腌制后装入果奁,颜色像黄金,味道十分鲜美。

清 / 恽寿平 / 瓯香馆写生册之枇杷(局部)

柑

柑出洞庭者,味极甘;出新庄者,无汁,以刀剖而食之;更有一种粗皮名蜜罗柑者,亦美。小者曰"金柑",圆者曰"金豆"。

译文:

产自太湖的柑,味道非常甘甜;产自新庄的,无果汁,用刀剖开来吃;还有一种粗皮的蜜罗柑,也很甜美。小的叫"金柑",圆的叫"金豆"。

香橼

大如杯盂,香气馥烈,吴人最尚以磁盆盛供。取其瓤,拌以白糖,亦可作汤除酒渴。又有一种皮稍粗厚者,香更胜。

译文:

香橼大如水杯,香气浓烈,吴人最喜爱用瓷盆盛放。取出果肉,拌上白糖,也可以熬汤,供酒后解渴。还有一种果皮稍粗厚的,香气更浓。

杨梅

吴中佳果,与荔枝并擅高名,各不相下。出光福山中者,最美。彼中人以漆盘盛之,色与漆等,一斤仅二十枚,真奇味也。生当暑中,不堪涉远,吴中好事家,或以轻桡邮置,或买舟就食。出他山者味酸,色亦不紫。有以烧酒浸者,色不变而味淡;蜜渍者,色味俱恶。

译文:

杨梅是吴中水果中的佳品,与荔枝名声类似,不相上下。产自光福山的杨梅,最好。那里的人用漆盘盛放,色泽如漆色一样,一斤仅有二十枚,真是神奇的美味。杨梅成熟时正当暑期,不能长途运输,好事的人,有的快艇邮寄,有的买船票前往品尝。产自其他山里的杨梅,味酸、色淡。有人用杨梅泡酒,色不变,味更淡;用蜜渍的,色味都差。

橘橙

橘为"木奴",既可供食,又可获利。有绿橘、金橘、蜜橘、扁橘数种,皆出自洞庭;别有一种小于闽中,而色味俱相似,名"漆碟红"者,更佳;出衢州者,皮薄亦美,然不多得。山中人更以落地未成实者,制为橘药,醃者较胜。黄橙堪调脍,古人所谓"金齑",若法制丁片,皆称俗味。

译文:

柑橘又叫"木奴",既可食用,也可获利。有绿橘、金橘、蜜橘、扁橘等数种,都产自洞庭湖;有一种小于闽橘而色味相似的叫"漆碟红",味道更美;产自衢州的薄皮橘子也很甜美,但很稀少。山里人将没有成熟但掉落的橘子制成药橘,腌制的较好。黄橙可调脍,即古人所谓"金齑";如果制成丁、片,都被称为俗味。

近现代/齐白石/ 葡萄图(局部)

葡萄

有紫、白二种,白者曰"水晶萄",味差亚于紫。

译文:

葡萄有紫色、白色两种,白色的葡萄叫"水晶萄",味道不如紫葡萄。

花红

西北称柰,家以为脯,即今之苹婆果是也。生者较胜,不特味美,亦有清香。吴中称"花红",即名"林檎",又名"来禽",似柰而小,花亦可观。

译文:

花红在西北称为"柰",家家拿来做果脯,就是现在的苹婆果。其生吃更好,不但味美,而且有清香。吴中称为"花红",又叫"林檎""来禽",果子与柰相似,但略小一点,花朵也好看。

五加皮

久服轻身明目,吴人于早春采取其芽,焙干点茶,清香特甚,味亦绝美。亦可作酒,服之延年。

译文:

长期服用五加皮可以轻身明目,吴人早春采摘它的嫩芽,焙干煮茶,十分清香,味道绝美。也可泡酒,服用可延年益寿。

荔枝

荔枝虽非吴地所种,然果中名裔,人所共爱,"红尘一骑",不可谓非解事人。彼中有密渍者,色亦白,第壳已殷,所谓"红纙白玉肤",亦在流想间而已。龙眼称"荔枝奴",香味不及,种类颇少,价乃更贵。

译文:

荔枝虽然不是吴地出产,但是是果中佳品,人人都喜爱,"红尘一骑",不能说是不懂事的人。其中有蜜渍的荔枝,肉色还白,但壳已变红,因此有传言的"红纙白玉肤"。龙眼被叫作"荔枝奴",香味不及荔枝,品种也很少,价格更贵。

枣

枣类极多,小核色赤者,味极美。枣脯出金陵、南枣出浙中者,俱贵甚。

译文:

枣的种类很多,核小色红的味道极美。南京的枣脯,浙江的南枣,都很昂贵。

卷十一

上 / 近现代 / 齐白石 / 　　人间佳果荔枝图（局部）
中 / 近现代 / 齐白石 / 　　荔枝鹌鹑图（局部）
下 / 近现代 / 齐白石 / 　　人间佳果荔枝图（局部）

栗

杜甫寓蜀,采栗自给,山家御穷,莫此为愈。出吴中诸山者绝小,风干,味更美;出吴兴者,从溪水中出,易坏,煨熟乃佳。以橄榄同食,名为"梅花脯",谓其口味作梅花香,然实不尽然也。

译文:

杜甫寓居四川时,靠采板栗自给自足,山里人家抵御贫穷,没有比这更好的办法了。吴中山里出产的板栗都很小,风干后,味道更好;吴兴出产的板栗,从溪水中运出,容易坏,煮熟就好了。板栗与橄榄同吃,称为"梅花脯",说是口味像梅花一样香,其实不尽然。

银杏

叶如鸭脚,故名"鸭脚子"。雄者三棱,雌者二棱。园圃间植之,虽所出不足充用,然新绿时,叶最可爱。吴中诸刹,多有合抱者,扶疏乔挺,最称佳树。

译文:

银杏树的叶子像鸭脚,所以叫"鸭脚子"。雄树叶子为三棱形,雌树为二棱。在园圃间种植,虽然所结果实不足以食用,但新发芽时的叶子最可爱。吴中的古刹,有很多合抱粗的银杏树,茂盛挺拔,堪称佳树。

芡

芡花昼合宵展,至秋作房如鸡头,实藏其中,故俗名"鸡豆"。有秔、糯二种,有大如小龙眼者,味最佳,食之益人。若剥肉和糖,捣为糕糜,真味尽失。

译文:

芡的花白天开放,夜里闭合,到秋天,子房像鸡头一样,种子就在其中,所以俗称"鸡豆"。芡有粳、糯两种,有如小龙眼一样大的,味道最佳,而且养人。如果剥出果肉,和糖一起捣成泥,原来的味道就全部失去了。

生梨

梨有二种：花瓣圆而舒者，其果甘；缺而皱者，其果酸，亦易辨。出山东，有大如瓜者，味绝脆，入口即化，能消痰疾。

译文：

梨有两种：花瓣圆而舒展的，果甜；花瓣少而皱的，果酸，很容易分辨。山东出产一种像瓜一样大的梨，非常香脆，入口即化，能止咳化痰。

柿

柿有七绝：一寿，二多阴，三无鸟巢，四无虫，五霜叶可爱，六嘉实，七落叶肥大。别有一种，名灯柿，小而无核，味更美。或谓柿接三次，则全无核，未知果否。

译文：

柿子树有七绝：一是寿命长，二是多阴凉，三是无鸟巢，四是无虫害，五是霜叶可爱，六是果实佳，七是落叶肥大。另有一种叫灯柿，果实小而无核，味道更美。据说，结了三季以后的柿子都会无核，不知是不是真的。

菱

两角为菱，四角为芰，吴中湖泖及人家池沼皆种之。有青、红二种：红者最早，名水红菱；稍迟而大者，曰雁来红；青者曰莺哥青；青而大者，曰馄饨菱，味最胜；最小者曰野菱。又有白沙角，皆秋来美味，堪与扁豆并荐。

译文：

两角的是菱，四角的是芰，吴中湖泊及农家池塘都种得有。菱有青红两种：红色的成熟最早，名叫水红菱；成熟稍迟而个儿更大的，名叫雁来红；青色的叫莺哥青；色青而个儿大的，叫馄饨菱，味道最好；最小的，叫野菱。还有白沙角，都是秋季美味，能与扁豆媲美。

西瓜

西瓜味甘，古人与沉李并埒，不仅蔬属而已。长夏消渴吻，最不可少，且能解暑毒。

译文：

西瓜味甜，古人以为和沉李相等，不只是果蔬而已。长夏消暑解渴，西瓜必不可少，而且可以治中暑。

石榴

石榴,花胜于果,有大红、桃红、淡白三种,千叶者名"饼子榴",酷烈如火,无实,宜植庭际。

译文:

石榴,花朵比果实好,有大红、桃红、淡白三种,千叶的石榴叫"饼子榴",花像火焰一样酷烈,没有果实,适宜种植在庭院的旁边。

明/项圣谟/　　　　　　　　花卉十开(局部)

瓠

瓠类不一,诗人所取,抱瓮之余,采之烹之,亦山家一种佳味,第不可与肉食者道耳。

译文:

瓠的种类各不相同,诗人取来,汲水之余,用于烹煮,也是山家的一道美味,当然这是肉食者无法体会的。

近现代 / 齐白石 / 丝瓜蚂蚱(局部)

白扁豆

纯白者味美,补脾入药。秋深篱落,当多种以供采食。干者亦须收数斛,以足一岁之需。

译文:

纯白的扁豆味美,补脾入药。深秋的篱笆旁,应当多种以供采食。干的也需要收集数斛,以便一年都能吃到。

山药

本名薯药,出娄东岳王市者,大如臂,真不减天公掌,定当取作常供。夏取其子,不堪食。至如香芋、乌芋、凫茨之属,皆非佳品。乌芋即茨菇,凫茨即地栗。

译文:

山药本名薯药,出自娄东岳王市的山药,大得像手臂,不亚于天公掌,可以取用作为日常供给。夏季的山药种子不能吃。至于香芋、乌芋、凫茨之类,都不是佳品。乌芋就是慈菇,凫茨就是荸荠。

菌

雨后弥山遍野,春时尤盛,然蛰后虫蛇始出,有毒者最多,山中人自能辨之。秋菌味稍薄,以火焙干,可点茶,价亦贵。

译文:

雨后漫山遍野都是菌,春季更多,但惊蛰后,虫蛇开始出没,有毒的最多,山里人自然能分辨。秋菌的味道稍淡,用火焙干,可以泡茶,价格也很贵。

茭白

古称雕胡,性尤宜水,逐年移之,则心不黑。池塘中亦宜多植,以佐灌园所缺。

译文:

茭白古称雕胡,性情尤其适合水,逐年移植,心不会发黑。池塘里应多种一些,以补充菜园所缺。

茄子

茄子一名"落酥",又名"昆仑紫瓜",种苋其傍,同浇灌之,茄苋俱茂,新采者味绝美。蔡撙为吴兴守,斋前种白苋、紫茄,以为常膳。五马贵人,犹能如此,吾辈安可无此一种味也?

译文:

茄子一名"落酥",又叫"昆仑紫瓜",种在苋菜旁边,一同浇灌,茄子、苋菜都会生长茂盛,新鲜采摘的茄子味道绝美。蔡撙做吴兴太守时,屋前种白苋菜、紫茄子,作为日常食物。当官的尚能如此,我们怎么能没有这样的一种品味呢?

芋

古人以蹲鸱起家,又云"园收芋栗未全贫",则御穷一策,芋为称首。所谓"煨得芋头熟,天子不如我",直以为南面之乐,其言诚过,然寒夜拥炉,此实真味。别名"土芝",信不虚矣。

译文:

古人以芋头起家,又说"园收芋、栗未全贫",对抗贫穷的首要办法,芋头排在首位。所谓"煨得芋头熟,天子不如我",以为王侯之乐,确实过于夸张,但寒夜围炉,却是真实的滋味,倒是实在的。芋头别名"土灵芝",也不是虚言。

萝葡 芜菁

萝葡一名土酥,芜菁一名六利,皆佳味也。他如乌、白二菘,莼、芹、薇、蕨之属,皆当命园丁多种,以供伊蒲,第不可以此市利,为卖菜佣耳。

译文:

萝卜又叫土酥,芜菁又叫六利,都是好菜。其他如乌、白两种白菜,水葵、芹菜、薇菜、蕨菜之类,都应叫园丁多种一些,作为素菜,但不可卖出赚钱,否则就变成卖菜的人了。

卷十二 香茗

明 / 仇英 / 赵孟頫写经换茶图（局部）

香、茗之用，其利最溥。物外高隐，坐语道德，可以清心悦神；初阳薄暝，兴味萧骚，可以畅怀舒啸；晴窗拓帖，挥麈闲吟，篝灯夜读，可以远辟睡魔；青衣红袖，密语谈私，可以助情热意；坐雨闭窗，饭余散步，可以遣寂除烦；醉筵醒客，夜语蓬窗，长啸空楼，冰弦戛指，可以佐欢解渴。品之最优者，以沉香、岕茶为首，第焚煮有法，必贞夫韵士，乃能究心耳。志《香茗第十二》。

译文：

香、茗的用途，好处最多。避世隐居，谈论道德，可以清心悦神；清晨薄雾，兴味索然，可以和畅胸怀；摹拓碑帖，吟诵诗文，挑灯夜读，可以去除睡意；青衣红袖，密语谈私，可以使感情深厚；雨天闲坐，饭余散步，可以排遣寂寞烦闷；宴饮宾客，弹琴唱歌，可以解渴尽欢。香、茗品质最优的，以沉香、岕茶为首，焚煮的正确方法，只有真正的文人雅士，才能领悟。题记《香茗第十二》。

伽南

一名奇蓝,又名琪,有糖结、金丝二种。糖结,面黑若漆,坚若玉,锯开,上有油若糖者,最贵;金丝,色黄,上有线若金者,次之。此香不可焚,焚之微有膻气。大者有重十五六斤,以雕盘承之,满室皆香,真为奇物。小者以制扇坠、数珠,夏月佩之,可以辟秽。居常以锡合盛蜜养之,合分二格,下格置蜜,上格穿数孔,如龙眼大,置香使蜜气上通,则经久不枯。沉水等香亦然。

译文:

迦南一名奇蓝,又名琪,有糖结、金丝两种。糖结,表面漆黑,坚硬如玉,锯开后里面有像糖一样的油脂,最为珍贵;金丝,色黄,上面有金色纹路,稍差。此香不可焚烧,燃烧时有一点膻味。大的迦南有十五六斤重,放在雕盘上,满屋生香,真的是奇怪的物质。小的做成扇坠、佛珠,夏天佩戴,可以辟邪。平时用装了蜜的锡盒盛放。盒子分为两格,下格放蜂蜜,上层穿几个像龙眼大小的孔,放上香,使蜂蜜气味上通,香就经久而不干枯。沉香等香也是这样。

龙涎香

苏门答剌国有龙涎屿,群龙交卧其上,遗沫入水,取以为香。浮水为上,渗沙者次之,鱼食腹中,剌出如斗者,又次之。彼国亦甚珍贵。

译文:

苏门答腊国有龙涎屿,群龙交卧在水上,唾沫吐在水中,收集起来制成香。浮在水面的为上品,夹杂有沙的稍次,鱼吃进腹中又吐出的,又差一些。龙涎香在其国也很珍贵。

片速香

"鲫鱼片",雉鸡斑者佳,以重实为美,价不甚高,有伪为者,当辨。

译文:

"鲫鱼片",有雉鸡斑纹的最好,以厚重密实的为美,价格不太高,有假货,注意辨别。

沉香

质重,劈开如墨色者佳。沉取沉水,然好速亦能沉。以隔火炙过,取焦者别置一器,焚以熏衣被。曾见世庙有水磨雕刻龙凤者,大二寸许,盖醮坛中物,此仅可供玩。

译文:

沉香质地沉重,劈开后颜色像墨一样的为佳品。辨别标准不在于是否能沉水,好的速香也能沉水。隔火烘烤,烤焦的另外放在旁边,焚烧熏衣被。曾见嘉靖年制的水磨雕刻龙凤的沉香,大约二寸,是道士祈祷的用品,只能供赏玩。

唵叭香

香腻甚,着衣袂,可经日不散,然不宜独用,当同沉水共焚之,一名"黑香"。以软净色明,手指可撚为丸者为妙。都中有"唵叭饼",别以他香和之,不甚佳。

译文:

唵叭香香气很腻,放在衣袖里,多日不散,但不宜单用,应当同沉香一起焚烧,又叫"黑香"。它以柔软干净、颜色明亮,能用手指捻成丸子的为好。京都有"唵叭饼",是和其他香混合的,不太好。

角香

俗名"牙香",以面有黑烂色,黄纹直透者为"黄熟",纯白不烘焙者为"生香",此皆常用之物,当觅佳者;但既不用隔火,亦须轻置炉中,庶香气微出,不作烟火气。

译文:

角香俗名"牙香",表面有黑烂色,黄纹直透的是"黄熟",颜色纯白没有烘焙的是"生香",这些都是常用的东西,应寻觅佳品;但既不用隔火,也须轻放炉中,才会慢慢散发香气,没有烟火味。

甜香

宣德年制,清远味幽可爱。黑坛如漆,白底上有烧造年月,有锡罩盖罐子者,绝佳。"芙蓉""梅花"皆其遗制,近京师制者亦佳。

译文:

宣德年制的甜香,清远、味幽、可爱。黑坛如漆,白底上有烧制年月,有锡盖罐子装的,绝对好。"芙蓉""梅花",都是过去的做法,近年来,京师制造的也很好。

黄、黑香饼

恭顺侯家所造,大如钱者,妙甚;香肆所制小者,及印各色花巧者,皆可用,然非幽斋所宜,宜以置闺阁。

译文:

恭顺侯家制造,如铜钱大小的黄、黑香饼,最好;香店所制的小香饼,以及印有各色花样的,都可以用,但不宜书斋用,适宜放在闺阁中。

安息香

都中有数种,总名安息。月麟、聚仙、沉速为上。沉速有双料者,极佳。内府别有龙挂香,倒挂焚之,其架甚可玩。若兰香、万春、百花等,皆不堪用。

译文:

都中有很多种,统称安息。月麟、聚仙、沉速为上品。沉速有双料的,极好。内府还有龙挂香,倒挂着焚烧,架子很好玩。若兰香、万春、百花等品种,都不可用。

暖阁 芸香

暖阁，有黄、黑二种。芸香，短束出周府者佳，然仅以备种类，不堪用也。

译文：

暖阁，有黄、黑两种。周府产的短束芸香最好，但只作为一种来制备，不能用。

苍术

岁时及梅雨郁蒸，当间一焚之，出句容茅山细梗者佳，真者亦艰得。

译文：

在年末以及梅雨季节应当焚烧苍术，句容茅山的细梗最好，但真品不易得。

明 / 文徵明 / 品茶图（局部）

品茶

古人论茶事者,无虑数十家,若鸿渐之"经",君谟之"录",可谓尽善,然其时法用熟碾,为"丸"、为"挺",故所称有"龙凤团""小龙团""密云龙""瑞云翔龙"。至宣和间,始以茶色白者为贵。漕臣郑可简始创为"银丝冰芽",以茶剔叶取心,清泉渍之,去龙脑诸香,惟新胯小龙蜿蜒其上,称"龙团胜雪",当时以为不更之法。而我朝所尚又不同,其烹试之法,亦与前人异,然简便异常,天趣悉备,可谓尽茶之真味矣。至于"洗茶""候汤""择器",皆各有法,宁特侈言"乌府""云屯""苦节""建城"等目而已哉!

译文:

古人论述茶道的,不难找出数十家,如陆羽的《茶经》,蔡襄的《茶录》,可以说非常详尽。但当时制茶是用熟碾法制成"丸""挺",所以称为"龙凤团""小龙团""密云龙""瑞云翔龙"。到宣和年间,就开始以茶色白的为贵。管漕运的官吏郑可简始创"银丝冰芽",剔除叶子,取茶心,用清泉冲洗,去除龙脑等味道,用刻有蜿蜒小龙的模具压上,称为"龙团胜雪",这是当时不可更改的做法。然而明代的做法不同,烹煮方法也与前人不同,但非常简便，又不失天然的趣味，可说是完全体现了茶的真味。至于"洗茶""候汤""择器"，都各有一定规则和方法，难道只会"乌府""云屯""苦节""建城"之类的吗？

卷十二

清 / 樊圻 /　　　　　　　　　　　　饮乐宴（局部）

虎丘 天池

最号精绝,为天下冠,惜不多产,又为官司所据,寂寞山家得一壶两壶,便为奇品,然其味实亚于芥。天池出龙池一带者佳,出南山一带者最早,微带草气。

译文:

虎丘茶,最为精绝,名冠天下,可惜产量不多,又被官方占据,隐居的人,能得一两壶,便觉十分稀奇,但其实味道不及芥茶。天池产自龙池一带的茶好,产自南山一带的最早,略带青草味。

六安

宜入药品,但不善炒,不能发香而味苦,茶之本性实佳。

译文:

六安茶适宜入药,但不好炒,不能散发香气,味苦,但茶的本性确实好。

岕

浙之长兴者佳，价亦甚高，今所最重，荆溪稍下。采茶不必太细，细则芽初萌而味欠足；不必太青，青则茶已老而味欠嫩。惟成梗蒂，叶绿色而团厚者为上。不宜以日晒，炭火焙过，扇冷，以箬叶衬罂贮高处，盖茶最喜温燥而忌冷湿也。

译文：

产自浙江长兴的岕茶最好，价格也高，最为今人看重；产自宜兴荆溪的，稍差一点。采茶不必太嫩时，太嫩时，芽刚发，味道不足；不必太青，太青则茶已老，味道不够嫩。只有梗蒂刚成，叶子绿而圆厚的，最好。不宜日晒，用炭火烘焙，放凉，用箬叶包好放进瓶子，储存在高处，因为茶叶喜干燥温暖，忌潮湿阴冷。

龙井 天目

山中早寒，冬来多雪，故茶之萌芽较晚。采焙得法，亦可与天池并。

译文：

山里天冷得早，冬天多雪，所以茶萌芽较晚。采摘烘焙得法，龙井、天目等茶可以与天池茶相提并论。

松萝

十数亩外,皆非真松萝茶。山中亦仅有一二家炒法甚精,近有山僧手焙者,更妙。真者在洞山之下,天池之上,新安人最重之;南都曲中亦尚此,以易于烹煮且香烈故耳。

译文:

方圆十几亩外,都不是真松萝茶。山中仅有一两家的炒法精湛,近年有一个山僧炒制的,更好。真品在洞山茶之下、天池茶之上,新安人最喜欢;南都曲艺坊也喜欢,因为它易于烹煮,而且香味浓烈。

卷十二

清 / 钱慧安 / 　　　　　　　　　　　　　　　　　　　　煮茶洗砚图轴（局部）

洗茶

先以滚汤候少温洗茶,去其尘垢,以定碗盛之,俟冷点茶,则香气自发。

译文:

先用稍微放凉一点的开水洗茶,洗掉尘垢,用定窑碗盛放,放凉再加水,则香气四溢。

候汤

缓火炙,活火煎。活火,谓炭火之有焰者,始如鱼目为"一沸",缘边泉涌为"二沸",奔涛溅沫为"三沸"。若薪火方交,水釜才炽,急取旋倾,水气未消,谓之"嫩";若水逾十沸,汤已失性,谓之"老",皆不能发茶香。

译文:

烧水,缓火烤,活火煎。活火,就是有火焰的炭火,像鱼眼一样大小的水泡,是"一沸";缘边都如泉涌时,是"二沸";翻腾飞溅,是"三沸"。如火力刚到,水锅刚热,就立即倒出,水汽未消,称为"嫩";如水已经十沸,水已经失性,称为"老",都不能激发出茶的香味。

明 / 丁云鹏 / 玉川煮茶图（局部）

茶洗

以砂为之,制如碗式,上下二层。上层底穿数孔,用洗茶,沙垢皆从孔中流出,最便。

译文:

茶洗用砂做成,形制像碗,分上下两层。上层底打若干小孔,用来洗茶,沙子尘垢都从孔中流出,最方便。

涤器

茶瓶、茶盏不洁,皆损茶味,须先时洗涤,净布拭之,以备用。

译文:

茶瓶、茶盏不干净,都会损害茶的味道,需要先洗涤,用干净的布擦拭备用。

茶炉 汤瓶

有姜铸铜饕餮兽面火炉及纯素者,有铜铸如鼎彝者,皆可用。汤瓶铅者为上,锡者次之,铜者亦可用;形如竹筒者,既不漏火,又易点注;瓷瓶虽不夺汤气,然不适用,亦不雅观。

译文:

茶炉,有姜铸铜的饕餮兽面火炉和素炉,铜铸的像鼎彝的火炉,都可以用。水壶铅制的最好,锡制的稍次,铜制的也可以用;形状像竹筒的,既不漏火,又便于灌注;瓷壶虽不串味,但不适用,也不雅观。

茶壶

壶以砂者为上,盖既不夺香,又无熟汤气。"供春"最贵,第形不雅,亦无差小者。时大彬所制又太小,若得受水半升而形制古洁者,取以注茶,更为适用。其"提梁""卧瓜""双桃""扇面""八棱细花""夹锡茶替""青花白地"诸俗式者,俱不可用。锡壶有赵良璧者亦佳,然宜冬月间用。近时吴中"归锡",嘉禾"黄锡",价皆最高,然制小而俗。金银俱不入品。

译文:

砂质的茶壶最好,它既不夺茶香,又无热水味。"供春"砂壶最贵,只是形状不雅观,也没有稍小的,时大彬所制的又太小。如有能盛水半升,又形制雅素洁的,用来沏茶,更为适用。其他像"提梁""卧瓜""双桃""扇面""八细花""夹锡茶替""青花白地"等俗式,都不可用。锡壶赵良璧制造的也很好,但只适合冬季用。近来苏州"归锡",嘉兴"黄锡",价格都很高,但形制小而俗,金银都不入品。

茶盏

宣庙有尖足茶盏,料精式雅,质厚难冷,洁白如玉,可试茶色,盏中第一。世庙有坛盏,中有"茶、汤、果、酒",后有"金箓大醮坛用"等字者,亦佳。他如"白定"等窑,藏为玩器,不宜日用,盖点茶须燂盏令热,则茶面聚乳,旧窑器燂热则易损,不可不知。又有一种名"崔公窑",差大,可置果实,果亦仅可用榛、松、新笋、鸡豆、莲实不夺香味者;他如柑、橙、茉莉、木樨之类,断不可用。

译文:

宣庙的尖足茶盏,用料精细,样式高雅,质地厚实,水不易冷,洁白如玉,可看到茶的颜色,为茶盏之首。世庙的坛盏,放置茶、汤、果、酒,有"金箓大醮坛用"等字样,也很好。其他如定窑白瓷等瓷器,可做玩器收藏,不宜日用。因为沏茶需让瓷器变热,茶水表面聚成泡沫,古瓷器受热容易炸裂,不能不了解。还有一种名叫"崔公窑"的瓷器,稍大一些,可以放果品,但只能装榛子、松子、新笋、鸡头米、莲子等不夺茶香的,其他如柑、橙、茉莉花、木樨之类的,绝不可用。

择炭

汤最恶烟,非炭不可,落叶、竹筱、树梢、松子之类,虽为雅谈,实不可用;又如"暴炭""膏薪",浓烟蔽室,更为茶魔。炭以长兴茶山出者,名"金炭",大小最适用,以麸火引之,可称"汤友"。

译文:

开水最不能有烟味,非炭火不能用,落叶、竹枝、树梢、松子之类,虽然古雅,但不能用;"暴炭""膏薪",浓烟满屋,更是煮茶的禁忌。长兴茶山出产的炭叫"金炭",大小最适用,用麸炭引燃,可称之为"汤友"。

全书终

陶庵梦忆

[明]张岱 著

杨四平、王颖芬 译

目录

卷一

钟山 /001　　　报恩塔 /006　　　天台牡丹 /007
金乳生草花 /008　日月湖 /012　　　金山夜戏 /014
筠芝亭 /015　　　砎园 /018　　　　葑门荷宕 /019
越俗扫墓 /021　　奔云石 /023　　　木犹龙 /025
天砚 /028　　　　吴中绝技 /029　　濮仲谦雕刻 /030

卷二

孔庙桧 /033　　　孔林 /036　　　　燕子矶 /039
鲁藩烟火 /040　　朱云崃女戏 /044　绍兴琴派 /045
花石纲遗石 /047　焦山 /050　　　　表胜庵 /051
梅花书屋 /053　　不二斋 /056　　　砂罐锡注 /057
沈梅冈 /058　　　岣嵝山房 /061　　三世藏书 /062

卷三

丝社 /067　　　　南镇祈梦 /068　　禊泉 /071
兰雪茶 /073　　　白洋潮 /077　　　阳和泉 /078
闵老子茶 /082　　龙喷池 /084　　　朱文懿家桂 /085
逍遥楼 /088　　　天镜园 /090　　　包涵所 /091
斗鸡社 /094　　　栖霞 /095　　　　湖心亭看雪 /096
陈章侯 /097

卷四

不系园 /101　　秦淮河房 /102　　兖州阅武 /104
牛首山打猎 /107　　杨神庙台阁 /108　　雪精 /110
严助庙 /113　　乳酪 /116　　二十四桥风月 /118
世美堂灯 /122　　宁了 /125　　张氏声伎 /127
方物 /129　　祁止祥癖 /132　　泰安州客店 /133

卷五

范长白 /137　　于园 /141　　诸工 /144
姚简叔画 /144　　炉峰月 /146　　湘湖 /150
柳敬亭说书 /151　　樊江陈氏橘 /153　　治沅堂 /156
虎丘中秋夜 /157　　麋公 /159　　扬州清明 /162
金山竞渡 /164　　刘晖吉女戏 /167　　朱楚生 /168
扬州瘦马 /170

卷六

彭天锡串戏 /175　　目莲戏 /176　　甘文台炉 /178
绍兴灯景 /181　　韵山 /183　　天童寺僧 /187
水浒牌 /189　　烟雨楼 /190　　朱氏收藏 /193
仲叔古董 /194　　噱社 /196　　鲁府松棚 /199
一尺雪 /200　　菊海 /201　　曹山 /204
齐景公墓花樽 /205

卷七

西湖香市 /209　　鹿范寺方柿 /212　　西湖七月半 /214
及时雨 /217　　　山艇子 /220　　　　悬杪亭 /221
雷殿 /222　　　　龙山雪 /223　　　　庞公池 /224
品山堂鱼宕 /226　松花石 /227　　　　闰中秋 /228
愚公谷 /229　　　定海水操 /232　　　阿育王寺舍利石 /233
过剑门 /235　　　冰山记 /236

卷八

龙山放灯 /239　　王月生 /243　　　　张东谷好酒 /246
楼船 /247　　　　阮圆海戏 /248　　　巘花阁 /250
范与兰 /252　　　蟹会 /254　　　　　露兄 /255
闰元宵 /258　　　合采牌 /260　　　　瑞草溪亭 /263
琅嬛福地 /266

补遗

鲁王 /271　　　　苏州白兔 /273　　　草妖 /276
祁世培 /277

卷一

近现代 / 齐白石 / 贝叶草虫（局部）

钟山

钟山上有云气,浮浮冉冉,红紫间之,人言王气,龙蜕藏焉。

高皇帝与刘诚意、徐中山、汤东瓯定寝穴,各志其处,藏袖中。三人合,穴遂定。门左有孙权墓,请徙。太祖曰:"孙权亦是好汉子,留他守门。"

及开藏,下为梁志公和尚塔。真身不坏,指爪绕身数匝。军士舁之不起。太祖亲礼之,许以金棺银椁、庄田三百六十奉香火,舁灵谷寺塔之。今寺僧数千人,日食一庄田焉。陵寝定,闭外羡,人不及知。所见者,门三,飨殿一,寝殿一,后山苍莽而已。

壬午七月,朱兆宣簿太常。中元祭期,岱观之。飨殿深穆,暖阁去殿三尺,黄龙幔幔之。列二交椅,褥以黄锦,孔雀翎织正面龙,甚华重。席地以毡,走其上必去舄轻趾。稍咳,内侍辄叱曰:"莫惊驾!"近阁下一座稍前,为碽妃,是成祖生母。成祖生,孝慈皇后妃为己子,事甚秘。再下,东西列四十六席,或坐或否。

祭品极简陋。朱红木簋、木壶、木酒樽,甚粗朴。簋中肉止三片、粉一铗、黍数粒、东瓜汤一瓯而已。暖阁上一几,陈铜炉一、小箸瓶二、杯棬二;下一大几,陈太牢一、少牢一而已。他祭或不同,岱所见如是。

先祭一日，太常官属开牺牲所中门，导以鼓乐旗帜，牛羊自出，龙袱盖之。至宰割所，以四索缚牛蹄。太常官属至，牛正面立，太常官属朝牲揖，揖未起，而牛头已入焯所。焯已，舁至飨殿。次日五鼓，魏国至，主祀，太常官属不随班，侍立飨殿上。祀毕，牛羊已臭腐不堪闻矣。平常日进二膳，亦魏国陪祀，日必至云。

戊寅，岱寓鹫峰寺。有言孝陵上黑气一股，冲入牛斗，百有余日矣。岱夜起视，见之。自是流贼猖獗，处处告警。壬午，朱成国与王应华奉敕修陵，木枯三百年者尽出为薪，发根，隧其下数丈，识者为伤地脉、泄王气。今果有甲申之变，则寸斩应华亦不足赎也。孝陵玉石二百八十二年，今岁清明，乃遂不得一盂麦饭，思之猿咽。

译文：

钟山上有云气，缓缓飘浮，夹杂着红色和紫色，人们说这是王气，有龙蜕下的皮藏在里面。

当年，明太祖朱元璋和刘伯温、徐达、汤和勘测陵墓地点时，每个人将选好的地点写下来，藏在袖子里。三个人不谋而合都选的是这里，于是陵墓选址确定了。陵门的左边原来有孙权的墓，大臣们请求把它移走。太祖说："孙权也是条好汉，留着他看守陵门吧。"等到开工挖掘的时候，发现下面是南朝梁国志公和尚的塔。塔内志公和尚的肉身还没有腐坏,他长长的指甲环绕身体好几圈,士兵们抬不动他。太祖亲自举行祭礼,许诺以金银棺椁隆重安葬,赐良田三百六十亩,供奉香火,才把志公和尚的肉身抬到灵谷寺,安葬在塔中。现在灵谷寺有数千僧人,每天能吃掉一个庄园产的粮食。陵墓修好后,封闭了通往墓穴的道路,没有人能知道位置。人们能看到的,就是三座门,一座飨殿和一座寝殿,后山茂盛的树木而已。

壬午年七月,朱兆宣任太常寺卿,举行中元节祭祀,我去观看。飨殿幽深肃穆,暖阁离殿三尺高,用绣有黄龙的帷幔遮盖着。殿中放着两把交椅,铺着黄锦孔雀翎的褥垫,褥垫上织着正面龙图,非常华丽庄严。毛毡铺地,人们走在上面必须脱鞋、放轻脚步。有人轻微咳嗽,内侍就会训斥道:"不要惊扰了圣驾!"靠近暖阁下的一个座位,稍稍靠前的是碽妃的座位,她是成祖的生母。成祖出生后,孝慈皇后抱养了他,这是很隐秘的事。暖阁再往下,东西方向排列四十六个席位,有的有座,有的则没有。

供奉的祭品很简陋。祭祀用的是朱红色木簋、木壶、木酒樽,很粗糙质朴。簋中只盛有三片肉、一铁面粉、几粒黍、一小盆冬瓜汤而已。暖阁上有一张几案,上面陈放着一只铜炉、两个小箸瓶、两个木杯子。暖阁下有一张大的几案,也不过陈放着一副太牢、一副少牢而已。别的祭祀可能不一样，我看到的就是如此。

祭祀前一天，太常寺的官员打开关着祭祀动物场地的中门，用鼓乐旗子引导，牛羊自己从门里出来，龙图案的布盖在牛羊身上。到了屠宰的地方，人们用四条绳索捆住牛蹄。太常寺的官员到来，牛正面站立，官员向牛作揖，还没抬头伸直身体，而牛头已经被割下放入锅中炖煮。煮熟后，牛头被抬到飨殿。第二天五更时，魏国公来到飨殿，主持祭祀仪式，太常寺官员不参与上供，只是侍立在飨殿上。祭祀仪式完成后，祭品已经腐臭得不能闻了。平常每天进献两餐膳食，也是由魏国公陪同祭祀，每天都要到场。

戊寅年，我借住在鹫峰寺。听人说孝陵上有一股黑色雾气，冲犯了牛宿和斗宿，已经延续一百多天。我在夜晚起来观看，见到了这一现象。从此以后，流贼猖獗，到处不得安宁。壬午年，朱成国和王应华奉皇帝命令修补皇陵，把枯朽了三百年的树挖出来当柴烧，因为要挖树根，向下挖了几十丈深，有见识的人认为这样做伤了地脉，泄了王气，如今果然遭遇甲申之变，就是千刀万剐王应华也无法赎罪。建造孝陵的玉石有二百八十二年历史了，今年的清明节，竟然得不到一盂麦饭的供奉，想起来我便像猿一样悲切呜咽。

卷一

近现代 / 齐白石 /　　　　　　　　　　　　　　　　齐白石画集（局部）

报恩塔

中国之大古董,永乐之大窑器,则报恩塔是也。报恩塔成于永乐初年,非成祖开国之精神、开国之物力、开国之功令,其胆智才略足以吞吐此塔者,不能成焉。塔上下金刚佛像千百亿金身。一金身,琉璃砖十数块凑砌成之,其衣褶不爽分,其面目不爽毫,其须眉不爽忽,斗笋合缝,信属鬼工。

闻烧成时,具三塔相,成其一,埋其二,编号识之。今塔上损砖一块,以字号报工部,发一砖补之,如生成焉。夜必灯,岁费油若干斛。天日高霁,霏霏霭霭,摇摇曳曳,有光怪出其上,如香烟缭绕,半日方散。永乐时,海外夷蛮重译至者百有余国,见报恩塔必顶礼赞叹而去,谓四大部洲所无也。

译文:

报恩塔堪称中国的大古董,永乐年间烧制的大窑器。报恩塔建成于永乐初年,如果不是明成祖开国时的雄心、物力、法令,以及他的胆识和智慧可以掌控建塔工程,报恩塔就不可能建成。报恩塔塔身上上下下有千百个金刚佛像。每一座佛像都是用十几块琉璃砖砌成的。佛像的衣褶不差一分,面目不差一毫,须发眉毛不差一忽,拼接处严丝合缝,确实是鬼斧神工。

听说琉璃砖烧成时每一种都有三块，一块用来建塔，另两块埋到地下，编上号做标记。如果塔上有一块砖坏了，把砖的编号报给工部，就可以发一块砖补上，就像原来的一样。报恩塔每晚灯火通明，每年消耗灯油几斛。天气晴朗、太阳高照、日光弥漫、光影摇曳的时候，会有光怪出现在塔的上方，像香烟一样在塔上缭绕，过了半天才会消散。永乐年间，海外一百多国的人来过这里，见到报恩塔一定要顶礼膜拜，赞叹一番后才肯离开，都说这座塔是世上绝无仅有的。

天台牡丹

天台多牡丹，大如拱把，其常也。某村中有鹅黄牡丹，一株三干，其大如小斗，植五圣祠前。枝叶离披，错出檐甍之上，三间满焉。花时数十朵，鹅子、黄鹂、松花、蒸栗，萼楼穰吐，淋漓簇沓。土人于其外搭棚演戏四五台，婆娑乐神。有侵花至漂发者，立致奇祟。土人戒勿犯，故花得蔽芾而寿。

译文：

天台盛产牡丹，大的要两手合拢才能抱住，并不稀奇。有一个村里有株鹅黄牡丹，一棵有三个枝干，大的像小斗一样，种在五圣祠前面。其枝叶繁茂，交错生长到屋檐砖瓦之上，覆盖了三间房顶。开花时会有几十朵，颜色像小鹅羽毛、黄鹂羽毛、松花、蒸熟的栗子。花萼层层叠叠，花瓣一簇一簇，像水一样翻腾奔涌，开得淋漓尽致。当地人在祠堂外搭起四五台棚子唱戏，用欢乐取悦神灵。如果有人使牡丹花受到些微损坏，就会很快招致奇怪的灾祸。当地人告诫他人不可伤害牡丹花，所以牡丹才能花木繁茂，生长数年。

金乳生草花

金乳生喜莳草花。住宅前有空地，小河界之。乳生濒河构小轩三间，纵其趾于北，不方而长，设竹篱经其左。北临街，筑土墙，墙内砌花栏护其趾。再前，又砌石花栏，长丈余而稍狭。栏前以螺山石垒山披数折，有画意。草木百余本，错杂莳之，浓淡疏密，俱有情致。

春以罂粟、虞美人为主，而山兰、素馨、决明佐之。春老以芍药为主，而西番莲、土萱、紫兰、山矾佐之。夏以洛阳花、建兰为主，而蜀葵、乌斯菊、望江南、茉莉、杜若、珍珠兰佐之。秋以菊为主，而剪秋纱、秋葵、僧鞋菊、万寿、芙蓉、老少年、秋海棠、雁来红、矮鸡冠佐之。冬以水仙为主，而长春佐之。其木本如紫白丁香、绿萼、玉蝶、蜡梅、西府、滇茶、日丹、白梨花，种之墙头屋角，以遮烈日。

乳生弱质多病，早起，不盥不栉，蒲伏阶下，捕菊虎，芟地蚕，花根叶底，虽千百本，一日必一周之。瘫头者火蚁，瘠枝者黑蚰，伤根者蚯蚓、蜒蝣，贼叶者象干、毛猬。火蚁，以鲞骨、鳖甲置旁引出弃之；黑蚰，以麻裹箸头捋出之；蜒蝣，以夜静持灯灭杀之；蚯蚓，以石灰水灌河水解之；毛猬，以马粪水杀之；象干虫，磨铁线穴搜之。事必亲历，虽冰龟其手，日焦其额，不顾也。青帝喜其勤，近产芝三本以祥瑞之。

译文：

金乳生喜欢莳弄花草。他家房前有一块空地，有一条小河隔着。乳生沿着河边建了三间轩榭，沿着地基向北延伸，形状不是方的，是细长的，在左边插了竹篱笆。轩榭的北面临街，修筑土墙，墙内砌了雕花栏杆保护地基。再往前，又砌了石质花栏杆，其长一丈有余，有些狭长。在栏杆前用螺山石垒成错落有致的假山，很有画意。他种的花草树木有百余个品种，交叉着种植，浓淡疏密相宜，都很有情致。

早春的花草以罂粟、虞美人为主，还有山兰、素馨、决明相伴。晚春花草以芍药为主，还有西番莲、土萱、紫兰、山矾相伴。夏天以洛阳花、建兰为主，有蜀葵、乌斯菊、望江南、茉莉、杜若、珍珠兰相伴。秋天以菊花为主,有剪秋纱、秋葵、僧鞋菊、万寿芙蓉、老少年、秋海棠、雁来红、矮鸡冠相伴。冬天以水仙为主,有长春花相伴。木本花草像紫白丁香、绿萼、玉楪、蜡梅、西府、滇茶、日丹、白梨花,种在墙头屋角,用来遮挡烈日。

  乳生体弱多病,每天早晨起来,不梳洗,蹲在台阶下,抓菊虎虫,除地蚕草。千百株花的根部和叶子下面,他每天都要清除一遍。使花草顶部枯萎的是火蚁,使枝条细弱的是黑蚰,伤害花根的是蚯蚓、蚰蜒,吃叶子的是象干、毛猬。对付火蚁,用鳌骨、鳖甲放在附近引诱它出来然后扔掉。对付黑蚰,用麻裹住筷子头可以将它抈出来。对付蚰蜒,在夜深人静时手持灯火去消灭它。蚯蚓,用石灰水掺到河水中杀死它们。毛猬,用马粪水消灭。象干虫,可以把铁质农具磨细深入虫穴掏挖。乳生每件事都亲力亲为,虽然寒冷的冰水把他的手冻裂,阳光晒焦了他的额头,他也无暇顾及。掌管春天的青帝欣赏他的勤劳,最近让他的花园里长出了三株灵芝,以降祥瑞给他。

卷一

近现代 / 齐白石 /

齐白石画集（局部）

日月湖

宁波府城内,近南门,有日月湖。日湖圆,略小,故日之;月湖长,方广,故月之。二湖连络如环,中亘一堤,小桥纽之。

日湖有贺少监祠。季真朝服拖绅,绝无黄冠气象。祠中勒唐玄宗《饯行》诗以荣之。季真乞鉴湖归老,年八十余矣。其《回乡》诗曰:"幼小离家老大回,乡音无改鬓毛衰。儿孙相见不相识,笑问客从何处来?"八十归老,不为早矣,乃时人称为"急流勇退",今古传之。

季真曾谒一卖药王老,求冲举之术,持一珠贻之。王老见卖饼者过,取珠易饼。季真口不敢言,甚懊惜之。王老曰:"悭吝未除,术何由得!"乃还其珠而去。则季真直一富贵利禄中人耳。《唐书》入之《隐逸传》,亦不伦甚矣。

月湖一泓汪洋,明瑟可爱,直抵南城。城下密密植桃柳,四围湖岸,亦间植名花果木以萦带之。湖中栉比者皆士夫园亭,台榭倾圮,而松石苍老。石上凌霄藤有斗大者,率百年以上物也。四明缙绅,田宅及其子,园亭及其身。平泉木石,多暮楚朝秦,故园亭亦聊且为之,如传舍、衙署焉。屠赤水娑罗馆亦仅存娑罗而已,所称"雪浪"等石,在某氏园久矣。

清明日,二湖游船甚盛,但桥小,船不能大。城墙下趾稍广,桃柳烂漫,游人席地坐,亦饮亦歌,声存西湖一曲。

译文：

宁波府城里，靠近南门处有个日月湖。日湖形状是圆的，略小，所以叫日湖；月湖是长形的，又方又大，所以叫月湖。两个湖像环一样连在一起，中间横着一道湖堤，有小桥把它们连在一起。

日湖上建有贺知章祠。贺知章的塑像穿着朝服披着绶带，没有一点道士的样子。祠里面有石碑刻着唐玄宗为贺知章作的《饯行》诗以示荣耀。贺知章请求回鉴湖告老还乡时，已经八十余岁了。他的《回乡》诗写道："幼小离家老大回，乡音无改鬓毛衰。儿孙相见不相识，笑问客从何处来？"八十岁告老还乡，不算早了，而当时人们称颂他急流勇退，至今流传。

贺知章曾经拜见一个卖药的王老翁，向他讨教成仙术，还赠送了一颗珍珠给老翁。王老翁看到卖饼的人经过，用珍珠换了饼子。贺知章不好开口，但很懊恼心疼。王老翁说："吝啬的毛病不改，怎么能得到成仙术！"于是把珠子还给他扬长而去。看来贺知章就是一个还未摆脱富贵利禄羁绊的人罢了。《新唐书》中把他放在《隐逸传》里，也有些不伦不类。

月湖水面浩荡，湖水晶莹纯净，惹人喜爱，一直通到宁波府城南。城墙下种了茂密的桃树和柳树，包围着湖岸，也夹杂种了名贵的花果树木环绕日月湖。湖中鳞次栉比布满士大夫修建的园亭，亭台水榭已倒塌，松树和石头依然苍翠古老。石头上缠绕的凌霄藤有的像斗那么大,大概有百年以上了。宁波的官宦豪绅们,置办的房产田宅还能传给儿孙,但经营的园亭则只能自身欣赏。私家花园林苑,大多"朝秦暮楚",几易其主,所以园亭也只是暂且为之,像暂供往来行人休息住宿的处所和官署。屠隆的娑罗馆也不过仅有娑罗树还在。有名的"雪浪"等名石,闲置在某人的园林中很久了。

清明节这一天,在日月湖游船很多,但因为桥小,船都不大。城墙比较宽,桃树柳树茂盛。游人席地而坐,边饮酒边唱歌,现在只有一曲《西湖》流传下来。

金山夜戏

崇祯二年中秋后一日,余道镇江往兖。日晡,至北固,舣舟江口。月光倒囊入水,江涛吞吐,露气吸之,噀天为白。

余大惊喜。移舟过金山寺,已二鼓矣。经龙王堂,入大殿,皆漆静。林下漏月光,疏疏如残雪。余呼小傒携戏具,盛张灯火大殿中,唱韩蕲王金山及长江大战诸剧。锣鼓喧阗,一寺人皆起看。有老僧以手背搣眼翳,翕然张口,呵欠与笑嚏俱至;徐定睛视:为何许人?以何事何时至?皆不敢问。剧完将曙,解缆过江。山僧至山脚,目送久之,不知是人,是怪,是鬼。

译文:

崇祯二年中秋节后第二天,我途经镇江前往兖州。午后申时,行到北固山,在江口停船靠岸。晚上,月光像从囊中倒出倾泻在水面上,江上波涛吞吐澎湃,露气吸收了月光,把天空都喷成了白色。

我万分欣喜。船经过金山寺时已是二鼓天了。路过龙王堂,进入大殿,周围漆黑寂静。月光从林中漏下,照在地面像稀疏的残雪。我呼唤仆人拿着唱戏的服装道具,在大殿中大张旗鼓地点亮灯火,唱韩世忠金山和长江大战等多个剧目。锣鼓声震四方,一片喧闹。寺里的人都起来观看。有一个老僧用手背揉着昏花的眼睛,嘴巴张得合不拢,哈欠、笑和喷嚏一起发出来。他慢慢定睛,想弄清我们是什么人,因为什么事情、什么时候到这里,却都不敢开口问。戏唱完了,天快亮了,我们解开缆绳,划船过江。金山寺的僧人们追到山脚,久久目送我们离开,不知我们是人,是妖怪,还是鬼魂。

筠芝亭

筠芝亭,浑朴一亭耳,然而亭之事尽,筠芝亭一山之事亦尽。吾家后此亭而亭者,不及筠芝亭;后此亭而楼者、阁者、斋者,亦不及。总之,多一楼,亭中多一楼之碍;多一墙,亭中多一墙之碍。太仆公造此亭成,亭之外更不增一椽一瓦,亭之内亦不设一槛一扉,此其意有在也。

亭前后，太仆公手植树皆合抱，清樾轻岚，瀜瀜翳翳，如在秋水。亭前石台，躐取亭中之景物而先得之，升高眺远，眼界光明：敬亭诸山，箕踞麓下；溪壑萦回，水出松叶之上。台下右旋，曲磴三折，老松偻背而立，顶垂一干，倒下如小幢，小枝盘郁曲出辅之，旋盖如曲柄葆羽。癸丑以前，不垣不台，松意尤畅。

译文：

筠芝亭是浑然、质朴的一座亭子。亭子建成，筠芝亭所在山上的所有建造也都完成了。我家在筠芝亭之后建的亭子，都比不上它；在它之后建的楼、阁、斋，也不如它。总的来说，再建一座楼或一堵墙都会妨碍亭子的美。太仆公建成亭子后，亭子外再没有添一椽一瓦，亭子里面没有多出一道门槛一扇门窗，这是有用意的。

亭子前后，太仆公亲手种下的树都有合抱粗了，遮挡阳光，树荫下氤氲着山间的雾气，雾气升腾弥漫，人如同徜徉在秋水中。站在亭子前面的石台阶上，可以最先看到亭子中的景物，再向高处走，可以看得更远，视野明朗开阔。敬亭等山雄踞其下，溪水曲曲折折流淌，高低错落间，远远望去好像水从松叶上流过。从台下的石阶右转经过几节台阶，生长着一棵弯腰驼背的老松树，树顶垂下一条枝干向下生长，像一面旗子，小松枝缠绕葱郁，曲曲折折作为陪衬，漩涡状的松盖像曲柄的华盖。癸丑年前，没有砌围墙和石台，松树的意境更畅达。

卷一

近现代 / 齐白石 /

山水（局部）

砎园

　　砎园，水盘据之，而得水之用，又安顿之若无水者。寿花堂，界以堤，以小眉山，以天问台，以竹径，则曲而长，则水之。内宅，隔以霞爽轩，以酣漱，以长廊，以小曲桥，以东篱，则深而邃，则水之。临池，截以鲈香亭、梅花禅，则静而远，则水之。缘城，护以贞六居，以无漏庵，以菜园，以邻居小户，则闳而安，则水之。水之用尽，而水之意色指归乎庞公池之水。庞公池，人弃我取，一意向园，目不他瞩，肠不他回，口不他诺。龙山蟫蜒，三折就之，而水不之顾。人称砎园能用水，而卒得水力焉。

　　大父在日，园极华缛。有二老盘旋其中，一老曰："竟是蓬莱阆苑了也！"一老哂之曰："个边那有这样！"

译文：

　　砎园，水在其中迂回盘绕，充分发挥了水的作用，但园子的布局又好像没有水的样子。寿花堂用堤岸、小眉山、天问台、竹径作为分隔，曲折而狭长，用水来环绕；内宅用霞爽轩、酣漱、长廊、小曲桥、东篱分割，显得深幽，用水来环绕；靠近庞公池，用鲈香亭、梅花禅截断，宁静而悠远，用水来环绕；沿着城墙，用贞六居、无漏庵、菜园、邻里小户人家遮挡防护，幽静安闲，对水的利用到了极致。水的千姿百态全得益于庞公池。庞公池利用别人不用的水，全部心意都为了砎园，如目不斜视，心无旁骛，再无二诺，龙山像蚰蜒一样在它周围蜿蜒，庞公池水不把它放在眼里。人们都称赞砎园善于营造水的环境，充分发挥了水的魅力。

祖父在世时，园子非常华美。有两位老人流连忘返，一个老者说："这里简直是和蓬莱、阆苑一样的仙境呀！"另一个老者不同意："那里可没有这里好！"

葑门荷宕

天启壬戌六月二十四日，偶至苏州，见士女倾城而出，毕集于葑门外之荷花宕。楼船画舫至鱼艒小艇，雇觅一空。远方游客，有持数万钱无所得舟，蚁旋岸上者。

余移舟往观，一无所见。宕中以大船为经，小船为纬，游冶子弟，轻舟鼓吹，往来如梭。舟中丽人皆倩妆淡服，摩肩簇舄，汗透重纱。舟楫之胜以挤，鼓吹之胜以杂，男女之胜以溷，歊暑燀烁，靡沸终日而已。

荷花宕经岁无人迹，是日，士女以鞵靸不至为耻。袁石公曰："其男女之杂，灿烂之景，不可名状。大约露帏则千花竞笑,举袂则乱云出峡,挥扇则星流月映,闻歌则雷辊涛趋。"盖恨虎丘中秋夜之模糊躲闪,特至是日而明白昭著之也。

译文:

天启壬戌年六月二十四日,我偶然到苏州,看见男男女女倾城而出,来到葑门外的荷花宕。不管华丽的大船还是小艇,都被租用了。远方来的游客,有的人用几万贯都租不到船,像蚂蚁一样在岸上团团转。

我划船过去观看,什么也没看到。宕中大船小船经纬交织,寻欢作乐的纨绔子弟,划着轻快的小船击鼓奏乐,来回穿梭。船上的女子妆容美丽、服装淡雅,摩肩接踵,香汗湿透了几层纱衣。舟船密密麻麻挤在一起,鼓乐齐鸣,杂乱纷呈,男女混杂拥挤,气味污浊,暑热难耐,喧闹了一整天。

荷花宕平时无人光顾,只有这一天,满城男女都以没踏足此地为耻。袁宏道说:"那一天男男女女混杂拥挤,快乐、热闹的样子,无法用语言形容。大致情景就是美人揭开帏帘,就像千万朵鲜花竞相绽放;举起袖子,就像乱云飘出峡谷;挥舞扇子,就像流星飞逝、月光照耀,听到的歌声就像雷声轰鸣,波涛奔涌而来。"大概是男男女女遗憾中秋夜在虎丘山若即若离,不能尽兴,所以特地选这一天在光天化日下尽情地快乐。

越俗扫墓

越俗扫墓,男女袨服靓妆,画船箫鼓,如杭州人游湖,厚人薄鬼,率以为常。二十年前,中人之家尚用平水屋帻船,男女分两截坐,不坐船,不鼓吹。先辈谑之曰:"以结上文两节之意。"后渐华靡,虽监门小户,男女必用两坐船,必巾,必鼓吹,必欢呼畅饮。下午必就其路之所近,游庵堂寺院及士夫家花园。鼓吹近城,必吹《海东青》《独行千里》,锣鼓错杂。酒徒沾醉,必岸帻嚣嗷,唱无字曲,或舟中攘臂,与侪列厮打。自二月朔至夏至,填城溢国,日日如之。

乙酉,方兵划江而守,虽鱼艦菱舠收拾略尽。坟垄数十里而遥,子孙数人挑鱼肉楮钱,徒步往返之,妇女不得出城者三岁矣。萧索凄凉,亦物极必反之一。

译文:

越地的扫墓风俗,男女衣着华丽,打扮漂亮,乘着画船,吹箫击鼓,就像杭州人游西湖一样快乐。厚待活人,薄待逝者,都习以为常。二十年前,中等之家扫墓还都乘平水屋帻船这种没有座的改装货船。男女分别站在船头和船尾,不奏乐。老一辈人调侃说:"这是借了'上文两节'(上坟两截)的意思。"后来越发华丽奢靡,即使是一般的小户人家,男人女人也一定坐两座船,一定要头戴方巾,一定要奏乐,一定要欢歌笑语,畅饮美酒。下午一定要到扫墓途中就近的庵堂、寺院、士大夫家的花园游玩。一路吹吹打打着走进城里,一定要吹《海东青》《独行千里》,锣鼓喧嚣嘈杂。有人喝得酩酊大醉,会把头巾摘下,衣冠不整,大喊大叫,胡乱哼着小曲,或者在船上撸起袖子,和同伴打闹。每年从二月初到夏至,人们倾城出动,喧嚣热闹,天天如此。

乙酉年间,方国安起兵,凭借长江天险守卫明朝廷,抵抗清军,连小渔船和采菱角的小船都被没收。坟墓几十里远,众子孙肩挑上供的供品和纸钱,徒步来去,妇女们已经有三年不许出城。如今萧索凄凉的景象,是一个物极必反的例子。

近现代/齐白石/　　　　　　　齐白石画集(局部)

奔云石

南屏石，无出"奔云"右者。"奔云"得其情，未得其理。石如滇茶一朵，风雨落之，半入泥土，花瓣棱棱，三四层折。人走其中，如蝶入花心，无须不缀也。

黄寓庸先生读书其中，四方弟子千余人，门如市。余幼从大父访先生。先生面黧黑，多髭须，毛颊，河目海口，眉棱鼻梁，张口多笑。交际酬酢，八面应之：耳聆客言，目睹来牍，手书回札，口嘱傒奴，杂沓于前，未尝少错。客至，无贵贱，便肉便饭食之，夜即与同榻。余一书记往，颇秽恶，先生寝食之不异也，余深服之。

丙寅至武林，亭榭倾圮，堂中奄先生遗蜕，不胜人琴之感。余见"奔云"黝润，色泽不减，谓客曰："愿假此一室，以石礧门，坐卧其下，可十年不出也。"客曰："有盗。"余曰："布衣褐被，身外长物则瓶粟与残书数本而已。王弇州不曰'盗亦有道也'哉？"

译文：

南屏的石头，没有能超过奔云石的。"奔云"描述了它的外在，却没有说出它的底蕴。这石头像一朵云南的茶花，被风雨吹落，一半埋在泥土里，花瓣重重叠叠，折为三四层。人们走在里面，好像蝴蝶飞入花心，需要细细品味。

　　黄寓庸先生在那里读书，四面八方来求教的弟子有千余人，门庭若市。我小的时候和祖父去拜访过先生。先生面孔黝黑，胡须茂密，脸颊上也多毛，眼睛细长，嘴巴很大，眉骨突出，鼻梁很高，喜欢开口大笑。他擅于交际应酬，能照顾到方方面面。他耳朵听着客人说话，眼睛看着收到的来信，手写着回信，嘴里还吩咐着仆人，同时处理各种事情，很少出差错。客人来了，不分贵贱，都会用饭菜招待，晚上和客人睡在一起。我有一个书记员去他那里，这个人不整洁不讨人喜欢，先生却对他与旁人无异，我非常信服先生。

　　丙寅年我到武林（今杭州），见那里亭榭已坍塌，先生的遗体埋葬在讲堂中，让人万分怀念。我看到奔云石黝黑滋润，色泽不减当年，对客人说："我希望能借这样的一个房间，用石头把门封住，我生活在里面，可以十年都不出去。"客人说："会有贼。"我说："我穿着粗布衣，盖着粗布被，身外之物只有些粮食和几本破书罢了。王世贞不是说过'盗亦有道'吗？"

木犹龙

木龙出辽海,为风涛漱击,形如巨浪跳蹴,遍体多着波纹。常开平王得之辽东,辇至京。开平第毁,谓木龙炭矣,及发瓦砾,见木龙埋入地数尺,火不及,惊异之,遂呼为"龙"。不知何缘出易于市,先君子以犀觥十七只售之,进鲁宪王,误书"木龙"犯讳,峻辞之,遂留长史署中。

先君子弃世,余载归,传为世宝。丁丑诗社,恳名公人锡之名,并赋小言咏之。周墨农字以"木犹龙",倪鸿宝字以"木寓龙",祁世培字以"海槎",王士美字以"槎浪",张毅儒字以"陆槎",诗遂盈帙。

木龙体肥痴,重千余斤,自辽之京、之兖、之济,由陆;济之杭,由水;杭之江、之萧山、之山阴、之余舍,水陆错。前后费至百金,所易价不与焉。呜呼,木龙可谓遇矣!

余磨其龙脑尺木,勒铭志之,曰:"夜壑风雷,骞槎化石;海立山崩,烟云灭没;谓有龙焉,呼之或出。"又曰:"扰龙张子,尺木书铭;何以似之?秋涛夏云。"

译文:

木龙是从辽海里打捞出来的,被大风大浪冲刷击打,像大浪一样在水中跳跃,浑身纹理像波浪一样。开平王常遇春在辽东得到它，用车拉到京城。开平府被毁，传说木龙化成了灰炭。等到清理瓦砾时，却发现木龙被埋在地下几尺深，没有被火烧到，人们很惊异，于是把它称为龙。不知什么缘故，木龙被拿到市上出售，我父亲用十七只牛角杯买下，打算进献给鲁宪王，却误写成"木龙"，犯了忌讳，被严词回绝，于是留在了长史衙门里。

我父亲去世后，我把它带回来，作为传世之宝。丁丑年结诗社，恳请名人给它赐名，并写一小段文字描述它。周墨农题名"木犹龙"，倪鸿宝题名"木寓龙"，祁世培题名"海槎"，王士美题名"槎浪"，张毅儒题名"陆槎"，写它的诗句一时多得快装不下了。

木龙体形硕大笨重，有千余斤，从辽东到京城、到兖州、到济南，走陆路。从济南到杭州，走水路。从杭州到江边、到萧山、到山阴、到我家，水路陆路交替。运输花了很多银子，买它的钱还不算在内。哎呀！木龙真是遇到了知音！

我磨平了木龙头上助龙升天的木头，刻上了文字记录此事，是这样写的："深夜幽谷中风雷大作，飞起的木筏变成化石；大海立起，山川崩塌，烟云时有时无；都说有龙存在，呼唤它就会现身。"又写道："打扰木龙的张岱，在尺木上刻字。怎么形容木龙呢？它像秋天的波涛，夏天的流云。"

卷一

近现代 / 齐白石 /　　　　　　　　　　　　　　蚱蜢（局部）

天砚

少年视砚,不得砚丑。徽州汪砚伯至,以古款废砚,立得重价,越中藏石俱尽。阅砚多,砚理出。曾托友人秦一生为余觅石,遍城中无有。山阴狱中大盗出一石,璞耳,索银二斤。余适往武林,一生造次不能辨,持示燕客。燕客指石中白眼曰:"黄牙臭口,堪留支桌。"赚一生还盗。燕客夜以三十金攫去。命砚伯制一天砚,上五小星一大星,谱曰"五星拱月"。燕客恐一生见,铲去大小三星,止留三小星。一生知之,大懊恨,向余言。余笑曰:"犹子比儿。"亟往索看。燕客捧出,赤比马肝,酥润如玉,背隐白丝类玛瑙,指螺细篆,面三星坟起如弩眼,着墨无声而墨沈烟起。一生痴痞,口张而不能翕。燕客属余铭,铭曰:"女娲炼天,不分玉石;鳌血芦灰,烹霞铸日;星河溷扰,参横箕翕。"

译文:

我年轻的时候,不能辨别砚的美丑。徽州汪砚伯到来,一遇到古老款式、被废弃的砚台,就重金买下,一时间,此地民间石砚都被他收藏。石砚看得多了,就悟出了赏砚的门道。我曾经委托朋友秦一生为我寻找做砚的石料,满城都没有找到理想的。山阴狱中有一个大盗出手一块石料,是原石,要二斤银子。我刚好去武林（今杭州），一生不精通此事，无法辨别好坏，就把它拿给我堂弟燕客。燕客指着石头上的白眼说："材质太差，只能用来垫桌子。"哄骗一生还给大盗。燕客自己却连夜用三十两银子抢下，请砚伯做成一方天砚，上面有五颗小星和一颗大星，命名"五星拱月"。燕客怕一生看出来，把一颗大星一颗小星铲掉，只留下三颗小星。一生知道后，无比后悔，和我说了经过。我笑着说："都是爱砚之人，谁得到都一样。"我急切地要来观赏。燕客捧出砚台，只见砚台比马肝还红，像玉石一样酥润，背面隐约有白色纹路像玛瑙一样，刻着手指肚大小的细篆铭文，砚台表面三颗星星像弩眼一样突起，研墨时没有声音，渐渐墨色沉下像是有烟升起。一生看傻了，嘴张得合不拢。燕客请我题字，我写道："女娲炼天，不分玉石；鳌血芦灰，烹霞铸日；星河涸扰，参横箕翕。"

吴中绝技

吴中绝技：陆子冈之治玉，鲍天成之治犀，周柱之治嵌镶，赵良璧之治梳，朱碧山之治金银，马勋、荷叶李之治扇，张寄修之治琴，范昆白之治三弦子，俱可上下百年保无敌手。但其良工苦心，亦技艺之能事。至其厚薄深浅，浓淡疏密，适与后世赏鉴家之心力目力针芥相投,是岂工匠之所能办乎?盖技也而进乎道矣。

译文:

吴中这个地方有很多绝活:陆子冈的玉石雕刻,鲍天成的犀角雕刻,周柱的镶嵌工艺,赵良璧的做木梳工艺,朱碧山的打造金银器首饰的技艺,马勋、荷叶李做扇子,张寄修制作古琴,范昆白做三弦琴,可以保证前后百年都没人能比得过。他们的良好做工和精妙构思,都是胜在技艺上。但作品的厚薄深浅,浓淡疏密,刚好与后世鉴赏家的趣味、眼光相契合,又哪里是工匠们能左右的?这大概是鉴赏高于技艺吧。

濮仲谦雕刻

南京濮仲谦,古貌古心,粥粥若无能者,然其技艺之巧,夺天工焉。其竹器,一帚、一刷,竹寸耳,勾勒数刀,价以两计。然其所以自喜者,又必用竹之盘根错节,以不事刀斧为奇,则是经其手略刮磨之,而遂得重价,真不可解也。

仲谦名噪甚,得其一款,物辄腾贵。三山街润泽于仲谦之手者数十人焉,而仲谦赤贫自如也。于友人座间见有佳竹、佳犀，辄自为之；意偶不属，虽势劫之，利啖之，终不可得。

译文：

南京濮仲谦，相貌质朴，心肠厚道，柔弱谦卑的样子像是无能之辈，但是他的手艺巧夺天工。他雕刻竹器，刻刀一扫一刷，小小竹子，简单刻画几刀，就可以卖几两银子。但是他最自以为得意的是，选了盘根错节的竹子，不用太多的刻画加工，只是用手稍稍刮划打磨，便可以卖出高价，真是不可思议。

仲谦声名大噪，他刻过字的器物，价格翻倍增长。三山街因他的作品得到好处的有几十人，但是仲谦却赤贫又自得其乐。在朋友家见到好的竹子、犀牛角，总是不管不顾拿来雕刻。偶尔交往不顺心意，哪怕用权势强迫，用利益引诱，最终也得不到他的作品。

卷二

近现代 / 齐白石 / 草虫图（局部）

孔庙桧

己巳，至曲阜谒孔庙，买门者门以入。宫墙上有楼耸出，匾曰"梁山伯祝英台读书处"，骇异之。

进仪门，看孔子手植桧。桧历周、秦、汉、晋几千年，至晋怀帝永嘉三年而枯。枯三百有九年，子孙守之不毁，至隋恭帝义宁元年复生。生五十一年，至唐高宗乾封三年再枯。枯三百七十有四年，至宋仁宗康定元年再荣。至金宣宗贞祐三年罹于兵火，枝叶俱焚，仅存其干，高二丈有奇。后八十一年，元世祖三十一年再发。至洪武二十二年己巳，发数枝蓊郁；后十余年又落。摩其干，滑泽坚润，纹皆左纽，扣之作金石声。孔氏子孙恒视其荣枯以占世运焉。

再进一大亭，卧一碑，书"杏坛"二字，党怀英笔也。亭界一桥，洙、泗水汇此。过桥，入大殿，殿壮丽，宣圣及四配、十哲俱塑像冕旒。案上列铜鼎三、一牺、一象、一辟邪，款制遒古，浑身翡翠，以钉钉案上。阶下竖历代帝王碑记，独元碑高大，用风磨铜龣员，高丈余。左殿三楹，规模略小，为孔氏家庙。东西两壁，用小木匾书历代帝王祭文。西壁之隅，高皇帝殿焉。庙中凡明朝封号，俱置不用，总以见其大也。

孔家人曰："天下只三家人家：我家与江西张、凤阳朱而已。江西张，道士气；凤阳朱，暴发人家，小家气。"

译文：

己巳年，我到曲阜拜谒孔庙，买通了看门人从大门进到里面。宫墙上耸立着一座阁楼，匾上写的是"梁山伯祝英台读书处"，我大吃一惊。

进入仪门，看到孔子亲自种的桧树。桧树历经周、秦、汉、晋几千年，到晋怀帝永嘉三年时枯萎。枯萎了三百零九年，后代们守护着它没有毁掉，到隋恭帝义宁元年时复活。活了五十一年，到唐高宗干封三年再度枯死。枯萎三百七十四年，到宋仁宗康定元年再度繁茂。到金宣宗贞祐三年饱受战火摧残，枝叶都被烧掉，只剩树干，高两丈多。又过去八十一年，元世祖三十一年再度生发。到洪武二十二年己巳年时，长出一些枝条，浓密茂盛；之后十余年又枯落了。摩擦树干，手感光滑结实不干枯。树干上的纹路都向左扭结，敲打时发出金石质地的声音。孔氏子孙一直看重树的荣枯，用它来占卜世道运势。

又进入一个大的亭子，卧着一座石碑，写有"杏坛"两个字，是党怀英的墨迹。亭子边上有一座桥，洙水和泗水在这里交汇。过了桥，进入大殿，大殿气势壮丽。孔子及众弟子都有塑像，穿着庄重的礼服。供案上排列着三只铜鼎、一座牺牲、一只石象、一只辟邪，款制遒劲古朴，通体翡翠的颜色，用钉子钉在案台上。台阶下面竖着历代帝王的碑记，只有元代的碑最高大，用风磨铜铸的赑屃驮着，有丈余高。左边大殿有三间房，规模略小，是孔氏家庙。东西两面墙上，用小木匾写着历代帝王的祭文。西壁一角，是祭祀高皇帝的殿堂。庙中所有明朝的封号都放置不用，以此显示孔氏家族势力强大。

孔家的人说："天底下只有三家人家：就是我家和江西张家、凤阳朱家而已。江西张家，都是道士气；凤阳朱家，是暴发户，小家子气。"

近现代 / 齐白石 / 玉簪花（局部）

孔林

曲阜出北门五里许，为孔林。紫金城，城之门以楼，楼上见小山一点正对东南者，峄山也。折而西，有石虎、石羊三四，在榛莽中。过一桥，二水汇，泗水也。享殿后有子贡手植楷。楷大小千余本，鲁人取为材，为棋枰。享殿正对伯鱼墓，圣人葬其子，得中气。由伯鱼墓折而右，为宣圣墓。去数丈，案一小山，小山之南为子思墓。数百武之内，父、子、孙三墓在焉。

谯周云："孔子死后，鲁人就冢次而居者百有余家，曰'孔里'。"《孔丛子》曰："夫子墓茔方一里，在鲁城北六里泗水上。诸孔氏封五十余所，人名昭穆，不可复识。有碑铭三，兽碣俱在。《皇览》曰：弟子各以四方奇木来植，故多异树不能名。一里之中未尝产棘木、荆草。"紫金城外，环而墓者数千家，三千二百余年，子孙列葬不他徙，从古帝王所不能比隆也。

宣圣墓右有小屋三间，匾曰"子贡庐墓处"。盖自兖州至曲阜道上，时官以木坊表识，有曰"齐人归馈处"，有曰"子在川上处"，尚有义理；至泰山顶上乃勒石曰"孔子小天下处"，则不觉失笑矣。

译文：

从曲阜北门出发五里多，是孔林。孔林被紫金城的城墙包围着，大门建成门楼的样子，越过门楼可以看到一点小山，门楼正对着东南方向的是峄山。转向西边，有三四只石虎、石羊，卧在杂乱的草木中。跨过一座桥，两条河流汇集注入泗水。享殿后面有子贡亲手种的黄连木。黄连木大大小小有千余棵，当地人拿来做材料、做棋枰。享殿正对着伯鱼墓，孔圣人把儿子葬在这里是为了得到中和之气。从伯鱼墓向右转，是宣圣墓。距离几丈远，有一座小山作为风水案头，小山南面是子思墓。数百步之内，父、子、孙三代墓都在这里。

谯周说："孔子死后，鲁人沿着墓地居住的有百余家，称为'孔里'。"《孔丛子》说："孔夫子的墓地一里见方，在鲁城以北六里远的泗水旁。"这里有各位孔氏后人的坟墓有五十多座，坟墓按照左昭右穆排列，墓碑上的人名已经无法辨认。有三块碑铭连同刻着瑞兽的碑碣都在。《皇览》说："弟子们都把各地的奇树种在这里，所以很多奇怪的树木叫不出名字。一里地范围内见不到棘木和荆草。"紫金城外，围着建造的坟墓有几千座，三千二百余年来，子孙安葬在这里从不迁走，这是自古至今的帝王们不能比拟的世代兴盛。

宣圣墓的右边有三间小屋，匾上写着"子贡庐墓处"。从兖州到曲阜的一路上，有当时官府立的木牌坊标识，有的写"齐人归馈处"，有的写"子在川上处"，这还说得过去；到了泰山顶上，就刻石碑写"孔子小天下处"，这就不免让人感到好笑了。

陶庵梦忆

近现代 / 齐白石 /　　　　　　　　　　　　　　　　松鹰图（局部）

燕子矶

燕子矶,余三过之。水势溜濎,舟人至此,捷捽抒取,钩挽铁缆,蚁附而上。篷窗中见石骨棱层,撑拒水际,不喜而怖,不识岸上有如许境界!

戊寅到京后,同吕吉士出观音门,游燕子矶,方晓佛地仙都,当面蹉过之矣。登关王殿,吴头楚尾,是侯用武之地,灵爽赫赫,须眉戟起。缘山走矶上,坐亭子,看江水潋洌,舟下如箭。折而南,走观音阁,度索上之。阁旁僧院,有峭壁千寻,硙礧如铁;大枫数株,翁以他树,森森冷绿。小楼痴对,便可十年面壁。今僧寮佛阁,故故背之,其心何忍?是年,余归浙,闵老子、王月生送至矶,饮石壁下。

译文:

燕子矶,我三次路过。它的水流湍急,水花翻腾,撑船的人经过时,都动作敏捷,钩住铁缆,像蚂蚁一样攀附着向前。从船上窗子望出去,看见石头坚硬而峥嵘,耸立岸边,让人不会感到惊喜反而心生恐惧,没想到岸上有这样的景象。

戊寅年我到南京后,和吕吉士从观音门出城,游览燕子矶,才知道这里是佛地仙都,而我几次都当面错过了。登上关王殿,这里吴头楚尾,是春秋吴楚的用武之地,立时精神爽朗,心情开阔,眉目舒展。顺着山行走在燕子矶上，坐在亭子里，看见江水轻快急速地流淌，船只像箭飞快驶过。向南转，经过观音阁，扶着铁索攀爬上去。观音阁旁的僧院，有千寻峭壁耸立，岩石坚硬如铁；长着几株粗大的枫树，它们比别的树都茂盛，浓密冷绿；有座小楼痴痴相对，就可以在此面壁修行十年。而僧房佛阁都偏偏故意背对着它，怎么忍心这样？这一年，我回浙江，闵老子、王月生送我到燕子矶，在石壁下饮酒为我送行。

鲁藩烟火

兖州鲁藩烟火妙天下。烟火必张灯，鲁藩之灯，灯其殿，灯其壁，灯其楹柱，灯其屏，灯其座，灯其宫扇伞盖。诸王公子、宫娥僚属、队舞乐工，尽收为灯中景物。及放烟火，灯中景物又收为烟火中景物。天下之看灯者，看灯灯外，看烟火者，看烟火烟火外，未有身入灯中、光中、影中、烟中、火中，闪烁变幻，不知其为王宫内之烟火，亦不知其为烟火内之王宫也。

殿前搭木架数层，上放"黄蜂出窠""撒花盖顶""天花喷礴"。四旁珍珠帘八架，架高二丈许，每一帘嵌孝、悌、忠、信、礼、义、廉、耻一大字。每字高丈许，晶映高明。下以五色火漆塑狮、象、橐驼之属百余头，上骑百蛮，手中持象牙、犀角、珊瑚、玉斗诸器，器中实"千丈菊""千丈梨"诸火器，兽足蹑以车轮，腹内藏人，旋转其下。百蛮手中瓶花徐发，雁雁行行，且阵且走。移时，百兽口出火，尻亦出火，纵横践踏。端门内外，烟焰蔽天，月不得明，露不得下。看者耳目攫夺，屡欲狂易，恒内手持之。

昔者有一苏州人，自夸其州中灯事之盛，曰："苏州此时有烟火，亦无处放，放亦不得上。"众曰："何也？"曰："此时天上被烟火挤住，无空隙处耳！"人笑其诞。于鲁府观之，殆不诬也。

译文：

兖州鲁藩的烟火天下独绝。每当放烟火时都要张灯结彩，把灯笼挂在大殿上、墙壁上、楹柱上、屏风上、座椅上和宫扇伞盖上。各位王侯公子、宫女仆人、舞女乐手，都成了灯光中的景物。到了烟火燃起时，灯光中的景物又成为烟火中的景物。于是，四面八方来看灯的人，又看着灯外风景；看烟火的人，又看着烟火外的风景。所有人都沉浸在灯中、光中、影中、烟中、火中，四周光影闪烁，变幻多姿，搞不清身处王宫内的烟火中还是在烟火中的王宫里。

大殿前搭了几层木架，上面放着"黄蜂出

巢""撒花盖顶""天花喷薄"等烟花。四面立着八架珍珠帘，架子有二丈多高，帘上分别写着"孝""悌""忠""信""礼""义""廉""耻"八个大字，每个字有一丈多高，晶莹明亮。在它的下方，用五色火漆塑成狮子、大象、骆驼之类的动物百余头，少数民族打扮之人骑在上面，手中拿着象牙、犀角、珊瑚、玉斗等器物，这些器物中藏着"千丈菊""千丈梨"等火器，动物的脚上装着轮子，肚子里藏着人，在下面转动轮子，少数民族打扮之人手里的烟花慢慢燃放，像大雁一样队列整齐行进，一边列阵一边行走。走起来时，动物口中喷火，尾部也射出烟火，纷乱杂沓。端门内外，烟花覆盖了夜空，月光都不亮了，露水也不能滴落。观看的人所听所看的都是烟花，每每看得如痴如狂，想抓住烟火。

从前有一个苏州人，自我夸耀苏州烟花灯火盛大，说："在苏州，这时候就是有烟火，也没地方放，就是放了也升不到天上。"大家问："为什么？"他说："这时候天上烟火密密麻麻，没有地方了。"大家都笑他胡说。我从鲁府看烟火后才明白，那个人肯定没骗人。

卷二

近现代 / 齐白石 /　　　　　　　　　　　　　　　　树下蝈蝈图（局部）

朱云崃女戏

朱云崃教女戏,非教戏也,未教戏先教琴,先教琵琶,先教提琴、弦子、箫管。鼓吹歌舞,借戏为之,其实不专为戏也。郭汾阳、杨越公、王司徒女乐,当日未必有此。丝竹错杂,檀板清讴,入妙腠理,唱完以曲白终之,反觉多事矣。

西施歌舞,对舞者五人,长袖缓带,绕身若环,曾挠摩地,扶旋猗那,弱如秋药。女官内侍,执扇葆璇盖、金莲宝炬、纨扇宫灯二十余人,光焰荧煌,锦绣纷叠,见者错愕。

云老好胜,遇得意处,辄盱目视客;得一赞语,辄走戏房,与诸姬道之,俀出俀入,颇极劳顿。且闻云老多疑忌,诸姬曲房密户,重重封锁,夜犹躬自巡历。诸姬心憎之,有当御者,辄遁去,互相藏闪,只在曲房,无可觅处,必叱咤而罢。殷殷防护,日夜为劳,是无知老贱自讨苦吃者也,堪为老年好色之戒。

译文:

朱云崃教女子唱戏,不是只教唱功。教戏前,先教弹琴,先教弹琵琶,先教提琴、弦子、箫、管、鼓吹、歌舞,借教戏的名义兼及其他,目的不只是教唱戏而已。郭子仪、杨素、王允家的女戏子,当时也未必有这样的待遇。丝竹之声袅袅，檀板轻敲，清歌婉转，直入人心，唱完再来一段念白结束，倒觉得有些画蛇添足。

表演西施舞时，一同表演的有五个人，长袖宽带，围着身体舞动，像环绕一样，带子擦过地面，舞者轻盈转动，婀娜多姿，娇弱得像秋天的芍药。扮成女官和内侍的有二十余人，拿着伞葆旋盖、金莲宝炬、纨扇宫灯，灿烂辉煌，锦绣纷呈，观者吃惊不已。

朱云崃好胜，遇到得意的一幕，总是瞪大眼睛望着看客；得到一句称赞，总会走到后台，说给各舞女听，出出进进，筋疲力尽。而且听说他猜疑心重，善妒，众歌舞姬居住在曲幽的密室，房门层层锁闭，夜晚他还亲自巡查，各舞女内心憎恨他。舞姬轮到侍寝时，总是逃开，藏在众人里，在深院之中，朱云崃找不到人，必定要大声呵斥才算完。朱云崃百般防护，为此日夜操劳，是没有自知之明的轻贱老头的自讨苦吃，实在值得好色老人引以为戒。

绍兴琴派

丙辰，学琴于王侣鹅。绍兴存王明泉派者推侣鹅，学《渔樵回答》《列子御风》《碧玉调》《水龙吟》《捣衣》《环珮声》等曲。戊午，学琴于王本吾，半年得二十余曲：《雁落平沙》《山居吟》《静观吟》《清夜坐钟》《乌夜啼》《汉宫秋》《高山》《流水》《梅花弄》《淳化引》《沧江夜雨》《庄周梦》，又《胡笳十八拍》《普庵咒》等小曲十余种。

王本吾指法圆静，微带油腔。余得其法，练熟还生，以涩勒出之，遂称合作。同学者，范与兰、尹尔韬、何紫翔、王士美、燕客、平子。与兰、士美、燕客、平子俱不成，紫翔得本吾之八九而微嫩，尔韬得本吾之八九而微迂。余曾与本吾、紫翔、尔韬取琴四张弹之，如出一手，听者骇服。后本吾而来越者，有张慎行、何明台，结实有余而萧散不足，无出本吾上者。

译文：

丙辰年，我向王侣鹅拜师学古琴。绍兴继承王明泉派衣钵的首推王侣鹅，我向他学《渔樵问答》《列子御风》《碧玉调》《水龙吟》《捣衣环佩声》等曲目。戊午年，拜师王本吾学琴，半年时间，学到二十首古曲，它们是：《雁落平沙》《山居吟》《静观吟》《清夜坐钟》《乌夜咏》《汉宫秋》《高山流水》《梅花弄》《淳化引》《沧江夜雨》《庄周梦》等，还有《胡笳十八拍》《普庵咒》等十余种小曲。

王本吾弹琴指法圆融沉静，有些洒脱活泼。我学到了他的手法，练熟后又恢复生涩，不炫技，用质朴的手法演奏，符合曲子的意境。一同学琴的有范与兰、尹尔韬、何紫翔、王士美、燕客、平子。与兰、士美、燕客、平子都没有学成；紫翔学得本吾琴技八九成但仍显稚嫩；尔韬学到本吾八九成，可是有些死板。我曾经和本吾、紫翔、尔韬用四张琴合奏，好像是一个人弹的，听的人都大吃一惊。在王本吾之后来越地教授古琴的，有张慎行、何明台，他们琴法都平淡有余而自然洒脱不足，没有超过本吾的人。

花石纲遗石

越中无佳石。董文简斋中一石，磊块正骨，窋奼数孔，疏爽明易，不作灵谲波诡，朱勔花石纲所遗，陆放翁家物也。文简竖之庭除，石后种剔牙松一株，辟咡负剑，与石意相得。文简轩其北，名"独石"，轩石之，轩独之，无异也。石篑先生读书其中，勒铭志之。

大江以南花石纲遗石，以吴门徐清之家一石为石祖。石高丈五，朱勔移舟中，石盘沉太湖底，觅不得，遂不果行。后归乌程董氏，载至中流，船复覆。董氏破资募善入水者取之。先得其盘，诧异之，又溺水取石，石亦旋起。时人比之延津剑焉。后数十年，遂为徐氏有。再传至清之，以三百金竖之。

石连底高二丈许，变幻百出，无可名状。大约如吴无奇游黄山，见一怪石，辄瞋目叫曰："岂有此理！岂有此理！"

译文：

绍兴一带没有好石头。董文简家中有一块石头，耸立的石块坚实方正，孔洞凸出，疏朗明快，没有怪异神秘的样貌，是朱勔搜寻花石纲的遗物，曾归陆游家所有。文简把它立在院子的台阶上，在石头后面种了一棵剔牙松，就好像有人抱着小儿侧身交谈，和石头相映成趣。文简在石头北面建了一座小轩，叫"独石轩"，石轩因石得名毫无异议。石篑先生在轩中读书，刻铭文记述这件事。

长江以南的花石纲遗留的石头，以吴门徐清之家的一块为最上乘。石头高一丈五尺，朱勔把它移到船上，底下的石盘沉到了太湖里，找不到，于是没有运走。后来石头归了乌程董氏，用船装载行到太湖中，船又翻了。董氏花钱招募善于潜水的人入水打捞。先找到了石盘，他很吃惊，又沉入水里找石头，石头也很快被打捞上来。当时人们都觉得简直和延津剑一样传奇。后来几十年，石头归徐氏所有。再后来传到清之这一辈，他用三百两黄金把石头立起来。石头连底座有两丈多高，富于变幻，无法形容。大约像吴无奇游黄山，见到怪石，便瞪大眼睛大叫："岂有此理！岂有此理！"

卷二

近现代 / 齐白石 /　　　　　　　　　　　　　　　　　紫藤（局部）

焦山

仲叔守瓜洲，余借住于园，无事辄登金山寺。风月清爽，二鼓犹上妙高台，长江之险，遂同沟浍。

一日，放舟焦山，山更纡谲可喜。江曲瀰山下，水望澄明，渊无潜甲。海猪、海马，投饭起食，驯扰若豢鱼。看水晶殿，寻《瘞鹤铭》，山无人杂，静若太古。回首瓜洲烟火城中，真如隔世。

饭饱睡足，新浴而出，走拜焦处士祠。见其轩冕黼黻，夫人列坐，陪臣四，女官四，羽葆云罕，俨然王者。盖土人奉为土谷，以王礼祀之。是犹以杜十姨配伍髭须，千古不能正其非也。处士有灵，不知走向何所？

译文：

我二叔镇守瓜州的时候，我借住在于园，没事情的时候就去登金山寺。风清月爽，二鼓时候，我还登上妙高台，站在那里四处望，长江天险，渺小得就像田间水道。

一天，我乘船到焦山，山道曲折，让人欢喜。长江在山下曲折环绕，江水放眼望去透彻清亮，虽然水深但可以看清各种动物。人们把饭扔到江里，海猪和海马就争相抢吃，驯顺得像是家养的鱼一样。我观赏水晶殿，寻访瘗鹤铭石碑，山间幽静无人，宁静得像太古时代。回首瓜州，城中人间烟火热闹，真像另一个世界。

吃饱睡足，洗了澡，去拜访焦处士祠。见他的塑像衣冠庄重华美，他的夫人坐在旁边，还有四个陪臣、四个女官。羽毛装饰的伞盖和旌旗齐备，就像是帝王一样威风凛凛。大概当地人把他奉为土地神和谷神，用祭祀帝王的规格祭祀他。这就像把杜十姨许配给伍髭须，千古奇冤啊。处士如果在天有灵，不知道会逃到哪里？

表胜庵

炉峰石屋，为一金和尚结茅守土之地，后住锡柯桥融光寺。大父造表胜庵成，迎和尚还山住持。命余作启，启曰：

伏以丛林表胜，惭给孤之大地布金；天瓦安禅，冀宝掌自五天飞锡。重来石塔，戒长老特为东坡；悬契松枝，对回师却逢西向。去无作相，住亦随缘。

伏惟九里山之精蓝，实是一金师之初地。偶听柯亭之竹笛，留滞人间；久虚石屋之烟霞，应超尘外。譬之孤天之鹤，尚眷旧枝；想彼弥空之云，亦归故岫。况兹胜域，宜兆异人。了住山之因缘，立开堂之新范。护门容虎，洗钵归龙。茗得先春，仍是寒泉风味；香来破腊，依然茅屋梅花。半月岩似与人猜，请大师试为标指；一片石政堪对语，听生公说到点头。敬藉山灵,愿同石隐。倘静念结远公之社,定不攒眉;若居心如康乐之流,自难开口。立返山中之驾,看回湖上之船。仰望慈悲,俯从大众。

译文:

炉峰禅院曾是一金大师搭建茅草房居住过的地方,后来大师住到柯桥的融光寺。我祖父建成了表胜庵,恭迎一金和尚回到老地方住持。祖父命我写邀请信,启文是这样的:

晚辈恭敬禀告已建成表胜庵,惭愧的是不能像给孤独舍那样黄金铺地;天瓦山房可以安静打坐,希望大师像宝掌和尚云游天下后来这里住持。戒弼长老重回西湖石塔住持,是被东坡的诚意邀请打动的;玄奘大师取经回国感动得松枝指向东面,万回大师却要西向万里探望兄长,当天往返给父母报平安,感动天地。离去时不造作,住下也是应众生之缘施行教化。

晚辈还要恭敬禀告,九里山佛寺,正是您最初住持的地方。你偶然听到柯亭的竹笛声,才停留在人间。石屋烟霞很久无人欣赏了,念此,大师该跳出尘外,回山住持了。好像孤独在天空飞翔的鹤,还会眷恋旧的树枝;想象那漫天飘浮的云彩,也会回到生成的山洞。况且表胜胜境,充满了祥兆,正可以了却您曾住此山的前缘,树立开坛说法的新风范。您的功德威望之高,值得猛虎为您守护山门,神龙为您洗钵。您品的早春香茶，还是当年清冽泉水的滋味；岁末暗香浮动，还是来自当年茅屋边的梅花。半月岩好像和人猜谜，期盼大师指点迷津；一片石可以与人对话，听您的教诲一定会点头称是。凭借山的灵性，希望和石头一起隐居。倘若您意念清净，想效法慧远大师建立白莲社，对我的邀请一定不会皱眉头；如果我存有谢灵运攀附慧远大师那样的意念，我是不会为此请求您的。我盼望您马上大驾回山，掉转您行在湖上的船头，望您仰望佛祖的慈悲，俯身听从大众意愿，来表胜庵住持，教化芸芸众生。

梅花书屋

陔萼楼后老屋倾圮，余筑基四尺，造书屋一大间。旁广耳室如纱橱，设卧榻。前后空地，后墙坛其趾，西瓜瓤大牡丹三株，花出墙上，岁满三百余朵。坛前西府二树，花时积三尺香雪。前四壁稍高，对面砌石台，插太湖石数峰。西溪梅骨古劲，滇茶数茎，妩媚其旁。梅根种西番莲，缠绕如缨络。窗外竹棚，密宝襄盖之。阶下翠草深三尺，秋海棠疏疏杂入。前后明窗，宝襄、西府，渐作绿暗。余坐卧其中，非高流佳客，不得辄入。慕倪迂"清閟"，又以"云林秘阁"名之。

译文:

　　陵萼楼后面的老房子倒塌了,我修筑了四尺高的地基,建了一大间书屋。在旁边扩建了小房间,用纱帐围绕,里面设卧榻。书屋前后有空地,沿后墙地基砌了花坛,种了三株西瓜瓤红的大牡丹,花比墙还高,每年能开三百余朵。花坛前种了两棵西府海棠,开花时像堆积了三尺香雪。花坛前面四壁有些高,在对面砌了石台,上面插了几峰太湖石作假山。旁边种着苍劲古拙的西溪梅花,还有几株云南茶花,它们在太湖石旁身姿妩媚。梅花下面种西番莲,像璎珞一样缠绕着梅花。窗外的竹棚,密密层层地覆盖保护着。台阶下绿草有三尺深,稀疏地种着秋海棠。书屋前后窗子敞亮,宝相花、西府海棠开得茂盛时,遮住阳光,渐渐眼前一片绿色。我在里面消闲休息,不是高人雅士,一律谢绝进入。我羡慕倪瓒以"清闷"命名他的书屋,所以把它命名为"云林秘阁"。

卷二

近现代 / 齐白石 /　　　　　　　　　　　　　　静园客话图（局部）

不二斋

不二斋,高梧三丈,翠樾千重,墙西稍空,蜡梅补之,但有绿天,暑气不到。后窗墙高于槛,方竹数竿,潇潇洒洒,郑子昭"满耳秋声"横披一幅。天光下射,望空视之,晶沁如玻璃、云母,坐者恒在清凉世界。

图书四壁,充栋连床;鼎彝尊罍,不移而具。余于左设石床竹几,帷之纱幕,以障蚊虻;绿暗侵纱,照面成碧。夏日,建兰、茉莉,芗泽浸人,沁入衣裾。重阳前后,移菊北窗下,菊盆五层,高下列之,颜色空明,天光晶映,如沉秋水。冬则梧叶落,蜡梅开,暖日晒窗,红炉毷氉。以昆山石种水仙,列阶趾。春时,四壁下皆山兰,槛前芍药半亩,多有异本。余解衣盘礴,寒暑未尝轻出。——思之如在隔世。

译文:

不二斋的屋旁种着高大的梧桐,梧桐有三丈高,青翠的树荫重重叠叠,分外浓密。墙的西边有些空地,于是种植蜡梅填补空缺,这样绿荫遮蔽,抵挡了夏日的暑气。后窗那里有一段比窗栏高的墙,窗外挺立着几竿方竹,姿态潇洒,屋内挂着一幅郑子昭写的"满耳秋声"横批。光线射进来时,透过光线望去，晶莹沁润得像玻璃、云母，身处其中像沉浸在清凉世界里。

房间四壁都是图书，如汗牛充栋，床上也摆满书；各种器具摆设都安放得当。我在书斋左边放置了石床和竹几，用纱幕做帷幔，防止蚊虫侵扰；浓绿色透过纱幔，照在面前像碧玉一样。夏天时，建兰、茉莉的香气弥漫，连衣服上都带着香气。重阳节前后，我把菊花移植到北窗下，花盆摆成五层，高低错落，颜色干净明快，光线透明闪耀，像沉浸在秋水里。冬天，梧桐叶掉落，蜡梅开放，和暖的太阳照进窗子，屋内燃着通红的火炉，铺着细毛毡。我在昆山石上种水仙，沿着台阶排列。春天时，四壁下面都是山兰，门前种着半亩芍药，有好多珍稀品种。我解开衣服席地而坐，冬夏很少走出书斋，现在想起来恍如隔世。

砂罐锡注

宜兴罐以龚春为上，时大彬次之，陈用卿又次之。锡注以王元吉为上，归懋德次之。夫砂罐，砂也；锡注，锡也。器方脱手，而一罐一注价五六金，则是砂与锡与价，其轻重正相等焉，岂非怪事！然一砂罐、一锡注，直跻之商彝周鼎之列而毫无惭色，则是其品地也。

译文：

宜兴陶器，出自龚春的为最上乘，时大彬的差一些，陈用卿的更差。锡酒壶，出自王元吉的为最上乘，归懋德的差一些。陶器，原料是陶土；锡酒壶，原料是锡。器物卖出，一件陶器、一件锡酒壶都要五六两银子，价格比起商彝、周鼎而毫不逊色，实在是因为它们的品位和质地当之无愧。

沈梅冈

沈梅冈先生许相嵩，在狱十八年。读书之暇，旁攻匠艺，无斧锯，以片铁日夕磨之，遂铦利。得香楠尺许，琢为文具一，大匣三、小匣七、壁锁二；棕竹数片，为篦一，为骨十八，以笋、以缝、以键，坚密肉好，巧匠谢不能事。

夫人丐先文恭志公墓，持以为贽。文恭拜受之，铭其匣曰："十九年，中郎节，十八年，给谏匣。节邪匣邪同一辙。"铭其篦曰："塞外毡，饥可餐；狱中篦，尘莫干。前苏后沈名班班。"梅冈制，文恭铭，徐文长书，张应尧镌，人称四绝，余珍藏之。

又闻其以粥炼土，凡数年，范为铜鼓者二，声闻里许，胜暹罗铜。

译文：

沈梅冈先生因为忤逆奸相严嵩，被囚禁十八年。他在狱中除读书之外，还研习了手工技艺。没有斧子和锯，他将铁片日夜打磨，终于变得锋利。得到一尺多长的香楠木，他把它雕琢成一件文具、三个大匣子、七个小匣子、两把壁锁；得到几片棕竹，就做成竹扇，有十八根扇骨，通过榫、缝、轴，把中间的孔和边缘都做得坚实、细密，连业内能工巧匠都自愧不如。

沈夫人请求我的曾祖父文恭先生为沈先生作墓志铭，拿着沈先生狱中作品为见面礼，文恭先生恭敬地行礼后接受了。在匣子上刻字道："十九年，苏武持汉节；十八年，沈梅冈制作匣子。节、匣如出一辙。"在扇子上刻字，大意为："塞外的毡子，饥饿时可以充饥；狱中的扇子，灰尘不能玷污。前有苏武，后有沈梅冈，英名彪炳史册。"匣子和扇子由沈梅冈制作，文恭先生撰写铭文，徐文长书写铭文，张应尧镌刻，被人们称为四绝，我一直珍藏着。

又听说他用黏稠的米粥拌和泥土，研制数年，制成模具，浇铸出两只铜鼓，声音能传出几里，超过暹罗产的铜鼓。

近现代 / 齐白石 /　　　　　　　　　　益寿有余（局部）

岣嵝山房

岣嵝山房,逼山,逼溪,逼韬光路,故无径不梁,无屋不阁。门外苍松傲睨,蓊以杂木,冷绿万顷,人面俱失。石桥低磴,可坐十人。寺僧刳竹引泉,桥下交交牙牙,皆为竹邮。

天启甲子,余键户其中者七阅月,耳饱溪声,目饱清樾。山上下多西栗、边笋,甘芳无比。邻人以山房为市,蔬果、羽族日致之,而独无鱼。乃潴溪为壑,系巨鱼数十头。有客至,辄取鱼给鲜。

日晡,必步冷泉亭、包园、飞来峰。一日,缘溪走看佛像,口口骂杨髡。见一波斯坐龙象,蛮女四五献花果,皆裸形,勒石志之,乃真伽像也。余椎落其首,并碎诸蛮女,置溺溲处以报之。寺僧以余为椎佛也,咄咄作"怪事",及知为杨髡,皆欢喜赞叹。

译文:

岣嵝山房,靠近山,靠近溪水,靠近韬光路,所以每条路都建有桥梁,每间房都建有阁楼。山房门外,苍松骄傲地斜视,各色杂木苍翠蓊郁,树荫浓密,以致透过树荫看不见人的容貌。石桥的矮台阶,可以坐十几人。庙里的和尚把竹子劈开引来泉水,石桥下面犬牙交错布满竹节。天启甲子年,我在这里足不出户度过了七个月,耳朵听够了溪水的声音,眼睛饱览了清凉的绿荫。

山上山下盛产西栗和鞭笋,无比地甘甜美味。周围的人在山房附近形成集市,瓜果、禽鸟每天都在这里交易,却单单没有鱼。我就堵住溪水,形成水池,在里面放养了几十条大鱼。有客人来,就捞出鱼来做鲜活的食材。下午三五点钟,一定步行到冷泉亭、包园、飞来峰散步。

一天,我顺着溪流散步,沿途观看佛像,口里不断骂着杨髡。看见一座波斯人骑着龙象的塑像,有四五个异域女子给他献花果,都裸露身体,石碑记录这是杨髡的塑像。我用锤子敲掉塑像的头颅,还砸碎了各个异域女子,放到茅厕里以作为报复。和尚认为我毁坏佛像,是咄咄作怪,等到知道是杨髡的塑像,都高兴地赞叹我的举动。

三世藏书

余家三世积书三万余卷。大父诏余曰:"诸孙中惟尔好书,尔要看者,随意携去。"余简太仆、文恭、大父丹铅所及有手泽存焉者,汇以请。大父喜,命舁去,约二千余卷。天启乙丑,大父去世,余适往武林,父、叔及诸弟、门客、匠指、臧获、巢婢辈乱取之,三代遗书,一日尽失。

余自垂髫聚书四十年，不下三万卷。乙酉避兵入剡，略携数簏随行，而所存者，为方兵所据，日裂以吹烟，并舁至江干，籍甲内挡箭弹，四十年所积，亦一日尽失。此吾家书运，亦复谁尤！

余因叹古今藏书之富，无过隋、唐。隋嘉则殿分三品，有红琉璃、绀琉璃、漆轴之异。殿垂锦幔，绕刻飞仙。帝幸书室，践暗机，则飞仙收幔而上，橱扉自启；帝出，闭如初。隋之书计三十七万卷。唐迁内库书于东宫丽正殿，置修文、著作两院，学士得通籍出入。太府月给蜀都麻纸五千番，季给上谷墨三百三十六丸，岁给河间、景城、清河、博平四郡兔千五百皮为笔，以甲、乙、丙、丁为次。唐之书计二十万八千卷。我明中秘书不可胜计，即《永乐大典》一书，亦堆积数库焉。余书直九牛一毛耳，何足数哉！

译文：

我家三代人积累的藏书有三万余卷。祖父对我说："所有的孙辈中只有你爱读书，你想看的书，随意拿走。"我挑选高祖、曾祖、祖父校订过留有墨迹的书，汇到一起请祖父过目，祖父大喜，命令我把书抬走，大约有两千余卷。天启乙丑年，祖父去世，我正好去武林（今杭州），我的叔叔、弟弟、门客、工匠、奴婢胡乱拿取，三代藏书在一天内都丢失了。

我从幼时开始收集书，前后四十年，藏书不下三万卷。乙酉年，为躲避战乱逃到剡县，仅仅带了几箱书随行，没带走的，都被方国安的兵霸占，每天撕下来当柴火烧，还抬到江边，把书塞进护甲里，抵挡飞箭流弹，四十年积累的藏书，也在一天内都失去了。这是我家藏书的命运，还有比这更悲惨的吗？

我因此感叹古今以来藏书最丰富的，比不过隋、唐。隋朝嘉则殿的藏书殿分为三等，藏书有红琉璃、绀琉璃、漆轴的分别。藏书殿垂着锦幔，环绕四周雕刻着飞仙。皇帝亲临书房，脚踩暗藏的机关，飞仙就向上收起锦幔，书橱的门自动开启；皇帝出来后，门关闭如初。隋朝的书有三十七万卷。唐朝把内库的书迁到东宫丽正殿，设置修文、著作两院学士，要在通籍上登记才可以进出。太府每月给两院提供五千番蜀地的麻纸，每季度提供上谷出产的墨三百三十六块，每年提供河间、景城、清河、博平四郡产的一千五百张兔皮做笔。按照甲、乙、丙、丁次序为书籍编目。唐朝的书有二十八万七千卷。我大明朝藏书不计其数，仅《永乐大典》一书，就堆积了几间书库。我的书比起来不过九牛一毛，不值得说！

卷二

近现代 / 齐白石 / 曲沼荷风图（局部）

卷三

近现代 / 齐白石 /　　芙蓉蜜蜂（局部）

丝社

越中琴客不满五六人，经年不事操缦，琴安得佳？余结丝社，月必三会之。有小檄曰：

中郎音癖，《清溪弄》三载乃成；贺令神交，《广陵散》于今不绝。器由神以合道，人易学而难精。幸生岩壑之乡，共志丝桐之雅。清泉磐石，援琴歌《水仙》之操，便足怡情；涧响松风，三者皆自然之声，正须类聚。偕我同志，爰立琴盟；约有常期，宁虚芳日。杂丝和竹，用以鼓吹清音；动操鸣弦，自令众山皆响。非关匣里，不在指头，东坡老方是解人；但识琴中，无劳弦上，元亮辈正堪佳侣。既调商角，翻信肉不如丝；谐畅风神，雅羡心生于手。从容秘玩，莫令解秽于花奴；抑按盘桓，敢谓倦生于古乐。共怜同调之友声，用振丝坛之盛举。

译文：

越中会弹古琴的不超过五六人，长时间不操弄琴弦，琴技怎么会好？我组织了丝社，每月约定聚集三次。为此我写了一篇小檄文说：

蔡邕酷爱音律，三年谱成《清溪弄》；贺思令受嵇康指点，《广陵散》传承千年不绝。要把心神注入乐器才能得道，人学琴容易，但要领会精髓很难。我们有幸生在山峦溪谷之地，都追求古琴的优雅。清泉磐石旁，弹奏琴歌《水仙》，可以让心情怡悦。流水声、山涧松涛声、琴声，三者都是自然的声音，都一样美好。与和我有共同志向的人相约，以琴结盟，约定经常聚会，宁可虚度美好时光来切磋琴技。丝竹杂合，演奏清音一曲；弹奏琴弦，满山回响。琴声悠扬，不完全依赖琴和指法，苏东坡是明白这个道理的人；领悟琴曲的内涵，不必抚弄琴弦，陶渊明是琴音的知心伴侣。演奏起来，才相信乐曲比歌声美妙；弹奏时风采神态和谐舒畅，真美慕演奏者能用手表达心声。从容弹奏，秘密赏玩，相信古琴的高雅；来回抚按着琴弦，谁敢说厌倦了富有魅力的古乐。我们共同珍惜爱琴的情意，以此作为振兴丝坛的盛举。

南镇祈梦

万历壬子，余年十六，祈梦于南镇梦神之前，因作疏曰：

爰自混沌谱中，别开天地；华胥国里，早见春秋。梦两楹，梦赤舄，至人不无；梦蕉鹿，梦轩冕，痴人敢说。惟其无想无因，未尝梦乘车入鼠穴，捣齑啖铁杵；非其先知先觉，何以将得位梦棺器，得财梦秽矢？正在恍惚之交，俨若神明之赐。某也蹩跹偃渚，轩鬐樊笼，顾影自怜，将谁以告？为人所玩，吾何以堪！一鸣惊人，赤壁鹤耶？局促辕下，南柯蚁耶？得时则驾，渭水熊耶？半榻蘧除，漆园蝶耶？神其诏我，或寝或吪；我得先知，何从何去。择此一阳之始，以祈六梦之正。功名志急，欲搔首而问天；祈祷心坚，故举头以抢地。轩辕氏圆梦鼎湖，已知一字而有一验；李卫公上书西岳，可云三问而三不灵。肃此以闻，惟神垂鉴。

译文：

万历壬子年，我十六岁，向南镇梦神祈梦之前，为这件事作了疏，疏文是这样写的：

自从混沌初开，开辟了新的天地，在华胥国的梦幻中，早就预见了天下大势。梦到两根柱子，梦到红色鞋子，这是再圣明的人也会遇到的事；梦到蕉叶覆盖的鹿，梦到车辆和冕服，再痴傻的人也敢炫耀。没有想法没有因由，就不会梦见坐车进入鼠穴，捣碎东西吃下铁杵；如果没有先知先觉，怎么会即将升官时梦见棺材，要发财时梦见粪便，在恍恍惚惚前途不明朗时，梦到这些好像神明恩赐。我应该在泥潭跋涉，还是冲出樊笼？我顾影自怜，向谁诉说？被人愚弄，我怎么忍受！我是要一鸣惊人，像赤壁飞鹤一样呢？还是要委屈在车辕下，像南柯蚂蚁？我应该遇到时机就挺身而出，像西伯侯姬昌梦到熊一样？还是应该只有半张粗席依然快乐，像庄周梦蝶一样？神明告诉我吧，是等待还是出击；我能先知先觉，就知道何去何从。我选在这个冬至的日子来求梦的指引。我志在早日获得功名，想抬头叩问神明。诚心祈祷，所以用头撞地膜拜。轩辕帝铸鼎圆梦，早就得到暗示；李卫公上书西岳，却没有得到神灵点拨。我恭敬写下这些传闻，希望神明垂怜明鉴。

陶庵梦忆

近现代/齐白石/　　　　　　　　　　　　　　　　雪峰梅梦图（局部）

禊泉

惠山泉不渡钱塘，西兴脚子挑水过江，喃喃作"怪事"。有缙绅先生造大父，饮茗大佳，问曰："何地水？"大父曰："惠泉水。"缙绅先生顾其价曰："我家逼近卫前，而不知打水吃！切记之。"董日铸先生常曰："浓、热、满三字尽茶理，陆羽《经》可烧也！"两先生之言，足见绍兴人之忖之朴。

余不能饮潟卤，又无力递惠山水。甲寅夏，过斑竹庵，取水啜之，磷磷有圭角，异之。走看其色，如秋月霜空，噀天为白；又如轻岚出岫，缭松迷石，淡淡欲散。余仓卒见井口有字画，用帚刷之，"禊泉"字出，书法大似右军，益异之。试茶，茶香发。新汲少有石腥，宿三日气方尽。辨禊泉者无他法，取水入口，第挢舌舐腭，过颊即空，若无水可咽者，是为禊泉。

好事者信之，汲日至，或取以酿酒，或开禊泉茶馆，或瓮而卖，及馈送有司。董方伯守越，饮其水，甘之，恐不给，封锁禊泉，禊泉名日益重。会稽陶溪、萧山北干、杭州虎跑，皆非其伍，惠山差堪伯仲。在蠡城，惠泉亦劳而微热，此方鲜磊，亦胜一筹矣。

长年卤莽，水递不至其地，易他水，余咎之。訾同伴，谓发其私，及余辨是某地某井水，方信服。昔人水辨淄渑，侈为异事。诸水到口，实实易辨，何待易牙？余友赵介臣亦不余信，同事久，别余去，曰："家下水实进口不得，须还我口去。"

译文：

惠山的泉水流不到钱塘江对岸，西兴的挑夫挑水过江，嘴里小声嘟囔着这件奇怪的事。有个缙绅造访我祖父，对我家待客的茶很满意，问道："用哪里的水泡茶？"祖父说："是惠泉的水。"缙绅听错了，转头对他的仆人吩咐："我家靠近卫前，却不知道那里的水好吃，一定要记住。"董日铸先生曾经说过："浓、热、满三个字可以说透茶的精妙，陆羽的《茶经》可以烧掉了。"两位先生的话，足以看出绍兴人的乡土本色和质朴。

我不能喝咸水，又没办法喝到惠泉水。甲寅年夏天，我路过斑竹庵，打上井水慢饮，水清凉甘洌有回味，我很诧异。走过去看，井水颜色像秋月挂在有霜雾的天上，把天都喷成了白色；又像轻盈的云彩飘出山岫，缭绕着树和石头，淡淡的像要散去。我仓促中见到井口有字迹，用扫帚刷去尘土，"禊泉"两字显现，书法近似于王羲之，我更感到奇怪。试试用水泡茶，茶香味飘出来。刚打上来的水有一点点石头的腥气，存放三天，气味就没有了。分辨禊泉没有其他办法，要含一口水，慢慢翘起舌头抵住上腭，水很快就流进喉咙，好像没有喝过一样，这就是禊泉。

好事的人相信我的话，都去取水，有人取水酿酒，有人开了禊泉茶馆，有人把水装在瓮里出售，甚至馈赠官员。董方伯任越州布政使，喝了禊泉水，认为它甘甜，怕不够他享用，就封锁了禊泉，禊泉的名气越来越大。会稽的陶溪泉、萧山的北干泉、杭州的虎跑泉，都不能和它比，只有惠山泉不相上下。在绍兴，惠泉水取用烦劳而且微微发热，禊泉水新鲜透明，略胜一筹。

我家长工做事鲁莽草率，没有取禊泉水，换成其他地方的水，我责罚了他，他骂同伴，认为同伴揭发了他的秘密。直到我分辨出他用的是哪里的哪口井水时，他才信服。过去人们可以分辨淄水、渑水，被夸张成神奇的事。各种水喝下去，真的很好辨别，何必劳烦厨神易牙？我的朋友赵介臣也不相信我，我和他同事很久，他和我告别要离开时说："我家的水实在不好喝，你要还我原来的口味，我才能回家。"

兰雪茶

日铸者，越王铸剑地也，茶味棱棱有金石之气。欧阳永叔曰："两浙之茶，日铸第一。"王龟龄曰："龙山瑞草，日铸雪芽。"日铸名起此。京师茶客，有茶则至，意不在雪芽也。而雪芽利之，一如京茶式，不敢独异。

三峨叔知松萝焙法，取瑞草试之，香扑冽。余曰："瑞草固佳，汉武帝食露盘，无补多欲；日铸茶薮，'牛虽瘠偾于豚上'也。"遂募歙人入日铸。扚法、掐法、挪法、撒法、扇法、炒法、焙法、藏法，一如松萝。他泉瀹之，香气不出，煮禊泉，投以小罐，则香太浓郁。杂入茉莉，再三较量，用敞口瓷瓯淡放之；候其冷，以旋滚汤冲泻之。色如竹箨方解，绿粉初匀，又如山窗初曙，透纸黎光。取清妃白，倾向素瓷，真如百茎素兰同雪涛并泻也。雪芽得其色矣，未得其气，余戏呼之"兰雪"。

四五年后，"兰雪茶"一哄如市焉。越之好事者不食松萝，止食兰雪。兰雪则食，以松萝而篡兰雪者亦食，盖松萝贬声价俯就兰雪，从俗也。乃近日徽歙间松萝亦名兰雪，向以松萝名者，封面系换，则又奇矣。

译文：

日铸山是越王铸剑的地方。茶的味道有金属的寒气。欧阳修说："江浙的茶叶，日铸的茶排第一。"王龟龄说："龙山瑞草，日铸雪芽。"日铸茶的名气由此传播。京城茶商，是冲着茶叶来的，不关注雪芽的内在品质。而雪芽要卖得好，就要像京茶的制作方式一样，不能特立独行。

我三叔知道松萝茶的炒茶方法，他用瑞草做实验，香气扑面、味道清冽。我说："瑞草当然好，它像汉武帝饮用的仙露，无法满足大众需求；日铸茶产量大，会像《左传》说的'牛虽瘠，偾于豚上'，一定会研制出好茶。"于是招募歙县人来到日铸。把各种制茶方法像扚法、掐法、挪法、撒法、扇法、炒法、焙法、藏法都用上，像制作松萝茶一样。用其他的泉水煮，香气出不来，用禊泉水煮，放在小罐里，茶香非常浓郁。掺入茉莉花，多次比较试验，发现用敞口瓷瓯慢慢把茶放到冷却，再用滚开的水冲泡，茶色就像笋皮刚刚脱落，绿色均匀；又像山间房屋窗口曙光通过窗纸照进来。取来清妃白的杯子，茶水倒进素瓷杯，真像无数素雅的兰花和雪涛倾泻而下。雪芽的称呼描绘了它的色泽，没有说到香气，我戏称他"兰雪"。

四五年后，"兰雪茶"上市，声名大噪。越州喜好茶的人不喝松萝茶，只喝兰雪茶。兰雪茶要喝，松萝掺杂兰雪也要喝，大概是松萝自贬身价屈就兰雪，适应大众需求。以至于最近安徽歙县那里把松萝也称作兰雪，原来的松萝茶，都换了包装，真是奇怪的事。

近现代 / 齐白石 / 红草飞蛾（局部）

近现代 / 齐白石 / 香畹吟樽图（局部）

白洋潮

故事三江看潮,实无潮看,午后喧传曰:"今年暗涨潮。"岁岁如之。戊寅八月,吊朱恒岳少师,至白洋,陈章侯、祁世培同席。海塘上呼看潮,余遄往,章侯、世培踵至。

立塘上,见潮头一线,从海宁而来,直奔塘上。稍近,则隐隐露白,如驱千百群小鹅,擘翼惊飞。渐近喷沫,冰花蹴起,如百万雪狮蔽江而下,怒雷鞭之,万首镞镞,无敢后先。再近,则飓风逼之,势欲拍岸而上。看者辟易,走避塘下。潮到塘,尽力一礴,水击射,溅起数丈,着面皆湿。旋卷而右,龟山一挡,轰怒非常,炮碎龙湫,半空雪舞。看之惊眩,坐半日,颜始定。先辈言:浙江潮头自龛、赭两山漱激而起。白洋在两山外,潮头更大,何耶?

译文:

按以往惯例,到三江口是没有大潮可看的。午后就有人喧闹传言:"今年会悄悄涨潮。"每年都是这样。

戊寅年八月,我到白洋吊唁朱恒岳少师,陈章侯、祁世培和我在一起。海滩上传来让人们去看潮的呼喊,我急忙赶过去,章侯、世培也跟着到了。站在塘上,只见潮头像一条线,从海宁方向涌来,直接奔向塘上。潮头稍稍近了,就隐隐露出白色,像被驱赶的千百群小鹅,张开翅膀惊慌地飞起。渐渐靠近，潮水喷涌泡沫，激起冰花，如同百万头雪狮布满江面长驱而下，狮子像被惊雷鞭策，百万头敏捷疾驶，争先恐后。再近一些，就像被飓风逼迫，潮水势头要拍岸而上。看潮的人后退逃避到塘下。潮水到了海塘，用尽力气撞击堤岸，水花击射，溅起数丈高，看潮人脸上都被打湿了。潮头立刻右转，被龟山挡住，轰然大怒，像炮弹击碎了龙湫瀑布，水花在半空中像雪一样飘舞。看得人心惊目眩，休息一会儿，才定下神来。先辈说，浙江海潮是从鳖山、赭山冲刷激荡而生成。白洋离两山很远，潮头却更大，这是怎么回事呢？

阳和泉

禊泉出城中，水递者日至。臧获到庵借炊，索薪、索菜、索米，后索酒、索肉；无酒肉，辄挥老拳。僧苦之。无计脱此苦，乃罪泉，投之刍秽，不已；乃决沟水败泉，泉大坏。张子知之，至禊井，命长年浚之。及半，见竹管积其下，皆鳖胀作气；竹尽，见刍秽，又作奇臭。张子淘洗数次，俟泉至，泉实不坏，又甘冽。张子去，僧又坏之。不旋踵至再、至三，卒不能救，禊泉竟坏矣。是时，食之而知其坏者半，食之不知其坏而仍食之者半，食之知其坏而无泉可食、不得已而仍食之者半。

壬申，有称阳和岭玉带泉者，张子试之，空灵不及禊而清冽过之，特以玉带名不雅驯。张子谓：阳和岭实为余家祖墓，诞生我文恭，遗风余烈，与山水俱长。昔孤山泉出，东坡名之"六一"，今此泉名之"阳和"，至当不易。盖生岭、生泉，俱在生文恭之前，不待文恭而天固已"阳和"之矣，夫复何疑！土人有好事者，恐玉带失其姓，遂勒石署之，且曰："自张志'禊泉'而'禊泉'为张氏有，今琶山是其祖垄，擅之益易。立石署之，惧其夺也。"时有传其语者，阳和泉之名益著。

铭曰："有山如砺，有泉如砥。太史遗烈，落落磊磊。孤屿溢流，六一擅之。千年巴蜀，实繁其齿。但言眉山，自属苏氏。"

译文：

禊泉出自城中，取水的人每天都会去。奴婢们到斑竹庵借灶做饭，向庵中索要柴草、蔬菜和米，后来索要酒肉；没有酒肉，就挥拳殴打僧人。僧人深受其害，又没有摆脱的办法，就怪罪泉水，向泉水里扔杂草和污秽的东西。还不罢休，就挖掘沟渠的水引入泉水，泉水被破坏了。我知道此事，来到禊泉井水旁，让仆人疏通清洗水井，干到一半时，见到竹子堆在井里，都泡得又黑又粗，气味难闻；清理干净竹子，发现还有污秽东西，味道非常臭。我命人淘洗水井好几遍，等待泉水涌出，泉水其实没被破坏，味道还是依旧甘冽。我离开后，僧人又破坏了水井。不停歇地反复了几次，终于无法补救，禊泉竟然被破坏了。这时，一部分人喝水时心里知道禊泉被破坏了，还有一部分人喝着水不知道禊泉被破坏了，剩下一部分人喝着水知道禊泉被破坏了，但苦于没水可喝，不得已还要喝。

壬申年，有人夸赞阳和岭玉带泉水好，我品尝了，认为玉带泉水没有禊泉水空灵，但比禊泉清冽。只不过以玉带命名不够典雅。阳和岭是我家祖墓所在地，我曾祖父诞生在这里，先辈留下的风尚和功业，和山水一样长久。当年孤山发现泉水，东坡命名为"六一"，现在此泉命名为"阳和"，再合适不过了。因为山和泉都在我曾祖诞生前就有了，不等曾祖诞生上天已经赐以阳和之名，这是不容置疑的！当地有好事的人，害怕玉带泉水改名，就刻了石碑署名。还说："自从张岱命名了'禊泉'，'禊泉'就成了张家的，现在琶山是他家祖坟所在地，张家更可能把泉水据为己有。立石碑明示，就是怕他抢夺。"当时有人传播了这些话，阳和泉就更出名了。

我作了铭文："山和泉互相砥砺；太史留下的磊磊风范，广为传颂。孤山泉水，命名'六一'被占为己有。千年巴蜀，可说的很多；但说到眉山，当然苏氏最有名。"

卷三

近现代 / 齐白石 / 仙坪试马图（局部）

闵老子茶

周墨农向余道闵汶水茶不置口。戊寅九月至留都，抵岸，即访闵汶水于桃叶渡。日晡，汶水他出，迟其归，乃婆娑一老。方叙话，遽起曰："杖忘某所。"又去。余曰："今日岂可空去？"迟之又久，汶水返，更定矣。睨余曰："客尚在耶！客在奚为者？"余曰："慕汶老久，今日不畅饮汶老茶，决不去。"

汶水喜，自起当炉。茶旋煮，速如风雨。导至一室，明窗净几，荆溪壶、成宣窑瓷瓯十余种，皆精绝。灯下视茶色，与瓷瓯无别，而香气逼人，余叫绝。

余问汶水曰："此茶何产？"汶水曰："阆苑茶也。"余再啜之，曰："莫绐余！是阆苑制法，而味不似。"汶水匿笑曰："客知是何产？"余再啜之，曰："何其似罗岕甚也？"汶水吐舌曰："奇，奇！"

余问："水何水？"曰："惠泉。"余又曰："莫绐余！惠泉走千里，水劳而圭角不动，何也？"汶水曰："不复敢隐。其取惠水，必淘井，静夜候新泉至，旋汲之。山石磊磊藉瓮底，舟非风则勿行。放水之生磊，即寻常惠水犹逊一头地，况他水耶！"又吐舌曰："奇，奇！"

言未毕，汶水去。少顷，持一壶满斟余曰："客啜此。"余曰:"香扑烈,味甚浑厚,此春茶耶?向瀹者的是秋采。"汶水大笑曰:"予年七十,精赏鉴者,无客比。"遂定交。

译文:

周墨农和我说,闵汶水不用喝茶就可以分辨茶的好坏。戊寅年九月,我到南京,一上岸,就到桃叶渡拜访闵汶水。下午三五点,汶水有事外出,回来迟了,我见到的就是一个衰老的老人。刚说几句,他急忙起身说:"拐杖忘在某处。"又走了。我说:"今天怎么能白来?"又过了很久,汶水回来了,已经是晚上八点。他斜眼看着我说:"客人还在呀!客人为什么不走?"我说:"我仰慕您很久了,今天如果没有畅饮汶老的茶,一定不会离开。"

汶水听到我的话很高兴,亲自支起炉子煮茶。茶很快煮好,快得像刮风下雨。他把我引到一个房间,窗明几净,室内荆溪壶、成窑、宣窑瓷瓯有十余种,都精美绝伦。在灯下看,茶和瓷瓯一个颜色。但茶香气逼人,我不免叫绝。

我问汶水说:"这个茶产自哪里?"汶水说:"是阆苑茶。"我再啜饮,问:"不要骗我!是阆苑茶的制作方法,但味道不同。"汶水偷笑说:"客人知道是哪里产的?"我再啜饮,说:"太像罗岕茶了。"汶水吐出舌头说:"神奇,神奇。"

我问:"煮茶用的什么水?"答:"惠泉水。"

我又说:"不要骗我,惠泉水在路上要行千里,路途遥远而味道依然清新,怎么可能做到?"汶水说:"我不再敢隐瞒了。取惠泉水时,一定要把井淘干净,静夜里等候新的泉水涌出,马上打上来。把山石整齐地垫在水瓮的底下,船没有风就不走,让水吸取山石的生气,这样处理后,连一般的惠泉水都不如它,何况其他的水!"汶水又吐着舌头说:"神奇,神奇!"

话没说完,汶水出去。过一会儿,拿着一壶给我倒满说:"客人喝这个。"我说:"香气扑面浓烈,味道非常浑厚,这是春茶?刚才泡的的确是秋茶。"汶水大笑说:"我七十岁了,见过的精于赏鉴茶叶的人,没人比得了客人。"于是,我们决定相交为友。

龙喷池

卧龙骧首于耶溪,大池百仞出其颔下。六十年内,陵谷迁徙,水道分裂。崇祯己卯,余请太守橄,捐金纠众,奋锸千人,毁屋三十余间,开土壤二十余亩,辟除瓦砾刍秽千有余艘,伏道蜿蜒,堰潴澄靛,克还旧观。昔之日不通线道者,今可肆行舟楫矣。喜而铭之,铭曰:蹴醒骊龙,如寐斯揭;不避逆鳞,抉其鲠噎。潴蓄澄泓,煦湿濡沫。夜静水寒,颔珠如月。风雷逼之,扬鬐鼓鬣。

译文：

卧龙山高居耶溪之上，在它的颔下百仞的地方有一个大水池。六十年里，丘陵河谷变迁，水道分流。崇祯己卯年，我请太守发檄文，募捐财物，召集挖运泥土的民众千人，拆掉屋子三十余间，开垦土地二十余亩，清理出的瓦砾污秽杂物装了一千余船。蜿蜒的道路开辟出来，修筑泥潭蓄水，潭水重新清澈，都恢复原来面貌。原来一条水路都没有的地方，现在可以放心行船。我心中高兴，写了铭文，是这样写的："踢醒了骊龙，在睡梦中被惊醒；人们不怕惹恼巨龙，疏通河道。水塘澄净，蓄水深广，人们齐心协力走出困境。夜静水寒时，卧龙颔下的明珠像一轮明月。风雷袭来，池水奔腾。"

朱文懿家桂

桂以香山名，然覆墓木耳，北邙萧然，不堪久立。单醪河钱氏二桂，老而秃。独朱文懿公宅后一桂，干大如斗，枝叶溟濛，樾荫亩许，下可坐客三四十席。不亭、不屋、不台、不栏、不砌，弃之篱落间。花时不许人入看，而主人亦禁足勿之往，听其自开自谢已耳。樗栎以不材终其天年，其得力全在弃也。百岁老人多出蓬户，子孙第厌其癃瘇耳，何足称瑞！

译文:

绍兴香山的桂树最有名,可是都覆盖在坟墓上,北邙山气氛萧然,让人无法久久站立欣赏。单醪河钱家有两棵桂树,又老又秃。只有朱文懿家宅后面有一棵桂树,树干大如斗,枝繁叶茂,树荫有一亩地那么广,树下可以坐三四十人。树周围没有设亭子、房屋、楼台、栏杆、砌石,树被随意种在篱笆间。花开时不许人们近前观看,主人也不踏足前往,由着它自开自谢而已。樗栎因为没用才长寿,能做到这样全在于无人关注。百岁老人大多生活在贫苦人家,子孙都嫌弃他们手脚不灵便,怎么称得上人瑞呢?

近现代/齐白石/　　　　　　　石泉悟画图(局部)

卷三

近现代 / 齐白石 /　　　　　　　　　　　　　　　　松山竹马图（局部）

道遥楼

滇茶故不易得，亦未有老其材八十余年者。朱文懿公逍遥楼滇茶，为陈海樵先生手植，扶疏蓊翳，老而愈茂。诸文孙恐其力不胜苞，岁删其萼盈斛，然所遗落枝头，犹自燔山熠谷焉。

文懿公，张无垢后身。无垢降乩与文懿，谈宿世因甚悉，约公某日面晤于逍遥楼。公伫立久之，有老人至，剧谈良久，公殊不为意。但与公言："柯亭绿竹庵梁上，有残经一卷，可了之。"寻别去，公始悟老人为无垢。次日，走绿竹庵，简梁上，有《维摩经》一部，缮写精良，后二卷未竟，盖无垢笔也。公取而续书之，如出一手。

先君言，乩仙供余家寿芝楼，悬笔挂壁间，有事辄自动，扶下书之，有奇验。娠祈子，病祈药，赐丹，诏取某处，立应。先君祈嗣，诏取丹于某簏临川笔内。簏失钥闭久，先君简视之，镄自出。瓠管中有金丹一粒，先宜人吞之，即娠余。

朱文懿公有姬媵，陈夫人狮子吼。公苦之，祷于仙，求"化妒丹"。乩书曰："难，难！丹在公枕内。"取以进夫人，夫人服之，语人曰："老头子有仙丹，不饷诸婢，而余是饷，尚昵余。"与公相好如初。

译文：

过去滇茶难种植，也没有树龄八十余年的老树。朱文懿公逍遥楼那里有株滇茶树，是陈海樵先生亲手种的。其枝叶繁茂疏密有致,越老越茂盛。子孙们怕花蕾太盛压坏枝条,每年都要掐下些花萼,掐下的花萼能装满一斛,可是留在枝头的花,仍然开得轰轰烈烈。

文懿公是张无垢的传人。张无垢给文懿公占卜了际运福祸,谈到宿世因缘了如指掌,约他某天在逍遥楼当面谈。到了日子,文懿公在逍遥楼站了很久,有一个老人来了,与他长谈很久,文懿公没太在意。可是老人和他说:"柯亭绿竹庵的屋梁上有一卷残经,你可以完成它。"不久告别而去,文懿公才醒悟老人是张无垢。次日,他前往绿竹庵,在房梁上查找,找到一部《维摩经》,抄写得非常精良,后两卷没完成,是张无垢的笔迹。文懿公拿到后继续抄写,字迹像一个人的一样。

我父亲说,乩仙供奉在我家寿芝楼中,悬空的笔挂在墙上,有事情时就自己移动,扶住笔自己就写出字来,非常灵验。为怀孕向它祈求子嗣,为疾病向它祈求良药,它会赐给仙丹,告知到哪里取,马上有效。我父亲向它求子嗣,乩仙诏文说要到某件竹器的临川笔里取得丹药,竹器的钥匙丢失很久打不开了,我父亲翻找时,钥匙自己从木桶中出来,我父亲打开竹器,得到一粒金丹,我母亲吞下,就怀上了我。

朱文懿公有姬妾,他的妻子剽悍易怒,文懿公很苦恼。他向乩仙祈求化妒丹。乩书告诉他:"难,难!仙丹在枕头里。"文懿公取出来交给妻子,妻子吃了,对人说:"老头子得到仙丹,不给小妾服用,而是给我,还是和我亲近。"便和文懿公和好如初。

天镜园

天镜园浴凫堂,高槐深竹,樾暗千层。坐对兰荡,一泓漾之,水木明瑟,鱼鸟藻荇,类若乘空。余读书其中,扑面临头,受用一绿,幽窗开卷,字俱碧鲜。每岁春老,破塘笋必道此,轻舠飞出,牙人择顶大笋一株掷水面,呼园中人曰:"捞笋!"鼓枻飞去。园丁划小舟拾之,形如象牙,白如雪,嫩如花藕,甜如蔗霜。煮食之,无可名言,但有惭愧。

译文:

天镜园的浴凫堂里槐树高大,竹林深幽,树荫浓密层层叠叠,静静地面对兰荡,水面清波荡漾。池水和树木明净,游鱼、飞鸟、水草和谐存在,好像在空灵之境。我在里面读书,全身都沉浸在绿色中。我在窗前打开书卷,连字都映上鲜绿。每到暮春时节,运载破塘竹笋的船一定会经过。轻快的小船飞过,生意人挑一只最大的笋扔到水里,对院子里的人喊:"快捞笋!"说完,敲打着船桨飞快划走。园丁划着小船捞笋,笋形状像象牙,如同雪一样白,像花藕一样嫩,像甘蔗糖一样甜。煮熟来吃,滋味美妙得没法用语言形容,只觉得食之有愧。

包涵所

西湖之船有楼，实包副使涵所创为之。大小三号：头号置歌筵，储歌童；次载书画；再次偫美人。涵老以声伎非侍妾比，仿石季伦、宋子京家法，都令见客。常靓妆走马，婴姗勃窣，穿柳过之，以为笑乐。明槛绮疏，曼讴其下，屖龠弹筝，声如莺试。客至，则歌童演剧，队舞鼓吹，无不绝伦。乘兴一出，住必浃旬，观者相逐，问其所止。

南园在雷峰塔下，北园在飞来峰下。两地皆石薮，积牒磊砢，无非奇峭。但亦借作溪涧桥梁，不于山上叠山，大有文理。大厅以拱斗抬梁，偷其中间四柱，队舞狮子甚畅。

北园作"八卦房"，园亭如规，分作八格，形如扇面。当其狭处，横亘一床，帐前后开合，下里帐则床向外，下外帐则床向内。涵老据其中，肩上开明窗，焚香倚枕，则八床面面皆出。

穷奢极欲，老于西湖者二十年。金谷、郿坞，着一毫寒俭不得，索性繁华到底，亦杭州人所谓"左右是左右"也。西湖大家何所不有，西子有时亦贮金屋。咄咄书空，则穷措大耳。

译文：

西湖的船楼，其实是包涵所副使首创。船楼按规格分成三等：头号船楼可以摆设歌舞宴席，蓄养歌童；中等船楼装载字画；更小的船楼收藏美人。涵老蓄养的歌姬和侍妾不同，他仿照石崇、宋祁家蓄养歌妓的方式，都命令她们陪侍客人。她们打扮漂亮出来亮相，轻挪云步，像穿柳而过，引得客人开心欢笑。她们在栏杆和花窗下歌舞，弹奏琴筝，声音像莺啼初试。等到客人到了，歌童演剧、列队跳舞、器乐吹奏轮番上演，都美妙绝伦。船楼出游就至少要十天，观看的人追随着，询问他们在哪里停留。

南园在雷峰塔的下面，北园在飞来峰的下面。两座园子都石头林立，层层叠叠，陡峭奇绝。但石头也被借作溪涧间的桥梁，不在山上叠山，创意独到。大厅用斗拱支起房梁，减掉中间四根柱子，在里面列队舞狮都没有障碍。

北园建成八卦房屋，园中亭子是圆形，分成八格，形状像扇面。在狭窄的地方，横着放一张床，床帐可以前后开启合拢，放下里面的帐子，床就朝外；放下外面的帐子，床就向内。涵老坐在里面，门上开了一扇大窗，点燃熏香靠在枕上，八个格子便都露出床来。

涵老穷奢极欲，在西湖养老二十年。就像金谷、郿坞一样，丝毫不能寒酸简朴，不如就干脆极尽奢华，就像杭州人说的"左右是左右"那样无所谓了。西湖畔的富裕人家，应有尽有。连西施都可以被金屋藏娇。失意含恨的，是穷苦的读书人。

卷三

近现代 / 齐白石 /　　　　　　　　　　　石门卧云图（局部）

斗鸡社

天启壬戌间好斗鸡,设斗鸡社于龙山下,仿王勃《斗鸡檄》檄同社。仲叔、秦一生日携古董、书画、文锦、川扇等物与余博,余鸡屡胜之。仲叔忿懑,金其距,介其羽,凡足以助其膈膊觳觫者无遗策,又不胜。人有言徐州舞阳侯樊哙子孙,斗鸡雄天下,长颈乌喙,能于高桌上啄粟。仲叔心动,密遣使访之,又不得,益忿懑。一日,余阅稗史,有言唐玄宗以酉年酉月生,好斗鸡而亡其国。余亦酉年酉月生,遂止。

译文:

天启壬戌年间流行斗鸡,在龙山下设了斗鸡社,我模仿王勃的《斗鸡檄》为同社写了檄文。仲叔、秦一生每天带着古董、字画、文锦、川扇等值钱的东西和我斗鸡,我的鸡屡战屡胜。仲叔气愤,给他的鸡装上金爪子,羽毛戴上防护套,凡是可以帮助他的鸡取胜的法子都用上了,但还是输了。有人说徐州舞阳侯樊哙的后人,家有斗鸡雄霸天下,长脖黑喙,可以飞到高处桌子上吃米。仲叔心动,暗地里派人去拜访,又没有得到,更加气愤。一天,我看杂史,有记载唐玄宗是酉年酉月出生,喜欢斗鸡而使国破家亡。我也是酉年酉月生,于是不再斗鸡。

卷三

栖霞

戊寅冬,余携竹兜一、苍头一,游栖霞,三宿之。山上下左右鳞次而栉比之岩石颇佳,尽刻佛像,与杭州飞来峰同受黥劓,是大可恨事。山顶怪石巉屼,灌木苍郁,有颠僧住之。与余谈,荒诞有奇理,惜不得穷诘之。日晡,上摄山顶观霞,非复霞理,余坐石上痴对。复走庵后,看长江帆影,老鹳河、黄天荡,条条出麓下,悄然有山河辽廓之感。

一客盘礴余前,熟视余。余晋与揖,问之,为萧伯玉先生,因坐与剧谈,庵僧设茶供。伯玉问及补陀,余适以是年朝海归,谈之甚悉。《补陀志》方成,在箧底,出示伯玉,伯玉大喜,为余作叙。取火下山,拉与同寓宿,夜长,无不谈之,伯玉强余再留一宿。

译文:

戊寅年冬,我乘着轿子和一个老仆人游历栖霞山,住了三个晚上。栖霞山的山峰鳞次栉比,岩石形状很好,刻着很多佛像,和杭州飞来峰一样被破坏,是很大的遗憾。山顶怪石险峻高耸,灌木苍翠浓郁,有个疯癫的和尚住在那里。他和我说话,虽然荒诞也有令人惊奇的道理,可惜不能没完没了地追问。下午三五点,我登上摄山顶看晚霞,说不清晚霞的妙处,我坐在石头上痴痴地看着。又走到庵的后面，远看长江帆影。老鹳河、黄天荡一条条横在山下，心中悄然升起山河辽阔的感觉。

一个客人不拘小节地坐在我面前，久久看着我。我上前行礼，问他是何方人氏，原来是萧伯玉先生，于是我们坐下来畅谈，和尚煮茶给我们喝。伯玉问到补陀山，我刚好当年从补陀山回来，说起来很熟悉。我写的《补陀志》刚完成，放在书箱底下，拿给伯玉看，伯玉大喜，给我的书作序。我们拿着火把下山，先生留我和他住在一起，夜晚很长，我们无话不谈，伯玉一再挽留我又住了一晚。

湖心亭看雪

崇祯五年十二月，余住西湖。大雪三日，湖中人鸟声俱绝。是日更定矣，余拏一小舟，拥毳衣炉火，独往湖心亭看雪。雾凇沆砀，天与云、与山、与水，上下一白。湖上影子，惟长堤一痕，湖心亭一点，与余舟一芥，舟中人两三粒而已。

到亭上，有两人铺毡对坐，一童子烧酒，炉正沸。见余大惊喜，曰："湖中焉得更有此人！"拉余同饮。余强饮三大白而别。问其姓氏，是金陵人，客此。及下船，舟子喃喃曰："莫说相公痴，更有痴似相公者。"

译文：

崇祯五年十二月，我住在杭州西湖。接连下了三日大雪，西湖中听不到人声和鸟声。一天晚上八点，我划着一只小舟，裹着皮毛做成的衣服，生着火炉，独自到湖心亭赏雪。岸边树木结满树挂，湖上白雾弥漫，雾气缭绕，天空、云、山、水，上下一片白茫茫。湖上隐约可以看到的影子，只有长堤的一道痕迹，湖心亭的一点轮廓，以及我的一芥小舟以及舟中两三点人影罢了。

到了亭子上，见有两个人铺着毡子对坐，一个童子在煮酒，炉中热水正沸腾。他们见到我非常惊喜，说："西湖里怎么还有这样的人！"于是拉住我一同喝酒。我努力喝了三大杯后告辞。问他们姓氏，知道他们是金陵人，在这里客居。等下了船，划船人小声说："不要说您痴狂，竟还有和您一样痴狂的人。"

陈章侯

崇祯乙卯八月十三，侍南华老人饮湖舫，先月早归。章侯怅怅向余曰："如此好月，拥被卧耶？"余敦苍头携家酿斗许，呼一小划船再到断桥。章侯独饮，不觉沾醉。过玉莲亭，丁叔潜呼舟北岸，出塘栖蜜橘相饷，畅啖之。章侯方卧船上嚎嚣。岸上有女郎，命童子致意云："相公船肯载我女郎至一桥否？"余许之。女郎欣然下，轻纨淡弱，婉嬺可人。章侯被酒挑之曰："女郎侠如张一妹，能同虬髯客饮否？"女郎欣然就饮。移舟至一桥，漏二下矣，竟倾家酿而去。问其住处，笑而不答。章侯欲蹑之，见其过岳王坟，不能追也。

译文：

崇祯乙卯年八月十三日，我陪同南华老人到湖船上喝酒，月亮还没出来就回家了。章侯惆怅地对我说："这样的良辰美景，裹着被子睡大觉吗？"我命老仆人带着自家酿的酒一斗多，叫来一只小船又到了断桥。章侯自斟自饮，不觉中有了醉意。船经过玉莲亭时，丁叔潜在北岸向我们的船大声喊，拿来塘栖蜜橘款待，我们吃得开心。章侯刚躺到船上就叫嚷喧闹。岸上有个女郎，让童子问我们："相公的船愿意搭载我家小姐到一桥吗？"我答应了。女郎高兴地下到船上。她身形纤弱，温婉娴静惹人喜爱。章侯借酒意挑逗她说："女郎像张一妹一样有侠气，能不能和虬髯客共饮？"女郎欣然举杯。船划到一桥，已经是二更时辰，女郎竟然喝光了家酿离去。问她住处，女郎笑而不答。章侯想偷偷跟着，见她过了岳王坟，不能再追了。

卷三

近现代 / 齐白石 /

秋林纵鸽图（局部）

卷四

近现代 / 齐白石 / 花卉飞蛾图（局部）

不系园

甲戌十月,携楚生住不系园看红叶。至定香桥,客不期而至者八人:南京曾波臣,东阳赵纯卿,金坛彭天锡,诸暨陈章侯,杭州杨与民、陆九、罗三,女伶陈素芝。余留饮。章侯携缣素为纯卿画古佛,波臣为纯卿写照,杨与民弹三弦子,罗三唱曲,陆九吹箫。与民复出寸许紫檀界尺,据小梧,用北调说《金瓶梅》一剧,使人绝倒。是夜,彭天锡与罗三、与民串本腔戏,妙绝;与楚生、素芝串调腔戏,又复妙绝。章侯唱村落小歌,余取琴和之,牙牙如语。纯卿笑曰:"恨弟无一长,以侑兄辈酒。"余曰:"唐裴将军旻居丧,请吴道子画天宫壁度亡母。道子曰:'将军为我舞剑一回,庶因猛厉以通幽冥。'旻脱缞衣,缠结,上马驰骤,挥剑入云,高十数丈,若电光下射,执鞘承之,剑透室而入,观者惊栗。道子奋袂如风,画壁立就。章侯为纯卿画佛,而纯卿舞剑,正今日事也。"纯卿跳身起,取其竹节鞭,重三十斤,作胡旋舞数缠,大嚄而罢。

译文:

到甲戌年十月,我和楚生住在不系园看红叶。走到定香桥时,遇到不期而至的八位客人,他们是:南京的曾波臣,东阳的赵纯卿,金坛的彭天锡,诸暨的陈章侯,杭州的杨与民、陆九、罗三,女艺人陈素芝。我挽留他们一起喝酒。章侯在白绢上为纯卿画古佛,波臣为纯卿画像,杨与民弹奏三弦,罗三唱曲子,陆九吹箫。与民又拿出一条一寸多长的紫檀界尺,靠着木架子,用北调说了一出《金瓶梅》,大家叫绝。这个晚上,彭天锡和罗三、与民唱本腔戏,美妙绝伦;他和楚生、素芝演串调戏,也是美妙绝伦。章侯唱乡村小调,我弹琴应和,咿咿呀呀像是说话。纯卿笑着说:"可惜我没有擅长的才艺为兄长们喝酒助兴。"我说:"唐将军裴旻守丧时,请吴道子画一幅天宫寺壁画超度亡母。道子说:'请将军为我舞一回剑,希望可以通过剑舞的勇猛凌厉,让我和幽冥相通。'裴旻脱下丧服,缠在腰上,上马疾驰,挥舞宝剑掷入云端,高十几丈,然后剑像电光下射一样掉下来,裴旻拿着剑鞘去接宝剑,宝剑插入剑鞘,看得人心惊胆战。道子挥袖如风,壁画马上完成。章侯为纯卿画佛,纯卿舞剑,就是今天可以做的。"纯卿跳起身,拿着他的竹节鞭,有三十斤重,跳了几圈胡旋舞,直到大家大笑尽兴才罢休。

秦淮河房

秦淮河河房,便寓,便交际,便淫冶,房值甚贵,而寓之者无虚日。画船箫鼓,去去来来,周折其间。河房之外,家有露台,朱栏绮疏,竹帘纱幔。夏月浴罢,露台杂坐。两岸水楼中,茉莉风起,动儿女香甚。女客团扇轻纨,缓鬓倾髻,软媚着人。

年年端午,京城士女填溢,竞看灯船。好事者集小篷船百什艇,篷上挂羊角灯如联珠。船首尾相衔,有连至十余艇者。船如烛龙火蜃,屈曲连蜷,蟠委旋折,水火激射。舟中鏾钹星铙,宴歌弦管,腾腾如沸。士女凭栏轰笑,声光凌乱,耳目不能自主。午夜,曲倦灯残,星星自散。钟伯敬有《秦淮河灯船赋》,备极形致。

译文:

秦淮河边的河房,便于住宿,便于交际应酬,便于寻欢作乐,房价非常贵,可是每天住满人。雕梁画舫上箫鼓声声,在河上来来往往,周折往复。河房的外侧,家家都有露台,朱栏花窗,竹帘纱幔。夏天的晚上,洗浴后,露台上坐满人。两岸的水楼中,茉莉花的香气飘散,扰动男男女女的情怀。女客人手拿团扇,身着轻纨,发髻蓬松倾斜,柔软妩媚,楚楚动人。

每年端午节,南京城的大家闺秀挤满河房,竞相来看船灯。好事的人召集一百多只小篷船,篷上挂着羊角灯像串联起来的珠子,船首尾相接,有的十余只连在一起。船像用蜡烛、火光装扮的龙,弯弯曲曲，连绵不断，绕来绕去，水火猛烈喷射。船中锣鼓齐鸣，丝竹管弦悠扬，喧腾得像滚沸的水。淑女们倚着栏杆开心大笑，声音和灯光又杂又乱，让人控制不住自己的耳朵和眼睛。午夜时分，曲声渐弱，灯光渐暗，人们像星星一样散去。钟伯敬写的《秦淮河灯船赋》，详细记述了此情此景。

兖州阅武

辛未三月，余至兖州，见直指阅武。马骑三千，步兵七千，军容甚壮。马蹄卒步，滔滔旷旷，眼与俱驰，猛掣始回。其阵法奇在变换，麾动而鼓，左抽右旋，疾若风雨。阵既成列，则进图直指前，立一牌曰"某阵变某阵"。连变十余阵，奇不在整齐而在便捷。

扮敌人百余骑，数里外烟尘坌起。迤卒五骑，小如黑子，顷刻驰至，入辕门报警。建大将旗鼓，出奇设伏。敌骑突至，一鼓成擒，俘献中军。

内以姣童扮女三四十骑，荷旃被毳，绣袪魋结，马上走解，颠倒横竖，借骑翻腾，柔如无骨。乐奏马上，三弦、胡拨、琥珀词、四上儿密失、叉儿机，傑侏兜离，罔不毕集，在直指筳前供唱，北调淫俚，曲尽其妙。是年，参将罗某，北人，所扮者皆其歌童外宅，故极姣丽，恐易人为之，未必能尔也。

译文：

辛未年三月，我到兖州，观看了直指使者的阅兵演练。参加演练的有骑兵三千人，步兵七千人，军容很雄壮。马蹄声和脚步声声势宏大，观看的人眼睛被行进的队伍牵引着，猛地拉住才能收回。阅兵的阵法奇妙之处在于变化，令旌旗挥动战鼓响起，队列左右摆动变换，快得像疾风暴雨。军队排好阵列，就向直指使呈上军阵图，竖一个牌子写着"由某阵变为某阵"。接连变了十余种阵法，神奇之处不在于队伍整齐而在于变换快捷。

有士兵装扮成百余个敌方骑兵，在几里外烟尘飞扬。五个负责侦察的骑兵小得像黑色石子，飞快地由远处骑马过来，进入营门通报敌情。军中立起大将旗，敲起战鼓，设置了埋伏。敌人骑兵突然进攻，片刻被擒获，俘虏被献给中军。

军营里有容貌姣好的小童装扮成三四十个女骑兵，身披毛毡，袖口绣花，梳着发髻，在马上表演高难度动作，身体上下颠倒，横竖伸展，翻腾跳跃，柔若无骨。在马上演奏音乐，三弦、胡拨、琥珀词、四上儿、密失、叉儿机等各种少数民族乐器，无所不有。有人在直指宴席前献唱，北方的民间小曲淫冶俚俗，听起来十分奇妙。这一年，参将是罗某，北方人，参加演出的都是他的歌童、外室，所以面容都非常姣好、美丽，恐怕换成其他人，就不一定能这样了。

陶庵梦忆

近现代 / 齐白石 /　　　　　　　　　　　　　　　藕池观鱼图（局部）

牛首山打猎

戊寅冬,余在留都,同族人隆平侯与其弟勋卫、甥赵忻城,贵州杨爱生,扬州顾不盈,余友吕吉士、姚简叔,姬侍王月生、顾眉、董白、李十、杨能,取戎衣衣客,并衣姬侍。姬侍服大红锦狐嵌箭衣、昭君套,乘款段马。韝青骹,绁韩卢,铳箭手百余人,旗帜棍棒称是,出南门,校猎于牛首山前后,极驰骤纵送之乐。得鹿一、麖三、兔四、雉三、猫狸七。看剧于献花岩,宿于祖茔。次日午后猎归,出鹿麖以飨士,复纵饮于隆平家。江南不晓猎较为何事,余见之图画戏剧,今身亲为之,果称雄快。然自须勋戚豪右为之,寒酸不办也。

译文:

戊寅年冬,我在南京,同族的隆平侯和他弟弟勋卫、外甥赵忻城,贵州杨爱生,扬州顾不盈,我的朋友吕吉士、姚简叔,侍妾王月生,歌姬顾眉、董白、李十、杨能,一起到牛首山打猎。隆平侯拿来军服给客人穿,女子们也穿上军服。女子们穿大红色锦狐嵌箭衣,戴着皮毛帽子,骑着性情温和的马。我们带着猎鹰,牵着猎犬,随行的还有一百余个射箭能手,旗帜棍棒齐备。出了南门,在牛首山的山前山后打猎,享尽了纵横驰骋的乐趣。狩猎所得有一只麂、三只麂、四只兔、三只雉、七只狐狸。之后又在献花堂看戏，在祖堂住宿。第二天午后打猎归来，烹饪鹿和麂与大家分享，又在隆平家畅饮。江南人不明白打猎是怎么回事，我只在图画、戏剧中看过，今天亲自参与，果然称得上雄壮畅快。但这打猎只能是皇亲国戚和豪门贵族才能享受，小户人家则无力无之。

杨神庙台阁

枫桥杨神庙，九月迎台阁。十年前迎台阁，台阁而已，自骆氏兄弟主之，一以思致文理为之。扮马上故事，二三十骑扮传奇一本，年年换，三日亦三换之。其人与传奇中人必酷肖方用，全在未扮时一指点为某似某，非人人绝倒者不之用。迎后，如扮胡椎者，直呼为胡椎，遂无不胡椎之，而此人反失其姓。人定，然后议扮法，必裂缯为之，果其人其袍铠须某色某缎某花样，虽匹锦数十金不惜也。一冠一履，主人全副精神在焉。诸友中有能生造刻画者，一月前礼聘至，匠意为之，唯其使。装束备，先期扮演，非百口叫绝又不用。故一人一骑，其中思致文理，如玩古董名画，一勾一勒不得放过焉。

土人有小小灾祲，辄以小白旗一面，到庙禳之，所积盈库。是日以一竿穿旗三四，一人持竿三四，走神前,长可七八里,如几百万白蝴蝶回翔盘礴在山坳树隙。四方来观者数十万人。市枫桥下,亦摊亦篷。台阁上、马上有金珠宝石堕地,拾者如有物凭焉,不能去,必送还神前;其在树丛田坎间者,问神,辄示其处,不或爽。

译文:

枫桥杨神庙有九月份迎台阁的习俗。十年前迎台阁,唱台阁戏就可以了。自从骆氏兄弟管理事务以来,把追求文辞义理放在第一位。演马上故事要有二三十个人马,演员要唱整本传奇,每年都要换剧本,演三天就要换三次。演员要和在传奇中扮演的人非常像才行。在没有装扮前,人人都认为某人像剧中某角色才会被录用。迎接台阁后,比如扮演胡桂的人,人们直接叫他胡桂,于是所有人都喊他胡桂,这个人的真名实姓却没人叫了。演员定下来后,就商量如何装扮。一定要不惜代价。如果这个人战袍铠甲需要某种颜色、某种缎子、某种花样,那么即使一匹丝绸花费几十两银子也在所不惜。一帽一鞋,都体现了主人的全部用心。主人朋友中有擅长设计造型的人,一个月前被重金聘来,只要是工匠们的设计意图,都会按照他们的安排派人执行。演员打扮妥当,先预演,不是所有人都说好就不用。所以,一个人一匹马,包含在其中的心思和文化内涵，就像玩赏古玩字画，一勾一勒都达到极致。

当地人遇到灾祸或是不吉利，都拿一面小白旗到庙里祈祷消灾，小白旗堆满了仓库。那一天，每个人手拿三四根穿三四面旗子的竹竿走到神庙前，队伍可以达到七八里长，就像几百万只白色蝴蝶在山坳树木间回旋飞舞。各地来观看的有几十万人。在枫桥下形成集市，有摆摊的，有搭帐篷的。台阁上或马上，如果有金银珠宝掉到地上，捡起来的人好像有东西附身不能离去，一定要把东西送还到神前；遗落在树丛田坎间的宝物，问神像，就会指示掉在哪里，一点都没差错。

雪精

外祖陶兰风先生倅寿州，得白骡，蹄蹯都白，日行二百里，畜署中。寿州人病噎嗝，辄取其尿疗之。凡告期，乞骡尿状常十数纸。外祖以木香沁其尿，诏百姓来取。后致仕归，捐馆，舅氏啬轩解骖赠余。

余豢之十年许，实未尝具一日草料，日夜听其自出觅食，视其腹未尝不饱，然亦不晓其何从得饱也。天曙，必至门祗候，进厩候驱策，至午勿御，仍出觅食如故。后渐跋扈难御，见余则驯服不动，跨鞍去如箭，易人则咆哮蹄啮，百计鞭策之不应也。一日，与风马争道城上，失足堕濠堑死，余命葬之，谥之曰"雪精"。

译文：

我的外祖父陶兰风先生,在寿州做副官的时候,得到一匹白色骡子,骡子连蹄子都是白的,每天能走二百里,养在官署中。寿州人如果吞咽困难或者一吃东西就吐,就喝它的尿来治。每到诉讼的日子,乞求骡尿的状子常常有十几份。外祖父把木香泡在骡尿里,告诉老百姓来取。后来,外祖父退休回家,又去世了。舅父啬轩把它赠给了我。

我养了它十年多,真的一天也没给它备过草料。每天听任它自己去外面觅食,看到它都吃得饱饱的,可是也不知道它是怎么吃饱的。天亮,它一定站在门口,走进马厩等候主人驱使,到中午不使唤了,就又出去觅食。后来,它渐渐变得跋扈,难以驾驭,见到我却驯服不乱动,跨上鞍子跑起来像箭一样飞快,换了别人就会咆哮起来又踢又咬,各种方法也降伏不住。一天,他和野马在城墙上争路,失足掉下壕堑摔死,我让人埋葬了它,给它的谥号是"雪精"。

陶庵梦忆

近现代 / 齐白石 / 龙井涤砚图（局部）

严助庙

陶堰司徒庙，汉会稽太守严助庙也。岁上元设供，任事者聚族谋之终岁。凡山物悁悁（虎豹、麋鹿、獾猪之类），海物噩噩（江豚、海马、鲟黄、鲨鱼之类），陆物痴痴（猪必三百斤，羊必二百斤，一日一换。鸡、鹅、凫、鸭之属，不极肥不上贡），水物唸唸（凡虾、鱼、蟹、蚌之类，无不鲜活），羽物毿毿（孔雀、白鹇、锦鸡、白鹦鹉之属，即生供之），毛物毣毣（白鹿、白兔、活貂鼠之属，亦生供之），泪非地（闽鲜荔枝、圆眼、北苹婆果、沙果、文官果之类）、非天（桃、梅、李、杏、杨梅、枇杷、樱桃之属，收藏如新撷）、非制（熊掌、猩唇、豹胎之属）、非性（酒醉、蜜饯之类）、非理（云南蜜唧、峨眉雪蛆之类）、非想（天花、龙蛋、雕镂瓜枣、捻塑米面之类）之物，无不集。庭实之盛，自帝王宗庙、社稷坛壝所不能比隆者。

十三日，以大船二十艘载盘辂，以童崽扮故事，无甚文理，以多为胜。城中及村落人，水逐陆奔，随路兜截，转折看之，谓之"看灯头"。五夜夜在庙演剧，梨园必倩越中上三班，或雇自武林者，缠头日数万钱。唱《伯喈》《荆钗》，一老者坐台下，对院本，一字脱落，群起噪之，又开场重做。越中有"全伯喈""全荆钗"之名，起此。

天启三年，余兄弟携南院王岑，老串杨四、徐孟雅，圆社河南张大来辈往观之。到庙蹴踘，张大来以"一丁泥""一串珠"名世。球着足，浑身旋滚,一似粘亶有胶、提掇有线、穿插有孔者,人人叫绝。剧至半,王岑汾李三娘,杨四扮火工窦老,徐孟雅扮洪一嫂,马小卿十二岁,扮咬脐,串《磨房》《撇池》《送子》《出猎》四出。科诨曲白,妙入筋髓,又复叫绝。遂解维归。戏场气夺,锣不得响,灯不得亮。

译文:

陶堰有座司徒庙是汉代会稽太守严助的庙。每年上元节时摆设供品,主事的人会聚集全族人谋划一年的事。凡是凶猛的山中动物(虎、豹、麋鹿、獾、野猪之类),肥腴的海中动物(江豚、海马、鲟鱼、黄鱼、鲨鱼之类),肥美的陆上动物(猪一定要三百斤重,羊一定要二百斤重,一天一换。鸡、鹅、野鸭、家鸭这些禽类,不是最肥的不能做供品),鲜活的水产(所有的虾、鱼、蟹、蚌之类,没有不活蹦乱跳的),羽毛整齐的野味禽鸟(孔雀、白鹇、锦鸡、白鹦鹉这些,都是用活的供奉),皮毛细密的动物(白鹿、白兔、活貂鼠这些,也是用活物供奉),以及不是本地出产的果品(福建的鲜荔枝、圆眼、北苹婆果、沙果、文官果之类),不是正当时令的果品(桃、梅、李、杏、杨梅、枇杷、樱桃这些,储藏保鲜,像新摘的一样),不是普通人能吃到的(熊掌、猩唇、豹胎这些),加工过的果品(用酒醉过的水果、蜜饯这些),稀奇古怪的东西(云南蜜唧、峨眉雪蛆之类),不能想象到的(天花、龙蛋、雕镂瓜枣、捻塑米面这些），一应俱全。庙中供奉丰盛，除帝王宗庙和社稷祭祀外，没有比它更隆重的。

十三日，用二十艘大船载着演傀儡戏的全班人马，小孩子扮成各种角色，傀儡戏没有什么文化内涵，以演出人数众多取胜。城里和村里的人在水上陆上跟随奔跑，随着一路兜兜转转，想尽办法观看，称作"看灯头"。仪式持续五个晚上，每晚在庙里演戏，戏班一定是越地内上三等的，有些是从杭州（旧称武林）雇来的，演出费高达几万钱。演出《伯喈》《荆钗》时，一个老者坐在台下，对照着剧本，一字唱错，观众一齐发出嘘声，于是开场重新唱。越中有"全伯喈""全荆钗"的说法就是这么来的。

天启三年，我们兄弟和南院王岑，老戏串子杨四、徐梦雅，圆社河南人张大来一伙人去看戏。众人到庙里玩蹴鞠，张大来素以"一丁泥""一串珠"脚法名扬天下。球在脚上旋转翻滚，好像有胶粘住了球，用线控制着球，球上有孔可以插住，人人叫绝。戏演到一半，王岑演李三娘，杨四演火工窦老，徐孟雅演洪一嫂，马小卿十二岁，演咬脐，串演《磨房》《撇池》《送子》《出猎》四出戏。插科打诨，唱曲念白，无比完美，又让观看者叫绝。于是开船归去。戏场热闹气氛消减了，锣鼓也不响了，灯光也不亮了。

乳酪

乳酪自驵侩为之，气味已失，再无佳理。余自豢一牛，夜取乳置盆盎，比晓，乳花簇起尺许，用铜铛煮之，瀹兰雪汁，乳斤和汁四瓯，百沸之。玉液珠胶，雪腴霜腻，吹气胜兰，沁入肺腑，自是天供。或用鹤觞、花露入甑蒸之，以热妙；或用豆粉搅和，漉之成腐，以冷妙；或煎酥，或作皮，或缚饼，或酒凝，或盐腌，或醋捉，无不佳妙。而苏州过小拙和以蔗浆霜，熬之，滤之，钻之，掇之，印之，为带骨鲍螺，天下称至味。其制法秘甚，锁密房，以纸封固，虽父子不轻传之。

译文：

乳酪经牲畜贩子的手做出来，气味都消失了，再也没有美味。我亲自养了一头牛，每到夜里挤出牛奶放到盆里，等到天亮，乳花聚在一起有一尺多厚，用铜锅煮，浸泡兰雪茶汁，以一斤兑四瓯茶汁的比例掺和，反复煮沸。玉液变成珍珠一样的胶冻，像雪一样丰腴，像霜一样细腻，吹一口气比兰花香，沁人肺腑，真是供奉天上仙人的供品。或是用鹤觞、花露等美酒一起放到甑里蒸，趁热吃最好；或是掺入豆粉，沥干水分做成豆腐，冷吃最好；或者用油煎酥，或者做成奶皮，或者压成饼，或者用酒凝固，或者用盐腌渍，或者用醋泡，都味美无比。苏州的过小拙在乳酪中加入蔗糖，经过熬煮、过滤、钻掇、压上图案，成为带骨鲍螺，都认为是天下最妙的美味。它的制作方法被严格保密，锁在密房里，用纸做封条封住，即使是父子也不轻易传授。

近现代/齐白石/柳溪晚钓图(局部)

二十四桥风月

广陵二十四桥风月,邗沟尚存其意。渡钞关,横亘半里许,为巷者九条。巷故九,凡周旋折旋于巷之左右前后者什百之。巷口狭而肠曲,寸寸节节,有精房密户,名妓、歪妓杂处之。名妓匿不见人,非向导莫得入。

歪妓多可五六百人,每日傍晚,膏沐熏烧,出巷口,倚徙盘礴于茶馆酒肆之前,谓之"站关"。茶馆酒肆,岸上纱灯百盏,诸妓掩映闪灭于其间,疤戾者帘,雄趾者阈。灯前月下,人无正色,所谓"一白能遮百丑"者,粉之力也。游子过客,往来如梭,摩睛相觑,有当意者,逼前牵之去;而是妓忽出身分,肃客先行,自缓步尾之。至巷口,有侦伺者,向巷门呼曰:"某姐有客了!"内应声如雷,火燎即出。

一一俱去,剩者不过二三十人。沉沉二漏,灯烛将烬,茶馆黑魆无人声。茶博士不好请出,惟作呵欠,而诸妓醵钱向茶博士买烛寸许,以待迟客。或发娇声,唱《擘破玉》等小词,或自相谑浪嘻笑,故作热闹,以乱时候;然笑言哑哑,声中渐带凄楚。夜分不得不去,悄然暗摸如鬼,见老鸨受饿、受笞,俱不可知矣。

余族弟卓如,美须髯,有情痴,善笑,到钞关必狎妓，向余噱曰："弟今日之乐，不减王公。"余曰："何谓也？"曰："王公大人侍妾数百，到晚眈眈望幸，当御者不过一人。弟过钞关，美人数百人，目挑心招，视我如潘安，弟颐指气使，任意拣择，亦必得一当意者呼而侍我。王公大人岂过我哉！"复大噱。余亦大噱。

译文：

广陵二十四桥风月之事，只有邗沟还可以见到。过了钞关，横着半里多，有九条小巷。说是九条，其实在它们前后左右曲折围绕着的小巷还有近百条。巷子口有些狭窄，像肠子一样弯弯曲曲、密密麻麻，其间不乏精美的房子和隐秘的门户，名妓、流娼混杂。名妓隐蔽不见踪影，没有人指引是见不到的。

下等妓女多时有五六百人，每天傍晚，梳洗打扮，涂脂抹粉，走出巷口，或站或坐在茶馆、酒肆门前，叫作"站关"。茶馆、酒肆岸上纱灯照耀，妓女们在灯光里若隐若现。长得粗糙没有姿色的就遮在帘子后面，脚大的就把脚藏在门槛后。黑暗中，都没有正常的肤色，所谓"一白遮百丑"，都是靠脂粉的帮助。游子过客往来穿梭。过客和妓女睁大眼睛互相仔细看，找到满意的，就走上前牵起手离开；这时妓女马上说出身份，恭敬地请客人走在前面,妓女在后面小步跟随。到巷子口,有报信的,向巷门大声喊:"某姐有客人了!"里面回答的声音像雷声一样响。

夜深了,有客人的妓女都离开了,剩下的不过二三十人。二更时,夜色黑沉,灯烛都要燃尽了,茶馆黑暗,没有声音。茶馆伙计不好意思请妓女出去,只好表现出哈欠连天,各妓女凑钱向伙计买一小截蜡烛,等待迟来的客人。有的发出娇嗔的声音,唱《劈破玉》等小词,有的互相玩笑打闹,故作热闹,来打发时间;可是欢言笑语声中,渐渐显出了凄楚。夜更深了,妓女们不得不离开,她们默默地像鬼一样摸黑回去。见到老鸨,是挨饿、是被打都不知道了。

我的族弟张卓如,须髯飘逸,是个情种,爱笑,每到钞关,一定去狎妓,他大笑着对我说:"我今天太快乐了,不比王公差。"我说:"为什么?"他说:"王公大人有几百个侍妾,到晚上都盼望被宠幸,侍寝的只有一个人。我在钞关,几百个美人,用眼挑逗我,用心思招引我,把我看成潘安,我可以颐指气使,随心挑选,也一定会找到一个合心意的叫来服侍我。王公大人怎能像我这么称心如意!"说完又大笑。我听后也大笑。

卷四

近现代 / 齐白石 / 蟋蟀（局部）

世美堂灯

儿时跨苍头颈，犹及见王新建灯。灯皆贵重华美，珠灯、料丝无论，即羊角灯亦描金细画，缨络罩之。悬灯百盏尚须秉烛而行，大是闷人！

余见《水浒传》"灯景诗"有云："楼台上下火照火，车马往来人看人。"已尽灯理。余谓灯不在多，总求一亮。余每放灯，必用如椽大烛，专令数人剪卸烬煤，故光迸重垣，无微不见。

十年前，里人有李某者，为闽中二尹，抚台委其造灯，选雕佛匠，穷工极巧，造灯十架。凡两年，灯成而抚台已物故，携归藏橐中。又十年许，知余好灯，举以相赠，余酬之五十金，十不当一，是为主灯。遂以烧珠、料丝、羊角、剔纱诸灯辅之。

而友人有夏耳金者，剪彩为花，巧夺天工，罩以冰纱，有烟笼芍药之致。更用粗铁线界画规矩，匠意出样，剔纱为蜀锦，墁其界地，鲜艳出人。耳金岁供镇神，必造灯一盏，灯后，余每以善价购之。余一小傒善收藏，虽纸灯亦十年不得坏，故灯日富。又从南京得赵士元夹纱屏及灯带数副，皆属鬼工，决非人力。

灯宵，出其所有，便称胜事。鼓吹弦索，厮养臧获皆能为之。有苍头善制盆花，夏间以羊毛炼泥墩，高二尺许，筑"地涌金莲"，声同雷炮，花盖亩余。不用煞拍鼓铙，清吹唢呐应之，望花缓急为唢呐缓急,望花高下为唢呐高下。灯不演剧,则灯意不酣;然无队舞鼓吹,则灯焰不发。余敕小傒串元剧四五十本。演元剧四出,则队舞一回,鼓吹一回,弦索一回。其间浓淡、繁简、松实之妙,全在主人位置。使易人易地为之,自不能尔尔。故越中夸灯事之盛,必曰"世美堂灯"。

译文:

小时候骑在老仆人的脖子上,看过王新建家的花灯。花灯都贵重华美,且不说用彩珠玛瑙丝做的灯,就是羊角灯也是描金细画,罩着璎珞。高挂着百盏灯还是要手拿蜡烛走夜路,非常令人不快。

我见《水浒传》"灯景诗"写道:"楼台上下火照火,车马往来人看人。"说尽了花灯的道理。我认为灯不在多,但要足够明亮。我每次放灯,一定用房椽粗的大蜡烛,专门安排几个人剪燃尽的灯芯,所以光亮可以照进几道墙,微小的东西都可以看见。

十年前,有个姓李的邻居,在闽中当地方官,抚台委托他造花灯,他挑选了雕佛的匠人,用最好的手艺和构思,造了十架花灯,耗费了两年时间,灯做好了,可是抚台故去了。他把灯带回来收藏在匣子里。又过了十几年,他知道我喜欢花灯,就全部拿出来送给我,我给了他五十两酬金,大概不及十分之一的价钱。我把它们当作主灯,用烧珠、料丝、羊角、剔纱等花灯陪衬。

友人夏耳金，能剪彩色纸花，巧夺天工，用冰纱罩住，有烟雾笼罩芍药的韵味。他还会用粗铁丝编出造型，独具匠心。用蜀锦做剔纱打底，颜色鲜艳，超过众人。夏耳金每年供奉镇神，都要造一盏花灯，仪式结束后，我每次都出好价钱买下。我的一个小童善于收藏，即使是纸质花灯，放置十年也不会损坏，所以灯越来越多。我又从南京赵士元那里得到几副夹纱屏和灯带，都是鬼斧神工，绝不是人力可以做出来的。

灯节时，把所有灯都拿出来，实在可以称为盛事。吹拉弹唱，家里的仆人都可以胜任。家中有老仆人善于制作盆花花炮，夏天用羊毛捣炼成泥墩，高二尺多，堆成"地涌金莲"形状，燃放时声音像响雷、大炮，烟花在空中散开有一亩地大小。放烟花时，不用敲敲打打，只需吹唢呐应和。看着烟花缓急，唢呐曲调也随之缓急；看着烟花上下，唢呐曲调也高低变化。挂花灯不演戏，那看灯的兴趣就不酣畅；没有列队舞蹈和乐器吹打，灯光就不热烈。我让年轻的仆人串演元剧四五十本。演四出元剧，就集体跳舞一回、吹打一回、弦乐演奏一回。其间情绪浓淡、形式繁简、效果松实，都由主人自己操控。假如换人换地方这样做，都不能达到这样满意的效果。所以人们夸耀越中花灯最盛大之处，一定是"世美堂灯"。

宁了

大父母喜豢珍禽：舞鹤三对，白鹇一对，孔雀二对，吐绶鸡一只，白鹦鹉、鹩哥、绿鹦鹉十数架。一异鸟名"宁了"，身小如鸽，黑翎如八哥，能作人语，绝不含糊。大母呼媵婢，辄应声曰："某丫头，太太叫！"有客至，叫曰："太太，客来了，看茶！"有一新娘子善睡，黎明辄呼曰："新娘子，天明了，起来吧！太太叫，快起来！"不起，辄骂曰："新娘子，臭淫妇，浪蹄子！"新娘子恨甚，置毒药杀之。

"宁了"疑即"秦吉了"，蜀叙州出，能人言。一日夷人买去，惊死，其灵异酷似之。

译文：

我的祖父母喜欢养珍禽，养了三对舞鹤、一对白鹇、二对孔雀、一只吐绶鸟，还有十几架白鹦鹉、鹩哥、绿鹦鹉。有一种神奇的鸟叫"宁了"，身体像鸽子大小，黑色的翎子像八哥，能说人话，非常清晰。祖母呼唤婢女，它就接话说："某丫头，太太叫！"有客人来，它会大叫："太太，客来了，看茶！"有一个新娘子爱睡觉，天刚亮它就大叫："新娘子天亮了，起来吧！"新娘子不起，它就骂道："新娘子，臭淫妇，浪蹄子！"新娘子恨死它了，用毒药想要毒死它。

我怀疑"宁了"就是"秦吉了"，产自四川叙州，能说人话。据说有一天外族人把"秦吉了"买走，它惊吓而死，它和"宁了"的灵异非常像。

陶庵梦忆

近现代 / 齐白石 / 晚香（局部）

张氏声伎

谢太傅不畜声伎,曰:"畏解,故不畜。"王右军曰:"老年赖丝竹陶写,恒恐儿辈觉。"曰"解",曰"觉",古人用字深确。盖声音之道入人最微,一解则自不能已,一觉则自不能禁也。

我家声伎,前世无之,自大父于万历年间与范长白、邹愚公、黄贞父、包涵所诸先生讲究此道,遂破天荒为之。有"可餐班",以张彩、王可餐、何闰、张福寿名;次则"武陵班",以何韵士、傅吉甫、夏清之名;再次则"梯仙班",以高眉生、李岕生、马蓝生名;再次则"吴郡班",以王畹生、夏汝开、杨啸生名;再次则"苏小小班",以马小卿、潘小妃名;再次则平子"茂苑班",以李含香、顾岕竹、应楚烟、杨骒骃名。主人解事日精一日,而僮童技艺亦愈出愈奇。

余历年半百,小僮自小而老、老而复小、小而复老者,凡五易之。无论"可餐""武陵"诸人,如三代法物,不可复见;"梯仙""吴郡"间有存者,皆为伛偻老人;而"苏小小班"亦强半化为异物矣;"茂苑班"则吾弟先去,而诸人再易其主。余则婆娑一老,以碧眼波斯,尚能别其妍丑。山中人至海上归,种种海错皆在其眼,请共舐之。

译文:

谢太傅不蓄养戏班,说:"畏解,故不蓄。"王羲之说:"老年赖丝竹陶写,恒恐儿辈觉。"用"解"和"觉"来解释,古人用字精确。因为声音最能深入人心,了解了就不能自已,通晓了就停不下来。

我家从前没养过戏班,自从我祖父在万历年间和范长白、邹愚公、黄贞父、包涵所各位先生探究声伎之道,才破天荒建了戏班。有"可餐班",以张彩、王可餐、何闰、张福寿有名气;次的有"武陵班",以何韵士、傅吉甫、夏清之有名气;再次的有"梯仙班",以高眉生、李芥生、马蓝生有名气;再次的有"吴郡班",以王畹生、夏汝开、杨啸生有名气;再次的有"苏小小班",以马小卿、潘小妃有名;再次的有平子的"茂苑班",以李含香、顾芥竹、应楚烟、杨骡骍有名气。主人对戏剧见解越来越精,学戏的小童技艺也越来越出众。

我活了半百,眼见着学戏小童们从小变老、老的换成小的、小的又变老,一共换了五拨。"可餐""武陵"班的人,已经像夏商周的古物,再看不到了;"梯仙""吴郡"班有活着的,都已是身形伛偻的老人;而"苏小小班"的成员也大半已经去世;"茂苑班"在我弟弟去世后,各个又换了主人。我已是步履蹒跚的老人,但还是有珠宝商人的眼光,可以鉴别美丑。回忆过去,像山中人从海上归来,各种海鲜都在眼前,让我们一起品味吧。

方物

越中清馋，无过余者。喜啖方物。北京则苹婆果、黄鼠马牙松；山东则羊肚菜、秋白梨、文官果、甜子；福建则福橘、福橘饼、牛皮糖、红腐乳；江西则青根、丰城脯；山西则天花菜；苏州则带骨鲍螺、山查丁、山查糕、松子糖、白圆、橄榄脯；嘉兴则马交鱼脯、陶庄黄雀；南京则套樱桃、桃门枣、地栗团、窝笋团、山查糖；杭州则西瓜、鸡豆子、花下藕、韭芽、玄笋、塘栖蜜橘；萧山则杨梅、莼菜、鸠鸟、青鲫、方柿；诸暨则香狸、樱桃、虎栗；嵊则蕨粉、细榧；龙游糖；临海则枕头瓜；台州则瓦楞蚶、江瑶柱；浦江则火肉；东阳则南枣；山阴则破塘笋、谢橘、独山菱、河蟹、三江屯蛏、白蛤、江鱼、鲫鱼、里河鰦。远则岁致之，近则月致之、日致之。眈眈逐逐，日为口腹谋，罪孽固重。但由今思之，四方兵燹，寸寸割裂，钱塘衣带水，犹不敢轻渡，则向之传食四方，不可不谓之福德也。

译文：

越中没有人比我更嘴馋，喜欢吃各地土特产。我爱吃的东西，北京的有苹婆果、黄鼠、马牙松；山东的有羊肚菜、秋白梨、文官果、甜子；福建的有福橘、福橘饼、牛皮糖、红腐乳；江西的有青根、丰城脯；山西的有天花菜；苏州的有带骨鲍螺、山楂丁、山楂糕、松子糖、白圆、橄榄脯；嘉兴的有马交鱼脯、陶庄黄雀；南京的有套樱桃、桃门枣、地栗团、窝笋团、山楂糖；杭州的有西瓜、鸡豆子、花下藕、韭芽、玄笋、塘栖蜜橘；萧山的有杨梅、莼菜、鸠鸟、青鲫、方柿；诸暨的有香狸、樱桃、虎栗；嵊州的有蕨粉、细榧、龙游糖；临海的有枕头瓜；台州的有瓦楞蚶、江瑶柱；浦江的有火肉；东阳的有南枣；山阴的有破塘笋、谢橘、独山菱、河蟹、三江屯蛏、白蛤、江鱼、鲥鱼、里河鲢。这些东西产地远的我就每年买一次，近的就每月买或是每天买。我瞪大眼睛望眼欲穿，每天都想的是吃，罪孽太深了。在处处战火的今天想起这些事，眼见山河被分割，钱塘江一衣带水，都不敢轻易渡过去，从前可以吃到天下美食，不能不说是福德深厚啊。

近现代 / 齐白石 / 人间佳果荔枝图（局部）

祁止祥癖

人无癖不可与交，以其无深情也；人无疵不可与交，以其无真气也。

余友祁止祥有书画癖，有蹴鞠癖，有鼓钹癖，有鬼戏癖，有梨园癖。壬午，至南都，止祥出阿宝示余。余谓："此西方迦陵鸟，何处得来？"阿宝妖冶如蕊女，而娇痴无赖，故作涩勒，不肯着人。如食橄榄，咽涩无味，而韵在回甘；如吃烟酒，鲠饲无奈，而软同沾醉。初如可厌，而过即思之。

止祥精音律，咬钉嚼铁，一字百磨，口口亲授，阿宝辈皆能曲通主意。乙酉，南都失守，止祥奔归。遇土贼，刀剑加颈，性命可倾，至宝是宝。丙戌，以监军驻台州，乱民卤掠，止祥囊箧都尽，阿宝沿途唱曲，以膳主人。及归，刚半月，又挟之远去。止祥去妻子如脱屣耳，独以娈童崽子为性命，其癖如此。

译文：

没有癖好的人不能交往，因为他没有深情；没有缺点的人不可以交往，因为他虚假。

我的朋友祁止祥有书法绘画的癖好，有踢球的癖好，有敲鼓击钹的癖好，有看鬼戏的癖好，有蓄养戏班的癖好。壬午年，我到南都，止祥叫出阿宝让我看，我说："这西方迦陵鸟一样神奇的人，你是从哪里得到的？"阿宝像天上的仙女一样妖冶，又娇憨顽皮，故意做出不顺从的样子，和人不亲近。与阿宝相处，就像吃橄榄，刚吃时又涩又没有味道，可是妙处在回味甘甜；好像烟酒，虽堵住喉咙让人难受，但很快就会感到绵软柔和，像有了小小醉意。刚见到阿宝会感到厌恶，过后就会想念。

止祥精通音律，用咬钉嚼铁一样的毅力反复琢磨每个字，亲自传授，阿宝他们都掌握了戏曲的要义。乙酉年，南都失守，止祥逃难时遇到土匪，土匪把刀剑架在他的脖子上，他的性命危在旦夕，却仍把阿宝视作比自己性命还珍贵的宝贝。丙戌年，他以监军的身份驻守台州，暴乱的民众四处抢劫，止祥的财物被洗劫一空，阿宝靠沿途卖唱，养活主人。回到家后，刚过半个月，他又带着阿宝远走。止祥抛弃妻子像扔掉鞋子一样随意，单单把男宠看得同性命一样宝贵，他的癖好就是这样。

泰安州客店

客店至泰安州，不复敢以客店目之。余进香泰山，未至店里许，见驴马槽房二三十间；再近，有戏子寓二十余处；再近，则密户曲房，皆妓女妖冶其中。余谓是一州之事，不知其为一店之事也。

投店者，先至一厅事，上簿挂号，人纳店例银三钱八分，又人纳税山银一钱八分。店房三等：下客夜素早亦素，午在山上用素酒果核劳之，谓之"接顶"。夜至店，设席贺，谓烧香后求官得官，求子得子，求利得利，故曰贺也。贺亦三等：上者专席，糖饼、五果、十肴、果核、演戏；次者二人一席，亦糖饼，亦肴核，亦演戏；下者三四人一席，亦糖饼、肴核，不演戏，用弹唱。计其店中，演戏者二十余处，弹唱者不胜计。庖厨炊爨亦二十余所，奔走服役者一二百人。下山后，荤酒狎妓惟所欲，此皆一日事也。若上山落山，客日日至，而新旧客房不相袭，荤素庖厨不相混，迎送厮役不相兼，是则不可测识之矣。泰安一州与此店比者五六所，又更奇。

译文：

我到泰安州住客店，之后再不敢以客店来看待它。我去泰山进香，离客店还有一里多地，见到牲口棚二三十间；再近一些，有唱戏人住的房子二十余处；更近一些，见到遮蔽严实、曲曲弯弯的房子里，妖冶的妓女在里面卖弄风情。我以为这是整个州的规模，不知道只是一家客店的排场。

住店的人，先到一个大厅，在登记簿上挂号，每个人交店例钱三钱八分，每个人又交税山银一钱八分。住房有三等，下等客房早餐和晚餐都是素食，中午在山上吃素酒和干果充饥，叫"接顶"。夜晚回到店里，摆设酒席庆贺，意思是说烧香后求官得官，求子得子，求利得利，所以叫作贺。贺宴又分三等：上等是专席，有糖饼、五种水果、十道菜肴、干果、戏曲表演；次等二人一席，也有糖饼，也有菜肴、干果，也有戏曲表演；下等三四人一席，也有糖饼、菜肴、干果，没有戏曲表演，有弹唱表演。我估计客店里演戏的有二十余处，弹唱的则多得数不过来。厨房也有二十余处，在席间上菜服务的有一二百人。下山后，客人们享受美酒佳肴，找妓女寻欢作乐为所欲为。这就是一天的安排。上山下山的客人天天都有，但是新旧客房不冲突，荤素厨房不混杂，迎来送往的仆役各司其职，无法推测是怎么运作的。泰安州内和这家店规模相当的有五六家，更让人惊奇。

卷五

近现代 / 齐白石 / 蜜蜂丝瓜图（局部）

范长白

范长白园在天平山下,万石都焉。龙性难驯,石皆笏起。旁为范文正墓。园外有长堤,桃柳曲桥,蟠屈湖面,桥尽抵园,园门故作低小,进门则长廊复壁,直达山麓。其缋楼幔阁、秘室曲房,故故匿之,不使人见也。

山之左为"桃源",峭壁回湍,桃花片片流出。右"孤山",种梅千树。渡涧为"小兰亭",茂林修竹,曲水流觞,件件有之。竹大如椽,明静娟洁,打磨滑泽如扇骨,是则兰亭所无也。地必古迹,名必古人,此是主人学问。但桃则溪之,梅则屿之,竹则林之,尽可自名其家,不必寄人篱下也。

余至,主人出见。主人与大父同籍,以奇丑著。是日释褐,大父嘲之曰:"丑不冠带,范年兄亦冠带了也。"人传以笑。余亟欲一见。及出,状貌果奇,似羊肚石雕一小猱,其鼻垩颧颐犹残缺失次也。冠履精洁,若谐谑谈笑面目中不应有此。

开山堂小饮,绮疏藻幕,备极华褥,秘阁清讴,丝竹摇飏,忽出层垣,知为女乐。饮罢,又移席小兰亭。比晚辞去,主人曰:"宽坐,请看'少焉'。"余不解。主人曰:"吾乡有缙绅先生,喜调文袋,以《赤壁赋》有'少焉月出于东山之上'句,遂字月为'少焉'。顷言'少焉'者,月也。"固留看月,晚景果妙。主人曰:"四方客来,都不及见小园雪,山石嶙岈,银涛蹴起,掀翻五泄,捣碎龙湫,世上伟观,惜不令宗子见也。"步月而出,至玄墓,宿葆生叔书画舫中。

译文:

范长白的园子坐落在苏州天平山下,那里无数的石头聚集在一起。天平山像难以驯服的龙,石头都像笏板一样笔直矗立,园子旁边是范仲淹墓。园的外面有长堤,桃树、柳树掩映下的小桥曲曲折折,像龙一样蜿蜒在湖面上,桥的尽头就是园子,园门故意做得又低又小,进门后有长长的走廊和夹墙,一直通到山下。园内雕梁画栋的楼台、挂着纱幔的亭阁、密室深屋,都被故意遮盖住,不让人看见。

山的左边是桃花源,峭壁旁有回旋的急流,桃花一片片顺水而下。右边是孤山,种着千株梅花。渡过小溪后就是小兰亭,茂林修竹,曲水流觞,每种景物都具备。竹子粗大得像椽子,明净美好,打磨得又滑又有光泽,好像扇骨一样,这是兰亭没有的。园子的景观仿照古迹,以古人命名,这是主人有学问的表现。但是在溪边种桃树,在山丘种梅,在林中种竹子,完全可以自己取名,不必模仿古人。

我来到园子,主人出来接见。主人和我祖父是同年的进士,因为奇丑而出名。他刚刚做官时,我祖父戏弄他说:"长得丑的人是不能穿官服做官的,但范年兄也做官了。"大家笑传。我急着想见到他的尊容。看到他露面，外表真的不一般，像是用羊肚石雕的一只小猕猴，鼻子是白色的，面颊好像残缺不全，五官歪扭。他穿着讲究整洁，被人调侃的人好像不会这样。

我们在开山堂喝酒，堂内窗子雕着花纹，帷幕绘着彩饰，华丽到极致。清丽的歌声从秘阁传来，丝竹声音悠扬地从几层墙后飘出，听得出是女子演奏的。饮罢，我们又到小兰亭畅谈，天色已晚，我要告辞回去。主人又说："再放松坐一会儿，请你看'少焉'。"我不明白，主人又说："我们这里有位缙绅，喜欢卖弄学问，因为《赤壁赋》中有'少焉月出于东山之上'的句子，于是把月亮叫作'少焉'。刚才说的'少焉'，就是月亮。"他一定要挽留我看月亮，夜景果然美好。主人说："四方的客人来园子，都没机会看到小园的雪景，那时山石深邃，积雪像银色的波涛翻腾，像掀翻了瀑布，捣碎了龙湫，是这世上十分宏伟的景象，可惜你是看不到了。"我踏着月光出来，一直走到玄墓山，在二叔张联芳的画舫中留宿。

陶庵梦忆

近现代/齐白石/　　　　　　　　　　　　　　平安多利图（局部）

于园

　　于园在瓜洲步五里铺，富人于五所园也。非显者刺，则门钥不得出。葆生叔同知瓜洲，携余往，主人处处款之。园中无他奇，奇在磊石。前堂石坡高二丈，上植果子松数棵，缘坡植牡丹、芍药，人不得上，以实奇。后厅临大池，池中奇峰绝壑，陡上陡下，人走池底，仰视莲花，反在天上，以空奇。卧房槛外，一壑旋下如螺蛳缠，以幽阴深邃奇。再后一水阁，长如艇子，跨小河，四围灌木蒙丛，禽鸟啾唧，如深山茂林，坐其中，颓然碧窈。瓜洲诸园亭，俱以假山显，胎于石，娠于磊石之手，男女于琢磨搜剔之主人，至于园可无憾矣。

　　仪真汪园，**葦**石费至四五万，其所最加意者，为"飞来"一峰，阴翳泥泞，供人唾骂。余见其弃地下一白石，高一丈、阔二丈而痴，痴妙；一黑石，阔八尺、高丈五而瘦，瘦妙。得此二石足矣，省下二三万收其子母，以世守此二石何如？

译文：

　　于园坐落在瓜洲码头的五里铺，是有钱人于五造的园子。如果不是有身份地位的人递上名帖，就不能入园。葆声叔在瓜洲做官，带我一起去游玩，主人热情款待。园子没有其他奇特处，奇特的只有那些形形色色堆垒的石头。大堂前的石坡有两丈高，上面种着果树和松树，沿石坡种着牡丹、芍药，人不能上去，这里，石头的奇妙处在于实用。后厅挨着一个大池子，池子中奇峰绝壑，直上直下，人走在池底，抬头看莲花，好像开在天空，这里，石头的奇妙处在于空灵。卧室的门槛外，一条石沟像螺蛳壳一样盘旋而下，这里，石头的奇妙处则在于使景色幽静深邃。再往后有一间水阁，很长像小艇，跨过小河，四周灌木茂盛，鸟鸣婉转，好像深山密林，人坐在里面，像是沉浸在碧绿幽深中。瓜洲的园亭，都以假山出名，它们在自然的山石中怀胎，在造假山的匠人手中孕育，在主人的精细构思中诞生，放在园子中就没有遗憾了。

仪真的汪园，搬运石头的花费有四五万。其中，最为得意之处的，是"飞来峰"，又黑又脏，被人嫌弃唾骂。我看到主人丢在地上的一块白石头，高一丈、宽二丈，形状痴肥，妙处在痴；一块黑色石头，宽八尺、高一丈五，形状细瘦，妙处在瘦。我要是得到这两块石头就知足了，省下二三万买下，世代守护这两块石头又怎么样？

卷五

近现代 / 齐白石 /　　　　　　　　　　　　　　　　　　　兰图（局部）

诸工

竹与漆与铜与窑,贱工也。嘉兴之腊竹,王二之漆竹,苏州姜华雨之箖箊竹,嘉兴洪漆之漆、张铜之铜,徽州吴明官之窑,皆以竹与漆与铜与窑名家起家,而其人且与缙绅先生列坐抗礼焉。则天下何物不足以贵人,特人自贱之耳。

译文:

竹匠、漆匠、铜匠、窑匠,都是低贱的工作。嘉兴做腊竹制品的人,做漆竹制品的王二,苏州做箖箊竹制品的姜华雨,嘉兴做漆器的洪漆,做铜器的张铜,徽州做窑器的吴明官,都是因为成了竹器、漆器、铜器、窑器的名家而成就家业,他们地位也和缙绅们旗鼓相当。天下职业都可以使人高贵,不过是有的人认识不到而自轻自贱罢了。

姚简叔画

姚简叔画千古,人亦千古。戊寅,简叔客魏为上宾。余寓桃叶渡,往来者闵汶水、曾波臣一二人而已。简叔无半面交,访余,一见如平生欢,遂榻余寓。与余料理米盐之事,不使余知。有空,则拉余饮淮上馆,潦倒而归。京中诸勋戚、大老、朋侪、缁衲、高人、名妓与简叔交者,必使交余,无或遗者。与余同起居者十日,有苍头至,方知其有妾在寓也。

简叔塞渊,不露聪明,为人落落难合,孤意一往,使人不可亲疏。与余交不知何缘,反而求之不得也。访友报恩寺,出册叶百方,宋元名笔。简叔眼光透入重纸,据梧精思,面无人色。及归,为余仿苏汉臣一图:小儿方据澡盆浴,一脚入水,一脚退缩欲出;宫人蹲盆侧,一手掖儿,一手为儿擤鼻涕;旁坐宫娥,一儿浴起,伏其膝,为结绣裉。一图:宫娥盛装端立有所俟,双鬟尾之;一侍儿捧盘,盘列二瓯,意色向客;一宫娥持其盘,为整茶锹,详视端谨。复视原本,一笔不失。

译文:

姚简叔的画能流传千古,他的人品也是千载难逢。戊寅年,简叔客居魏国公家,被待为上宾。我寓居桃叶渡,交往的也就是闵汶水、曾波臣一二人罢了。简叔和我素无交集,他来拜访我,一见如故,于是住在我的寓所,为我打理柴米油盐的事情,不让我察觉。有空时,他就拉着我到秦淮河边酒馆喝酒,喝到酩酊大醉才回来。南京城中和简叔交往的皇亲国戚、德高位尊者、朋友、高僧、高人、名妓,他一定让他们结识我,没有一个遗漏。他和我一同居住十天,有个老仆人找到他,我才知道他还有侍妾住在寓所。

简叔敦厚,知识渊博但深藏不露,为人孤僻不合群,执拗固执,让人不好亲近。他和我不知是什么缘分,反而求之不得地与我交往。我们到报恩寺拜访朋友,朋友拿出有百张画页的册页,都是出自宋元之笔。简叔的目光好像穿透层层画纸,他倚靠茶几聚精会神地思索,脸上都失去了颜色。等到回来,他为我模仿画了一幅苏汉臣的画,画的是一个小孩儿正要进澡盆里洗澡,一只脚站在水里,另一只脚退缩想从澡盆出来。宫女蹲在盆边,一只手拽着小孩儿,另一只手为小孩儿擦鼻涕。旁边坐着一个宫女,有一个小孩儿洗完澡趴在她的膝盖上,宫女为他穿衣服。还有一张画,宫女衣着庄重,端庄站立像在等待什么,两个小宫女跟在后面。一个宫女托着盘子,盘子上摆着两个茶杯,好像要招待客人;一个宫女拿着盘子,为客人整理茶匙,仔细看,表情端庄谨慎。和原画对照,一笔都没画错。

炉峰月

炉峰绝顶,复岫回峦,斗耸相乱。千丈岩嵁牙横梧,两石不相接者丈许,俯身下视,足震慑不得前。王文成少年曾趵而过,人服其胆。余叔尔蕴以毡裹体,缒而下。余挟二樵子,从壑底摝而上,可谓痴绝。

丁卯四月，余读书天瓦庵，午后同二三友人登绝顶，看落照。一友曰："少需之，俟月出去。胜期难再得，纵遇虎，亦命也。且虎亦有道，夜则下山觅豚犬食耳，渠上山亦看月耶？"语亦有理。四人踞坐金简石上。是日，月正望，日没月出，山中草木都发光怪，悄然生恐。月白路明，相与策杖而下。行未数武，半山嚆呼，乃余苍头同山僧七八人，持火燎、鞟刀、木棍，疑余辈遇虎失路，缘山叫喊耳。余接声应，奔而上，扶掖下之。

次日，山背有人言："昨晚更定，有火燎数十把，大盗百余人，过张公岭，不知出何地？"吾辈匿笑不之语。谢灵运开山临澥，从者数百人，太守王琇惊骇，谓是山贼，及知为灵运，乃安。吾辈是夜不以山贼缚献太守，亦幸矣。

译文：

香炉峰的绝顶，山峦起伏曲折，山峰耸立交错。千丈岩山石杂乱无章，两块石头间有一丈多的距离，低头向下看，吓得人不敢再往前走。王文成年轻时曾经跳了过去，众人都佩服他的胆量。我的叔叔尔蕴曾经用毡子裹住身体，捆住自己下到谷底。我和两个砍柴人，曾经从谷底爬上来，现在想来真是太痴愚了。

丁卯年四月，我在天瓦庵读书，午后和二三个友人攀登绝顶，看落日。一个友人说："再等一会儿，等月亮升起再离开。这样的好机会恐怕不再有，就是遇到老虎，也是命中注定。而且老虎也有自身规律，夜晚就下山找小动物充饥，难道它也上山看月亮吗？"说得也有道理。我们四个人盘腿坐在金筒石上等着看月亮。那一天，正逢十五，太阳下山，月亮升起，山中的草木在月光下都发出奇怪的光，四周寂静无声，让人害怕。月光很亮，照得山路清晰，我们互相扶持，拄着拐杖下山。走了没多远，我听到半山腰有人叫喊，原来是我的老仆人和山里的僧人一共七八个人，拿着火把、短刀、木棍，他们担心我们遇到老虎迷了路，顺着山路呼唤我们。我大声回应，他们奔跑上来，搀扶着我们下山。

次日，山后有人说："昨天晚上八九点，有几十支火把，百余个大盗，从张公岭经过，不知道从哪里来？"我们暗地里笑而不答。谢灵运在临海开山，跟随的有几百人，太守王琇很惊恐，以为是山贼，等知道是谢灵运，才安心。我们几个没被山民当成山贼捆起来交给太守，也是万幸。

卷五

近现代 / 齐白石 / 菊花（局部）

湘湖

西湖，田也而湖之，成湖焉；湘湖，亦田也而湖之，不成湖焉。湖西湖者，坡公也，有意于湖而湖之者也；湖湘湖者，任长者也，不愿湖而湖之者也。任长者有湘湖田数百顷，称巨富。有术者相其一夜而贫，不信。县官请湖湘湖，灌萧山田，诏湖之，而长者之田一夜失，遂赤贫如术者言。

今虽湖，尚田也，不下插板，不筑堰，则水立涸；是以湖中水道，非熟于湖者不能行咫尺。游湖者坚欲去，必寻湖中小船与湖中识水道之人，溯十阏三，鲠咽不之畅焉。

湖里外锁以桥，里湖愈佳。盖西湖止一湖心亭为眼中黑子，湘湖皆小阜、小墩、小山乱插水面。四围山趾，棱棱砺砺，濡足入水，尤为奇峭。余谓西湖如名妓，人人得而媟亵之；鉴湖如闺秀，可钦而不可狎；湘湖如处子，眠娗羞涩，犹及见其未嫁时也。此是定评，确不可易。

译文：

西湖是把田变为湖，形成了湖；湘湖，也是把田变为湖，却没有形成湖。开挖西湖的，是苏东坡，他想要造湖所以开挖；开挖湘湖的，是任长者，他不想造湖却开挖。任长者有几百顷湘湖田，被称为巨富。有算命的人看相说他会一夜间变贫困,他不相信。县官请求将湘湖开挖成湖泊,灌溉萧山的农田,命令挖田成湖,任长者的田地一夜间都没了,于是正像算命的人所说,变为赤贫。

湘湖现在虽然成了湖泊,却还可以种田,如果不立插板夯土,不筑堰墙,那湖水立刻干涸;因此,湖中的水路,不是熟悉湘湖的人走不了几步。游湖的人如果一定要去,必须找湖中的小船和湖中通晓水道的人,否则水道堵塞不通,像鱼刺卡着嗓子一样不畅快。

里湖和外湖有桥相通,里湖风景更好。西湖中只有一座湖心亭像眼中的瞳仁,湘湖中有众多小土山、小土墩、小山头胡乱插在水面上,四周被山脚围着,山石坚硬粗粝,浸润在水里,更显得十分峻峭。我说西湖像名妓,每个人都可以轻薄;鉴湖像大家闺秀,可以仰慕但不可以亲昵失礼;湘湖像处子,腼腆羞涩,还可以看到未嫁时的样子。这是定论,绝不能更改。

柳敬亭说书

南京柳麻子,黧黑,满面疤瘤,悠悠忽忽,土木形骸。善说书。一日说书一回,定价一两。十日前先送书帕下定,常不得空。南京一时有两行情人:

王月生、柳麻子是也。余听其说《景阳冈武松打虎》白文,与本传大异。其描写刻画,微入毫发,然又找截干净,并不唠叨。勃夬声如巨钟,说至筋节处,叱咤叫喊,汹汹崩屋。武松到店沽酒,店内无人,暑地一吼,店中空缸空甓皆瓮瓮有声。闲中着色,细微至此。

主人必屏息静坐,倾耳听之,彼方掉舌。稍见下人咕哗耳语,听者欠伸有倦色,辄不言,故不得强。每至丙夜,拭桌剪灯,素瓷静递,款款言之,其疾徐轻重,吞吐抑扬,入情入理,入筋入骨,摘世上说书之耳而使之谛听,不怕其不齚舌死也。

柳麻子貌奇丑,然其口角波俏,眼目流利,衣服恬静,直与王月生同其婉娈,故其行情正等。

译文:

南京柳麻子,长得很黑,脸上有很多疤。他举止悠闲恬淡,随意自然,善于说书。他每天说一回书,要收酬金一两银子。想请他说书要提前十天送定金下定,常常因为他没时间而请不到。当时南京有两个人走红:一个是王月生,一个是柳麻子。我听过他说《景阳冈武松打虎》的说白,和小说出入很大。他对人物场景的描写刻画细致入微,可是又直截了当、干净利落,绝不拖沓唠叨。他说书声如洪钟,说到高潮处发出怒喝、叫喊,势头凶猛像要震塌房子。他说到武松进店买酒，店里没有人，他大声一吼，店里空着的缸和瓮都发出了共鸣。他对不重要细节的刻画都细致到了这种程度。

主人一定要屏住呼吸安静坐好，侧耳倾听，他才会开讲。但凡看见听书人窃窃耳语、打哈欠、伸懒腰、面露倦色，他就停下来不说，谁也不能勉强他。每到夜半三更之时，他擦干净桌子，剪掉灯芯，用白瓷盏静静喝茶，缓缓开口道来。他说书节奏快慢、语气轻重、情绪高低抑扬都处理得合情合理，深入到位。如果摘下世上说书人的耳朵让他们仔细听，他们恐怕都要自愧不如，咬舌自尽。

柳麻子长相奇丑，但是他口齿伶俐，目光灵动，服饰整洁得体，简直和王月生一样赏心悦目，所以他们两人一样走红。

樊江陈氏橘

樊江陈氏，辟地为果园，枸菊围之。自麦为蒟酱，自秋酿酒，酒香洌，色如淡金蜜珀，酒人称之。自果自蔬，以螯乳醴之为冥果。

树谢橘百株，青不撷，酸不撷，不树上红不撷，不霜不撷，不连蒂剪不撷。故其所撷，橘皮宽而绽，色黄而深，瓤坚而脆，筋解而脱，味甜而鲜。第四门、陶堰、道墟以至塘栖，皆无其比。

余岁必亲至其园买橘，宁迟，宁贵，宁少。购得之，用黄砂缸，藉以金城稻草或燥松毛收之。阅十日，草有润气，又更换之，可藏至三月尽，甘脆如新撷者。枸菊城主人橘百树，岁获绢百匹，不愧木奴。

译文：

樊江陈氏，开垦土地建成果园，四面种枸杞、菊花围起来。他自己种麦子做成蒟酱，自己种高粱酿酒，酒清香甘洌，颜色像淡金色的琥珀，爱喝酒的人都称赞。他自己种的瓜果，用蜂蜜浸泡做成蜜饯。

他种了百株谢橘，颜色青的不能摘，味道酸的不能摘，不是树上成熟的不能摘，没经过霜打的不能摘，不是带着果蒂剪的不能摘。所以凡是采摘的橘子，橘皮都宽而且舒展，颜色深黄，果肉硬实又很脆，橘络容易剥掉、脱落，味道又甜又鲜。第四门、陶堰、道墟甚至塘栖的橘子，都不能和它相比。

我每年一定会亲自到这个果园买橘子，哪怕晚，哪怕贵，哪怕少。买来后，用黄砂缸，借助金城稻草或是干燥的松枝储存。过十天，草变湿润了，再换掉。这样可以贮藏到三月底，橘子甘甜，水分充足，像新摘的一样。枸菊城的主人种了百株橘树，每年收获颇丰，橘树真不愧被叫作"木奴"。

卷五

近现代 / 齐白石 /　　　　　　　　　　　　　　　　　　　　江南风味（局部）

治沅堂

古有拆字法。宣和间，成都谢石拆字，言祸福如响。钦宗闻之，书一"朝"字，令中贵人持试之。石见字，端视中贵人曰："此非观察书也。"中贵人愕然。石曰："'朝'字离之为'十月十日'，乃此月此日所生之天人，得非上位耶？"一国骇异。

吾越谢文正厅事名"保锡堂"，后易之他姓，主人至，亟去其匾，人问之，曰："分明写'呆人易金堂'。"朱石门为文选署中额"典剧"二字。继之者顾诸吏曰："尔知朱公意乎？此二字离合言之，曰：'曲处曲处，八刀八刀'耳。"歙许相国孙志吉为大理评事，受魏珰指案卖黄山，势张甚。当道媚之，送一匾曰"大卜于门"。里人夜至，增减其笔画凡三：一曰"天下未闻"，一倒读之曰"阉手下犬"，一曰"太平拿问"。后直指提问，械至太平，果如其言。凡此数者皆有义味。

而吾乡缙绅有名"治沅堂"者，人不解其义，问之，笑不答，力究之，缙绅曰："无他意，亦止取'三台三元'之义云耳！"闻者喷饭。

译文：

古时就有拆字测凶吉的占卜法。宣和年间，成都的谢石能拆字，预测的祸福很快就会应验。钦宗听说后，写了一个"朝"字，让太监拿去试试他。谢石见到字，仔细打量太监说："这不是大人您写的。"太监大吃一惊。谢石说："'朝'字拆开是

'十月十日'，写这个字的是此月此日出生的天人，莫非是皇上？"所有人都大为惊异。

越中谢文正的办公地点叫"保锡堂"，后来换了主人，新主人到了，急忙换掉匾额，有人问缘故，他说："匾上分明写的是'呆人易金堂'。"朱石门为文选署中堂写了匾额"典剧"二字，继任者看着各位官员说："你们知道朱公的用意吗？这两个字拆开就是说：'曲处曲处，八刀八刀'。"歙县许国的孙子志吉任大理寺评事，受魏忠贤指使，在徽州卖黄山一案中徇私舞弊，气焰嚣张，有当官的人献媚，送了一块匾写着"大卜于门"。有人晚上去，在匾上增减笔画使其有了三种意思：一是"天下未闻"；二是倒过来读成"阄手下犬"；三是"太平拿问"。后来直指提审他，把他押送到太平府，果然像拆字预言的。以上这些都让人品味。

而我家乡的一个缙绅把他的厅堂命名"治沅堂"，人们不知道是何用意，问他，他笑而不答，人们一定要探究此事，缙绅说："没别的意思，不过是取了'三台三元'的意思罢了！"听到的人笑得喷饭。

虎丘中秋夜

虎丘八月半，土著流寓、士夫眷属、女乐声伎、曲中名妓戏婆、民间少妇好女、崽子娈童，及游冶恶少、清客帮闲、傒童走空之辈，无不鳞集。自生公台、千人石、鹅涧、剑池、申文定祠下,至试剑石、一二山门,皆铺毡席地坐,登高望之,如雁落平沙,霞铺江上。

天暝月上,鼓吹百十处,大吹大擂,十番铙钹,渔阳掺挝,动地翻天,雷轰鼎沸,呼叫不闻。更定,鼓铙渐歇,丝管繁兴,杂以歌唱,皆"锦帆开""澄湖万顷"同场大曲,蹲踏和锣,丝竹、肉声,不辨拍煞。

更深,人渐散去,士夫眷属皆下船水嬉,席席征歌,人人献技,南北杂之,管弦叠奏,听者方辨句字,藻鉴随之。二鼓人静,悉屏管弦,洞箫一缕,哀涩清绵,与肉相引,尚存三四,迭更为之。三鼓,月孤气肃,人皆寂阒,不杂蚊虻。一夫登场,高坐石上,不箫不拍,声出如丝,裂石穿云,串度抑扬,一字一刻。听者寻入针芥,心血为枯,不敢击节,惟有点头。然此时雁比而坐者,犹存百十人焉。使非苏州,焉讨识者!

译文:

虎丘在中秋节这一天,当地人和外乡人、士大夫和眷属、女戏子、曲巷中的名妓和戏婆、民间少妇和妙龄女子、娈童和浪荡子弟、清客帮闲、奴仆和骗子这些人,都像鱼鳞一样密集地聚在一起。人们从生公台、千人石、鹅涧、剑池、申文定祠开始,下到试剑石、一二山门,铺着毡子席地而坐。登到高处望去,就像一只只大雁落在平旷的沙地上,像霞光铺满江面。

天色晚了月亮升起，有百十处吹拉弹唱，声势浩大。十番铙钹敲响，渔阳掺挝的乐曲奏起，天翻地覆，雷声鼎沸，大声喊叫都听不见。晚上八点，鼓声和铙声渐渐停歇，丝竹管乐声热烈响起，夹杂着歌唱，唱的都是"锦帆开""澄湖万顷"这样的多人合唱的曲子，各种杂音夹杂着乐器和歌唱声，分不清节拍。

半夜以后，人们渐渐散去，士大夫和眷属都下到船中在水上嬉戏，互相邀歌献艺，南腔北调，管乐弦乐齐奏，听的人刚听清唱词，就马上鉴赏品评。二更天后人声安静下来，管弦声停止了，一缕洞箫声飘来，哀婉苦涩，清幽绵长，和歌声相应和，这样的组合还有三四处，交替着出现。三更天后，月色孤寒气势肃然。人们寂静无声，连蚊虫的声音都没有。一个人登场，坐在高高的石头上，不吹箫不打节拍，起初声音很细，继而裂石穿云，发声吐字或抑或扬，每个字都深入人心。听众都被细微处打动，完全沉浸在歌声里，不敢击节喝彩，只有点头称赞。此时像大雁一样坐着的还有百十人。如果不是在苏州，哪里能找到知音！

麋公

万历甲辰，有老医驯一大角鹿，以铁钳其趾，设鞍鞴其上，用笼头衔勒，骑而走，角上挂葫芦药瓮，随所病出药，服之辄愈。家大人见之喜，欲售其鹿，老人欣然肯，解以赠，大人以三十金售之。

五月朔日,为大父寿。大父伟硕,跨之走数百步,辄立而喘,常命小傒笼之,从游山泽。次年,至云间,解赠陈眉公。眉公羸瘦,行可连二三里,大喜。后携至西湖六桥三竺间,竹冠羽衣,往来于长堤深柳之下,见者啧啧,称为"谪仙"。后眉公复号"麋公"者,以此。

译文:

万历甲辰年,有一个老医生驯养了一头大角鹿,用铁夹夹住它的足趾,给它戴上有花纹的皮腹带,套上笼头控制它,骑着它行走,鹿角上挂着一只药葫芦,按照病人的病情给药,病人吃了就能痊愈。我父亲见到很喜欢,想买下这头鹿。老医生很高兴,答应卖给他。我父亲用三十两银子买下。

五月初一,我父亲把大角鹿牵来为我祖父祝寿,我祖父身材伟硕,骑在它上面走了几百步,鹿就停下来喘气,祖父经常命令小仆人给它戴上笼头,跟着祖父在山林游走。第二年,祖父到云间,把它赠给陈眉公。眉公羸弱消瘦,骑着鹿可以走二三里,非常高兴。后来眉公带着鹿到西湖六桥、三竺寺一带,眉公头戴竹子做成的帽子,身穿道士衣服,在长堤和茂密的柳树间行走,见到的人都啧啧称奇,称为"谪仙"。后来眉公又号称"麋公",就是这样来的。

卷五

近现代 / 齐白石 / 红花绿叶蝴蝶图（局部）

扬州清明

扬州清明日,城中男女毕出,家家展墓。虽家有数墓,日必展之。故轻车骏马,箫鼓画船,转折再三,不辞往复。监门小户亦携肴核纸钱,走至墓所,祭毕,则席地饮胙。自钞关南门、古渡桥、天宁寺、平山堂一带,靓妆藻野,袨服缛川。

随有货郎,路旁摆设古董古玩并小儿器具。博徒持小杌坐空地,左右铺祖衫半臂,纱裙汗帨,铜炉锡注,瓷瓯漆奁,及肩彘鲜鱼、秋梨福橘之属,呼朋引类,以钱掷地,谓之"跌成";或六,或八,或十,谓之"六成""八成""十成"焉。百十其处,人环观之。

是日,四方流离及徽商西贾、曲中名妓,一切好事之徒,无不咸集。长塘丰草,走马放鹰;高阜平冈,斗鸡蹴踘;茂林清樾,劈阮弹筝。浪子相扑,童稚纸鸢,老僧因果,瞽者说书,立者林林,蹲者蛰蛰。

日暮霞生,车马纷沓。宦门淑秀,车幕尽开。婢媵倦归,山花斜插。臻臻簇簇,夺门而入。余所见者,惟西湖春、秦淮夏、虎丘秋差足比拟。然彼皆团簇一块,如画家横披;此独鱼贯雁比,舒长且三十里焉,则画家之手卷矣。南宋张择端作《清明上河图》,追摹汴京景物,有"西方美人"之思,而余目盱盱,能无梦想!

译文：

扬州在清明节这一天，城中男男女女都要走出家门，家家都要扫墓。即使家里有几座墓，一天内也要扫完。所以轻快的马车、高头骏马、奏乐的画船，来来往往，不辞辛苦。小户人家也带着供品纸钱，走到墓地。祭祀完，就坐在地上吃祭祀所用的供品。从钞关、南门、古渡桥、天宁寺、平山堂一带望去，美丽的装束像水藻一般遍布田野，华丽的衣服铺满山川。

同时还有货郎在路旁摆摊卖古董古玩和小孩子的玩具。赌博的人拿小凳子坐在空地上，左右地面摆着内衣、半袖衣、纱裙、汗巾、铜炉、锡壶、瓷瓯、漆盒，还有猪肘、鲜鱼、秋梨、福橘之类的物品。他们呼朋引类，用钱扔在地上，叫"跌成"。用六枚、八枚或十枚铜钱，叫作"六成""八成""十成"。赌博的摊位有百十处，引得人们围观。

这一天，各地客居扬州的人还有徽州商人、山西商人、曲巷青楼名妓，所有好事之徒，都聚集在这里。大的水塘边野草茂盛的地方，人们纵马、放鹰；山丘或平岗上，人们斗鸡、蹴鞠；茂密树林和清幽树荫下，人们弹奏阮、筝。浪荡子弟相扑摔跤，儿童放风筝，老僧传经布道，盲人说书，有的站着有的蹲着，人头攒动。

天色渐晚，晚霞升起，车马纷至沓来。官宦人家的淑女闺秀，打开马车幕帘，侍女们疲倦地踏上归途，山花斜插在头上，人们簇拥着，争相进入城门。我经历过的，只有西湖的清明节、秦淮河的端午节、虎丘的中秋节，还能和这个场景相比。可那些都是聚集在一起，像画家的横批画，太集中；只有扬州这里像鱼排成队、大雁列成阵，绵延三十里，更像是画家的手卷。宋代张择端作《清明上河图》回忆摹画汴京景物，是对故国的怀念，而我亲眼目睹故国胜景，怎么能不日思夜想！

金山竞渡

看西湖竞渡十二三次，已巳竞渡于秦淮，辛未竞渡于无锡，壬午竞渡于瓜洲，于金山寺。西湖竞渡，以看竞渡之人胜，无锡亦如之。秦淮有灯船无龙船，龙船无瓜洲比，而看龙船亦无金山寺比。

瓜洲龙船一二十只，刻画龙头尾，取其怒；旁坐二十人持大楫，取其悍；中用彩篷，前后旌幢绣伞，取其绚；撞钲挝鼓，取其节；艄后列军器一架，取其锷；龙头上一人足倒竖，敇敠其上，取其危；龙尾挂一小儿，取其险。自五月初一至十五，日日画地而出。

五日出金山，镇江亦出。惊湍跳沫，群龙格斗。偶堕洄涡，则百蜿捷捽，蟠委出之。金山上人团簇，隔江望之，蚁附蜂屯，蠢蠢欲动。晚则万艓齐开，两岸沓沓然而沸。

译文：

  我观看过十二三次西湖赛龙舟，己巳年看秦淮龙舟赛，辛未年看无锡龙舟赛，壬午年看瓜洲、金山寺龙舟赛。西湖龙舟赛，以观看的人数多取胜，无锡也一样。秦淮有灯船可是没有龙船，龙船都比不过瓜洲，而看赛龙舟没有比金山寺更好的地方。

  瓜洲参加龙舟赛的龙船有一二十只，船头尾都描画着龙，表现龙的愤怒；船两边坐着二十个人，拿着大船桨，表现人的彪悍；船中央搭着彩篷，前后装饰旌旗、绣伞，显得绚丽多彩；敲锣打鼓，显得节奏鲜明；船艄后面安装一件锋利的兵器，显示该船无往不胜；龙头上有一个人倒立在上面，让人胆战心惊；龙船尾部挂着一个儿童，显得十分惊险。从五月初一到十五，每天划定水面比赛。

  五日龙舟从金山寺出发，也有从镇江出发。水面上波浪翻滚、水花飞溅，群龙争霸，龙船偶然掉进漩涡，像很多蟾蜍挤在一起，盘绕回旋挣脱出来。金山上人头攒动，隔江望去，像是蚂蚁和蜜蜂聚集在一起，蠢蠢欲动。晚上所有小船一起开动，两岸喧嚣像一锅沸腾的开水。

陶庵梦忆

近现代 / 齐白石 /　　　　　　　　　　　老屋听鹂图（局部）

刘晖吉女戏

女戏以妖冶恕，以啴缓恕，以态度恕，故女戏者全乎其为恕也。若刘晖吉则异是。刘晖吉奇情幻想，欲补从来梨园之缺陷。如《唐明皇游月宫》，叶法善作场上，一时黑魆地暗，手起剑落，霹雳一声，黑幔忽收，露出一月，其圆如规，四下以羊角染五色云气，中坐常仪，桂树吴刚，白兔捣药。轻纱幔之，内燃"赛月明"数株，光焰青黎，色如初曙。撒布成梁，遂蹑月窟，境界神奇，忘其为戏也。其他如舞灯，十数人手携一灯，忽隐忽现，怪幻百出，匪夷所思，令唐明皇见之，亦必目睁口开，谓氍毹场中那得如许光怪耶！

彭天锡向余道："女戏至刘晖吉，何必男子！何必彭大！"天锡，曲中南、董，绝少许可，而独心折晖吉家姬，其所鉴赏，定不草草。

译文：

女子戏班的表演用妖冶的面目、迟缓的动作、心理刻画来模拟再现剧情，所以女戏表演可以概括为模拟再现。像刘晖吉就不是这样。刘晖吉想法奇特，大胆幻想，想弥补一直以来戏曲舞台表现的缺陷。像《唐明皇游月宫》这场戏，叶法善上场，场上立刻一片漆黑，她手起剑落，响起一声霹雳，黑色幕布快速收起，露出一轮月亮，浑圆得像圆规一样,周围用羊角灯渲染五色云雾,中间端坐着嫦娥,还有桂树和吴刚,白兔在捣药。她用轻纱做帷幔,里面点燃几株"赛月明"蜡烛,烛光呈现青黑色,像天刚刚亮。她把布撒在台上做成山梁的样子,于是踩着它进入月宫,境界十分奇异,观众忘了是在看戏。其他的比如舞灯,十几个人手里各拿一盏灯,忽隐忽现,奇幻百出,匪夷所思。如果唐明皇见到此景,也会目瞪口呆,感慨舞台上怎么会这样光怪陆离!

彭天锡对我说:"女戏表演在刘晖吉这里,比男子演戏好看!比彭大演戏好看!"天锡是戏曲界直言不讳的人,很少认可别人,可是独独折服于晖吉家的女戏班。以他的鉴赏水平,刘晖吉家的戏班那一定是非常值得称许的。

朱楚生

朱楚生,女戏耳,调腔戏耳。其科白之妙,有本腔不能得十分之一者。盖四明姚益城先生精音律,尝与楚生辈讲究关节,妙入情理,如《江天暮雪》《霄光剑》《画中人》等戏,虽昆山老教师细细摹拟,断不能加其毫末也。班中脚色,足以鼓吹楚生者方留之,故班次愈妙。

楚生色不甚美,虽绝世佳人,无其风韵。楚楚谡谡,其孤意在眉,其深情在睫,其解意在烟视媚行。性命于戏,下全力为之。曲白有误,稍为订正之,虽后数月,其误处必改削如所语。楚生多坐驰,一往深情,摇飏无主。一日,同余在定香桥,日晡烟生,林木窅冥,楚生低头不语,泣如雨下,余问之,作饰语以对。劳心忡忡,终以情死。

译文:

朱楚生是女戏子,是表演调腔的女戏子。她动作和唱功的妙处,本腔戏演员不及她十分之一。四明的姚益城先生精通音律,曾经向楚生她们传授音律的要义,他精妙的见解深入情理,像《江天暮雪》《宵光剑》《画中人》等剧目,即使是昆曲老教师细细模仿,也绝不能在楚生戏上增色一丝一毫。戏班中的演员,能够烘托楚生的才留下来,所以戏班的档次越来越高。

楚生的姿色不太出众,但即使是绝世佳人,也不具备她的风韵。她俊朗高雅,眉目间带着孤傲,目光中含着深情,迷离的眼神和柔媚的动作传达对戏曲的领悟。她把性命托付在表演上,全力以赴。唱词或念白有不对的地方,便稍稍修改,几个月以后,不对的地方一定会按她的修改得到更正。楚生常常人坐在那里却魂不守舍,用情至深,却无处依傍,六神无主。一天,她和我一起游定香桥,已近傍晚,烟雾升起,林木幽暗,楚生低头不语,泪如雨下。我问她,她用托词回复我。她心事太重,心力交瘁,最后终于因为爱而死。

扬州瘦马

扬州人日饮食于瘦马之身者数十百人。娶妾者切勿露意,稍透消息,牙婆驵侩,咸集其门,如蝇附膻,撩扑不去。黎明,即促之出门,媒人先到者先挟之去,其余尾其后,接踵伺之。至瘦马家,坐定,进茶,牙婆扶瘦马出,曰:"姑娘拜客。"下拜。曰:"姑娘往上走。"走。曰:"姑娘转身。"转身向明立,面出。曰:"姑娘借手睄睄。"尽褫其袂,手出,臂出,肤亦出。曰:"姑娘睄相公。"转眼偷觑,眼出。曰:"姑娘几岁?"曰几岁,声出。曰:"姑娘再走走。"以手拉其裙,趾出。然看趾有法,凡出门裙幅先响者,必大;高系其裙,人未出而趾先出者,必小。曰:"姑娘请回。"一人进,一人又出。看一家必五六人,咸如之。看中者,用金簪或钗一股插其鬓,曰"插带"。看不中,出钱数百文,赏牙婆或赏其家侍婢,又去看。牙婆倦,又有数牙婆踵伺之。一日、二日至四五日,不倦亦不尽,然看至五六十人,白面红衫,千篇一律,如学字者,一字写至百至千,连此字亦不认得矣。心与目谋,毫无把柄,不得不聊且迁就,定其一人。

"插带"后,本家出一红单,上写彩缎若干,金花若干,财礼若干,布匹若干,用笔蘸墨,送客点阅。客批财礼及缎匹如其意,则肃客归。归未抵寓,而鼓乐盘担、红绿羊酒在其门久矣。不一刻,而礼币、糕果俱齐,鼓乐导之去。去未半里,而花轿花灯、擎燎火把、山人傧相、纸烛供果牲醴之属,门前环侍。厨子挑一担至，则蔬果、肴馔、汤点、花棚、糖饼、桌围坐褥、酒壶杯箸、龙虎寿星、撒帐牵红、小唱弦索之类，又毕备矣。不待复命，亦不待主人命，而花轿及亲送小轿一齐往迎，鼓乐灯燎，新人轿与亲送轿一时俱到矣。新人拜堂，亲送上席，小唱鼓吹，喧阗热闹。日未午而讨赏遽去，急往他家，又复如是。

译文：

扬州人每天靠瘦马维生的有数百人。想娶妾的人千万不要透露心思，稍有此意，牙婆、媒婆都蜂拥上门，像苍蝇叮在荤腥上一般赶不走。黎明就催促要娶妾的人出门，先到的媒人带着他，其余媒人尾随，时刻等待机会。到瘦马家，坐下，敬茶，媒婆扶着瘦马走出来，说："姑娘拜见客人。"姑娘行礼。媒婆说："姑娘向前走。"姑娘走起来。媒婆说："姑娘转身。"姑娘便转过身正面站着，露出面容。媒婆说："姑娘伸出手看看。"就挽起她们的衣袖，手、胳膊的皮肤都露出来。媒婆说："姑娘看看相公。"姑娘就转动眼珠偷偷看相公，眼睛也看到了。媒婆说："姑娘几岁了？"回答几岁，声音便听到了。媒婆说："姑娘再走走。"用手拉她的裙子，脚就露出来了。这里看脚的大小有方法，凡是出门裙子先出声，脚一定大；裙子系得高，人没出来脚先迈出的，脚一定小。媒婆说："姑娘请回。"一个进去了，又出来一个。一家有五六个姑娘，都是这样。如果有看中的，用一股金簪或钗插在姑娘鬓上，叫"插带"。没有看中的，赏给媒婆和他家女仆一些钱，再去看其他家。这个媒婆累了，又有几个媒婆紧跟着伺候。一天、两天以至四五天，不累也看不完，可是看过五六十人，白色的脸，红色的衣服，千篇一律，像学写字的人一样，一个字写一百一千遍，连这个字都不认得了。要娶妾的人心里想的和眼里看的，一点头绪都没有，不得不迁就着，定下一个人。

"插带"后，养瘦马的人家拿出一张红单，上面写着彩缎若干、金花若干、财礼若干、布匹若干，用笔蘸着墨，送给客人审阅。客人如果批复财礼和缎匹符合本家心意，就恭敬送客。客人返回还没到家，喜庆的鼓乐手、托盘子的、挑担子的，红红绿绿的彩缎、羊、酒早已到他家门口。不一会儿，礼金、糕点、果品都齐备，鼓乐手在前面带路。走了没有半里路，抬花轿的、举花灯的、打着灯笼火把的、算命的、司仪，还有香纸、蜡烛、供果、肉类、美酒这些，都在门前环绕侍候。厨子挑着担子到了，蔬菜、瓜果、菜肴、汤羹、点心、花棚、糖饼、桌围、坐垫、酒壶、酒杯、筷子、喜堂上贴的龙虎对子、撒给新人的钱和干果、新人拜堂牵的红绸、唱小曲的、拉琴的这些，又全部到齐。不等回复，也不等主人命令，抬着花轿和送亲的小轿一起去迎亲，鼓乐声和火光中，新人的轿子和送亲的轿子很快都到了。新人拜堂，送亲的人入席就座，唱着小曲，演奏音乐，喧嚣热闹。还没到中午，这些人讨了赏钱马上离开，急忙到别的家，再来一遍。

卷五

近现代 / 齐白石 /

借山图册（局部）

卷六

近现代 / 齐白石 / 蜻蜓荷花图（局部）

卷六

彭天锡串戏

彭天锡串戏妙天下，然出出皆有传头，未尝一字杜撰。曾以一出戏，延其人至家，费数十金者，家业十万缘手而尽。三春多在西湖，曾五至绍兴，到余家串戏五六十场，而穷其技不尽。天锡多扮丑净，千古之奸雄佞幸，经天锡之心肝而愈狠，借天锡之面目而愈刁，出天锡之口角而愈险。设身处地，恐纣之恶不如是之甚也。皱眉视眼，实实腹中有剑，笑里有刀，鬼气杀机，阴森可畏。盖天锡一肚皮书史，一肚皮山川，一肚皮机械，一肚皮磊砢不平之气，无地发泄，特于是发泄之耳。

余尝见一出好戏，恨不得法锦包裹，传之不朽；尝比之天上一夜好月，与得火候一杯好茶，只可供一刻受用，其实珍惜之不尽也。桓子野见山水佳处，辄呼"奈何！奈何！"真有无可奈何者，口说不出。

译文：

彭天锡演戏为天下一绝，每一出戏都有传承，没有一个字是凭空杜撰的。他曾经因为看中一出戏，把演员请到家里，花费了几十两银子学戏，十万的家业，就这样被他散尽了。他春天常到西湖唱戏，曾经五次到绍兴，到我家唱戏五六十场，然而他的技艺还没能完全施展。天锡常扮演丑角和净角。历史上的奸雄和得势佞臣，经过天锡的用心揣摩表演而显得更狠毒,借天锡的表情扮相显得更刁钻,通过天锡的说唱念白显得更凶险。设身处地,恐怕商纣王也没有他扮演的角色邪恶。他皱眉头、瞪眼睛,都能让人切实感到口蜜腹剑,笑里藏刀,鬼气森森,暗含杀机,阴森森让人恐惧。大概是天锡有一肚子春秋历史,一肚子天文地理,一肚子机巧伶俐,一肚子对世间的不平之气,没有地方发泄,而只能借演戏来发泄了。

我曾经看过一出好戏,真恨不能用绸子包起来,让它流传不朽;我曾经把好戏比作天上一夜好月和恰到火候的一杯好茶,只可以满足一时,真是让人倍加珍惜。桓子野看到好的山川景致,总是大呼"奈何!奈何!"真是有让人无可奈何的事,无以言表。

目莲戏

余蕴叔演武场搭一大台,选徽州旌阳戏子剽轻精悍、能相扑跌打者三四十人,搬演目莲,凡三日三夜。四围女台百什座,戏子献技台上,如度索舞𦈋、翻桌翻梯、觔斗蜻蜓、蹬坛蹬臼、跳索跳圈,窜火窜剑之类,大非情理。凡天神地祇、牛头马面、鬼母丧门、夜叉罗刹、锯磨鼎镬、刀山寒冰、剑树森罗、铁城血澥,一似吴道子《地狱变相》,为之费纸札者万钱。人心惴惴,灯下面皆鬼色。

戏中套数，如《招五方恶鬼》《刘氏逃棚》等剧，万余人齐声呐喊。熊太守谓是海寇卒至，惊起，差衙官侦问，余叔自往复之，乃安。台成，叔走笔书二对。一曰："果证幽明，看善善恶恶随形答响，到底来那个能逃；道通昼夜，任生生死死换姓移名，下场去此人还在。"一曰："装神扮鬼，愚蠢的心下惊慌，怕当真也是如此；成佛作祖，聪明人眼底忽略，临了时还待怎生？"真是以戏说法。

译文：

我叔叔张烨芳在演武场搭了一个大戏台，请来徽州旌阳的戏班，挑选身体强壮而灵活、能表演相扑摔跤的演员三四十人表演目莲戏，演了三天三夜。戏台四周设有百十个女观众席位，演员在台上表演，像走绳索、舞粗绳、翻桌子、翻梯子、翻筋斗、倒立、蹬坛子、蹬石臼、跳绳、跳圈、钻火圈、钻剑丛这些项目，都让人大开眼界。那些天神地祇、牛头马面、鬼母丧门、夜叉罗刹、锯磨鼎镬、刀山寒冰、剑树森罗、铁城血澥，都像吴道子《地狱变相》里画的一样，为了达到效果花费在纸札上的有万两银子。场景让人看了心里惴惴不安，灯光中脸都显出鬼色。

按戏中惯例演《招五方恶鬼》《刘氏逃棚》等剧时，全场万余人要齐声呐喊。熊太守以为是海盗突然来袭，惊诧不已，派手下来察看询问，我叔叔亲自去回复，才安心。戏台搭好后，我叔叔运笔写了两副对联。一副写道："果证幽明，看善善恶恶随形答响，到底来那个能逃？道通昼夜，任生生死死换姓移名，下场去此人还在。"一副写道："装神扮鬼，愚蠢的心下惊慌，怕当真也是如此。成佛作祖，聪明人眼底忽略，临了时还待怎生？"真的是借戏弘扬因果报应。

甘文台炉

香炉贵适用，尤贵耐火。三代青绿，见火即败坏，哥、汝窑亦如之。便用便火，莫如宣炉。然近日宣铜一炉价百四五十金，焉能办之？北铸如施银匠亦佳，但粗夯可厌。苏州甘回子文台，其拨蜡范沙，深心有法，而烧铜色等、分两，与宣铜款致分毫无二，俱可乱真。然其与人不同者，尤在铜料。甘文台以回回教门不崇佛法，乌斯藏渗金佛，见即锤碎之，不介意，故其铜质不特与宣铜等，而有时实胜之。甘文台自言佛像遭劫已七百尊有奇矣。余曰："使回回国别有地狱，则可。"

译文：

　　香炉贵在适用，尤其贵在经得起火烧。夏商周三代的青铜器，火一烧就损坏了，哥窑、汝窑的瓷器也是这样。既好用又不怕火的香炉，比不过宣德炉。可现在宣铜香炉一只就要一百四五十两银子，哪里置办得起？北铸香炉像施银匠做得也很好，但却粗笨不讨人喜欢。苏州回民甘文台用拨蜡浇铸法做香炉，非常用心，方法得当。烧出来的铜香炉颜色匀称，和宣铜炉的款式分毫不差，简直可以乱真。他和其他人做铜炉的不同处，更是在于铜料。甘文台不敬佛教，西藏地区的金佛，他得到后就用锤子砸碎，并不在意，所以他的铜炉质地不仅和宣铜相似，有时甚至要更胜一筹。甘文台自己说被他破坏的佛像已经有七百多尊。我说："假如回教另有自己的地狱，你这样做还可以。"

陶庵梦忆

近现代 / 齐白石 /

齐白石画集（局部）

绍兴灯景

绍兴灯景为海内所夸者无他，竹贱、灯贱、烛贱。贱，故家家可为之；贱，故家家以不能灯为耻。故自庄逵以至穷檐曲巷，无不灯、无不棚者。

棚以二竿竹搭过桥，中横一竹，挂雪灯一，灯球六。大街以百计，小巷以十计。从巷口回视巷内，复叠堆垛，鲜妍飘洒，亦足动人。十字街搭木棚，挂大灯一，俗曰"呆灯"，画《四书》《千家诗》故事，或写灯谜，环立猜射之。

庵堂寺观以木架作柱灯及门额，写"庆赏元宵""与民同乐"等字。佛前红纸、荷花、琉璃百盏，以佛图灯带间之，熊熊煜煜。庙门前高台，鼓吹五夜。

市廛如横街、轩亭、会稽县西桥，闾里相约，故盛其灯，更于其地斗狮子灯，鼓吹弹唱，施放烟火，挤挤杂杂。小街曲巷有空地，则跳大头和尚。锣鼓声错，处处有人团簇看之。城中妇女多相率步行，往闹处看灯；否则，大家小户杂坐门前，吃瓜子、糖豆，看往来士女，午夜方散。乡村夫妇多在白日进城，乔乔画画，东穿西走，曰"钻灯棚"，曰"走灯桥"，天晴无日无之。

万历间，父叔辈于龙山放灯，称盛事，而年来有效之者。次年，朱相国家放灯塔山。再次年，放灯蕺山。蕺山以小户效颦，用竹棚多挂纸魁星灯，有轻薄子作口号嘲之曰:"蕺山灯景实堪夸,葫篓竿头挂夜叉。若问搭彩是何物,手巾脚布神袍纱。"由今思之,亦是不恶。

译文:

绍兴灯景被海内外夸奖的原因没有别的,就在于制作灯的原材料竹子价格低,花灯价格低,蜡烛价格低。因为价格低,所以家家可以拥有;因为价格低,所以家家以不能张灯结彩为耻。所以从通衢大道到茅屋小巷,没有不点花灯,不搭灯棚的。

灯棚用两根竹子搭成过桥,中间再横搭一根竹子,挂上一盏明亮的雪灯和六个灯球。大的街道有数以百计的灯棚,小巷则有数十灯棚。从巷口回望巷子里,花灯紧挨着,重重叠叠,流光溢彩,也足以让人心动。在十字街口搭木棚,悬挂一盏大灯,俗话里叫"呆灯",灯上画着《四书》《千家诗》故事,或者写着灯谜,人们围成一圈站着猜灯谜。

庵堂寺观,用木架做成灯柱和门额,写着"庆赏元宵""与民同乐"等字。佛像前摆放红纸做的荷花琉璃灯百盏,用佛图灯带做间隔,灯光明亮辉煌。庙门前的高台上,整夜的锣鼓吹奏。

横街、轩亭、会稽县西桥这些地方的店肆商户、邻里都约好放灯,所以花灯规模盛大,还会在当地耍狮子灯,吹拉弹唱,施放烟火,人头攒动。小街窄巷如果有空地，就跳起大头和尚，锣鼓声混杂，每一处都有人围观。城中的女子大多相约走出家门，去热闹的地方看灯。不去看灯的，无论大家还是小户的女子杂乱坐在门前，吃瓜子、糖豆，看着来来往往的男男女女，到午夜才散去。乡村的夫妻大多在白天就赶到城里，梳洗打扮，穿戴整齐，到处穿来走去，叫作"钻灯棚"或叫"走灯桥"，如果天晴总会这样。

万历年间，我的叔辈在龙山放灯，被传为盛事，后来每年都有仿效的人。第二年，朱相国家在塔山放灯。第三年在蕺山放灯。蕺山有小户东施效颦，搭竹棚，大多数挂的是纸做的魁星灯。有轻薄的人作顺口溜嘲笑他说："蕺山灯景实堪夸，葫箓竿头挂夜叉。若问搭彩是何物，手巾脚布神袍纱。"现在回想起来，也没那么差。

韵山

大父至老手不释卷，斋头亦喜书画、瓶几布设。不数日，翻阅搜讨，尘堆砚表，卷帙正倒参差。常从尘砚中磨墨一方，头眼入于纸笔，潦草作书生家蝇头细字。日晡向晦，则携卷出帘外，就天光。爇烛，檠高，光不到纸，辄倚几携书就灯，与光俱俯，每至夜分，不以为疲。

常恨《韵府群玉》《五车韵瑞》寒俭可笑，意欲广之。乃博采群书，用淮南"大小山"义，摘其事曰"大山"，摘其语曰"小山"，事语已详本韵而偶寄他韵下曰"他山"，脍炙人口者曰"残山"，总名之曰《韵山》。小字襞积，烟煤残楮，厚如砖块者三百余本。一韵积至十余本，《韵府》《五车》不啻千倍之矣。

正欲成帙，胡仪部青莲携其尊人所出中秘书，名《永乐大典》者，与《韵山》正相类，大帙三十余本，一韵中之一字犹不尽焉。大父见而太息曰："书囊无尽，精卫衔石填海，所得几何！"遂辍笔而止。以三十年之精神，使为别书，其博洽应不在王弇州、杨升庵下。今此书再加三十年，亦不能成，纵成亦力不能刻。笔冢如山，只堪覆瓿，余深惜之。丙戌兵乱，余载往九里山，藏之藏经阁，以待后人。

译文：

我祖父晚年时，手不释卷，喜欢在书房、案头摆设书画、瓷瓶、几案。没几天，翻阅查找书籍，灰尘就掉到砚台上，书籍颠倒凌乱。他常在落满灰尘的砚台里磨墨汁，脑袋和眼睛紧贴着纸笔，潦草地写读书人的蝇头小字。天色晚了光线变暗，他就拿着书到帘外，借助天光点上蜡烛，因为烛台高光亮照不到纸上，他就靠着案子举着书贴近光亮，随着烛光俯下身子看书，常常看到很晚，不知疲倦。

他常常遗憾《韵府群玉》《五车韵瑞》之类的韵书简陋单薄，想把韵书的内容充实起来。于是博采群书，采纳淮南王用"大小山"对文章分类的方法，把摘录事情的归为《大山》，摘录言论的归为《小山》，事情和言论已经在本韵中详细收录但又偶尔在其他韵中出现的归入《他山》，脍炙人口的归入《残山》，总的名称是《韵山》。纸上小字密密麻麻，墨迹残纸，像砖块一样厚的书写了三百多本。一个声韵就收集了十余本，比《韵府》《五车》丰富不止千倍。

他正要装订成册，胡青莲拿着他父亲从中秘书得到的《永乐大典》给我祖父看，此书和《韵山》同属一类，一个声韵中的一个字用装订好的三十多本书都没讲完。我祖父看后叹息说："书囊没法估算有多大，我做的事像精卫衔石填海，能收获多少呢？"于是停笔而止。我祖父用三十年的心血，假使编写其他的书，广博深厚应该不在王世贞、杨慎之下。现在这部书再用三十年也不能完成，即使编写完成也无力刻印出版。我祖父用过的笔堆积如山，写的书毫无价值，我深深惋惜。丙戌年战乱，我把书带到九里山，藏在藏经阁，等待后来人发现并完成吧。

陶庵梦忆

近现代 / 齐白石 / 霞绮横琴图（局部）

天童寺僧

戊寅,同秦一生诣天童访金粟和尚。到山门,见万工池绿净,可鉴须眉,旁有大锅覆地。问僧,僧曰:"天童山有龙藏,龙常下饮池水,故此水氜秽不入。正德间,二龙斗,寺僧五六百人撞钟鼓撼之,龙怒,扫寺成白地,锅其遗也。"

入大殿,宏丽庄严。折入方丈,通名刺。老和尚见人便打,曰"棒喝"。余坐方丈,老和尚迟迟出,二侍者执杖、执如意先导之,南向立,曰:"老和尚出。"又曰:"怎么行礼?"盖官长见者皆下拜,无抗礼。余屹立不动,老和尚下,行宾主礼。侍者又曰:"老和尚怎么坐?"余又屹立不动,老和尚肃余坐。坐定,余曰:"二生门外汉,不知佛理,亦不知佛法,望老和尚慈悲,明白开示。勿劳棒喝,勿落机锋,只求如家常白话,老实商量,求个下落。"老和尚首肯余言,导余随喜。早晚斋方丈,敬礼特甚。

余遍观寺中僧匠千五百人,具舂者、碓者、磨者、甑者、汲者、爨者、锯者、劈者、菜者、饭者,狰狞急遽,大似吴道子一幅《地狱变相》。老和尚规矩严肃,常自起撞人,不止"棒喝"。

译文:

戊寅年,我和秦一生到天童山拜访金粟和尚。到了山门,看到万工池水碧绿洁净,可以照见胡须和眉毛,池边有口大锅扣在地上,就问僧人缘故。

僧人说："天童山上有龙穴，龙经常下来喝池子里的水，所以这池水没有不洁的东西。正德年间，两条龙互相争斗，寺僧五六百人撞钟击鼓吓唬它们，龙发怒了，把寺院横扫一空，夷为平地，这口锅是遗留的物件。"

进入大殿，宏伟壮丽，气势庄严。走到寺院长老的住处，通报姓名递上名片。老和尚的习惯是见人就打，称为"棒喝"。我们坐在屋里，老和尚过了很久才出来，两个侍者拿着仪仗和如意在前面引路，向南站立。侍者说："老和尚出来了。"又说："怎么行礼？"大概当官的来见老和尚都要下拜，我屹立不动，老和尚低头行了宾主礼。侍者又说："老和尚怎么坐？"我还是屹立不动，老和尚躬身作揖请我入座。坐稳后，我说："我们两个是门外汉，不知道佛家的道理，也不懂佛法，希望老和尚慈悲为怀，明明白白说法。不必劳驾当头棒喝，不必劳驾话带机锋，只求像家常聊天，实实在在探讨，求一个答案。"老和尚同意我说的话，带着我游览寺院。我们早晚在老和尚住处用斋饭，老和尚对我们礼遇有加。

我全面观察，发现寺中僧人、匠人有一千五百人，都是些舂米的、捣米的、推磨的、蒸饭的、打水的、烧火做饭的、锯木头的、劈柴的、种菜的、煮饭的，个个面目狰狞、行动匆忙，真的像极了吴道子的一幅叫《地狱变相》的画。老和尚制度严明，管理严格，常常亲自起身去撞违反规矩的僧人、匠人，不只是"棒喝"。

水浒牌

古貌古服,古兜鍪,古铠胄,古器械,章侯自写其所学所问已耳。而辄呼之曰"宋江",曰"吴用",而"宋江""吴用"亦无不应者,以英雄忠义之气郁郁芊芊,积于笔墨间也。周孔嘉丐余促章侯,孔嘉丐之,余促之,凡四阅月而成。余为作《缘起》曰:

余友章侯,才足挟天,笔能泣鬼。昌谷道上,婢囊呕血之诗;兰渚寺中,僧秘开花之字。兼之力开画苑,遂能目无古人。有索必酬,无求不与。既蠲郭恕先之癖,喜周贾耘老之贫。画《水浒》四十人,为孔嘉八口计。遂使宋江兄弟,复睹汉官威仪。伯益考著《山海》遗经,兽毸鸟㲨,皆拾为千古奇文;吴道子画《地狱变相》,青面獠牙,尽化作一团清气。收掌付双荷叶,能月继三石米,致二斗酒,不妨持赠;珍重如柳河东,必日灌蔷薇露,薰玉蕤香,方许解观。非敢阿私,愿公同好。

译文:

能够描绘古代人的相貌、服装、头盔、铠甲、兵器,章侯自己说他的学问就这些罢了。可是他叫"宋江""吴用"时,他画的"宋江""吴用"就好像可以答应一般,英雄忠义之气浩浩荡荡,都在笔墨间表现出来。周孔嘉请求我敦促章侯作画,孔嘉请求我，我督促章侯，他一共用了四个月完成。我写文记录下事情的来龙去脉，内容如下：

我的朋友章侯，才气光照九天，下笔能泣鬼神。他的才华堪比昌谷道上李贺囊中呕心沥血的诗作，兰渚寺中僧人秘藏的可以落地开花的《兰亭序》书法。加之他力开画苑，于是可以超越古人，有人索要画作一定满足，没人来求也不会随便给人。这样做既彰显了他像郭恕先那样的画癖，也满足了他像苏东坡喜欢周济贾耘老这样的穷人的善意。他画了四十个《水浒》人物，为孔嘉八口谋了生计，也使我们再次目睹了宋江兄弟的威仪。伯益撰写《山海经》，鸟兽皮毛般细小的故事都收录进去，成为千古奇文；吴道子画《地狱变相》，青面獠牙的鬼怪在画里都变成一团清气。收藏章侯的画作，有人能每个月出三石米、二斗酒，就可以把画送给人家；如果像柳宗元那样珍惜，一定会每天用蔷薇露洗手，点燃玉蕤香，才可以开卷品玩。不敢据为己有，希望大家共同欣赏。

烟雨楼

嘉兴人开口烟雨楼，天下笑之。然烟雨楼故自佳。楼襟对莺泽湖，淫淫濛濛，时带雨意，长芦高柳，能与湖为浅深。

湖多精舫,美人航之,载书画茶酒,与客期于烟雨楼。客至,则载之去,舣舟于烟波缥缈。态度幽闲,茗炉相对,意之所安,经旬不返。舟中有所需,则逸出宣公桥、甪里街,果蓏蔬鲜,法膳琼苏,咄嗟立办,旋即归航柳湾桃坞。痴迷伫想,若遇仙缘,洒然言别,不落姓氏。间有倩女离魂,文君新寡,亦效颦为之。淫靡之事,出以风韵,习俗之恶,愈出愈奇。

译文:

嘉兴人一开口就要说烟雨楼,让天下人笑话。可是烟雨楼风景还是很美的。楼的正面与莺泽湖相对,水雾迷蒙,湿润得好像在下雨,修长的芦苇,高大的柳树,都和湖水深浅呼应。

湖中有很多装饰精美的画舫,画舫中载有美人。船上还载着书画茶酒,美人和客人相约在烟雨楼。客人到后,就船载而去,把船停靠在烟波浩渺的岸边。两人从容悠闲,隔着茶炉品茗,客人神闲气定,过了十天还乐不思返。船上有什么需求,就划船出宣公桥、甪里街,瓜果蔬菜、时鲜、佳肴美酒,立刻采买齐全,马上返回。杨柳依依的河湾,桃花盛开的船坞,让人心驰神往、伫立畅想。如果遇到有缘人,相会后潇洒告别,不留名姓。时而会有怀春少女、新寡少妇,也东施效颦。淫靡的事本来带有风韵的味道,不好的习俗,越来越出奇。

陶庵梦忆

近现代 / 齐白石 / 葡萄图（局部）

卷六

朱氏收藏

朱氏家藏,如"龙尾觥""合卺杯",雕镂锲刻,真属鬼工,世不再见。余如秦铜汉玉、周鼎商彝、哥窑倭漆、厂盒宣炉、法书名画、晋帖唐琴,所畜之多,与分宜埒富,时人讥之。

余谓博洽好古,犹是文人韵事,风雅之列,不黜曹瞒,鉴赏之家,尚存秋壑。诗文书画未尝不抬举古人,恒恐子孙效尤,以袖攫石、攫金银以赚田宅,豪夺巧取,未免有累盛德。闻昔年朱氏子孙,有欲卖尽"坐朝问道"四号田者,余外祖兰风先生谑之曰:"你只管坐朝问道,怎不管垂拱平章?"一时传为佳话。

译文:

朱氏家族的收藏品,像"龙尾觥""合卺杯"这些宝物,雕镂锲刻的工艺,真是鬼斧神工,世上罕见。其他的像秦代的青铜器、汉代的玉器、商周的青铜礼器、哥窑瓷器、日本漆器、朱红色的漆盒、宣德铜炉、书法、名画、晋代书帖、唐代古琴,收藏数量之多和严嵩旗鼓相当,当时受到人们讥讽。

我认为学识渊博爱好古玩,正是文人风雅之事。风雅的人物中,不排除曹操这样的奸雄。鉴赏家中还有贾似道这样的奸臣。收藏诗文书画是因为仰慕古人,怕的是后人不学好,盗卖古玩换取田宅,巧取豪夺，未免败坏了祖先的名声。听说从前朱家子孙有人想把"坐朝问道"四号田都卖掉，我外祖父兰风先生调侃说："你只管坐朝问道，怎不管垂拱平章？"一时间传为佳话。

仲叔古董

葆生叔少从渭阳游，遂精赏鉴。得白定炉、哥窑瓶、官窑酒匜，项墨林以五百金售之，辞曰："留以殉葬。"癸卯，道淮上，有铁梨木天然几，长丈六，阔三尺，滑泽坚润非常理。淮抚李三才百五十金不能得，仲叔以二百金得之，解维遽去。淮抚大恚怒，差兵蹑之，不及而返。

庚戌，得石璞三十斤，取日下水涤之，石罅中光射如鹦哥、祖母，知是水碧，仲叔大喜。募玉工仿朱氏"龙尾觥"一，"合卺杯"一，享价三千，其余片屑寸皮，皆成异宝。仲叔赢资巨万，收藏日富。

戊辰后，倅姑熟，倅姑苏，寻令盟津。河南为铜薮，所得铜器盈数车，"美人觚"一种，大小十五六枚，青绿彻骨，如翡翠，如鬼眼青，有不可正视之者。归之燕客，一日失之。或是龙藏收去。

译文：

我二叔葆生年轻时和他的舅舅一起游历，于是对鉴赏很精通。他收藏的宝物有白定香炉、哥窑瓷瓶、官窑酒器，项墨林出五百两想买下，二叔拒绝，说："我要留着陪葬。"癸卯年，二叔路过淮上，见到一个天然形成的铁梨木几案，长一丈六、宽三尺，顺滑有光泽，质地坚硬清润，纹理非同寻常。凤阳诸府巡抚李三才出一百五十两银子没有买到，二叔花了二百两得到了，拉到船上马上离开。李三才暴跳如雷，命令兵士跟踪追回，无功而返。

庚戌年，他得到一块三十斤的原石，选好日子放到水里清洗，石缝中透出的光像祖母绿，知道里面一定是珍贵的碧玉，二叔大喜。招募玉石工匠仿照朱氏家族收藏制作了一只"龙尾觥"，一个"合卺杯"，价格高达三千。其余边角碎料，也都做成难得的宝物。二叔因此大赚一笔，收藏越来越丰富。

戊辰年，到姑熟、姑苏任副职，不久又任盟津县令。河南青铜器数量多，他收集的青铜器装满了几辆车。单单是美人觚这一种，大大小小就收了十五六只，它们通体青绿，像翡翠，像鬼眼青，有的绿得摄人心魄，让人不敢正视。后来给了他儿子燕客，一天时间就丢了。或许是被龙宫收走了。

噱社

仲叔善诙谐，在京师与漏仲容、沈虎臣、韩求仲辈结"噱社"，唼喋数言，必绝缨喷饭。漏仲容为帖括名士，常曰："吾辈老年读书做文字，与少年不同。少年读书，如快刀切物，眼光逼注，皆在行墨空处，一过辄了。老年如以指头掐字，掐得一个，只是一个，掐得不着时，只是白地。少年做文字，白眼看天，一篇现成文字挂在天上，顷刻下来，刷入纸上，一刷便完。老年如恶心呕吐，以手扼入齿哕出之，出亦无多，总是渣秽。"此是格言，非止谐语。

一日，韩求仲与仲叔同宴一客，欲连名速之，仲叔曰："我长求仲，则我名应在求仲前，但缀蝇头于如拳之上，则是细注在前，白文在后，那有此理！"人皆失笑。

沈虎臣出语尤尖巧。仲叔候座师收一帽套，此日严寒，沈虎臣嘲之曰："座主已收帽套去，此地空余帽套头。帽套一去不复返，此头千载冷悠悠。"其滑稽多类此。

译文：

二叔喜欢开玩笑，在京城时和漏仲容、沈虎臣、韩求仲这些人组成"噱社"，轻言慢语间，就能让人扯断帽带，笑得喷饭。漏仲容是明经填帖的高手，他常说："我们这些老年人读书做文章，和年轻人不同。年轻人读书，就像用快刀切东西，眼光盯在字里行间空白处，一眼就扫过。老年人读书像用手指掐字，掐到一个，就算一个，掐不到时，就是空白。年轻人写文章，翻着白眼望着天，就有一篇现成的文章挂在天上，马上降下，刷在纸上，一刷就完成了。老年人做文章像是要恶心呕吐，用手伸到嘴里催吐，吐出的东西也不多，都是渣滓、污秽。"这是格言警句，不只是笑谈。

一天，韩求仲和我二叔要一同宴请一个客人，想要联名邀请，二叔说："我比求仲年长，我的名字应该写在求仲的前面，但是像把蝇头连在拳头的上面，把细小注释写在前面，正文在后面，哪有这样道理！"人们都哑然失笑。

沈虎臣说出的话最尖刻奇巧。二叔伺候主考官收起帽子，那天很冷，沈虎臣嘲讽说："座主已收帽套去，此地空余帽套头。帽套一去不复返，此头千载冷悠悠。"他说的滑稽话都是这样的。

陶庵梦忆

近现代 / 齐白石 /

齐白石画集（局部）

鲁府松棚

报国寺松,蔓引弹委,已入藤理。入其下者,蹒跚跼蹐,气不得舒。

鲁府旧邸二松,高丈五,上及檐甍,劲竿如蛇脊,屈曲撑距,意色酣怒,鳞爪拿攫,义不受制,鬣起针针,怒张如戟。旧府呼"松棚",故松之意态情理无不棚之。便殿三楹盘郁殆遍,暗不通天,密不通雨。鲁宪王晚年好道,尝取松肘一节,抱与同卧,久则滑泽酡酣,似有血气。

译文:

报国寺的松树,枝干像藤蔓伸展,盘曲下垂,好像具备了藤蔓植物的形态了。人走在树下面,只能缩着身子缓慢前行,气都喘不匀。

鲁府旧宅有两棵松树,高一丈五,树梢伸长到了房檐,遒劲的枝干像蛇脊,盘旋弯曲支撑在那里,好像在发怒,长满鳞片的龙爪张开想要抓住猎物。它绝不能忍受压制,松针一根根竖起,拼命张开像一柄长戟。旧宅的人都称它"松棚",它的形态和给人的感觉都用"棚"概括了。便殿三楹宽,全部被松树浓密盘绕,暗得看不到天,密实得透不过雨。鲁宪王晚年时信奉道教,曾经锯下一截弯曲的枝干,抱着睡觉,时间久了松木光滑润泽,泛出微红色,好像有了血气。

一尺雪

"一尺雪"为芍药异种,余于兖州见之。花瓣纯白,无须萼,无檀心,无星星红紫,洁如羊脂,细如鹤翮,结楼吐舌,粉艳雪腴。上下四旁方三尺,干小而弱,力不能支,蕊大如芙蓉,辄缚一小架扶之。大江以南,有其名无其种,有其种无其土,盖非兖勿易见之也。

兖州种芍药者如种麦,以邻以亩。花时宴客,棚于路,彩于门,衣于壁,障于屏,缀于帘,簪于席,茵于阶者,毕用之,日费数千勿惜。余昔在兖,友人日剪数百朵送寓所,堆垛狼藉,真无法处之。

译文:

"一尺雪"是芍药的变种,我在兖州见到过,它的花瓣纯白色,没有花须和花萼,没有花蕊,没有星星点点的红紫,洁白得像羊脂,花丝纤细得像是鹤翎的茎管,层层叠叠堆积如楼,吐出花舌,粉嫩香艳,丰腴如雪。植株才三尺见方,枝干细小纤弱,无力支撑,花朵大得像荷花,要绑一个小架子支撑它。长江以南,有人知道它的名字可是没有种子,有人有它的种子可是没有适合的土壤,于是不是在兖州不易见到。

兖州人种芍药像种麦子,芍药田连成片。花开时节宴请客人,路上搭棚子、装饰大门、挂在墙上、遮挡屏风、点缀帘子、插在席子上、铺在台阶上,都用到芍药花,每天消耗几千朵也不痛惜。我以前在兖州时,朋友每天剪下几百朵送到我住的地方,堆得到处都是,杂乱不堪,真的不知道怎么办才好。

菊海

兖州张氏期余看菊,去城五里。余至其园,尽其所为园者而折旋之,又尽其所不尽为园者而周旋之,绝不见一菊,异之。移时,主人导至一苍莽空地,有苇厂三间,肃余入,遍观之,不敢以菊言,真菊海也。厂三面,砌坛三层,以菊之高下高下之。花大如瓷瓯,无不球,无不甲,无不金银荷花瓣,色鲜艳异凡本,而翠叶层层,无一早脱者。此是天道,是土力,是人工,缺一不可焉。

兖州缙绅家风气袭王府,赏菊之日,其桌,其机、其灯、其炉、其盘、其盒、其盆盎、其肴器、其杯盘大觥、其壶、其帏、其褥、其酒、其面食、其衣服花样,无不菊者。夜烧烛照之,蒸蒸烘染,较日色更浮出数层。席散,撤苇帘以受繁露。

译文:

兖州张氏约我去看菊花,那里离城五里。我到了他的花园,在他的园子里到处转了一圈,又到园子外四处观看,根本没有见到一朵菊花,非常诧异。过一会儿,主人带着我到一块空旷的地方,有三间芦苇搭的棚子,恭敬地请我进去,一眼望去不敢称为菊花,简直是菊海。棚子的三面,砌了三层花坛,依据菊花高矮决定它们上下位置。菊花大得像小盆,各个浑圆,各个像披了金甲,各个都像金色、银色的荷花瓣,颜色鲜艳,和寻常品种的菊花相差很大。菊花的绿叶层层叠叠,没有一片脱落。这是气候、土壤、人工的结晶,缺一个因素也达不到。

兖州的缙绅之家的风气因袭王府惯例,赏菊的日子,桌子、炕头、灯盏、炉子、盘子、盒子、盆盘、食器、杯盘、大酒杯、酒壶、帷幔、褥垫、美酒、面食、衣服图案,都离不开菊。夜晚烛光照耀菊花,光焰热烈地烘托渲染,菊花比白天的姿色更多了几分韵味。席散了,就撤掉苇帘让菊花接受露水的滋润。

近现代 / 齐白石 /

花与蝴蝶（局部）

曹山

万历甲辰,大父游曹山,大张乐于狮子岩下。石梁先生戏作《山君檄》讨大父,祖昭明太子语,谓"若以管弦,污我岩壑"。大父作檄骂之,有曰:"谁云鬼刻神镂,竟是残山剩水!"石篑先生嗤石梁曰:"文人也,那得犯其锋!不若自认,以'残山剩水'四字摩崖勒之。"先辈之引重如此。

曹石宕为外祖放生池,积三十余年,放生几百千万。有见池中放光如万炬烛天,鱼虾荇藻附之而起直达天河者。余少时从先宜人至曹山庵作佛事,以大竹籯贮西瓜四,浸宕内。须臾,大声起岩下,水喷起十余丈,三小舟缆断,颠翻波中,冲击几碎。舟人急起视,见大鱼如舟,口欲四瓜,掉尾而下。

译文:

万历甲辰年,我祖父游历曹山,在狮子岩下大张旗鼓请乐师奏乐,非常喧嚣。石梁先生开玩笑以山神的角色作檄文讨伐我祖父,仿效昭明太子的语句,说:"你们这些人用音乐污染了我的山川。"我祖父作檄文回击,有一句说:"谁云鬼刻神镂,竟是残山剩水!"石篑先生嗤笑石梁说:"对于文人,怎么可以冒犯他!不如接受下来,用'残山剩水'四个字刻在石崖上。"先辈们就是这样互相推重的。

曹山的石宕是我外祖父放生的池子，积累了三十余年，放生的动物成千上万，有人见到池子中放射出的光芒像万把火炬照亮天空，池中鱼虾植物也随着光芒升起，直达银河。我年少时和母亲到曹山的庵中做佛事，用大竹篓装了四个西瓜，浸泡到石宕里。过一会儿，岩下发出很大声音，水柱喷起十余丈高，三只小舟缆绳断裂，在水波中翻了船，被波浪冲击得几乎碎掉。划船人急忙查看，见一条大鱼像船一样大，嘴里吸着四个西瓜，摆动尾巴没入水里。

齐景公墓花樽

霞头沈金事宦游时，有发掘齐景公墓者，迹之，得铜豆三，大花樽二。豆朴素无奇。花樽高三尺，束腰拱起，口方而敞，四面戟楞，花纹兽面，粗细得款，自是三代法物。归乾刘阳太公，余见赏识之，太公取与严，一介不敢请。及宦粤西，外母归余斋头，余拂拭之，为发异光。取浸梅花，贮水，汗下如雨，逾刻始收，花谢结子，大如雀卵。余藏之两年，太公归自粤西，稽覆之，余恐伤外母意，亟归之。后为驵侩所唉，竟以百金售去，可惜！今闻在歙县某氏家庙。

译文：

　　霞头的沈金事在外做官时，有人盗掘了齐景公的墓穴。沈金事跟踪他，得到了三尊青铜豆，两只青铜大花樽。青铜豆朴素无奇。花樽高三尺，中间窄细，两端粗大，口部方形而且开口大，四面棱角尖利分明，樽上装饰花纹和兽面，纹路粗细相宜，一定是夏商周的古董。这两只花樽归我妻子的祖父乾阳刘太公所有，我见了很欣赏，太公不慷慨，我不敢请求。等到他去广西当官，我岳母把花樽拿到我的书房，我拂拭花樽，它们发出奇异的光芒。我拿来浸泡梅花，装满水，花樽汗如雨下，过一会儿才停下来。梅花凋谢后结了果，大得像雀卵。我收藏花樽两年，太公从广西回来，要找他的花樽，我怕岳母为难，立刻归还太公。太公后人被小人引诱，竟然只卖了一百两银子，太可惜了！现在听说这两只花樽被放在歙县某氏的家庙里。

卷六

近现代 / 齐白石 /　　　　　　　　　　　　　　　　花卉长卷（局部）

卷七

近现代 / 齐白石 / 蚂蚱图（局部）

西湖香市

西湖香市,起于花朝,尽于端午。山东进香普陀者日至,嘉、湖进香天竺者日至,至则与湖之人市焉,故曰香市。

然进香之人市于三天竺,市于岳王坟,市于湖心亭,市于陆宣公祠,无不市,而独凑集于昭庆寺。昭庆寺两廊故无日不市者,三代八朝之骨董,蛮夷闽貊之珍异,皆集焉。至香市,则殿中边甬道上下、池左右、山门内外,有屋则摊,无屋则厂,厂外又棚,棚外又摊,节节寸寸,凡胭脂簪珥、牙尺剪刀,以至经典木鱼、伢儿嬉具之类,无不集。

此时春暖,桃柳明媚,鼓吹清和,岸无留船,寓无留客,肆无留酿。袁石公所谓"山色如娥,花光如颊,波纹如绫,温风如酒",已画出西湖三月。而此以香客杂来,光景又别。士女闲都,不胜其村妆野妇之乔画;芳兰芷泽,不胜其合香芫荾之薰蒸;丝竹管弦,不胜其摇鼓欹笙之聒帐;鼎彝光怪,不胜其泥人竹马之行情;宋元名画,不胜其湖景佛图之纸贵。如逃如逐,如奔如追,撩扑不开,牵挽不住。数百十万男男女女、老老少少,日簇拥于寺之前后左右者,凡四阅月方罢。恐大江以东,断无此二地矣。

崇祯庚辰三月,昭庆寺火。是岁及辛巳、壬午洊饥,民强半饿死。壬午虏鲠山东,香客断绝,无有至者，市遂废。辛巳夏，余在西湖，但见城中饿殍异出，扛挽相属。时杭州刘太守梦谦，汴梁人，乡里抽丰者多寓西湖，日以民词馈送。有轻薄子改古诗诮之曰："山不青山楼不楼，西湖歌舞一时休。暖风吹得死人臭，还把杭州送汴州。"可作西湖实录。

译文：

西湖的香市，从二月十五花朝节开始，到端午节结束。每天，都有从山东到普陀山进香的游客，还有从嘉兴、湖州到天竺寺进香的游客，他们一来就和西湖当地人做生意，所以称为香市。

进香的人在三天竺、岳王坟、湖心亭、陆宣公祠进行买卖，到处都可以进行交易，偏偏在昭庆寺最集中。昭庆寺的两侧长廊每天都有集市，各个朝代的古董、少数民族的奇珍异宝，都汇集在这里。到了香市，只见大殿当中、甬道上下、水池左右、山门内外，在屋子里的就摆摊，在屋外就搭棚屋，棚屋外又搭棚，棚子外又设摊位，密密麻麻。胭脂、发簪、耳饰、牙尺、剪刀，甚至经典书籍、木鱼、儿童玩具之类，应有尽有。

这个时节，春风送暖，桃树、柳树明媚可爱，乐声清新柔和。岸上没有停泊的船，旅舍里没有不外出的客人，酒馆没有未售出的酒。袁宏道赞美的"山色如娥，花光如颜，波纹如绫，温风如酒"，很好地勾画出了西湖三月的景致。这时节香客从四面八方而来，又增添别样风景。在都市生活的悠闲的士人美女，比不过乡野村妇的浓妆艳抹；优雅的香味，比不过自然树木、植物香气的熏蒸；丝竹管弦的乐曲，比不过敲鼓、吹笙的聒噪喧嚣；光怪陆离的古董，没有泥人竹马畅销；宋元名画，没有西湖景色、佛寺、佛塔的画像受欢迎。人们像是逃着、赶着、跑着、追着奔向集市，挡不住，拽不动。数百十万男男女女、老老少少，每天簇拥在昭庆寺周围，一直要持续四个月才罢休。恐怕大江以东，绝没有第二个这样的地方。

崇祯庚辰年三月，昭庆寺失火。从这一年到辛巳、壬午年，连年饥荒，百姓大多数饥饿而死。壬午年，清兵阻断交通，山东进香游客来路阻断，没有人来，集市就不存在了。辛巳年夏天，我在西湖，看见城中饿死的人被抬出，接连不断。时任杭州太守是刘梦谦，汴梁人。当时乡下专门敲诈钱财的人借住在西湖，每天把替百姓诉讼打秋风的钱进献给他。有好开玩笑的人修改古诗讥讽他说："山不青山楼不楼，西湖歌舞一时休。暖风吹得死人臭，还把杭州送汴州。"此诗可以当作对当时西湖的真实写照。

鹿范寺方柿

萧山方柿,皮绿者不佳,皮红而肉糜烂者不佳,必树头红而坚脆如藕者,方称绝品。然间遇之,不多得。余向言西瓜生于六月,享尽天福;秋白梨生于秋,方柿、绿柿生于冬,未免失候。丙戌,余避兵西白山,鹿苑寺前后有夏方柿十数株。六月歊暑,柿大如瓜,生脆如咀冰嚼雪,目为之明,但无法制之,则涩勒不可入口。土人以桑叶煎汤,候冷,加盐少许,入瓮内,浸柿没其颈,隔二宿取食,鲜磊异常。余食萧山柿多涩,请赠以此法。

译文:

萧山方柿,皮是绿色的不好,皮是红色果肉稀烂的不好,一定是在树上就红透了而且结实清脆像莲藕一样的,才称得上绝品。可是方柿只是偶尔能够遇到,不可多得。我以前说过西瓜成熟在六月,享尽了上天的恩赐;秋白梨成熟在秋天,方柿、绿柿成熟在冬天,未免错过了好节令。丙戌年,我到西白山躲避战乱,鹿范寺前后有夏方柿十几株。六月炎热的夏季,柿子大得像瓜,吃起来清脆得像咀嚼冰雪,让人的眼睛都明亮起来。柿子加工不得法,就会涩得无法下咽。当地人用桑叶煮水,等冷却后,加少许盐,放入瓮中,完全浸没柿子,隔两个晚上把柿子拿出来吃,格外鲜美有味道。我吃萧山柿子大多苦涩,就把这个方法送给大家。

卷七

近现代 / 齐白石 /　　　　　　　　　　　　　　　　　荷花翠鸟（局部）

西湖七月半

西湖七月半，一无可看，止可看看七月半之人。

看七月半之人，以五类看之。其一，楼船箫鼓，峨冠盛筵，灯火优傒，声光相乱，名为看月而实不见月者，看之。其一，亦船亦楼，名娃闺秀，携及童娈，笑啼杂之，环坐露台，左右盼望，身在月下而实不看月者，看之。其一，亦船亦声歌，名妓闲僧，浅斟低唱，弱管轻丝，竹肉相发，亦在月下，亦看月，而欲人看其看月者，看之。其一，不舟不车，不衫不帻，酒醉饭饱，呼群三五，跻入人丛，昭庆、断桥，嘄呼嘈杂，装假醉，唱无腔曲，月亦看，看月者亦看，不看月者亦看，而实无一看者，看之。其一，小船轻幌，净几暖炉，茶铛旋煮，素瓷静递，好友佳人，邀月同坐，或匿影树下，或逃嚣里湖，看月而人不见其看月之态，亦不作意看月者，看之。杭人游湖，巳出酉归，避月如仇，是夕好名，逐队争出，多犒门军酒钱，轿夫擎燎列俟岸上。一入舟，速舟子急放断桥，赶入胜会。以故二鼓以前，人声鼓吹，如沸如撼，如魇如呓，如聋如哑，大船小船一齐凑岸，一无所见，止见篙击篙、舟触舟、肩摩肩、面看面而已。

少刻兴尽，官府席散，皂隶喝道去，轿夫叫船上人，怖以关门，灯笼火把如列星，一一簇拥而去。岸上人亦逐队赶门，渐稀渐薄，顷刻散尽矣。吾辈始舣舟近岸，断桥石磴始凉，席其上，呼客纵饮。此时月如镜新磨，山复整妆，湖复颒面。向之浅斟低唱者出,匿影树下者亦出,吾辈往通声气,拉与同坐。韵友来,名妓至,杯箸安,竹肉发。

月色苍凉,东方将白,客方散去。吾辈纵舟,酣睡于十里荷花之中,香气拍人,清梦甚惬。

译文:

西湖七月十五,没有可看的事情,只有那天的游人可看。

看七月半的人,分五类。有一种人,他们坐着大船,奏着乐,衣冠楚楚,大摆筵席,灯火辉煌,有歌妓和仆人伺候,周围声音和光线交杂。他们名义上是赏月其实并没有看月亮,这类人可以看。有一种人,他们也是坐着大船,大家闺秀,带着容貌俊美的童子少年,笑声啼声混杂,环坐在露台上,左右顾盼,他们身虽在月下而实际并没有看月,这一类人可以看。有一种人,他们也坐在船上,也有笙歌相伴,大都是名妓和闲散的僧人。他们浅斟低唱,乐声轻幽,丝竹声和歌声一同响起。他们也在月下,也看月,想让别人看到他们在赏月,这一类人可以看。有一种人,他们不坐船不坐车,穿着随意,酒足饭饱,召集三五个人,挤到人群里,在昭庆寺、断桥一带乱喊乱叫制造混乱,装出醉态,胡乱哼唱。他们既看月亮,也看赏月和不赏月的人,这一类人可以看。有一种人,他们乘着轻纱慢帐的小船,带着洁净的几案和暖炉,茶铛里有刚刚煮好的茶,用白净的瓷碗盛满茶水安静地递过去。好友佳人，在月下同坐，或是藏在树下，或是逃进里湖。他们赏月可是人们见不到他们看月亮的样子，也不装作赏月，这一类人可以看。

杭州人游西湖，上午九点多出发，下午五点多返回，躲月亮像躲避仇人。只有这天晚上以喜欢月亮为名，人们排着队争相出行，会多多犒劳守门军士酒钱，轿夫举着火把，排开了等在岸上。一上船，人们马上命令船夫划到断桥，加入盛会。所以二鼓以前，人声和音乐声，像开水，像炸雷，像梦魇，像呓语，听不清说不出。大船小船都往岸上挤，什么也看不到，只看见船篙互相击打，小船互相碰撞，肩膀擦着肩膀，脸对着脸罢了。

过一段时间，兴致没了，官府的宴席也散了，衙役们高喊着开道而去。轿夫催促船上人上轿，吓唬说要关城门了，灯笼火把像排列的行星，人们紧紧簇拥着离开。岸上的人也排着队抓紧回城，人越来越少，很快散尽了。我们这些人开始划船靠岸，断桥的石头台阶开始有凉意，坐在上面，招呼客人开怀畅饮。这时，月亮像刚刚磨制好的镜子，山峦像重整妆容，湖面恢复平静。原来浅斟低唱的人露面了，藏在树下的人也露面了，我们上前通报姓名，请他们过来一起坐。诗友来了，名妓到了，杯筷备好，歌声乐声响起。

当月色苍凉，东方快要发白时，客人才散去。我们这些人划着船，酣睡在十里荷花中，荷花香气袭人，正好做一场惬意的清梦。

及时雨

壬申七月，村村祷雨，日日扮潮神海鬼，争唾之。余里中扮《水浒》，且曰：画《水浒》者，龙眠、松雪、近章侯，总不如施耐庵，但如其面勿黛，如其髭勿鬛，如其兜鍪勿纸，如其刀杖勿树，如其传勿杜撰，勿弋阳腔，则十得八九矣。于是分头四出，寻黑矮汉，寻梢长大汉，寻头陀，寻胖大和尚，寻茁壮妇人，寻姣长妇人，寻青面，寻歪头，寻赤须，寻美髯，寻黑大汉，寻赤脸长须。大索城中，无则之郭、之村、之山僻、之邻府州县，用重价聘之，得三十六人。梁山泊好汉，个个呵活，臻臻至至，人马称娖而行，观者兜截遮拦，直欲看杀卫玠。

五雪叔归自广陵，多购法锦宫缎，从以台阁者八：雷部六，大士一，龙宫一，华重美都，见者目夺气亦夺。盖自有台阁，有其华无其重，有其美无其都，有其华重美都无其思致，无其文理。轻薄子有言："不替他谦了也，事事精办！"

季祖南华老人喃喃怪问余曰："《水浒》与祷雨有何义味？近余山盗起，迎盗何为耶？"余俯首思之，果诞而无谓，徐应之曰："有之。天罡尽，以宿太尉殿焉。用大牌六，书'奉旨招安'者二，书'风调雨顺'者一，'盗息民安'者一，更大书'及时雨'者二，前导之。"观者欢喜赞叹，老人亦匿笑而去。

译文:

壬申年七月,每个村都会祈求下雨,每天有人扮成潮神海鬼,大家争相向他们吐唾沫。我们家乡的人扮《水浒》祈雨,还说:画《水浒》人物,李公麟、赵孟頫水平接近陈章侯,可是都不如施耐庵自己来画最传神。如果扮演水浒的人脸不涂黑,胡子不用粘马毛,头盔不用纸做,刀杖不用木头,传说不要杜撰,不要唱弋阳腔,才能有八九分像。于是分头四方寻找,找又黑又矮的汉子,找高大的汉子,找云游的和尚,找又胖又高的和尚,找健硕的妇人,找姣好高挑的妇人,找脸上有青痣的人,找歪脑袋的人,找红胡子的人,找美髯公,找黑大汉,找红脸长胡子的人。人们在城里极力寻找,找不到就去城外、村里、偏远山里、邻近州县寻找,花重金请来,凑了三十六人。"梁山泊好汉",各个活灵活现,众人凑齐,人马齐整地列队游行,观看的人围追堵截,就像古时候女子围观美男子卫玠。

五雪叔从广陵回来,买了许多绸缎,制作成八个台阁,包括:六个雷部台阁、一个大士台阁、一个龙宫台阁,华丽庄重,漂亮高雅。看到的人目光和心神都被它攫获。自从有台阁以来,有的华丽可是不庄重;有的漂亮可是不高雅;有的华丽高贵,可是没有内涵、没有意趣。五雪叔做得无可挑剔,轻薄的人有的说:"他不用谦虚,事事都做得精致。"

叔祖南华老人感到奇怪,小声问我说:"《水浒》和祈雨有什么关系?近日余山盗贼作乱,这不是迎接他们吗?"我俯首思考,确实荒诞无据,慢慢回应说:"有关系,《水浒传》中那些下凡的天罡星最后由宿太尉收场。当时,宿太尉用了六块大牌子,两块上面写'奉旨招安',一块写'风调雨顺',一块写'盗息民安',更有两块写着大字'及时雨',在前面引导。"围观的人欢喜赞叹,老人也偷偷笑着离开。

近现代 / 齐白石 /　　　　　　　牵牛花(局部)

山艇子

龙山自巘花阁而西皆骨立,得其一节,亦尽名家。山艇子石,意尤孤孑,壁立霞剥,义不受土。大樟徙其上,石不容也,然不恨石,屈而下,与石相亲疏。石方广三丈,右坳而凹,非竹则尽矣,何以浅深乎石。

然竹怪甚,能孤行,实不藉石。竹节促而虬,叶毵毵如猬毛,如松狗尾,离离蠡蠡,捎挶攒挤,若有所惊者。竹不可一世,不敢以竹二之。或曰:古今错刀也。或曰:竹生石上,土肤浅,蚀其根,故轮囷盘郁,如黄山上松。

山艇子樟,始之石,中之竹,终之楼。意长楼不得竟其长,故艇之。然伤于贪,特特向石,石意反不之属,使去丈而楼,壁出,樟出,竹亦尽出。竹石间意,在以淡远取之。

译文:

龙山从巘花阁向西,山的形态都形销骨立,能得到其中一节,也可以成为名家。山艇子这块石头,给人感觉最孤绝,石头陡峭直立没有斑斓色彩,没有土壤覆盖在上面。有高大的樟树长在上面,石头不接纳它,树却不憎恨石头,屈身向下,和石头亲密相处。石头有三丈宽,右侧凹陷进去,如果不是竹子长在那里,真无从知道石头有多深。

可是竹子也是十分奇怪,遗世独立,绝不依傍石头。竹节短而弯曲,竹叶齐整,像刺猬的毛,像松狗的尾巴,枝叶茂盛挺拔,风吹过,叶子随风向摇晃，互相簇拥，像是受到惊吓。这里的竹子展现出不可一世的姿态，不敢有胜过他们的了。有人说竹叶的形状像古代金错刀钱币。有人说竹长在石头上，土壤少，不能满足它的根，所以竹根弯曲盘旋像黄山松树。

山艇子的樟树，长在石头上，有竹子陪伴，最终长到楼阁那么高，看来还会比楼更高，所以被叫作艇子。可是它的不足就在于贪心，一心亲近石头，石头却无意。假如它向着楼阁移动一丈，那山石、樟树、竹子都可以显露出来。竹子和石头的关系，在于淡然、疏离，这是可以借鉴的。

悬杪亭

余六岁随先君子读书于悬杪亭。记在一峭壁之下，木石撑距，不藉尺土，飞阁虚堂，延骈如栉。缘崖而上，皆灌木高柯，与檐甍相错。取杜审言"树杪玉堂悬"句，名之"悬杪"，度索寻橦，大有奇致。后仲叔庐其崖下，信堪舆家言，谓碍其龙脉，百计购之，一夜徒去，鞠为茂草。儿时怡寄，常梦寐寻往。

译文：

我六岁时跟着父亲在悬杪亭读书，记得亭子建在一道峭壁下面，树木石头互相支撑，根本不借助土壤，楼阁、厅堂凌空，像梳子齿密集排列。沿着悬崖向上，灌木树干高大，和屋檐交错。亭子的名字取自杜审言的诗句"树杪玉堂悬",称为"悬杪"。沿着索道去寻找樟树,有十分奇妙的景致。后来二叔在悬崖下结庐修炼,他相信风水先生的话,说亭子妨碍了龙脉,于是费尽心思买了下来,一夜间亭子被夷为平地,那里变得衰败荒芜、杂草茂盛。那里是我儿时寄托快乐的地方,我常常在梦里追寻过往。

雷殿

雷殿在龙山磨盘冈下,钱武肃王于此建蓬莱阁,有断碣在焉。殿前石台高爽,乔木萧疏。六月,月从南来,树不蔽月。余每浴后拉秦一生、石田上人、平子辈坐台上,乘凉风,携肴核,饮香雪酒,剥鸡豆,啜乌龙井水,水凉冽激齿。下午着人投西瓜浸之,夜剖食,寒栗逼人,可雠三伏。林中多鹘,闻人声辄惊起,磔磔云霄间,半日不得下。

译文:

雷公殿建在龙山磨盘冈下,钱武肃王在这里曾经建蓬莱阁,现在还有断裂的碑石存留在那里。大殿前的石台高大宽阔,乔木萧瑟稀疏。六月间,月光从南面照过来,树木遮不住月光。我每每沐浴后拉上秦一生、石田上人、平子等人坐在石台上乘凉,带着菜肴干果,畅饮香雪酒,剥着芡实,啜饮乌龙井水,井水冷冽冰牙。下午让人把西瓜放井里浸泡,夜晚切开来吃,冰凉得让人打寒战,可以消退三伏的暑热。树林中有很多鹰隼,听到人的声音就惊飞,在云霄鸣叫,很久都不落下。

龙山雪

天启六年十二月,大雪深三尺许。晚霁,余登龙山,坐上城隍庙山门,李岕生、高眉生、王畹生、马小卿、潘小妃侍。万山载雪,明月薄之,月不能光,雪皆呆白。坐久清冽,苍头送酒至,余勉强举大觥敌寒,酒气冉冉,积雪欲之,竟不得醉。马小卿唱曲,李岕生吹洞箫和之,声为寒威所慑,咽涩不得出。三鼓归寝。马小卿、潘小妃相抱从百步街旋滚而下,直至山趾,浴雪而立。余坐一小羊头车,拖冰凌而归。

译文:

天启六年十二月,下了大雪,积雪有三尺多厚。晚上雪停了,我登上龙山,坐在城隍庙山门旁,李岕生、高眉生、王畹生、马小卿、潘小妃陪着我。群山被雪覆盖,明月离山很近,月亮发不出光芒,雪呈现呆板的白色。在地上坐久了,阴冷刺骨,老仆人送酒来,我勉强举起大杯喝下御寒,酒气升腾,被积雪吸走,竟然不会醉。马小卿唱曲,李岕生吹奏洞箫应和,声音慑于严寒的威力,哽咽苦涩不响亮。三鼓后回去就寝,马小卿、潘小妃互相抱着从百步街旋转翻滚下山,像在雪中洗过澡一样站在山脚。我坐独轮小车,拖着冰凌回家。

庞公池

庞公池岁不得船,况夜船,况看月而船。自余读书山艇子,辄留小舟于池中,月夜,夜夜出,缘城至北海阪,往返可五里,盘旋其中。山后人家,闭门高卧,不见灯火,悄悄冥冥,意颇凄恻。余设凉簟,卧舟中看月,小傒船头唱曲,醉梦相杂,声声渐远,月亦渐淡,嗒然睡去。歌终忽寤,含糊赞之,寻复鼾齁。小傒亦呵欠歪斜,互相枕藉。舟子回船到岸,篙啄丁丁,促起就寝。此时胸中浩浩落落,并无芥蒂,一枕黑甜,高春始起,不晓世间何物谓之忧愁。

译文:

庞公池内是从来没有行船的,更不要说夜行船,更不要说为了看月色而行船。自从我在山艇子读书,就留了一只小船在池里,有月亮的晚上,每晚都要坐船出行,顺着城中河道划到北海阪,往返有五里远,我在水中来来回回。山后的人家,关上门扉已进入梦乡,灯火熄灭,没有动静,一片昏暗,显得很是凄清寥落。我铺一块凉席,躺在船上赏月,小仆人在船头唱曲,半醉半梦中,声音渐渐缥缈,月色也渐渐浅淡,松弛中渐渐睡去。歌唱完了,我忽然醒来,语意含糊地叫声好,一会儿又鼾声大作。小仆人也是哈欠连天,坐得歪歪斜斜,横竖交错躺在一起。船夫向岸边划去,船篙敲击像啄木鸟的声音,催促我上岸睡觉。这时我胸中无比开阔,没有一点杂念,酣然入睡,黄昏才睡醒起来,不知道世上什么才是忧愁。

近现代 / 齐白石 /

灵芝、草和天牛（局部）

品山堂鱼宕

二十年前强半住众香国,日进城市,夜必出之。品山堂孤松箕踞岸帻入水。池广三亩,莲花起岸,莲房以百以千,鲜磊可喜。新雨过,收叶上荷珠煮酒,香扑烈。

门外鱼宕横亘三百余亩,多种菱芡。小菱如姜芽,辄采食之,嫩如莲实,香似建兰,无味可匹。深秋,橘奴饱霜,非个个红绽不轻下剪。季冬观鱼,鱼艓千余艘,鳞次栉比,罳者夹之,罘者扣之,籍者罨之,**罠**者撒之,罩者抑之,罜者举之。水皆泥泛,浊如土浆。鱼入网者圉圉,漏网者唅唅,寸鲵纤鳞,无不毕出。集舟分鱼,鱼税三百余斤,赤瞤白肚,满载而归。约吾昆弟,烹鲜剧饮,竟日方散。

译文:

二十年前,我大半的时间住在众香国,白天进城,晚上一定出城回来。品山堂有一棵孤松枝叶横生,孤傲伫立,树冠潇洒地轻拂水面。池子方圆三亩,莲花一直长到了岸边,莲蓬成百上千,鲜嫩可爱。新雨过后,收集荷叶上的雨水煮酒,香气扑鼻浓烈。

门外的鱼塘,纵深三百多亩,种了很多菱角和芡实。小的菱角像姜芽,随手采来吃,嫩得像芡实,香气像建兰,味道绝美。深秋时节,橘子饱经风霜,不是各个又红又饱满绝不轻易剪下来。冬季可以看鱼,打鱼的小渔船有千余艘,鳞次栉比。打鱼人有的用罳夹鱼,用大渔网扣鱼,用鱼叉扎鱼,有人撒渔网,有人用罩捕鱼,有人把挂满鱼的网拉上来。

水浑浊得像泥浆。在网里的鱼筋疲力尽,漏网的鱼惊魂未定,大口呼吸。连一寸长的、鱼鳞细小的小鱼都在网里。小船聚集在一起分鱼,要交鱼税三百余斤。我带着鲜红色、白肚皮的鱼满载而归。约来我的亲朋好友,尝鲜豪饮,热闹一天才散去。

松花石

松花石,大父舁自潇江署中。石在江口神祠,土人割牲飨神,以毛血洒石上为恭敬,血渍毛氄,几不见石。大父舁入署,亲自祓濯,呼为"石丈",有《松花石纪》。今弃阶下,载花缸,不称使。余嫌其轮囷臃肿,失松理,不若董文简家茁错二松橛,节理槎枒,皮断犹附,视此更胜。大父石上磨崖铭之曰:"尔昔鬣而鼓兮,松也;尔今脱而骨兮,石也;尔形可使代兮,贞勿易也;尔视余笑兮,莫余逆也。"其见宝如此。

译文:

松花石是祖父从潇江署中抬回来的。这块石头在江口神祠,当地人宰杀牲畜祭神,把皮毛和血洒在石头上表示恭敬,血渍和细毛附着在上面,几乎看不到石头的本来面目。祖父把它抬到官府里,亲自除垢清洗,把它称为"石丈",写有《松花石纪》。如今石头被丢弃在石阶下,托着花缸,用起来不称心。我嫌它弯曲臃肿,没有松树的纹理,不像董文简家中两根粗壮、错落有致的松树桩,枝杈参差,树皮虽然断裂但还是附着在树桩上,看起来比松花石赏心悦目。祖父在石头上刻了铭文,写道:"你从前松针像鬃毛一样竖立,是松树;你如今蜕变得像骨骼一样,是石头;你的外形可以变化,贞操不会改变;你看着我微笑,不要违背我的志向。"由此可以看到我祖父多么珍爱它。

闰中秋

崇祯七年闰中秋,仿虎丘故事,会各友于蕺山亭。每友携斗酒、五簋、十蔬果、红毡一床,席地鳞次坐。缘山七十余床,衰童塌妓,无席无之。在席者七百余人,能歌者百余人,同声唱"澄湖万顷",声如潮涌,山为雷动。诸酒徒轰饮,酒行如泉。夜深客饥,借戒珠寺斋僧大锅煮饭饭客,长年以大桶担饭不继。命小傒岕竹、楚烟于山亭演剧十余出,妙入情理,拥观者千人,无蚊虻声,四鼓方散。

月光泼地如水,人在月中,濯濯如新出浴。夜半,白云冉冉起脚下,前山俱失,香炉、鹅鼻、天柱诸峰,仅露髻尖而已,米家山雪景仿佛见之。

译文:

崇祯七年闰中秋,我仿照虎丘赏月的习俗,和各位朋友在蕺山亭聚会。规定每位友人带一斗酒、五个菜肴、十种蔬果、一床红毡,排列着席地而坐。沿着山脚一共有七十余席,疲惫的戏童和艺妓,每张席上都有。参加的有七百余人,能唱歌的有百余人,一起齐唱"澄湖万顷"，声音像大潮奔涌，山都发出雷鸣一样的回声。每个酒徒都狂饮，酒的消耗像泉水流淌。夜深后，客人饿了，我借用戒珠寺僧人用的大锅煮饭给客人，老仆人用大桶挑饭都供不应求。我命令小童芥竹、楚烟在山亭演了十余出戏曲，其美妙精彩，簇拥观看的有近千人，四周连小虫的杂音都没有，四鼓才散去。

月光洒在地上像水一样，人在月光下，洁净得像刚刚出浴。夜半时分，白云从脚下冉冉升起，前面的山都看不见了，香炉、鹅鼻、天柱各山峰，仅仅露出山头，就好像北宋米芾笔下的"米家山水"一般。

愚公谷

无锡去县北五里为铭山。进桥店在左岸，店精雅，卖泉酒水坛、花缸、宜兴罐、风炉、盆盎、泥人等货。愚公谷在惠山右，屋半倾圮，惟存木石。惠水涓涓，由井之涧，由涧之溪，由溪之池、之厨、之湢，以涤、以濯、以灌园、以沐浴、以净溺器，无不惠山泉者，故居园者福德与罪孽正等。

愚公先生交游遍天下，名公巨卿多就之，歌儿舞女、绮席华筵、诗文字画，无不虚往实归。名士清客至则留，留则款，款则钱，钱则赆。以故愚公之用钱如水，天下人至今称之不少衰。

愚公文人，其园亭实有思致文理者为之，礌石为垣，编柴为户，堂不层不庑，树不配不行。堂之南，高槐古朴，树皆合抱，茂叶繁柯，阴森满院。藕花一塘，隔岸数石，乱而卧。土墙生苔，如山脚到涧边，不记在人间。园东逼墙一台，外瞰寺，老柳卧墙角而不让台，台遂不尽瞰，与他园花树故故为容，亭台意特特为园者不同。

译文：

无锡出县城向北五里就是铭山。过一座桥，有家店铺在河的左岸，店铺精致清雅，卖泉水酒水坛、花缸、宜兴陶罐、风炉、盆盎和泥人等东西。愚公谷在惠山西面，房屋差不多倒塌荒废了，只有树木、石头还在。惠水涓涓流淌，从水井流到山涧，从山涧流到小溪，由小溪流到池塘、厨房、浴室，人们洗涮、洒水、灌溉果园、沐浴、洗便器，都用惠山泉水，所以住在园里的人因为用水做各种事情，福德和罪孽是相等的。

愚公先生交游遍布天下，有名望的公卿都愿意接近他，往来间歌舞助兴、华丽的筵席、诗文字画，都真心实意操办。名士、雅客来了，愚公就挽留，还要款待、践行，分手时还要送礼物。愚公花钱如流水，天下人到今天都还称赞他，一点也没减少。

愚公是文人，他的院子和亭子是有才思和情趣的人修建的，垒石头当矮墙，编荆柴做门户，大堂不分层也不建走廊，树木随意种植。大堂南面，古槐树苍老古朴，树木都有合抱粗，枝叶繁茂，树荫浓密遮蔽整个园子。池塘开满荷花，隔岸有几块石头，杂乱卧在地上。土墙长满青苔，从山脚到河边，让人怀疑不是在人间。园子东边紧靠园墙搭一台子，站在上面可以向外俯瞰寺院，有株老柳树卧在墙角侵占了台子，阻碍了视线。这和其他园子种花草树木都是为了陪衬亭台，刻意用亭台景致造园不一样。

卷七

近现代 / 齐白石 / 牵牛花（局部）

定海水操

定海演武场在招宝山海岸。水操用大战船、唬船、蒙冲、斗舰数千余艘,杂以鱼艓轻艦,来往如织。舳舻相隔,呼吸难通,以表语目,以鼓语耳,截击要遮,尺寸不爽。健儿瞭望,猿蹲桅斗,哨见敌船,从斗上掷身腾空溺水,破浪冲涛,顷刻到岸,走报中军,又趵跃入水,轻如鱼凫。

水操尤奇在夜战,旌旗干橹皆挂一小镫,青布幕之,画角一声,万蜡齐举,火光映射,影又倍之。招宝山凭槛俯视,如烹斗煮星,釜汤正沸。火炮轰裂,如风雨晦冥中电光焱焱,使人不敢正视;又如雷斧断崖石,下坠不测之渊,观者褫魄。

译文:

定海演武场在招宝山海岸。水军演练会出动大战船、唬船、蒙冲、斗舰等大小战船数千艘,还夹杂着一些轻便小船,往来如织。船头尾相隔,音讯难通,用旗语或是鼓点传递信息。演练时拦截、攻击敌方要害,精确无误。健儿在高处瞭望,像猿一样蹲在桅斗里,侦察到敌船,就从斗上投身腾空入水,搏击风浪,一会儿就游到岸上,跑去向中军大人禀报,然后又腾跃入水,在水里动作轻盈得像鱼或野鸭子。

水军演练更神奇的是夜战,旌旗和盾牌上都挂一盏小灯,用黑布遮挡,号角声响起,万根蜡烛同时发光,火光映射下,影子成倍增加。在招宝山上凭栏俯视,水面就像烹煮星斗,像锅中开水翻滚。火炮轰鸣炸裂,像风雨黑暗中雷电闪烁,让人不敢正视;又像炸雷劈断山崖,坠入无底深渊,看的人被吓得失魂落魄。

阿育王寺舍利石

阿育王寺,梵宇深静,阶前老松八九棵,森罗有古色。殿隔山门远,烟光树樾,摄入山门,望空视明,冰凉晶沁。右旋至方丈门外,有娑罗二株,高插霄汉。便殿供旃檀佛,中储一铜塔,铜色甚古,万历间慈圣皇太后所赐藏舍利子塔也。舍利子常放光,琉璃五彩,百道迸裂,出塔缝中,岁三四见。凡人瞻礼舍利,随人因缘现诸色相。如墨墨无所见者,是人必死。昔湛和尚至寺,亦不见舍利,而是年死。屡有验。

次早,日光初曙,僧导余礼佛,开铜塔,一紫檀佛龛供一小塔,如笔筒,六角,非木非楮,非皮非漆,上下皲定,四围镂刻花楞梵字。舍利子悬塔顶,下垂摇摇不定,人透眼光入楞内,复眠眼,上视舍利,辨其形状。余初见三珠连络如牟尼串,煜煜有光。余复下顶礼,求见形相,再视之,见一白衣观音小像,眉目分明,髻鬘皆见。秦一生反复视之,讫无所见,一生遑遽,面发赤,出涕而去。一生果以是年八月死,奇验若此。

译文:

  阿育王寺的庙宇幽深宁静,台阶前有八九棵苍劲的老松树,浓郁繁茂有沧桑感。大殿离山门距离远,云雾笼罩树荫浓郁,进入山门,仰望天空视觉开阔,感觉冰凉清澈,沁人心脾。向右转到方丈门外,种着两棵娑罗树,树木高大直插云霄。便殿供奉着一尊檀香木佛,中间藏着一座铜塔,铜的颜色很有年代感,是万历年间慈圣皇太后所赐,这是藏佛祖舍利的塔。舍利子经常发光,像琉璃一样五光十色,百道光芒从塔的缝隙中迸射出来,每年能看到三四次。平常人参拜舍利,根据与佛的因缘,舍利会显现不同色相。如果漆黑一片什么都看不到,这个人必死无疑。从前湛和尚到寺里,也没有见到舍利,当年就死了。这件事多次应验。

  第二天早晨,刚刚天亮,僧人引导我礼佛,打开铜塔,见到一个紫檀佛龛中供奉着一个小佛塔,像笔筒的六角,材质不是木头也不是纸,不是皮革也不是漆器,上下包裹严实,四周雕刻花楞梵文。舍利子悬挂在塔顶,向下悬垂摇晃不定,人们通过花楞看里面,再眯着眼仔细向上看舍利,分辨它的形状。我初见是三颗珠子连在一起像一串佛珠,闪闪发光。我又下拜行礼,想看到舍利的形状,再看时见到一尊白衣观音小佛像,眉眼清晰,鬓毛额发都可以看清。秦一生看了好几遍,最终什么都没看到。一生很恐慌,脸色通红,哭着离开。一生果然在这一年八月故去,这颗舍利子就是这么灵验。

过剑门

南曲中妓,以串戏为韵事,性命以之。杨元、杨能、顾眉生、李十、董白以戏名,属姚简叔期余观剧。俀僮下午唱《西楼》,夜则自串。俀僮为兴化大班,余旧伶马小卿、陆子云在焉,加意唱七出,戏至更定,曲中大咤异。杨元走鬼房问小卿曰:"今日戏,气色大异,何也?"小卿曰:"坐上坐者余主人。主人精赏鉴,延师课戏,童手指千,俀僮到其家谓'过剑门',焉敢草草!"

杨元始来物色余。《西楼》不及完,串《教子》。顾眉生:周羽;杨元:周娘子;杨能:周瑞隆。杨元胆怯肤栗,不能出声,眼眼相觑,渠欲讨好不能,余欲献媚不得,持久之,伺便喝采一二,杨元始放胆,戏亦遂发。嗣后曲中戏,必以余为导师,余不至,虽夜分不开台也。以余而长声价,以余长声价之人而后长余声价者,多有之。

译文:

演唱南昆戏曲的艺妓,把唱戏当作风雅的事,表演得非常投入。杨元、杨能、顾眉生、李十、董白都因唱戏出名,她们嘱咐姚简叔邀请我去看戏。小戏童下午唱《西楼》,夜晚时,她们亲自登台。戏班演员来自兴化大班,原来我家戏班的演员马小卿、陆子云都在里面。那天演员加倍用力唱了七出戏,唱到一更后,演员表演与平时不同,让人觉得很是奇怪。杨元到化妆间问小卿:"今天你的表演,气势、神态和平常大不一样，为什么？"小卿说："坐在上宾席位的是我的主人。主人精于戏曲鉴赏，请师傅为我们讲戏，请过很多人，戏班到他家唱戏，叫作'过剑门'，哪里敢潦草敷衍！"

杨元开始注意到我。《西楼》还没唱完，她就开始唱《教子》。顾眉生演周羽，杨元演周娘子，杨能演周瑞隆。杨元因为胆怯而战栗，发不出声音，她和我面面相觑。她想讨得观众喝彩却表现不出来，我想向她示好也无计可施，过了好久，我借着机会喊了几声好，杨元才开始放开胆子，戏也就正常唱下去。此后再唱戏，她一定要让我做导师，我不到，即使到了后半夜也不开唱。被我抬高名声和身价的演员，因为被我抬高身价又反而也抬高了我名声和身价的人，有很多。

冰山记

魏珰败，好事者作传奇十数本，多失实，余为删改之，仍名《冰山》。城隍庙扬台，观者数万人，台址鳞比，挤至大门外。一人上，白曰："某杨涟。"口口谇谮曰："杨涟！杨涟！"声达外，如潮涌，人人皆如之。杖范元白，逼死裕妃，怒气忿涌，噤龁嗾嗜。至颜佩韦击杀缇骑，嚣呼跳蹴，汹汹崩屋。沈青霞缚藁人射相嵩以为笑乐，不是过也。

是秋，携之至兖，为大人寿。一日，宴守道刘半舫，半舫曰："此剧已十得八九，惜不及内操、菊宴,及逼灵犀与囊收数事耳。"余闻之。是夜席散,余填词,督小傒强记之。次日,至道署搬演,已增入七出,如半舫言。半舫大骇异,知余所构,遂诣大人,与余定交。

译文:

魏忠贤倒台后,好事的人写了十数本传奇,有很多失实的地方,我做了删改,名字还叫《冰山》。在城隍庙戏台公演,观看的人有几万,观众在戏台下鳞次栉比排开,一直挤到大门外面。一个演员上台,念白说:"我是杨涟。"观众小声互相传话:"杨涟!杨涟!"声音传到场外,像潮水涌动,人人都是这样。演到乱棍打死范元白、逼死裕妃时,观众怒气喷涌,咬牙切齿,大声阻止、呼喊。演到颜佩韦击杀锦衣卫校尉时,观众欢呼跳跃,声音大得像要把房子震塌。沈青霞绑草人当成严嵩,以射杀他来取乐,不算过分。

这年秋天,我把戏带到兖州,为父亲贺寿。一天,宴请守道刘半舫,半舫说:"这部戏已经把史实演了八九成,可惜还没有提到魏忠贤在宫中操练太监、菊宴、逼迫官员以及奸党被一网打尽的事情。"我听后,当夜宴席散去,我重新填词,督促戏班演员卖力记下新词。第二天,带戏班到道署衙门上演,已增加七出戏,都是根据半舫说的。半舫非常吃惊,知道是我撰写的,于是来拜访我父亲,和我定下交情。

卷八

近现代 / 齐白石 / 折枝花卉（局部）

龙山放灯

万历辛丑年,父叔辈张灯龙山,刻木为架者百,涂以丹臒,帨以文锦,一灯三之。灯不专在架,亦不专在磴道,沿山袭谷,枝头树杪无不灯者,自城隍庙门至蓬莱岗上下,亦无不灯者。山下望如星河倒注,浴浴熊熊,又如隋炀帝夜游,倾数斛萤火于山谷间,团结方开,倚草附木,迷迷不去者。好事者卖酒,缘山席地坐。山无不灯,灯无不席,席无不人,人无不歌唱鼓吹。

男女看灯者,一入庙门,头不得顾,踵不得旋,只可随势潮上潮下,不知去落何所,有听之而已。庙门悬禁条:禁车马,禁烟火,禁喧哗,禁豪家奴不得行辟人。父叔辈台于大松树下,亦席,亦声歌,每夜鼓吹笙簧与宴歌弦管,沉沉昧旦。

十六夜,张分守宴织造太监于山巅星宿阁,傍晚至山下,见禁条,太监忙出舆,笑曰:"遵他,遵他,自咱们遵他起!"却随役,用二卯角扶掖上山。夜半,星宿阁火罢,宴亦遂罢。

灯凡四夜,山上下糟丘肉林,日扫果核、蔗滓及鱼肉骨、蠡蜕,堆砌成高阜,拾妇女鞋挂树上,如秋叶。

相传十五夜,灯残人静,当垆者正收盘核,有美妇六七人买酒,酒尽,有未开瓮者。买大罍一,可四斗许,出袖中蔌果,顷刻罄罍而去。疑是女人星,或曰酒星。又一事：有无赖子于城隍庙左借空楼数楹，以姣童实之，为"帘子胡同"。是夜，有美少年来狎某童，剪烛殢酒，媟亵非理，解襦，乃女子也，未曙即去，不知其地、其人，或是妖狐所化。

译文：

万历辛丑年，我的父叔辈在龙山办灯会。他们削木头做了上百个架子，涂成红色，包上文锦，每盏灯放在三条腿的支架上。灯不只放在架子上，也不只放在沿路台阶边，而是漫山遍野，枝头树梢到处有灯，从城隍庙门到蓬莱岗上上下下，没有不挂灯的地方。从山上俯瞰像是星河倾泻，灯光璀璨；又像隋炀帝夜间出游，把萤火虫放飞在山谷间，集聚后四散飞去，依附在草木上，恋恋不舍。好事者售卖美酒，人们沿山席地而坐。满山没有地方不挂灯，灯下没有不铺席子的，席上没有不坐人的，人们没有不歌唱奏乐的。

男男女女看灯的人，一进庙门，不能回头，不能转身，只能随着人流像潮水一样上上下下，不知道去到哪里，只好听之任之。庙门贴着禁止事项：禁止车马通行，禁止燃放烟火，禁止大声喧哗，禁止豪门富户家奴呵斥行人避让。叔父们搭台子在大松树下面，可以设宴席，也可以表演，每晚吹拉弹唱，不知不觉就天亮了。

十六日晚上，张分守在山顶星宿阁宴请织造太监，傍晚到了山下，看见禁条，太监忙从车上下来，笑着说："要遵守，要遵守，从咱们开始遵守。"他让随从退下，由两个小仆人搀扶着上山。半夜，星宿阁灯火熄灭，宴席也散去。

灯会举办四个晚上，龙山上下酒成山、肉成林，每天清扫的果核、甘蔗渣还有鱼骨、肉骨、贝壳，堆成小山。人们把捡到的女人的鞋子挂在树上，像秋叶一样。

相传十五日夜里，灯残人静时，卖酒的人正收摊准备打烊，来了六七个美丽的女子买酒，散酒已卖完，只有还没开坛的。女子买了一大坛，能装四斗多，她们拿出袖子里的瓜果，没一会儿就喝光酒离开。人们怀疑她们是女人星，或者说是酒星。还有一件事，有市井无赖租了城隍庙左边的几座空楼，把容貌姣好的娈童养在那里，称为"帘子胡同"。当晚，有个美少年来找某个娈童寻欢作乐，剪亮蜡烛，醉饮美酒，轻薄非礼，解开衣服，发现是个女子，她天没亮就离开了，不知道来自哪里、是什么人，也许是妖狐变化的。

近现代 / 齐白石 / 齐白石画集（局部）

王月生

南京朱市妓,曲中羞与为伍。王月生出朱市,曲中上下三十年决无其比也。面色如建兰初开,楚楚文弱,纤趾一牙,如出水红菱。矜贵寡言笑,女兄弟、闲客多方狡狯,嘲弄哈侮,不能勾其一粲。善楷书,画兰竹水仙;亦解吴歌,不易出口。南京勋戚大老力致之,亦不能竟一席。富商权胥得其主席半响,先一日送书帕,非十金则五金,不敢裹订。与合卺,非下聘一二月前,则终岁不得也。

好茶,善闵老子,虽大风雨、大宴会,必至老子家啜茶数壶始去。所交有当意者,亦期与老子家会。一日,老子邻居有大贾,集曲中妓十数人,群诨嘻笑,环坐纵饮。月生立露台上,倚徙栏楯,眠娗羞涩,群婢见之皆气夺,徙他室避之。

月生寒淡如孤梅冷月,含冰傲霜,不喜与俗子交接;或时对面同坐起,若无睹者。有公子狎之,同寝食者半月,不得其一言。一日口嗫嚅动,闲客惊喜,走报公子曰:"月生开言矣!"哄然以为祥瑞,急走伺之。面赪,寻又止。公子力请再三,蹇涩出二字曰:"家去。"

译文:

南京朱市的妓女,曲院妓女羞与为伍。王月生出自朱市,可是曲院上下三十年,绝对没人能和她相比。王月生面容像建兰刚刚开放,楚楚动人,文静纤弱，脚长得纤巧，像是出水红菱。她矜持高贵，很少说话，也不露笑容，妓院中的姐妹和一些无事可做的客人，想尽办法和她开玩笑，嘲弄调笑，都无法引得她粲然一笑。她擅长楷书，能画梅、兰、竹和水仙，也通晓吴地民歌，可是轻易不唱。南京城的高官、贵戚、德高望重的人下大力气请到她，她也会在筵席间中途离开。富商权贵想邀请她作为主宾出席半天筵席，要提前一天送书帖和礼金，不是十两就是五两，不敢在礼金上怠慢。想要和她交欢，必须要在一两个月前下聘金，否则一年也等不到。

王月生喜欢喝茶，她和闵老子关系好，即使是有大风雨，要出席大宴会，也一定要到老子家喝几壶茶才离开。她结交到喜欢的人，也约到老子家见面。一天，老子的富商邻居，召集曲院的妓女十几人，嬉笑打闹，坐成一圈纵饮。月生站到露台上，沿着栏杆徘徊，显得清秀而娇羞，妓女们见到都自惭形秽，换到其他房间躲避。

月生清寒淡雅，像孤梅冷月，不畏严寒，傲视霜雪，不喜欢和凡夫俗子交往。有时和人面对面坐在一起，就像没看见。有个公子狎昵她，一同睡觉吃饭半个月，没听到她说一句话。一天，月生欲言又止，闲客惊喜，跑去告诉公子说："月生开口说话了。"大家吵闹着以为是好兆头，急忙跑去等她开口，月生脸色通红，过一会儿又停了，公子再三请求，月生羞涩、艰难地吐出两个字："家去。"

近现代 / 齐白石 /

海棠秋趣（局部）

张东谷好酒

余家自太仆公称豪饮,后竟失传,余父余叔不能饮一蠡壳,食糟茄面即发頳,家常宴会,但留心烹饪,庖厨之精,遂甲江左。一簋进,兄弟争啖之立尽,饱即自去,终席未尝举杯。有客在,不待客辞,亦即自去。

山人张东谷,酒徒也,每悒悒不自得。一日起谓家君曰:"尔兄弟奇矣!肉只是吃,不管好吃不好吃;酒只是不吃,不知会吃不会吃。"二语颇韵,有晋人风味。而近有伧父载之《舌华录》,曰:"张氏兄弟赋性奇哉!肉不论美恶,只是吃;酒不论美恶,只是不吃。"字字板实,一去千里,世上真不少点金成铁手也。

东谷善滑稽,贫无立锥,与恶少讼,指东谷为万金豪富,东谷忙忙走诉大父曰:"绍兴人可恶,对半说谎,便说我是万金豪富!"大父常举以为笑。

译文:

我的家族从太仆公开始号称喝酒海量,到后来这个特征竟然失传了。我的父亲和我的叔叔连一小杯的酒都不能喝,吃酒糟茄子,脸都会发红。家常宴会时他们只专注菜肴,于是厨师技艺高超,在江左一带居于首位。一道菜肴端上来,兄弟们马上抢着吃干净,吃饱后径自离开,整个宴席自始至终没举过酒杯。有客人在宴席上,他们不等客人告辞,也会自己先离席。

隐士张东谷是个酒徒，经常闷闷不乐。有一天在宴席上站起来对我父亲说："尔兄弟奇矣！肉只是吃，不管好吃不好吃；酒只是不吃，不知会吃不会吃。"这两句话很有韵味，有晋代人的风范。可是最近有鄙薄卑贱的人把这事记到了《舌华录》中，说："张氏兄弟赋性奇哉！肉不论美恶，只是吃；酒不论美恶，只是不吃。"每个字都呆板不灵动，和张东谷的话一去千里，世上真是不缺少点金成石的手。

张东谷善于说笑，穷得没有立锥之地，和恶少打官司，恶少说张东谷是家财万金的豪富之人，张东谷急忙跑来告诉我祖父说："绍兴人太可恶，成倍说谎，竟然说我是万金豪富！"我祖父常常拿这件事说笑。

楼船

家大人造楼，船之；造船，楼之。故里中人谓"船楼"，谓"楼船"，颠倒之不置。是日落成，为七月十五，自大父以下，男女老稚靡不集焉。以木排数重搭台演戏，城中村落来观者，大小千余艘。午后飓风起，巨浪磅礴，大雨如注，楼船孤危，风逼之几覆，以木排为戚，索缆数千条，网网如织，风不能撼。少顷风定，完剧而散。

越中舟如蠡壳，跼踏篷底看山，如矮人观场，仅见鞋鞯而已，升高视明，颇为山水吐气。

译文：

　　我父亲造楼像是船，造船像是楼。所以邻里们有的叫船楼，有的叫楼船，也不理会两个词谁在前谁在后。这一天，船造好了，赶上七月十五，我家从祖父以下男女老幼，都聚到一起看船。家人们用几层木排搭起台子在上面唱戏，城里、村里来观看的，有大大小小千余艘船。中午过后刮起了飓风，掀起的巨浪气势磅礴，大雨如注，楼船孤零零的很危险，大风吹得它就要翻倒。人们把木排当成桩子，系上几千条绳索，像密实的网一样拉住船，风便不能撼动楼船。过一阵风停了，演完剧人们才散去。

　　越中的小船像螺壳，人蜷缩在船篷底下看山，像矮子看戏，只能看到演员的鞋子而已，把戏台搭高，视野开阔明朗，真是为山水扬眉吐气。

阮圆海戏

　　阮圆海家优，讲关目，讲情理，讲筋节，与他班孟浪不同。然其所打院本，又皆主人自制，笔笔勾勒，苦心尽出，与他班卤莽者又不同。故所搬演，本本出色，脚脚出色，出出出色，句句出色，字字出色。余在其家看《十错认》《摩尼珠》《燕子笺》三剧，其串架斗笋、插科打诨、意色眼目，主人细细与之讲明。知其义味，知其指归，故咬嚼吞吐，寻味不尽。至于《十错认》之龙灯、之紫姑，《摩尼珠》之走解、之猴戏，《燕子笺》之飞燕、之舞象、之波斯进宝，纸札装束，无不尽情刻画，故其出色也愈甚。

阮圆海大有才华，恨居心勿静，其所编诸剧，骂世十七，解嘲十三，多诋毁东林，辩宥魏党，为士君子所唾弃，故其传奇不之著焉。如就戏论，则亦镞镞能新，不落窠臼者也。

译文：

阮圆海家的戏班，讲究情节安排和构思，讲究合乎情理，讲究转折递进，和其他戏班马虎、轻率不同。他们用的脚本，又都是主人自己写的，每一笔细细勾勒，煞费苦心，和其他戏班随意为之又不同。所以上演的剧目，每一本都出色，每个角色都出色，每一出都出色，每一句都出色，每个字都出色。我在他家看过《十错认》《摩尼珠》《燕子笺》三个剧目，其中的起承转合、插科打诨、表情神态，主人都细细给演员讲清楚。演员知道含义，知道要表达的效果，所以仔细咀嚼揣摩，表演耐人寻味。《十错认》的龙灯、紫姑，《摩尼珠》的马戏、猴戏，《燕子笺》的飞燕、舞象、波斯进宝这些场景中，道具服饰，都费尽心力制作，所以越发出类拔萃。

阮圆海才华过人，可惜他心态浮躁，他编写的各个剧本，咒骂世道的占十分之七，自我解嘲的占十分之三，大多是诋毁东林党，为魏党辩解，被正人君子唾弃，所以他写的传奇不被传扬。如果仅仅谈论他在戏曲方面的成就，他是业内翘楚，是推陈出新、不落窠臼的人。

巘花阁

巘花阁在筠芝亭松峡下,层崖古木,高出林皋,秋有红叶。坡下支壑回涡,石蹋棱棱,与水相距。阁不槛不牖,地不楼不台,意正不尽也。五雪叔归自广陵,一肚皮园亭于此小试:台之、亭之、廊之、栈道之、照面楼之,侧又堂之、阁之,梅花缠折旋之。未免伤板、伤实、伤排挤,意反踢蹴。若石窟书砚,隔水看山、看阁、看石麓、看松峡上松,庐山面目反于山外得之。五雪叔属余作对,余曰:"身在襄阳袖石里,家来辋口扇图中。"言其小处。

译文:

巘花阁在筠芝亭的松峡下面,周围层层山岩,古树参天,比山林还要高。每到秋天满山红叶,山坡下的溪流曲曲折折打着漩涡,岸边凸起的石头很有气势,和溪水遥遥相对。巘花阁没有安装栏杆、窗户,地面没有修建高楼、台子,韵味纯正悠长。我二叔从广陵回来,装了满脑子关于园林亭台的想法,就拿这里小试牛刀。建了台阁、亭子、长廊、栈道,在对面楼的侧面,又修建了厅堂、阁楼,雕刻的梅花在上面盘旋缠绕。未免过于呆板、平实、拥挤,意境反而显得局促狭窄,就像在石窟里摆满书籍、砚台。隔着水可以欣赏那里的山、巘花阁、石头山麓和松峡上的松树,庐山真面目反而要从山外才得以见到。二叔嘱咐我作一副对联,我说:"身在襄阳袖石里,家来辋口扇图中。"说的就是园子不够大气。

近现代 / 齐白石 / 仿八大树枝小鸟（局部）

范与兰

范与兰七十有三,好琴,喜种兰及盆池小景。建兰三十余缸,大如簸箕。早舁而入,夜舁而出者,夏也;早舁而出,夜舁而入者,冬也;长年辛苦,不减农事。花时香出里外,客至坐一时,香袭衣裾,三五日不散。余至花期至其家,坐卧不去,香气酷烈,逆鼻不敢嗅,第开口吞欱之,如流瀣焉。花谢,粪之满箕,余不忍弃,与与兰谋曰:"有面可煎,有蜜可浸,有火可焙,奈何不食之也?"与兰首肯余言。

与兰少年学琴于王明泉,能弹《汉宫秋》《山居吟》《水龙吟》三曲。后见王本吾琴,大称善,尽弃所学而学焉,半年学《石上流泉》一曲,生涩犹棘手。王本吾去,旋亦忘之,旧所学又锐意去之,不复能记忆,究竟终无一字,终日抚琴,但和弦而已。

所畜小景,有豆板黄杨,枝干苍古奇妙,盆石称之。朱樵峰以二十金售之,不肯易。与兰珍爱,"小妾"呼之。余强借斋头三月,枯其垂一干,余懊惜,急舁归与兰。与兰惊惶无措,煮参汁浇灌,日夜摩之不置,一月后枯干复活。

译文:

范与兰七十三岁,爱好古琴,喜欢种兰花和栽培小盆景。他种了三十余缸建兰,大得像簸箕一样。

早晨抬进房间，晚上抬到户外，是在夏天；早晨抬出去，晚上抬进来，是在冬天；他为此长年劳作，很辛苦，农事从不怠慢。建兰开花时，香气弥漫，客人来坐上一个时辰，香气就附着到衣服上，三五天都不会消散。我在花期时到他家，坐着卧着不愿离去。花香过于浓烈，扑鼻而来，让人不敢近前去闻，但是张开嘴吞咽，像吸吮露水一般。花谢了，花瓣像粪土一样装满簸箕，我不忍心丢弃，和范与兰商量说："花瓣可以裹面粉煎炸，可以用蜂蜜浸泡，可以用火烘焙，为什么不吃掉呢？"与兰赞同我的话。

与兰年少时师从王明泉学古琴，能弹奏《汉宫秋》《山居吟》《水龙吟》三首曲目。后来见到王本吾弹琴，非常喜欢，抛弃原来学的转而向王本吾学琴，半年时间学了《石上流泉》一支曲子，弹得不流畅，不顺手。王本吾离开后，他很快忘记了所学，而以前学的曲子因为执意要放弃，不再记得，最终连一个音符都弹不出来，每天弹琴，不过弹些和弦罢了。

他栽培的小盆景，有一盆黄杨木，枝干苍老古拙，很奇妙，花盆和石头的搭配也相得益彰。朱樵峰出二十两银子买它，与兰不肯卖，他珍爱地称之为"小妾"。我煞费苦心借来摆在书斋案头三个月，盆景垂下的一个枝干枯萎了，我懊悔痛惜，急忙抬走归还与兰。与兰惊慌无措，煮人参水浇灌，日夜抚摸不肯放下，一个月后，枯萎的枝干复活了。

蟹会

食品不加盐醋而五味全者,为蚶,为河蟹。河蟹至十月与稻粱俱肥,壳如盘大,坟起,而紫螯巨如拳,小脚肉出,油油如蚰蜒。掀其壳,膏腻堆积,如玉脂珀屑,团结不散,甘腴虽八珍不及。

一到十月,余与友人兄弟辈立蟹会,期于午后至,煮蟹食之,人六只,恐冷腥,迭番煮之。从以肥腊鸭、牛乳酪。醉蚶如琥珀,以鸭汁煮白菜如玉版。果蓏以谢橘,以风栗,以风菱。饮以玉壶冰,蔬以兵坑笋,饭以新余杭白,漱以兰雪茶。由今思之,真如天厨仙供!酒醉饭饱,惭愧惭愧。

译文:

食物中不用调味就可以五味俱全的,应该是蚶和河蟹。河蟹到了十月份,与粮食一起饱满、成熟。蟹壳像盘子一样大,中间鼓起,紫色的蟹螯大得像拳头,蟹爪里面肉肥,油油的像蚰蜒。打开蟹壳,蟹黄和蟹膏堆积着,像白玉或是琥珀颗粒,紧实地抱成一团,味道甘美肥腴,即使八珍也不能比。

一到十月,我和朋友、兄弟们便成立"蟹会",约定午后一起聚会,煮螃蟹吃,每个人六只,怕放凉会腥,就分批煮。还搭配肥腊鸭、牛乳酪。醉蚶颜色像琥珀一样,鸭汤煮的白菜像玉片一样洁白。瓜果吃的是谢橘、风栗、风菱。喝的酒是玉壶冰,吃的蔬菜是兵坑笋,米饭用的是余杭新收获的精米,喝的是兰雪茶。今天回忆起来,真的像天上厨师做给神仙享用的美食,酒足饭饱,纵情享乐,实在是惭愧啊。

露兄

崇祯癸酉,有好事者开茶馆,泉实玉带,茶实兰雪,汤以旋煮,无老汤,器以时涤,无秽器,其火候、汤候,亦时有天合之者。余喜之,名其馆曰"露兄",取米颠"茶甘露有兄"句也。为之作《斗茶檄》,曰:

水淫茶癖,爰有古风;瑞草雪芽,素称越绝。特以烹煮非法,向来葛灶生尘;更兼赏鉴无人,致使羽《经》积蠹。迩者择有胜地,复举汤盟,水符递自玉泉,茗战争来兰雪。瓜子炒豆,何须瑞草桥边;橘柚查梨,出自仲山圃内。八功德水,无过甘滑香洁清凉;七家常事,不管柴米油盐酱醋。一日何可少此,子猷竹庶可齐名;七碗吃不得了,卢仝茶不算知味。一壶挥麈,用畅清谈;半榻焚香,共期白醉。

译文:

崇祯癸酉年,有好事的人开了茶馆,水是玉带泉水,茶是兰雪茶,水当即烹煮,没有陈水,茶具随时清洗，没有不洁器具，火候、水温配合得恰到好处。我很喜欢，给这家茶馆起名"露兄"，取自米芾"茶甘露有兄"的诗句。我为它作了《斗茶檄》，是这样写的：

沉迷烹茶的水质和茶，是自古就有的风尚；瑞草和雪芽，从来就是越地的绝品。可是烹茶手法不对，所以煮茶的炉灶积满了灰尘；再加上没有鉴赏茶的人，使得陆羽的《茶经》长了书虫。近来有人选了一个好地方，又举办起茶社，煮茶的水从玉泉打来，斗茶都争着用兰雪茶。吃瓜子、炒豆，何必非要到瑞草桥边；橘子、柚子、山楂、梨，都产自仲山的果园。八功德的水，不过是甘甜、滑爽、清香、洁净、清澈、凉爽；七件家常事里，不去管柴米油盐酱醋。人一天不可以没有茶，和子猷一日不可无竹一样；喝不下七碗，体会不到卢仝的感受。一壶茶助兴，畅快清谈；半榻焚香烘托气氛，期待一起沉醉在茶香里。

卷八

近现代 / 齐白石 /　　　　　　　　　　　　　　　　采菊图（局部）

闰元宵

崇祯庚辰闰正月,与越中父老约重张五夜灯。余作《张灯致语》曰:

两逢元正,岁成闰于摄提之辰;再值孟陬,天假人以闲暇之月。《春秋传》详记二百四十二年事,春王正月,孔子未得重书;开封府更放十七、十八两夜灯,乾德五年,宋祖犹烦钦赐。兹闰正月者,三生奇遇,何幸今日而当场;百岁难逢,须效古人而秉烛。况吾大越,蓬莱福地,宛委洞天。大江以东,民皆安堵;遵海而北,水不扬波。含哺嬉兮,共乐太平之世界;重译至者,皆言中国有圣人。千百国来朝,白雉之陈无算;十三年于兹,黄耇之说有征。乐圣衔杯,宜纵饮屠苏之酒;较书分火,应暂辍太乙之藜。

前此元宵,竟因雪妒,天亦知点缀丰年;后来灯夕,欲与月期,人不可蹉跎胜事。六鳌山立,只说飞来东武,使鸡犬不惊;百兽室悬,毋曰下守海澨,唯鱼鳖是见。笙箫聒地,竹椽出自柯亭;花草盈街,禊帖携来兰渚。士女潮涌,撼动蠡城;车马雷殷,唤醒龙屿。况时逢丰穰,呼庚呼癸,一岁自兆重登;且科际辰年,为龙为光,两榜必征双首。莫轻此五夜之乐,眼望何时?试问那百年之人,躬逢几次?敢祈同志,勿负良宵。敬藉赫蹄,喧传口号。

译文:

崇祯庚辰年闰正月,我和越中父老约定再点午夜花灯,我写了点灯颂词如下:

今年恰逢有两个正月,闰月形成于摄提之年;又过一个正月,这是上天赐给人们闲暇的日子。《春秋传》详细记载了二百四十二年的事情,孔子都没有记录过一年有两个正月;乾德五年,开封府改为十七、十八两夜放灯,还要劳烦宋太祖钦赐。闰正月这件事,是三生奇遇,多幸运我们能亲历;百年难逢的事情,要效法古人张灯结彩。况且我们越地是蓬莱福地,地形曲折别有洞天。大江以东,人民安居乐业;沿海岸以北,安静祥和。人民生活富足安乐,共享太平盛世;负责传译的使者到来,都说中国有圣人加持。无数国家前来觐见,献上了数不尽的宝物;自皇帝继位十三年来,黄耇老人的话得到应验。喜欢喝酒的人,应该纵饮屠苏酒;专心读书的人,应该暂时放下书本。

上个元宵节,雪因为妒忌元宵节的灯火所以从天而降,上天也知道用雪点缀丰年;这个灯节,要和月亮约定,人们不可以浪费美好时光。六只乌龟彩灯驮着山峰伫立,说的是飞来东武山,却没有惊扰鸡犬;百兽花灯挂在屋子里,不要抱怨被下放守护海岸,只能见到鱼鳖。笙箫声震动大地,竹子出自柯亭;花草遍布街巷,是禊帖带来了兰亭盛会。士绅、淑女像潮水一样涌动,震动了绍兴城;车马像雷声滚滚,唤醒了龙山。况且时逢丰年,粮食充足,预示着又一个五谷丰登之年的好兆头;今年又是科举考试的年份,承蒙皇上恩赐,读书人一定会两榜高中位居榜首。不要小看这五个夜晚的快乐,大家还观望什么呢?试问那些垂垂老者,经历过几次?我大胆祈求志同道合者,不要辜负良宵。我恭敬地借这张纸,向大家大声传播颂词。

合采牌

余作"文武牌",以纸易骨,便于角斗,而燕客复刻一牌,集天下之斗虎、斗鹰、斗豹者,而多其色目、多其采,曰"合采牌"。余为之作叙曰:

太史公曰:"凡编户之民,富相什则卑下之,伯则畏惮之,千则役,万则仆,物之理也。"古人以钱之名不雅驯,缙绅先生难道之,故易其名曰赋、曰禄、曰饷,天子千里外曰采。采者,采其美物以为贡,犹赋也。诸侯在天子之县内曰采,有地以处其子孙亦曰采,名不一,其实皆谷也,饭食之谓也。周封建多采则胜,秦无采则亡。采在下无以合之,则齐桓、晋文起矣。列国有采而分析之,则主父偃之谋也。由是而亮采服采,好官不过多得采耳。充类至义之尽,窃亦采也,盗亦采也,鹰虎豹由此其选也。然则奚为而不禁?曰:"小役大,弱役强,斯二者天也。"《皋陶谟》曰:"载采采。"微哉!之哉!庶哉!

译文:

我做了一副画着文臣武将的纸牌,用纸代替骨头,便于博彩。而燕客又刻了一种牌,把天下斗虎、斗鹰、斗豹都汇集在一起,名目多,输赢也多,称作"合采牌"。我为它写了一篇文章说:

太史公说:"普天下的百姓,如果比别人富裕十倍,别人就要尊敬他;富裕百倍就要畏惧、害怕他;富裕千倍就要被他役使;富裕万倍就要做他的仆人,这是事情的规律。"古人认为钱的名字不文雅,有身份的人不好提起,所以就改称赋、禄、饷。把位于天子千里之外的地方叫采,采就是采集好东西作为贡品,和赋一个意思。诸侯在天子的土地上的封地叫采,再把封地分给子孙也叫采,叫法不同,其实都指的是谷物,是对粮食的称谓。周朝实行分封制,因为采邑多赋税多,所以国力强盛;秦朝实行中央集权,没有分封,没有赋税,所以灭亡。分封诸侯却无力统治,导致齐桓公、晋文公势力兴起。对各诸侯国的封地再细分,是主父偃的谋略。由此辅佐政务的大臣和负责朝祭的大臣,品行好的官员都不能得到更多采。以此类推,偷和抢也是采,鹰、虎、豹由此被选入,画在牌上。可是为什么不能禁止呢?孟子说:渺小的被强大的奴役,衰弱的被强盛的奴役,这是天意。《皋陶谟》说:"载采采。"真是微言大义,切中要害,得此点拨多么有幸啊!

陶庵梦忆

近现代 / 齐白石 /　　　　　　　　　　齐白石画集（局部）

瑞草溪亭

瑞草溪亭为龙山支麓，高与屋等。燕客相其下有奇石，身执虆臿，为匠石先，发掘之。见土舁土，见石甃石，去三丈许，始与基平，乃就其上建屋。屋今日成，明日拆，后日又成，再后日又拆，凡十七变而溪亭始出。盖此地无溪也，而溪之，溪之不足，又潴之、壑之。一日鸠工数千指，索性池之，索性阔一亩，索性深八尺。无水，挑水贮之，中留一石如案，回潴浮峦，颇亦有致。

燕客以山石新开，意不苍古，乃用马粪涂之，使长苔藓；苔藓不得即出，又呼画工以石青、石绿皴之。一日左右视，谓此石案焉可无天目松数棵盘郁其上？遂以重价购天目松五六棵，凿石种之。石不受锤，石崩裂，不石不树，亦不复案。燕客怒，连夜凿成砚山形，缺一角，又舁一岩石补之。

燕客性卞急，种树不得大，移大树种之；移种而死，又寻大树补之。种不死不已，死亦种不已，以故树不得不死，然亦不得即死。

溪亭比旧址低四丈，运土至东，多成高山，一亩之室，沧桑忽变。见其一室成，必多坐看之，至隔宿或即无有矣。故溪亭虽渺小，所费至巨万焉。

燕客看小说：姚崇梦游地狱，至一大厂，炉鞴千副，恶鬼数千，铸泻甚急。问之，曰："为燕国公铸横财。"后至一处，炉灶冷落，疲鬼一二人鼓橐，奄奄无力。崇问之，曰："此相公财库也。"崇瘖而叹曰："燕公豪奢，殆天纵也。"燕客喜其事，遂号"燕客"。

二叔业四五万，燕客缘手立尽。甲申，二叔客死淮安，燕客奔丧，所积薪俸及玩好、币帛之类又二万许，燕客携归，甫三月又辄尽。时人比之"鱼弘四尽"焉。溪亭住宅，一头造，一头改，一头卖，翻山倒水无虚日。有夏耳金者，制灯剪彩为花，亦无虚日。人称耳金为"败落隋炀帝"，称燕客为"穷极秦始皇"，可发一粲。

译文：

瑞草溪亭位于龙山支脉，和房屋一样高。燕客看中它的下方有块奇石，亲自拿着工具，率领各路工匠，挖掘那个地方。他们见到土就运走，遇到石头就挖出来，挖了三丈深，刚好和地基持平，于是在上面盖房子。房子今天建好，明天拆掉，后天又建，大后天再拆，一共反复了十七次，才完工。可是这个地方没有溪水，就挖了条小溪，溪水流量小，又蓄水，挖沟引水，每天聚集数千工匠。后来索性挖一方水池，又索性水池再扩大一亩，再索性再深挖八尺。没有水源，就挑水注满池子。他在池子中间保留一块案几形状的石头，池水在山石间回旋流动，也很有几分情致。

燕客认为山石刚刚开采出来，形象不够苍老古朴，就用马粪抹在上面，想让它长出苔藓。苔藓不能马上长出来，他又找来画工用石青、石绿这些绘画颜料皴染。有一天他左右端详，说这个石案怎么可以没有几棵天目松茂盛地盘绕在上面，于是花大价钱买了五六棵天目松，凿开石头种下。石头不能承受铁锹的打击，崩裂了，没了石头，没了树，也没了案几，燕客恼怒，连夜把石头凿成砚台一样的山形，缺了一个角，又运来一块大石头补上。

燕客脾性急躁，种的树一时长不大，就移来大树种上，树因为移植而死，又找来大树补种。屡种屡死，屡死屡种，所以树不得不死，可又不会马上就死。

溪亭比旧址低四丈，挖出的土运到东面几乎堆成了高山。一亩大的地方，也发生了沧桑变化。看到他建成了一间房子，我一定多坐一会儿观看，隔一个晚上也许就不存在了。所以溪亭虽然渺小，可是花费巨大。

燕客看小说时看到："姚崇梦游地狱，到一个大工棚，有千副风箱，恶鬼数千，忙着铸造，问他们，说：'在为燕国公铸横财。'后来到一个地方，见到炉灶不旺，一两个疲惫的鬼怪拉着风箱，有气无力，姚崇问他们，回答说：'这是相公的财库。'姚崇醒后感叹道：'燕公巨富奢侈，大概是上天纵容他。'"燕客喜欢这段描写，于是自号"燕客"。

二叔家业四五万，燕客随手就花光。甲申年，二叔客死淮安，燕客去奔丧，二叔积攒的薪俸以及古玩、古币、布帛等等又有两万多，燕客带回来，刚刚过三个月又全部花光了，当时的人把他和"鱼弘四尽"的故事相比。溪亭住宅，一边建，一边改，一边卖，翻山倒水从没有消停。有个夏耳金，痴迷做花灯和剪彩纸做花，也是从不停歇。人们称耳金为"败落隋炀帝"，称燕客为"穷极秦始皇"，真可引人一笑。

琅嬛福地

陶庵梦有夙因，常梦至一石厂，峥窅岩寫，前有急湍洄溪，水落如雪，松石奇古，杂以名花。梦坐其中，童子进茗果，积书满架，开卷视之，多蝌蚪、鸟迹、霹雳篆文，梦中读之，似能通其棘涩。

闲居无事，夜辄梦之，醒后仡思，欲得一胜地仿佛为之。郊外有一小山，石骨棱砺，上多筠篁，偃伏园内。余欲造厂，堂东西向，前后轩之，后磔一石坪，植黄山松数棵，奇石峡之。堂前树娑罗二，资其清樾。左附虚室，坐对山麓，磴磴齿齿，划裂如试剑，匾曰"一丘"。右踞厂阁三间，前临大沼，秋水明瑟，深柳读书，匾曰"一壑"。缘山以北，精舍小房,绌屈蜿蜒,有古木,有层崖,有小涧,有幽篁,节节有致。

山尽有佳穴,造生圹,俟陶庵蜕焉,碑曰"呜呼有明陶庵张长公之圹"。圹左有空地亩许,架一草庵,供佛,供陶庵像,迎僧住之奉香火。

大沼阔十亩许,沼外小河三四折,可纳舟入沼。河两崖皆高阜,可植果木,以橘、以梅、以梨、以枣,枸菊围之。山顶可亭。山之西鄙有腴田二十亩,可秫可粳。门临大河,小楼翼之,可看炉峰、敬亭诸山。楼下门之,匾曰"琅嬛福地"。缘河北走,有石桥极古朴,上有灌木,可坐、可风、可月。

译文:

我的梦里有前世因缘。我常梦到一座石庵,周围山势峥嵘,岩穴幽深,庵前有湍急回旋的小溪流淌,水花溅落像雪一样白,松树、石头奇异古朴,点缀着名贵的花草。我梦见自己坐在里面,童子送上茶和水果,藏书满架都是,开卷阅读,都是形似蝌蚪、鸟迹、霹雳一样的文字和篆文,在梦中读书,好像能通晓其中的艰涩。

闲居无事,夜晚总是梦到,梦醒后凝神思索,想找一块胜地模仿梦境建造一座石庵。郊外有一座小山,山石棱角分明,山上长着很多竹子,卧伏在园子里。我想建一座庵,厅堂东西走向,前后敞开,后面垒一个石坪,种几棵黄山松,用奇石造出一个峡谷。堂前种两棵娑罗树,可享受它的阴凉。左边建一座空屋,面对着山麓,可以看到山石排列整齐,像试剑时划裂的一般,匾额上写"一丘"。右边竖立三间棚阁,前面紧挨着一个大池塘,秋水明洁,可以在深柳下读书,匾额上写"一壑"。顺山势向北,有精致的房舍,曲折环绕,有参天古木,有层层山崖,有流淌的小山涧,有幽森茂密的竹林,每个细节都很有情致。

山的尽头有一个美妙的洞穴,建一座生前预造的坟墓,等到我去世后埋在那儿,碑上刻"呜呼!有明陶庵张长公之圹"。墓左边有一块一亩多的空地,架起一座草庵,里面供佛,供陶庵画像,迎请僧人住持并供奉香火。

大池塘面积有十亩多,池塘外面有小河弯弯曲曲,可以顺河划船进入池塘。河的两岸都是高高的山丘,可以种果树,种上橘树、梅树、梨树、枣树,用枸杞、菊花围绕。山顶可以建一座亭子。山的西边,有肥沃良田二十亩,可以种高粱和稻子。门口紧邻大河,在门两边建小楼,可以远看炉峰、敬亭各山。楼下有门,匾额上写"琅嬛福地"。顺着河向北走,有一座极为古朴的石桥,上面长着灌木,可以闲坐,可以沐风,可以赏月。

卷八

近现代 / 齐白石 /　　　　　　　　　　　　　　　齐白石画集（局部）

补遗

近现代 / 齐白石 / 游鸭图（局部）

鲁王

福王南渡，鲁王播迁至越，以先父相鲁先王，幸臣旧第。岱接驾，无所考仪注，以意为之。踏脚四扇，氍毹藉之，高厅事尺，设御座，席七重，备山海之供。鲁王至，冠翼善，玄色，蟒袍玉带，朱玉绶。观者杂沓，前后左右，用梯，用台，用凳，环立看之，几不能步，剩御前数武而已。传旨"勿辟人"。岱进，行君臣礼。献茶毕，安席，再行礼。不送杯箸，示不敢为主也。趋侍坐。书堂官三人，执银壶二，一斟酒，一折酒，一举杯，跪进上。膳：一肉簋；一汤盏，盏上用银盖盖之；一面食，用三黄绢笼罩。三臧获捧盘加额跪献之。书堂官捧进御前，汤点七进，队舞七回，鼓吹七次，存"七奏"意。是日演《卖油郎》传奇，内有泥马渡康王故事，与时事巧合，睿颜大喜。

二鼓转席，临不二斋、梅花书屋，坐木犹龙，卧岱书榻，剧谈移时。出登席，设二席于御坐傍，命岱与陈洪绶侍饮，谐谑欢笑如平交。睿量宏，已进酒半斗矣，大犀觥一气尽。陈洪绶不胜饮，呕哕御座旁。寻设一小几，命洪绶书策，醉捉笔不起，止之。剧完，饶戏十余出。起驾转席，后又进酒半斗，睿颜微酡，进辇，两书堂官掖之，不能步。岱送至阃外。命书堂官再传旨曰："爷今日大喜，爷今日喜极！"君臣欢洽，脱略至此，真属异数。

译文:

福王朱由崧南渡,鲁王朱以海也迁移到越地,因为我的父亲曾经辅佐过鲁王朱寿,鲁王亲临我家老宅。我担忧接驾的事情,可是无法考证各种礼仪规范,就凭自己的想象来做。布置了四个踏脚,下面铺了地毯,丈量大厅高度,设置御座,准备了七重宴席,预备了山珍海味的供奉。鲁王驾到,戴着黑色翼善冠,穿着蟒袍玉带,披着朱玉的绶带。围观的人杂乱、喧哗,站在梯子上、台子上、凳子上,围成一圈观看,几乎无法前进,只差几步就到御座前了。鲁王传旨:"不要驱赶众人。"我上前,行了君臣礼。献茶后,鲁王安坐在席位上,我再次行礼。没有让人给我自己准备杯筷,表示不敢把自己当成主人。我上前陪坐。三个书堂官拿着两把银壶,一把用来斟酒,一把用来兑酒,一个人举杯,跪着献给鲁王。吃的食物是:一簋肉,一盏汤,盏用银盖子盖着;一种面食,用三黄绢覆盖着。三个仆人捧过头顶跪着献上,由书堂官捧到御前。汤水点心进献七道,多人歌舞演了七段,音乐演奏七次,都是按照"七奏"的礼数进行。当天唱了《卖油郎》传奇,里面有赵构泥马渡江的故事,与当时情境暗合,鲁王看后满脸喜悦。

二鼓后换了地方,鲁王来到不二斋、梅花书屋,坐在木犹龙上,躺在我的书榻上,和我长聊了很久。

出来坐上宴席，鲁王命人在御座旁边设两个席位，命令我和陈洪绶陪酒，快乐地同我们说笑，就像平常人之间的交往。鲁王海量，已经喝了半升酒，大的犀角杯一口喝干。陈洪绶不胜酒力，在御座旁吐了。过一会儿设了一个小案几，命令陈洪绶作画，陈洪绶醉得拿不起笔，鲁王就不勉强他了。戏剧演完，又演了轻松的地方小戏十余出。然后鲁王起驾转席，又喝了半斗酒，鲁王面色微红，进到辇车里，两个书堂官架着他，不能自己行走。我送他到巷子外面。鲁王命令书堂官再次传旨说："爷今天非常高兴，爷今天高兴极了！"君臣欢乐融洽，像这么随性、无拘无束，真是不多见。

苏州白兔

崇祯戊寅至苏州，见白兔，异之。及抵武林，金知县汝砺宦福建，携白兔二十余只归，己卯、庚辰，杭州遍城市皆白兔，越中生育至百至千。此兽妖也。余少时不知吃烟为何物，十年之内，老壮童稚妇人女子无不吃烟，大街小巷尽摆烟桌。此草妖也。妇人不知何故，一年之内都着对襟衫，戴昭君套。此服妖也。庚辰冬底，燕客家琴砖十余块，结冰花如牡丹、芍药，花瓣枝叶，如绣如绘，间有人物鸟兽，奇形怪状，十余砖底面皆满。燕客迎余看，至三日不消。此冰妖也。燕客误以为祥瑞,作《冰花赋》,檄友人作诗咏之。

译文:

崇祯戊寅年我到苏州,见到白兔,很惊异。等到了杭州,金汝砺曾经在福建任知县,从那里带了二十余只兔子回来。己卯年、庚辰年,杭州满城都是白兔,兔子在越地繁殖成百上千。这是"兽妖"。我年轻时不知道烟草是什么东西,十年之内,男女老幼都在吃烟,大街小巷到处摆着烟桌。这是"草妖"。女人不知道为什么,一年之内都穿起了对襟上衣,戴上昭君套。这是"服妖"。庚辰年冬末,燕客家里十余块琴砖,上面结了冰花,像牡丹、芍药,花瓣和枝叶,像刺绣,像绘画,还夹杂着人物鸟兽,奇形怪状,十余块砖底部和面部都结满了。燕客邀请我去观看,冰花三天都没有消融。这是冰妖。燕客误认为这是祥瑞现象,作了《冰花赋》,带动朋友们纷纷作诗赞美这件事。

补遗

近现代 / 齐白石 / 借山图册（局部）

草妖

河北观察使袁茂林楷所记草妖尤异。崇祯七年七月初一,孟县民孙光显祖墓有野葡萄,草蔓延长丈许。今夏枝桠间忽抽新条,有似美人者,似达官者,有似龙、似凤、似麟、似龟、似雀、似鱼、似蝉、似蛇、似孔雀,有似鼠伏于枝者,有似鹦鹉栖于架者,架上有盏,盏中有粒。凤则苞羽具五彩,美人上下衣裳,裳白衣黄,面上依稀似粉黛。人间物象,种种具备。七月初八日,地方人始报闻,急使人取之,已为好事者撷尽,止得美人一,鹦鹉一,凤一,故述此三物尤悉。余谓此草木之妖。适晤史云岫,言汉灵帝中平元年,东郡有草如鸠雀、蛇龙、鸟兽之状。若然,则余所臆度者更可杞忧。此异宜上闻,县令以萎草不耐,恐取观不便,遂寝其事。特为记之如左。

译文:

河北观察使袁茂林记载的草妖尤其怪异:崇祯七年七月初一,孟县百姓孙光显家的祖坟上长出了野葡萄,葡萄藤蔓延有一丈多长。今年夏天,枝丫间忽然长出新的枝条,有的像美人,有的像官员,有的像龙、凤凰、麒麟、乌龟、鸟雀、鱼、蝉、蛇、孔雀,有的像老鼠趴在葡萄藤下,有的像鹦鹉栖息在架子上,架子上有小碗,碗里有粮食。凤凰的羽毛五彩斑斓。美人衣衫齐整,上衣黄色,下裳白色,脸上好像还化了妆。人间的各种物象,都有反映。七月初八那天,当地人才报告官府,官府急忙派人去取,可是大多已经被好事的人摘光,只剩下一个"美人"、一只"鹦鹉"、一只"凤凰",所以他才可以详细描述这三种。我认为这是草木的妖怪。我正好会晤史云岫,他说汉灵帝中平元年,东方有一种草长成了斑鸠、麻雀、蛇、龙、鱼、野兽的样子。如果是这样,我的猜想更是杞人忧天了。这种怪异的事情应该禀告皇上,县令因为草容易枯萎,怕不便于采摘、观看,于是没有办理。我特意把这件事详细记录下来。

祁世培

乙酉秋九月,余见时事日非,辞鲁国主,隐居剡中。方磐石遣礼币,聘余出山,商确军务,檄县官上门敦促。余不得已,于丙戌正月十一日,道北山,逾唐园岭,宿平水韩店。余适疽发于背,痛楚呻吟,倚枕假寐,见青衣持一剌示余,曰"祁彪佳拜"。余惊起,见世培排闼入,白衣冠。余肃入,坐定。余梦中知其已死,曰:"世培尽忠报国,为吾辈生色。"世培微笑,遽言曰:"宗老此时不埋名屏迹,出山何为耶?"余曰:"余欲辅鲁监国耳。"

因言其如此如此，已有成算。世培笑曰："尔要做，谁许尔做！且强尔出，无他意，十日内有人勒尔助饷。"余曰："方磐石诚心邀余共事，应不我欺。"世培曰："尔自知之矣。天下事至此，已不可为矣。尔试观天象。"拉余起，下阶西南望，见大小星堕落如雨，崩裂有声。世培曰："天数如此，奈何奈何！宗老，尔速还山！随尔高手，到后来只好下我这着！"起，出门附耳曰："完《石匮书》！"洒然竟去。余但闻犬声如豹，惊寤，汗浴背，门外犬吠嗥嗥，与梦中声接续。蹴儿子起，语之。次日抵家。阅十日，镳儿被缚去，果有逼勒助饷之事。忠魂之笃而灵也如此！

译文：

乙酉年秋九月，我感觉时局已经大变，就和鲁王告辞，隐居到剡中。方国安送来银子慰问，邀请我出山，和他商讨军务，给县官写信让他上门恳请我。我迫不得已，在丙戌年正月十一日，路过北山，翻过唐园岭，住在平水镇的韩店。我当时背上生疽，疼痛呻吟，靠着枕头打盹儿，见到一个穿青衣的人拿着一张名片给我，说："祁彪佳拜见。"我吃惊地站起，见到世培推门进来，他穿白衣戴白帽。我恭敬迎进，坐定。我在梦中知道他已经死了，说："世培你尽忠报国，为我们争光。"世培微笑，忽然说:"宗老现在不隐姓埋名、销声匿迹,出山为了什么?"我说:"我想辅佐鲁监国罢了。"就讲了经过和打算。世培笑着说:"你要做,谁承诺让你做?而且勉强你出山,没有其他打算,十天之内会有人向你索要钱粮做军饷。"我说:"方国安诚心邀请我一同做事,应该不会骗我。"世培说:"你好自为之。国家到了这个地步,已经无力回天了。你试着看看天象。"拉我起来,走下台阶向西南方天空眺望,看见大大小小的星星像雨一样从天而降,还发出崩裂的声音。世培说:"上天安排的命运就是这样,奈何!奈何!宗老,你马上回到山里,即便你是高手,最后也只好和我下同一着棋,一个下场!"他说完起身,出门时和我耳语说:"完成《石匮书》。"之后飘然而去。我只听到狗叫声大得像豹吼,瞬间惊醒了,汗湿后背,门外狗狂叫,和梦中听到的接续起来。我踢醒儿子,告诉他梦里的事。次日回到家。过了十天,镳儿被绑走,果真发生强迫我出钱粮助军饷的事情。忠烈的魂灵竟是这样笃厚啊!

全书终

挺　经

[清]曾国藩　著

傅野　译

目录

卷一　内圣 /002　　卷二　砺志 /010

卷三　家范 /016　　卷四　明强 /022

卷五　坚忍 /028　　卷六　刚柔 /034

卷七　英才 /042　　卷八　廉矩 /048

卷九　勤敬 /054　　卷十　诡道 /060

卷十一　久战 /066　　卷十二　廪实 /072

卷十三　峻法 /080　　卷十四　外王 /086

卷十五　忠疑 /092　　卷十六　荷道 /098

卷十七　藏锋 /104　　卷十八　盈虚 /112

近现代 / 齐白石 /

借山图册(局部)

卷一 内圣

近现代/齐白石/ 和平（局部）

一

细思古人工夫,其效之尤著者,约有四端:曰慎独则心泰,曰主敬则身强,曰求仁则人悦,曰思诚则神钦。

慎独者,遏欲不忽隐微,循理不间须臾,内省不疚,故心泰。主敬者,外而整齐严肃,内而专静纯一,斋庄不懈,故身强。求仁者,体则存心养性,用则民胞物与,大公无私,故人悦。思诚者,心则忠贞不贰,言则笃实不欺,至诚相感,故神钦。

四者之功夫果至,则四者之效验自臻。余老矣,亦尚思少致吾功,以求万一之效耳。

译文:

我仔细思考前人的修身要义,成效特别明显的大概有四点:慎重独处,内心就会安泰;庄严恭敬,身体就会康健;追求仁义,就能获得别人信任;真诚待人,则神灵万物都敬佩。

慎重独处,则要控制自己欲望,就算是细小地方也不能马虎,做任何事,一定要服从自然之理,片刻不能停止,这样才能自省,心中无愧疚之感,那么内心就会安泰。庄严恭敬,一定要仪表庄重,内心专一、端正,不能麻痹,身体自然强健。追求仁义,是指心存仁爱,爱护百姓,爱护世间万物。

以大公无我之心处理事情,别人则会心悦诚服。真诚,就是内心忠贞不贰,说话笃实,不欺瞒别人,至诚待人,神灵都会钦佩。

一个人在修身上,能做到这四个方面,效果就会显现,如果持之以恒,则更好。虽然我现在已经老了,但还思考,希望在修身上更进一步,希望能有所成效。

近现代 / 齐白石 / 　　　　　石门卧云图(局部)

二

尝谓独也者,君子与小人共焉者也。小人以其为独而生一念之妄,积妄生肆,而欺人之事成。君子懔其为独而生一念之诚,积诚为慎,而自慊之功密。其间离合几微之端,可得而论矣。

译文:

我曾说过,"独"是君子与小人都能共通的。小人独处时,则会萌生非分的妄念,非分之念聚多了,就会大肆做不法之事。而君子独处时,则会产生"诚敬"的念头,诚敬念头多了,就会变得更加谨慎,自谦和自我约束的能力会更深。君子与小人,从这些方面就可以判断。

三

盖《大学》自格致以后，前言往行，既资其扩充；日用细故，亦深其阅历。心之际乎事者，已能剖析乎公私；心之丽乎理者，又足精研其得失。则夫善之当为，不善之宜去，早画然其灼见矣。

而彼小人者，乃不能实有所见，而行其所知。于是一善当前，幸人之莫我察也，则趋焉而不决。一不善当前，幸人之莫或伺也，则去之而不力。幽独之中，情伪斯出，所谓欺也。惟夫君子者，惧一善之不力，则冥冥者有堕行；一不善之不去，则涓涓者无已时。

屋漏而懔如帝天，方寸而坚如金石。独知之地，慎之又慎。此圣经之要领，而后贤所切究者也。

译文：

《大学》一书提出格物致知以后，过去的言论行为，都可用作一个人开阔眼界充实知识的资料；日常处理的琐事，也可以深化个人的阅历见识。君子这样做了后，遇到问题时，他的内心已经能分清公私的区别；在联系道理时，他的内心足以精辟地考量得失。善事应当做，不善之事应当马上放弃的道理，君子早已认识到了。

至于小人，则没有如此长远的见识，去做自己该做之事。小人办一件好事时候，就怕天下人不知道而白干，所以他们去办时犹豫不决；而办坏事时候，担心他人细察后发现了，即便他要改正，也不彻底。小人独处时，做假的妄念就来了，这是欺骗啊。君子去办一件事，就怕自己不用力，晦暗中产生堕落行为。一个坏毛病不改正，就如同涓涓流水，永不停息地犯下去。

在暗室之中，一个人心存畏惧，就如同神明鉴察，丝毫不敢产生恶念；方寸之心坚如金石，就不会受邪念腐蚀。在独处时候，就能慎重思考事情，这就是圣人遵循的准则，也是后世贤人所要切实研究的问题。

四

修己治人之道,止"勤于邦,俭于家,言忠信,行笃敬"四语,终身用之有不能尽,不在多,亦不在深。

古来圣哲胸怀极广,而可达天德者,约有四端:如笃恭修己而生睿智,程子之说也;至诚感神而致前知,子思之训也;安贫乐道而润身晬面,孔颜曾孟之旨也;观物闲吟而意适神恬,陶白苏陆之趣也。

自恨少壮不知努力,老年常多悔惧,于古人心境,不能领取一二。反复寻思,叹喟无已。

译文:

修身治理国家之道,有勤于政事,节俭持家,言语守信,做事笃实四句话,可让人受益终生。可见话不在多,也不在多深刻。

古往今来,圣哲们的胸怀都极其宽广,他们能到达圣德境界的,约四种:笃实谦恭,注重自身修身而聪明睿智,这是程颢和程颐所说的;至诚极致感动神灵,开启智慧,这是子思的遗训;安贫乐道,面容温和润泽,这是孔子、颜回、曾子、孟子学问的要义;欣赏自然风光,吟诗歌赋,从容闲适,神色恬然,这是陶渊明、白居易、苏轼、陆游的趣味。

我常后悔年少不努力,现在老了就常悔恨,对于那些古人的心境,不能领略一二。现在我只能反复寻思,喟叹不已。

近现代〈齐白石〉

紫藤（局部）

卷二 砺志

近现代 / 齐白石 /　　蜻蜓荷花图（局部）

一

人苟能自立志,则圣贤豪杰何事不可为?何必借助于人!"我欲仁,斯仁至矣。"我欲为孔、孟,则日夜孜孜,惟孔、孟之是学,人谁得而御我哉?

若自己不立志,则虽日与尧、舜、禹、汤同住,亦彼自彼,我自我矣,何与于我哉!

译文:

一个人要是能自己立志,那即使成为圣贤豪杰又有何不可呢?那像圣贤豪杰那样什么事做不到呢?何必依靠别人?"我想要为仁,仁德自然就来了。"我想要继承孔子、孟子的道义,那我就会每天日夜都孜孜不倦地研究孔孟之道,谁能阻碍我?

要是自己不立志,就算身边都是尧、舜、禹、汤这样的人,自己也不会和他们一样,依然圣人是圣人,自己是自己,别人的成就和我有什么相干呢?

二

君子之立志也，有民胞物与之量，有内圣外王之业，而后不忝于父母之生，不愧为天地之完人。

故其为忧也，以不如舜、不如周公为忧也，以德不修、学不讲为忧也。是故顽民梗化则忧之，蛮夷猾夏则忧之，小人在位、贤才否闭则忧之，匹夫匹妇不被己泽则忧之，所谓悲天命而悯人穷，此君子之所忧也。

若夫一身之屈伸，一家之饥饱，世俗之荣辱得失、贵贱毁誉，君子固不暇忧及此也。

译文：

君子立志，要有博爱世间万物的气魄，要成就内圣外王之大业，对得起父母养育之恩，不愧为天地之完人。

所以这样的人担心的，是自己的功业不如舜帝、不如周公；是道德不修，学业不精。因此社会溃败、刁民顽固，他就忧心；外敌侵犯，骚扰人民，他就忧虑；小人得道，贤者退隐，他就忧愁；老百姓没有得到恩泽，他就忧惧。忧国忧民，这才是一个君子忧心的对象啊。

至于个人得失，自家温饱，世俗的成败荣辱，贵贱誉毁，一个真君子是没有时间去担忧的。

三

明德、新民、止至善，皆我分内事也。若读书不能体贴到身上去，谓此三项与我身了不相涉，则读书何用？虽使能文能诗，博雅自诩，亦只算得识字之牧猪奴耳！岂能谓之明理有用之人也乎？

朝廷以制艺取士，亦谓其能代圣贤立言，必能明圣贤之理，行圣贤之行，可以居官莅民、整躬率物也。若以明德、新民为分外事，则虽能文能诗，而于修己治人之道实茫然不讲，朝廷用此等人作官，与用牧猪奴作官何以异哉？

译文：

彰明德行、教化民众，达到至高境界，这是君子分内之事。如果读书明理，却不能实践到自己身上，认为这些道理和自己不相干，那读书又有什么用呢？即使可写文章可作诗，自认为是渊博高雅之人，那这也只能算是一个识字牧童罢了，哪里能配得上深明大义之人的称呼呢？

当下朝廷以科举来选拔人才，也是认为能替圣贤代言的人，必须懂圣贤之道，行圣贤之为，这样的人才能为官，率先垂范。如果一个人把培养道德、教化百姓当作分外事，这样的人即使能写文作诗，却对修身治国茫然无知。朝廷任用这样的人当官，和找一个牧童当官又有什么区别？

四

累月奔驰酬应,犹能不失常课,当可日进无已。人生惟有常是第一美德。

余早年于作字一道,亦尝苦息力索,终无所成。近日朝朝摹写,久不间断,遂觉月异而岁不同。

可见年无分老少,事无分难易,但行之有恒,自如种树畜养,日见其大而不觉耳。进之以猛,持之以恒,不过一二年,精进而不觉。言语迟钝,举止端重,则德进矣。作文有峥嵘雄快之气,则业进矣。

译文:

那些长年累月奔波应酬,还能坚持学习的人,当然能够每天有进步,这样的进步不会停止。人的一生,持之以恒做一件事,应该是第一美德。

我早年对书法之道,也曾艰苦探索,结果一无所成。最近,我每天坚持摹习,一直没间断,现在才觉得开始有点进步了。

可见年龄不论老少,事情不论难易,只要持之以恒去做,就像种树和养牲口,天天看见它长大,却浑然不觉。奋力向前,贵在持之以恒,也就一两年时间,进步肯定很大。言语沉稳,举止庄重,则德行长进。做文章有峥嵘雄快之气,则学业大有长进。

卷二 励志

近现代 / 齐白石 /

齐白石画集（局部）

卷三 家范

近现代 / 齐白石 / 齐白石画集（局部）

一

家中兄弟子侄,惟当记祖父之八个字,曰:"考、宝、早、扫、书、蔬、鱼、猪。"又谨记祖父三不信,曰:"不信地仙、不信医药、不信僧巫。"

余日记册中又有八本之说,曰:"读书以训诂为本,作诗文以声调为本,事亲以得欢心为本,养生以戒恼怒为本。立身以不妄语为本,居家以不晏起为本,作官以不要钱为本,行军以不扰民为本。"此八者,皆余阅历而确有把握之论,弟亦当教诸子侄谨记之。

无论世之治乱,家之贫富,但能守星冈公之八字、余之八本,总不失为上等人家。

译文:

家中的兄弟子侄,应当牢记住祖父的八字家训,是:"考、宝、早、扫、书、蔬、鱼、猪。"另外,还要记住祖父的三不信:"不信地仙、不信医药、不信僧巫。"

我在日记中又提出八本之说,就是:"读书以训诂为本,作诗文以声调为本,事亲以得欢心为本,养生以戒恼怒为本。立身以不妄语为本,居家以不晚起为本,做官以不要钱为本,行军以不扰民为本。"这都是我亲身经历,并经过实践证明有效的结论,弟弟们应当教育各房子侄,让他们务必谨记。

不管是治世还是乱世,家贫寒还是富裕,只要每个子孙能守住祖父的八字家训和我的八本之体会,就能成为让人尊敬的上等人家。

二

士大夫之家不旋踵而败,往往不知乡里耕读之耐久。所以致败之由大约不出数端。家败之道有四,曰:礼仪全废者败;兄弟欺诈者败;妇女淫乱者败;子弟傲慢者败。身败之道有四,曰:骄盈凌物者败;昏惰任下者败;贪刻兼至者败;反复无信者败。未有八者全无一失而无故倾覆者也。

译文:

士大夫人之家没有很快衰落的,往往不知耕读人家的家运其实更长久。一个家衰败的原因,大概不出这几个方面。有以下四条情况的家庭会衰败:没有礼仪的家庭会衰败,兄弟间彼此欺诈的家庭会衰败,家里妇女淫荡秽乱的人家衰败,家里子孙傲慢轻视他人的家庭会衰败。有以下四条情况的人则会:傲慢无礼、恃才凌物的人会失败;昏庸不堪、放纵下属的人会失败;贪婪,对人苛刻的人会失败;反复无常,没有诚信的人会失败。从来没听说过这八个方面都没沾染过,却无故毁家败身的。

卷三 家范

近现代 / 齐白石 / 竹院围棋图（局部）

三

凡天下官宦之家，多只一代享用便尽，其子孙始而骄佚，继而流荡，终而沟壑，能庆延一二代者鲜矣。商贾之家，勤俭者能延三四代；耕读之家，谨朴者能延五六代；孝友之家，则可以绵延十代八代。

我今赖祖宗之积累，少年早达，深恐其以一身享用殆尽，故教诸弟及儿辈，但愿其为耕读孝友之家，不愿其为仕宦起见。若不能看透此层道理，则虽巍科显宦，终算不得祖父之贤肖，我家之功臣。若能看透此道理，则我钦佩之至。

澄弟每以我升官得差，便谓我肖子贤孙，殊不知此非贤肖也。如以此为贤肖，则李林甫、卢怀慎辈，何尝不位极人臣，舄奕一时，讵得谓之贤肖哉？予自问学浅识薄，谬膺高位，然所刻刻留心者，此时虽在宦海之中，却时作上岸之计。要令罢官家居之日，己身可以淡泊，妻子可服劳，可对祖父兄弟，可以对宗族乡党。如是而已。

译文：

凡官宦之家，富贵大多只能享用一代就结束了。其子孙初始骄横懒散，然后就会四处飘荡，最终会困厄而死。那些能把富贵持续个一二代的，其实非常少见。巨富商人之家，勤俭持家，可持续三四代；耕读之家，谨慎朴素，能持续五六代；孝敬长辈，友善之家，则能延续个十代八代。

现在我就靠祖先累积的功德庇护，少年得志，家族兴旺发达，我深深担心，我一个人就将累积的功德用完，所以教导弟弟和各房孩子们，希望他们让家族成为半耕读之家、友善和睦之家。不想使得我们家族成为官宦人家。倘若不懂这个理，就算中举，得到显赫官位，亦不能算祖父的孝子贤孙、家族的功臣。倘若看透这个道理，我则钦佩之至。

澄弟因为我的升官得志，把我看作是家族的孝子贤孙，殊不知，这并不算贤德孝义呀！倘若这算贤孝子孙，那李林甫、卢怀慎之流，哪个不是位极人臣、显赫一时的人物，难道他们也算是贤孝之人？我知道自己学识浅薄，侥幸得到高位官爵，于是事事留心，时时在意。现在我身在仕途官场之中，却无时无刻没有弃官退隐的打算。倘在弃官回家的那天，能淡泊名利，老婆孩子也可下地劳作，这样才算对得起祖父，对得起兄弟，亦对得起宗族乡亲。仅此罢了。

卷四 明强

近现代 / 齐白石 / 齐白石画集（局部）

一

三达德之首曰智。智即明也。古豪杰,动称英雄。英即明也。明有二端:人见其近,吾见其远,曰高明;人见其粗,吾见其细,曰精明。高明者,譬如室中所见有限,登楼则所见远矣,登山则所见更远矣。精明者,譬如至微之物,以显微镜照之,则加大一倍、十倍、百倍矣。又如粗糙之米,再舂则粗糠全去,三舂、四舂,则精白绝伦矣。

译文:

"智、仁、勇",这三个至高的德行中,排在首位的是"智"。智就是明,自古以来,豪杰俊才,都被称为英雄。英也是明的意思。明有两方面:他人只看到眼前的事物,我则能看到更深远之事,这叫高明;他人只看到非常粗大显眼的事物,我能看见细微的东西,这是精明。这里所说的高明,就像身处在一间屋子,人们只能看到近处的事物,若登上高楼,看得就远了;如果登上高山,看得就更远了。精明,就如细微的事物,用显微镜照它,会放大一倍、十倍、百倍。就像是满是粗糠的糙米,两遍就可除去粗糠,舂上三遍四遍,就精细白净到顶了。

二

高明由于天分,精明由于学问。吾兄弟忝居大家,天分均不甚高明,专赖学问以求精明。好问若买显微之镜,好学若舂上熟之米。总须心中极明,而后口中可断。能明而断谓之英断,不明而断谓之武断。

武断自己之事,为害犹浅;武断他人之事,招怨实深。惟谦退而不肯轻断,最足养福。

译文:

一个人是否高明,靠天资,而一个人是否精明,则靠后天的学习。我们曾氏兄弟如今侥幸身处高位,天赋算不上高明,全赖后来学习钻研,以求精明。好问如同买个显微镜,能够了解事物极微一面;好学就同舂了好几遍的米。总之心中做到了如指掌,才能做出正确判断。对事物能够了解透彻明白,然后做决断,就是英断。稀里糊涂地做决定,则是武断。

武断关于自己的事,危害还不算大;武断他人之事,招致怨恨就深了。只有谦恭退让,不轻易决断,才能保住福分。

三

至于担当大事,全在明强二字。《中庸》学、问、思、辨、行五者,其要归于愚必明,柔必强。凡事非气不举,非刚不济,即修身养家,亦须以明强为本。

难禁风浪四字譬还,甚好甚慰。古来豪杰皆以此四字为大忌。吾家祖父教人,亦以懦弱无刚四字为大耻。故男儿自立,必须有倔强之气。惟数万人困于坚城之下,最易暗销锐气。弟能养数万人之刚气而久不销损,此是过人之处,更宜从此加功。

译文:

至于要担当大事,全在明、强两方面,要多下功夫。《中庸》中的学、问、思、辨、行五方面,概括起来就是,不能糊涂,凡事要弄明白,不坚强的一定要变坚强。天下之事,没有志气就不会奋发,不坚定就不会成功。就算是修身养家,亦必须以明强为根本。

"难禁风浪"四个字说得太好了,好到大慰我心。自古以来的豪杰俊才,都以这四个字为忌讳。我祖父也教育别人,也说要以"懦弱无刚"四字为大耻。所以大丈夫自立天地,一定要存倔强之气。数万人被困在坚固城池,最易暗中消磨锐气。弟弟你却能够保持数万人的刚猛之气,长时间不至于消损,这正是你过人之处,更应以后在这方面下功夫。

四

凡国之强,必须得贤臣工;家之强,必须多出贤子弟。此亦关乎天命,不尽由于人谋。至一身之强,则不外乎北宫黝、孟施舍、曾子三种。孟子之集义而慊,即曾子之自反而缩也。惟曾、孟与孔子告仲由之强,略为可久可常。此外斗智斗力之强,则有因强而大兴,亦有因强而大败。

古来如李斯、曹操、董卓、杨素,其智力皆横绝一世,而其祸败亦迥异寻常。近世如陆、何、肃、陈亦皆予知自雄,而俱不保其终。

故吾辈在自修处求强则可,在胜人处求强则不可。福益外家,若专在胜人处求强,其能强到底与否尚未可知。即使终身强横安稳,亦君子所不屑道也。

译文:

凡是国家强盛的,一定是得到了贤臣良将来辅佐;家族兴旺发达的,一定是出了许多孝子贤孙。这是天命所系,不出于个人的谋划。至于一个人的厉害强大,则不外乎是北宫黝、孟施舍、曾子三种类型。孟子能积累仁义,慷慨大度,等同于曾子自我反省而屈伸有度。只有曾子、孟子和孔子教导仲由这个道理,才可以保持长久强盛。之外的那些斗智斗勇的,虽有因为强盛而迅速兴旺的,因强盛而彻底大败的也不少。

古人如李斯、曹操、董卓、杨素,这些人智力都卓绝于世,但祸败也超乎寻常。近代的像陆建瀛、何桂清、肃顺、陈孚恩,也都知道自己智力超群,但也都没有好下场。

所以我们这代人修身,求强就可以了,而在比别人强的地方,谋求更强就不好了。福气对外人有好处,一个人一旦专门在胜人处逞强,那么是否真能强到底,则很难说了。就算是一辈子强胜度日,这也是一个君子不屑追求的。

近现代 / 齐白石 / 谷穗蚂蚱(局部)

卷五 坚忍

近现代 / 齐白石 / 齐白石画集（局部）

卷五 坚忍

一

子长尚黄老,进游侠,班孟坚讥之,盖实录也。好游侠,故数称坚忍卓绝之行。如屈原、虞卿、田横、侯嬴、田光及此篇之述贯高皆是。尚黄老,故数称脱屣富贵、厌世弃俗之人。

如本纪以黄帝第一,世家以吴太伯第一,列传以伯夷第一,皆其指也。此赞称张、陈与太伯、季札异,亦谓其不能遗外势利的弃屣天下耳。

译文:

司马迁推崇黄老之道,钦佩游侠,班固因此讥讽他,这的确是真事。钦佩游侠,所以屡次称赞坚忍卓绝的操行。例如屈原、虞卿、田横、侯嬴、田光及本篇说的贯高,都是这样的人。推崇黄老,所以多是视富贵如弃履的弃世厌俗之人。

例如"本纪"以黄帝第一,"世家"以吴太伯第一,"列传"以伯夷第一,都是这个导向。此篇赞中讲到的张耳、陈馀和太伯、季札不同,也就是说这些人,不能抛弃利益,不能放下天下罢了。

二

昔耿恭简公谓,居官以坚忍为第一要义,带勇亦然。与官场交接,吾兄弟患在略识世态而又怀一肚皮不合时宜,既不能硬,又不能软,所以到处寡合。迪安妙在全不识世态,其腹中虽也怀些不合时宜,却一味浑含,永不发露。我兄弟则时时发露,终非载福之道。雪琴与我兄弟最相似,亦所如寡合也。

弟当以我为戒,一味浑厚,绝不发露,将来养得纯熟,身体也健旺,子孙也受用,无惯习机械变诈,恐愈久而愈薄耳。

译文:

以前耿简公说,当官第一要紧的是坚忍不拔,带兵也是这样。官场往来,我们兄弟的问题,都是知道一点世态,而心里却有不合时宜的想法,既不能对抗,又不能迎合,所以处处落落寡合。迪安妙在根本不识世态,他虽然也有不合时宜的想法,却能包容,永不外露。我们兄弟则时时表露出来,这个总不是能带来福气的办法。雪琴和我们兄弟最为相似,也少有如此投合之人。

近现代＼齐白石＼

齐白石画集（局部）

三

稍论时事，余谓当竖起骨头，竭力撑持。三更不眠，因作一联云："养活一团春意思，撑起两根穷骨头"，用自警也。余生平作自箴联句颇多，惜皆未写出。丁未年在家作一联云："不怨不尤但反身争个一壁清；勿忘勿助看平地长得万丈高。"曾用木板刻出，与此联略相近，因附识之。

译文：

不经意谈论时事，我说应该挺骨，全力维持。三更时睡不着觉，于是作了对联："养活一团春意思，撑起两根穷骨头。"用来自警，我平时作对联不少，可惜都没有写下来。丁未年在家作一联："不怨不尤但反身争个一壁清，勿忘勿助看平地长得万丈高。"这对联曾用木板刻出来过，和上面那个对联差不多一个意思，于是就附记在这。

四

夜阅《荀子》三篇,三更尽睡,四时即醒,又作一联云:"天下无易境天下无难境;终身有乐处终身有忧处。"至五更,又改作二联,一云:"取人为善与人为善;乐以终身忧以终身。"一云:"天下断无易处之境遇,人间哪有空闲的光阴。"

译文:

夜里读《荀子》三篇,三更过了睡,四更又醒来,又作了一联云:"天下无易境天下无难境,终身有乐处终身有忧处。"到了五更,又改作了两个对联,一云:"取人为善与人为善,乐以终身忧以终身。"一云:"天下断无易处之境遇,人间哪有空闲的光阴。"

卷六 刚柔

近现代/齐白石/紫藤(局部)

一

从古帝王将相，无人不由自立自强做出，即为圣贤者，亦各有自立自强之道，故能独立不惧，确乎不拔。

昔余往年在京，好与诸有大名大位者为仇，亦未始无挺然特立不畏强御之意。

译文：

自古帝王将相，没有一个不是从自立自强开始的。就算圣贤，也各有自立自强的办法，因此能够独立而不惧任何事，坚忍不拔。

以前我在京师，喜欢与各位有大名的高官过不去，也算有点傲然卓立、不畏强权的气节。

二

近来见得天地之道，刚柔互用，不可偏废，太柔则靡，太刚则折。刚非暴虐之谓也，强矫而已；柔非卑弱之谓也，谦退而已。

趋事赴公，则当强矫；争名逐利，则当谦退。开创家业，则当强矫；守成安乐，则当谦退。出与人物应接，则当强矫；入与妻孥享受，则当谦退。

若一面建功立业，外享大名，一面求田问舍，内图厚实，二者皆有盈满之象，全无谦退之意，则断不能久。

译文：

近年来体会到天地之道，要刚柔相兼，不能偏执于某一点。太柔了，则萎靡不振；太刚了，则易折断。刚不是暴虐，而是要勉力自强；柔不是要低卑软弱，而是要懂得退守谦让。

办公事，就应该强硬，至于争名夺利，那应该退守谦让；创家业，则该自强进取，守家安乐，那应谦退平和；与人交往，应该好好争取表现；在家享受妻儿之乐，则要温和退让。

倘若一面打着为国建功立业的名号，在外享有名声威望，一面又贪图田亩房产，追求富贵，都希望名利都达到鼎盛，却没有谦退之意，则肯定不会长久。

卷六　刚柔

清 / 徐扬 /　　　　　　　　　　　端阳故事图册（局部）

三

肝气发时，不惟不和平，并不恐惧，确有此境。不特盛年为然，即余渐衰老，亦常有勃不可遏之候。但强自禁制，降伏此心，释氏所谓降龙伏虎。龙即相火也，虎即肝气也。

多少英雄豪杰打此两关不过，要在稍稍遏抑，不令过炽。降龙以来养水，伏虎以养火。古圣所谓窒欲，即降龙也；所谓惩忿，即伏虎也。释儒之道不同，而其节制血气，未尝不同，总不使吾之嗜欲戕害吾之躯命而已。

译文：

大动肝火时，不仅不平和，且不知惧怕，确实是这情况。年轻气盛时这样，就算我现在年岁大了，也常有勃然大怒的时候。但还是要控制自己的情绪，降伏心境，这就是佛家所说的降龙伏虎，龙就是相火，虎就是肝气。

多少英雄豪杰过不了这两关，关键在于要慢慢控制自己情绪，不能让它过盛。降龙用来养水，伏虎用来养火。古人所说的控制欲望，其实就是降龙，所谓控制愤怒，也就是伏虎罢了。佛家和儒家的要义虽不同，但在节制气血这方面，是没有不同的，总不能使自己欲望伤害到自己的身体。

四

至于"倔强"二字,却不可少。功业文章,皆须有此二字贯注其中,否则柔靡不能成一事。孟子所谓至刚,孔子所谓贞固,皆从倔强二字做出。

吾兄弟皆秉母德居多,其好处亦正在倔强。若能去忿欲以养体,存倔强以励志,则日进无疆矣。

译文:

至于"倔强"二字,这不能少。建功立业还是写文章,都必须要有这两个字贯注其中,否则就萎靡不振、一事无成。孟子所说至刚,孔子所说贞固,都要由"倔强"二字做起。

我们兄弟都更多地继承了母亲的美德,它的好处也正是在倔强上。如果能去掉愤怒不满,来保养身体强壮,保存倔强来激励志向,那么每天都有会进步了。

挺经

近现代 / 齐白石 /　　　　　　　　　　齐白石画集（局部）

五

至于强毅之气,决不可无,然强毅与刚愎有别。古语云自胜之谓强。曰强制,曰强恕,曰强为善,皆自胜之义也。如不惯早起,而强之未明即起;不惯庄敬,而强之坐尸立斋;不惯劳苦,而强之与士卒同甘苦。

强之勤劳不倦,是即强也。不惯有恒,而强之贞恒,即毅也。舍此而求以客气胜人,是刚愎而已矣。二者相似,而其流相去霄壤,不可不察,不可不谨。

译文:

至于刚毅的气魄,绝不能没有。然而刚毅与刚愎则有大差别。古语说:战胜自我方称为强。强制、强恕、强为善,这些是战胜自己的意思。如果你不习惯于早起,就强制自己天未亮就下床;如果你不习惯庄重,就强制自己恭敬;如果你不习惯劳作,就强制与士兵下属同甘共苦,强迫自己辛苦劳作。

能强制自己一直勤劳,这就是强。自己不能坚持,却能强迫自己坚持,这就是毅。除此之外,想靠气势压人,这就是刚愎。这两者看似一样,事实上却天壤之别。不能不留意,不能不谨慎。

卷七 英才

近现代 / 齐白石 / 水草游虾（局部）

一

　　虽有良药，苟不当于病，不逮下品；虽有贤才，苟不适于用，不逮庸流。梁丽可以冲城，而不可以窒穴；犛牛不可以捕鼠；骐骥不可以守闾。千金之剑，以之析薪，则不如斧。三代之鼎，以之垦田，则不如耜。当其时，当其事，则凡材亦奏神奇之效。否则鉏铻而终无所成。

译文：

　　尽管有良药，如果不对症下药，那还不如一般之药。即便是贤才，但所干之事非他专长，还不如一般人干得好。粗壮之梁，可以冲开坚固的城门，却不能用来堵老鼠洞。强壮之牛不会捕鼠，日行千里的马不能守家门。价值千金的宝剑用来砍柴，不如普通的斧头管用。传家的宝鼎用来开垦田地，不如普通木犁管用。只要使用恰当，普通的东西也能有神奇的效果。否则，认不清这些工具的特性，干什么都将一事无成。

二

故世不患无才,患用才者不能器使而适用也。魏无知论陈平曰:"今有后生考己之行,而无益胜负之数,陛下何暇用之乎?"当战争之世,苟无益胜负之数,虽盛德亦无所用之。

余生平好用忠实者流,今老矣,始知药之多不当于病也。

译文:

所以世人不担心没有人才,而担心人才不能量才任用。魏无知向刘邦推荐陈平时说:"现在有个年轻人,有孝德,但他不懂战争胜负之谋略,这人您该让他做什么呢?"处于战争存亡之时,一个人不懂战争之法,就算他有再高的德操也没什么用。

我平时喜欢用忠诚老实之人,现在老了,开始知道世上药物也有许多没有用对症的。

三

无兵不足深虑,无饷不足痛哭,独举目斯世,求一攘利不先、赴义恐后、忠愤耿耿者,不可亟得;或仅得之,而又屈居卑下,往往抑郁不伸,以挫、以去、以死。而贪饕出缩者,果骧首而上腾、而富贵、而名誉、而老健不死,此其可为浩叹者也。

默观天下大局,万难挽回,恃与公之力所能勉者,引用一班正人,培养几个好官,以为种子。

译文:

没有兵,无须过度担心,没粮饷,亦不必痛哭,只有放眼天下。找一个不求名利、有大义、忠诚耿耿的人,却不能求得;或者得到这样的人,却又地位低下,郁郁不得志,受尽挫折,最后弃官退隐,老死终了。而那些贪婪暴虐之人,却能得到高官厚禄,得到荣华富贵,获取名誉,又能长寿,这些才让人愤慨啊。

静望天下大势,现在很难挽回,而我们只能尽力而为,培养一些正派的人才,培养几个好官员,作为将来的种子。

挺经

近现代 / 齐白石 /

齐白石画集（局部）

四

天下无现成之人才,亦无生知之卓识,大抵皆由勉强磨炼而出耳。《淮南子》曰:"功可强成,名可强立"。董子曰:"强勉学问,则闻见博;强勉行道,则德日进。"《中庸》所谓"人一己百,人十己千",即强勉功夫也。

今世人皆思见用于世,而乏才用之具。诚能考信于载籍,问途于已经,苦思以求其通,躬行以试其效,勉之又勉,则识可渐通,才亦渐立。才识足以济世,何患世莫己知哉?

译文:

天底下,没现成的人才,也没有生下来就有远见之人,人才大都是由磨炼而来的罢了。《淮南子》中讲:"功业可靠奋斗成就,名声可靠拼搏获取。"董仲舒说:"用力学习,自然能增加见闻;努力修身,德行自然每天进步。"

现在的人,都希望自己能为社会所用,但往往缺社会需要的才能。只有靠研读书本,向前人学习成功经验,思考和当下能够相通之道,在现实中考察其效果,日益进取,那么学识和现实是可以打通的,才干也能渐渐培养起来。当才干能达到济世的程度,那还用得着担心别人不知道你吗?

卷八 廉矩

近现代 / 齐白石 / 齐白石画集（局部）

一

翰臣方伯廉正之风,令人钦仰。身后萧索,无以自庇,不特廉吏不可为,亦殊觉善不可为。其生平好学不倦,方欲立言以质后世。

弟昨赙之百金,挽以联云:"豫章平寇,桑梓保民,休讶书生立功,皆从廿年积累立德立言而出;翠竹泪斑,苍梧魂返,莫疑命妇死烈,亦犹万古臣子死忠死孝之常。"登高之呼,亦颇有意。位在客卿,虑无应者,徒用累欷。韩公有言:"贤者恒无以自存,不贤者志满气得。"盖自古而叹之也。

译文:

翰臣方伯清正廉明的风范,令人敬仰。死后家境潦倒,无法庇护家人,这让特别廉洁的官员,不能作为榜样,甚至觉得善事也不能做了。他一生用功学习,希望著书立说以流传后世。

我昨天出了百两银子丧钱,并送挽联:"豫章平寇,桑梓保民,休讶书生立功,皆从廿年积累立德立言而出;翠竹泪斑,苍梧魂返,莫疑命妇死烈,亦犹万古臣子死忠死孝之常。"就是大声呼吁世人,能向方伯学习。处在客卿的位置,估计也没什么人响应,独自发发感慨罢了。韩愈曾说:"贤能的人永远不能达到自己理想,而那些不是贤能而庸俗的人却能满足欲望。"这样的情况自古就有,自己感叹罢了。

二

古之君子之所以尽其心、养其性者，不可得而见；其修身、齐家、治国、平天下，则一秉乎礼，自内焉者言之，舍礼无所谓道德；自外者言之，舍礼无所谓政事。

故六官经制大备，而以《周礼》名书。春秋之世，士大夫知礼、善说辞者，常足以服人而强国。战国以后，以仪文之琐为礼，是叔齐之所讥也。荀卿、张载兢以礼为务，可谓知本好古，不逐乎流俗。近世张尔岐氏作《中庸论》，凌廷堪氏作《复礼论》，亦有以窥见先王之大原。秦蕙田氏辑《五礼通考》，以天文、算学录入为观象授时门；以地理、州郡录入为体国经野门。于著书之义例，则或驳而不精，其于古者经世之礼之无所不该，则未为失也。

译文：

古代君子是如何竭其心力，提高自己品性修养的，我们如今是不能看到了；但他们修身、齐家、治国、平天下，都是秉持礼制。对内部而言，没有礼制就谈不上道德；对外而言，没有礼制就谈不上国家政务。

所以六官体制设立完备，并用《周礼》记载成书。春秋时代，那些士大夫通晓礼制、能言善辩，便经常能让别人信服，以实现自己思想而使得国家强大。战国以后，以繁文缛节为礼，被叔齐所讥笑。荀卿、张载小心谨慎以礼制为要务，是找到了根本，是向古代圣向学习，不随俗沉浮。近代张尔岐写《中庸论》，凌廷堪写《复礼论》，也是向前人学习王道教化的体现。秦蕙田编《五礼通考》，将天文、算术编入观象授时门，将地理州郡编入体国经野门。他这样做，对于写书的主旨，就些混乱，而对于古代人的礼制无所不包，就没有什么过失了。

三

崇俭约以养廉。昔年州县佐杂在省当差，并无薪水银两。今则月支数十金，而犹嫌其少。此所谓不知足也。欲学廉介，必先知足。观于各处难民，遍地饿莩，则吾人之安居衣食，已属至幸，尚何奢望哉？尚敢暴殄哉？不特当廉于取利，并当廉于取名。毋贪保举，毋好虚誉，事事知足，人人守约，则可挽回矣。

译文：

推崇俭约是用来培养廉洁之风的。过去在州县任职，没多少薪水银子。现在每月领俸银数十两，还嫌少，这就是所说的不知足啊。想学清廉，必先知足。看看各地的难民，遍地都有饿死的，我们衣食不缺，实属非常幸运，还奢望什么呢？还敢糟蹋吗？不仅应当正当地获得利益，廉洁名声的获取也要正道。不要贪图保举，不要贪图不切实际的名誉，任何事情都做到知足，人人都能遵纪守法，那好的社会风气就挽回来了。

近现代〔齐白石〕 疏篱对菊图(局部)

卷九 勤敬

近现代 / 齐白石 /　齐白石画集（局部）

卷九 勤敬

一

为治首务爱民,爱民必先察吏,察吏要在知人,知人必慎于听言。魏叔子以孟子所言"仁术","术"字最有道理。爱而知其恶,恶而知其美,即"术"字之解也。又言蹈道则为君子,违之则为小人。观人当就行事上勘察,不在虚声与言论;当以精己识为先,访人言为后。

译文:

治理国家,首要任务是爱护百姓,爱护百姓就必须先考察官吏,考察官吏就要了解他们品行,了解其品行,就必须慎重地听取他们言论。魏叔子认为孟子所说的"仁术"中,"术"是最有道理,欣赏一个人,但能知道他的短处,讨厌一个人但能了解其长处,就是"术"的最好解释。又说遵循大道是君子,背弃大道则是小人。考察一个人,应该对他的具体行为进行考察,不能被外面的名声和浮夸的言语所迷惑;应先提高自己的辨识能力,再考察别人的言论。

二

古人修身治人之道，不外乎勤、大、谦。勤若文王之不遑，大若舜禹之不与，谦若汉文之不胜，而勤谦二字，尤为彻始彻终、须臾不可离之道。勤所以儆惰也，谦所以儆傲也，能勤且谦，则大字在其中矣。

千古之圣贤豪杰，即奸雄欲有立于世者，不外一勤字；千古有道自得之士，不外一谦字。吾将守此二字以终身，倪所谓"朝闻道，夕死可矣"者乎！

译文：

古人修身治国的方法，无非就是勤奋、宽厚、谦虚。勤，比如周文王的从无闲暇之时；比如舜禹的不结党与；谦，比如汉文帝的自认不胜任。至于勤、谦两个字，尤其当贯彻始终，一刻也不能背离。以勤来警诫懒惰，以谦来警诫骄傲，能够做到又勤又谦，那么胸怀宽广自然在其中了。

古往今来的圣贤豪杰，哪怕是奸雄，想自立于世的，不外出一个"勤"字，能通晓千古大道之士，不外出一个"谦"字，我将终身恪守这两个字来做事，这就是《论语》里说的"早上知道了道理，晚上死也值"啊！

三

国藩从宦有年,饱阅京洛风尘。达官贵人,优容养望,与在下者软熟和同之象,盖已稔知之。而惯常之积不能平,乃变而为慷慨激烈、斩爽肮脏之一途,思欲稍易三四十年来不白不黑、不痛不痒、牢不可破之习。

而矫枉过正,或不免流于意气之偏,以是屡蹈愆尤,丛讥取戾,而仁人君子固不当责以庸之道,且当怜其有所激而矫之之苦衷也。

译文:

我从政多年,在京城看多了人情世故,那些个达官贵人,特意表现出大度,来提高自己声望,对下属包庇姑息。我早熟悉这样的把戏,但自己多年形成的性格,不仅不能心平气和地接受,反之,越看越气愤,恨不得立刻严惩这些事情,想稍稍扭转下这三四十年不白不黑、不痛不痒的坏风气。

不过,一旦矫枉过正,难免出现意气用事的偏颇,因此经常被人讥讽,遭人怨恨,所以对正人君子,实在不该去用乡愿的样子去要求他,而应该同情他被激发起来纠正坏风的苦衷啊。

近现代／齐白石／

大好园林（局部）

四

诸事棘手、焦灼之际,未尝不思遁入眼闭箱子之中,昂然甘寝,万事不视,或比今日人世差觉快乐。

乃焦灼愈甚,公事愈烦,而长夜快乐之期杳无音信。且又晋阶端揆,责任愈重,指摘愈多。人以极品为荣,吾今实以为苦懊之境。然时势所处,万不能置事身外,亦惟做一日和尚撞一天钟而已。

译文:

许多事情棘手难办,在焦急万分时候,也想躺在棺材里,睁一只眼闭一只眼,眼不见,或许比活在人世还快乐。

一旦你越心急,事会越烦心,快乐之日遥遥无期。况且职位越高,责任就越重,被人所指责就越多。别人都以官高为荣,我现在真觉得是痛苦、懊恼。然而自己所处的情势,又不能置身于外,能做的就是做一天和尚撞一天钟了。

卷十 诡道

近现代 / 齐白石 / 红蓼蝼蛄（局部）

一

带勇之法,用恩莫如用仁,用威莫如用礼。仁者,即所谓欲立立人,欲达达人也。待弁勇如待子弟之心,尝望其成立,望其发达,则人之恩矣。礼者,即所谓无众寡,无大小,无敢慢,泰而不骄也。正其衣冠,尊其瞻视,俨然人望而畏之,威而不猛也。持之以敬,临之以庄,无形无声之际,常有懔然难犯之象,则人知威矣。守斯二者,虽蛮貊之邦行矣,何兵勇之不可治哉。

译文:

带兵之道,用恩惠不如用仁德,用威严不如用礼遇。仁,就是想要自己立身,要先让别人修德,想要自己达到目的,先让别人达到目的。对待士兵就像对待自家的弟子,希望他们能有所成就,将来富贵腾达,这就是恩德。礼,就是不分人数多少,不分年龄大小,不怠慢他们,即便自己身处高位也不骄狂。衣冠整齐,让人看到你就很敬畏,给人一种威严但不凶狠的感觉。敬重待人,做事庄重,不知不觉就有不可侵犯之气,这样别人就知道你的威严了。遵循了这两条,即便到了外国也行得通,还有什么兵勇带不好呢?

二

兵者，阴事也，哀戚之意，如临亲丧；肃敬之心，如承大祭，庶为近之。今以羊牛犬俯而就屠烹，见其悲啼于割剥之顷，宛转于刀俎之前，仁者将有所不忍，况以人命为浪博轻掷之物。

无论其败丧也，即使幸胜，而死伤相望，断头洞胸，折臂失足，血肉狼藉，日陈吾前，哀矜不遑，喜于何有？故军中不宜有欢欣之象。有欢欣之象者，无论或为悦，或为骄盈，终归于败而已矣。

田单之在即墨，将军有死之心，士卒无生之气，此所以破燕也；及其攻狄也，黄金横带，而骋乎淄渑之间，有生之乐，无死之心，鲁仲连策其必不胜。兵事之宜惨戚，不宜欢欣，亦明矣。

译文：

战争，是与死亡有关的事。哀伤的感觉如同自己失去亲人，肃穆庄重的感觉，如参加重大祭祀活动，这才可以用兵。现在，听到牛羊狗被杀时的哀号，看到它们在刀俎前可怜的样子，仁慈之人都不忍心，何况是拿人的生命来搏杀的战争呢？

先不说战争失败之时，就算是侥幸胜利，都会看到遍地死伤之人，残肢断骸，血肉模糊，一片狼藉，看到这些，哀伤不止，哪还有胜利的喜悦之情？

所以军中不能有欢喜之象，有欢喜之象，无论是因为高兴，还是骄傲轻敌，最终都会以失败告终。

田单守卫即墨时，将军有拼死之决心，士兵没有生还的念头，所以能把燕国打败；等攻狄时，将军披上金玉带，在淄、渑两地贪图享受，有生之乐，无死之心。鲁仲连说田单肯定不会胜利。战争应该就应有凄惨的准备，不应有欢欣的妄想，这是很明白的事。

近现代／齐白石／　　　　　　　　　　山竹马图（局部）

三

练兵如八股家之揣摩,只要有百篇烂熟之文,则布局立意,常有熟径可寻,而腔调亦左右逢源。

凡读文太多,而实无心得者,必不能文者也。用兵亦宜有简练之营,有纯熟之将领,阵法不可贪多而无实。

译文:

练兵犹如构思八股作文,只要熟悉上百篇的文章,则文章布局,主题立意,就有路可循,而行文风格也是左右逢源。

但读了很多文章,可实际没有自己心得体会的人,一定也写不好文章。用兵也应该有简练的军营体制,有熟悉阵法的将领,阵法不能多而不实。

四

此时自治毫无把握,遽求成效,则气浮而乏,内心不可不察。进兵须由自己作主,不可因他人之言而受其牵制。

非特进兵为然,即寻常出队开仗亦不可受人牵制。应战时,虽他营不愿而我营亦必接战;不应战时,虽他营催促,我亦且持重不进。若彼此皆牵率出队,视用兵为应酬之文,则不复能出奇制胜矣。

译文:

这时想掌控全局,却没有把握,急于求成,就会心浮气躁,自己心里一定要注意这点。军队进攻必须自己做决定,不能因为别人的话而受到牵制。

不仅进军是这样,就是平常出兵打仗,也不能受人牵制。应该战时,即便其他营不出,我们也必须出营;不应该战时,即便有其他营催促,我也要坚持不打。如果因为别人牵制出兵,那就把战争如同做表面文章了,也就不能做到出奇制胜了。

卷十一 久战

近现代 / 齐白石 / 齐白石画集（局部）

一

久战之道,最忌势穷力竭四字。力则指将士精力言之,势则指大局大计及粮饷之接续。

贼以坚忍死拒,我亦当以坚忍胜之。惟有休养士气,观衅而动,不必过求速效,徒伤精锐,迨瓜熟蒂落,自可应手奏功也。

译文:

持久作战,最忌讳就是"势穷力竭"四字。力是指将领和士兵的精力,势则指战略谋划和粮饷的供给补充。

如果敌人坚韧,以死抵抗,我们也该坚韧,等待时机取胜。这时休养好士气,相机而动,不要想速胜,那样会白白损兵折将,好比等到瓜熟蒂落的时候,用手轻摘取便大功告成了。

二

凡与贼相持日久,最戒浪战。兵勇以浪战而玩,玩则疲;贼匪以浪战而猾,猾则巧。以我之疲战贼之巧,终不免有受害之一日。

故余昔在营中诫诸将曰:"宁可数月不开一仗,不可开仗而毫无安排算计。"

译文:

凡是和敌人相持久了,最要戒备的是漫无目的的散漫之战。这样打仗,士兵就会心不在焉,当作玩,玩久了就会放松警惕;而敌人则会利用这个机会,更加狡猾,狡猾就变得灵活。以我军的疲惫懈怠,去对阵敌人的灵活,终会有败亡一天。

所以,我曾在军中告诫部下:"宁愿几个月不打仗,也不要打没有谋划的仗。"

卷十一 久战

近现代 / 齐白石 /　　　　　　　齐白石画集（局部）

挺经

近现代 / 齐白石 /　　　　　　　　　　　齐白石画集（局部）

三

夫战，勇气也，再而衰，三而竭，国藩于此数语，常常体念。大约用兵无他巧妙，常存有余不尽之气而已。

孙仲谋之攻合肥，受创于张辽；诸葛武侯之攻陈仓，受创于郝昭，皆初气过锐，渐就衰竭之故。惟荀罃之拔逼阳，气已竭而复振；陆抗之拔西陵，预料城之不能遽下，而蓄养锐气，先备外援，以待内之自毙。此善于用气者也。

译文：

打仗，打的就是勇气，第一次进攻，士气最盛，第二次就会衰弱，第三次就会竭尽。我对于这些话，经常能体会到。其实用兵也没有什么巧妙之道，只是保存锐气不要用完罢了。

孙权在进攻合肥时，受挫于张辽；诸葛亮攻打陈仓时，受挫于郝昭，这两战都是开始锐气太盛，后来衰竭的原因。只有陆抗在攻打西陵时，预料到会久攻不下，所以一直蓄养锐气，先准备好外援，让敌人坐以待毙。这是善于用士气的典型。

卷十二 廪实

近现代 / 齐白石 / 齐白石画集（局部）

一

勤俭自持,习劳习苦,可以处乐,可以处约,此君子也。

余服官二十年,不敢稍染官宦气习,饮食起居,尚守寒素家风,极俭也可,略丰也可,太丰则不敢也。

凡仕宦之家,由俭入奢易,由奢返俭难,尔年尚幼,切不可贪爱奢华,不可惯习懒惰。无论大家小家、士农工商,勤苦俭约,未有不兴;骄奢倦怠,未有不败。

译文:

勤俭自持,习惯吃苦,可在富贵的环境中生活,也能在俭约的环境中生存,这才是君子。

我当官二十年,不敢沾染一点官场坏习气,饮食起居,都遵循朴素的家风,很节俭也可以,稍微丰厚也行,但太丰厚就不能了。

凡是官宦人家,由俭朴到奢侈容易,再由奢侈到节俭就难了,你今天年纪很轻,千万不要贪奢侈浮华,不能养成懒惰习惯。不管是大家族还是小家庭,无论入仕为农还是为匠行商,勤奋节约,没有不兴盛的;骄奢懈怠,没有不败的。

二

　　大抵军政吏治，非财用充足，竟无从下手处。自王介甫以言利为正人所诟病，后之君子例避理财之名，以不言有无、不言多寡为高。实则补救时艰，断非贫穷坐困所能为力。叶水心尝谓，仁人君子不应置理财于不讲。良为通论。

译文：

　　大抵军政事务，财政不充足，就无从着手。自从王安石因为谈财政，被所谓正人君子批评，后世之人往往避开财政，以不谈财力多少为高尚行为。实际上，到了危局时艰就难解决了，贫穷是断然解决不了问题的。叶水心曾说，真正仁人君子不应不谈开理财，这是普遍适用的正确道理。

卷十二 廪实

上左 / 近现代 / 齐白石 / 齐白石画集（局部）
上右 / 近现代 / 齐白石 / 齐白石画集（局部）
下 / 近现代 / 齐白石 / 齐白石画集（局部）

三

夷务本难措置,然根本不外孔子忠、信、笃、敬四字。笃者,厚也。敬者,慎也。信,只不说假话耳。然却极难。吾辈当从此字下手,今日说定之话,明日勿因小利害而变。

如必推敝处主持,亦不敢辞。祸福置之度外,但以不知夷情为大虑。沪上若有深悉洋情而又不过软媚者,请邀之来皖一行。

译文:

洋务本身就难处理,但究其根本,不外是孔子所说的"忠、信、笃、敬"四个字。笃,就是敦厚;敬,就是恭敬;信,就是诚信。然而,这些却极难做到。我们从"信"字下手,今日说的话,明日不能因小利改变。

如果一定要让我去主持洋务,我也不敢怠慢。祸福我并不会去考虑,只是不懂洋务,才是我的最担心之处。上海如果有熟悉洋务而又敦厚正直之人,请他来安徽我这里一趟。

四

以正理言之,即孔子忠敬以行蛮貊之道;以阴机言之,即句践卑辱以骄吴人之法,闻前此沪上兵勇多为洋人所侮慢,自阁下带湘淮各勇到防,从无受侮之事。

孔子曰:能治其国家,谁敢侮之。我苟整齐严肃,百度修明,渠亦自不至无端欺凌。既不被欺凌,则处处谦逊,自无后患。柔远之道在是,自强之道亦在是。

译文:

我们办洋务,从正理上讲,类似孔子所说的,是中正的人做蛮貊的事。从谋略上讲,则类似勾践自甘受辱以助长吴国的骄慢。听说前些日子上海的兵勇被洋人欺负,自你带兵来到后,还没遇到过这样被欺负的事。

孔子说,能够自治独立的国家,谁敢欺辱。如果我们的军队整齐严肃,各种事务处理明白妥当,也不至于无端被欺辱了。倘若想不被欺凌,就要处处谦逊,自然没后患。安抚别的邦国是这样,自强之路也一样。

挺经

上 / 近现代 / 齐白石 / 仙坪试马图（局部）
下 / 近现代 / 齐白石 / 柳溪晚钓图（局部）

五

第就各省海口论之，则外洋之通商，正与内地之盐务相同。通商系以海外之土产，行销于中华；盐务亦以海滨之场产，行销于口岸。通商始于广东，由闽、浙而江苏、而山东，以达于天津。

吾以"耕战"二字为国。泰西诸洋以"商战"二字为国，用兵之时，则重敛众商之费；无事之时，则曲顺众商之情。众商之所请，其国主无不应允。其公使代请于中国，必允而后已。众商请开三子口，不特便于洋商，并取其便于华商者。中外贸易，有无交通，购买外洋器物，尤属名正言顺。

译文：

就各省沿海口岸来说，和外国人通商，正和内地进行盐务交易是一个道理。通商可以把国外的土特产贩到中国销售。盐务就是把在海边生产的物品，卖到内地口岸。和外国人通商是从广东开始的，由福建、浙江而到山东，最后到天津。盐务也是从广东开始的，由福建、浙江而到山东，最后也到天津。

我们以"耕战"作为立国之本，西洋各国则用"商战"二字为立国之本，等到打仗的时候，就加重商人赋税；不打仗的时候，就照顾商人的需求。西洋诸多商人的请求，都能得到他们的皇帝的支持。他们国家派公使到我们这里请求通商，一定得到我们同意才罢休。诸多商人请求开三子口，不但方便洋人，也给中国商人带来方便。中外贸易，互通有无，购买国外的器物，更是名正言顺的。

卷十三　峻法

近现代 / 齐白石 / 红叶知了图（局部）

一

世风既薄，人人各挟不靖之志，平居造作谣言，幸四方有事而欲为乱，稍待之以宽仁，愈嚣然自肆，白昼劫掠都市，视官长蔑如也。不治以严刑峻法，则鼠子纷起，将来无复措手之处。

是以壹意残忍，冀回颓风于万一。书生岂解好杀，要以时势所迫，非是则无以锄强暴而安我孱弱之民。牧马者，去其害马者而已；牧羊者，去其扰群者而已。牧民之道，何独不然。

译文：

现在世风日下，人人都有不安分心思，平时造谣惑众，希望天下大乱而趁机作乱，稍对他们宽大仁厚，他们就更加嚣张放肆，光天化日之下，在城市抢劫财物，当官府不存在一样。不用严刑峻法惩治这些人，坏人就会纷纷而起，等以后大乱，那就更无法收拾了。

因此注重采用残酷镇压的手段，是希望能挽回一点风气。读书人哪里爱好杀人？都是被眼下形势所逼，不然就无法铲除暴徒，安抚弱小的百姓。放牧马群，去掉害群之马就行；放牧羊群，去掉带头捣乱的羊就可以了。治理百姓，不也是这个理吗？

挺经

近现代 / 齐白石 /

静园客话图（局部）

二

医者之治瘠痈,甚者必刳其腐肉而生其新肉。今日之劣弁羸兵,盖亦当之为简汰,以刳其腐者;痛加训练,以生其新者。不循此二道,则武备之弛,殆不知所底止。

立法不难,行法为难。凡立一法,总须实实行之,且常常行之。

译文:

医生医治痈疮病人,病情严重的话,肯定先刳掉他身上的腐烂之肉,让它长出新肉。现在军中品行不端,病弱的士兵,实在应当淘汰,这和刳去人身上的烂肉一样,然后严格训练,形成新的战斗力量。不按照这两种办法整顿军队,则武备松弛的局面,不知到何时才能停止。

立法并不难,难在实行。每制定一项法令,都要切实地实行它,并持之以恒,一直坚持下去。

三

以精微之意，行吾威厉之事，期于死者无怨，生者知警，而后寸心乃安。

待之之法，有应宽者二，有应严者二。应宽者：一则银钱慷慨大方，绝不计较，当充裕时，则数十百万掷如粪土，当穷窘时，则解囊分润，自甘困苦；一则不与争功，遇有胜仗，以全功归之，遇有保案，以优奖笼之。应严者：一则礼文疏淡，往还宜稀，书牍宜简，话不可多，情不可密；一则剖明是非，凡渠部弁勇有与官绅争讼，而适在吾辈辖境，及来诉告者，必当剖决曲直，毫不假借，请其严加惩治。

应宽者，利也，名也；应严者，礼也，义也。四者兼全，而手下又有强兵，则无不可相处之悍将矣。

译文：

执法者要以仔细谨慎的心思，行使威严之法令事务，希望被处罚而死的人没有怨言，活着的人能得到警戒，这样执法者内心才能获得安宁。

对待执法，有两种情形应宽大放松，应严厉的也有两种。应宽大者：一是在金钱方面，要慷慨大方，不要计较钱，当宽裕时，数十百万金钱也当视为粪土，当穷困窘迫之时，则要解囊相助，同甘共苦；二是不与人争功，遇打胜仗之时，要把全部的功劳归于别人，当遇到保举升官的事，则应该加倍封赏笼络他人。理应严厉者:一是书信要简单,交往不要频繁,话不要多说,与他人的情谊不要太浓。二是辨析是非,凡是他军队中的下级官兵,有与老百姓发生纠纷,而恰恰是在我们管辖之内,当有人来报案,则我们要搞清原因,不能包庇纵容,请他对部下严加惩治。

理应宽大的,是名利;理应严厉的,是礼仪。这四者全部具备了,而手下又有强兵精兵,这就没什么悍将不能对付了。

近现代 / 齐白石 / 稻穗螳螂(局部)

卷十四 外王

近现代 / 齐白石 / 幽兰蝴蝶图（局部）

一

逆夷据地求和，深堪发指。卧之侧，岂容他人鼾睡！时事如此，忧患方深。至于令人敬畏，全在自立自强，不在装模作样。

临难有不屈挠之节，临财有不沾染之廉，此威信也。《周易》立家之道，尚以有孚之威归反诸身，况立威于外城，求孚于异族，而可不反诸己哉！斯二者似迂远而不切合事情，实则质直而消患于无形。

译文：

外强占领了我们的土地，却要停战议和，令人发指，非常气愤。卧榻之侧，岂容他人鼾睡！国事沦落到如此，这让人非常忧虑担心。要想令外国人敬畏，全在于自立自强，不在于虚张声势、装模作样。

面临大难要有不屈不挠的气节，在钱财面前要有不贪的清廉操守，这才能树立威信。《周易》里说立家之道，尚且要每个人自己树立威望，更何况现在是在外国面前树立威信，要求别人臣服，哪能不先从自身做起呢！这两者看上去是很遥远迂腐且不符合实际的事情，其实简单明了，是能直接在无形中消除隐患的。

挺经

近现代 / 齐白石 /　　　　　　　　　　　　齐白石画集（局部）

二

凡恃己之所有、夸人所无者,世之常情也;忽于所习见、震于所罕见者,亦世之常情也。轮船之速,洋炮之远,在英、法则夸其所独有,在中华则震于所罕见。

若能陆续购买,据为己物,在中华则见惯而不惊,在英、法,亦渐失其所恃。购成之后,访募覃思之士,智巧之匠,始而演习,继而试造,不过一二年,火轮船必为中外官民通行之物,可以剿发逆,可以勤远略。

译文:

向人炫耀自己有而别人没有的东西,这是人之常情;忽视自己常见的,惊诧于罕见的东西,这也是人之常情。轮船之快,洋炮射程之远,被英、法两国炫耀为他们独有的东西,在国内则因为我们见得少,而为之震惊。

倘若陆续购买这些轮船大炮,据为己有,在中国就会司空见惯,不至于震惊,英、法逐渐失去它独有的东西。买回来之后,我们再招募爱思考、聪慧之人,找些能工巧匠,开始学操练演习,然后自己尝试制造,不出一二年,火轮船一定会成为官民通行的工具,既可用来镇压内乱,也可达成国家的长远目标。

三

师夷之智,意在明靖内奸,暗御外侮也。列强乃数千年未有之强敌,师其智,购其轮船机器,不重在剿办发逆,而重在陆续购买,据为己有。

粤中猖獗,良可愤叹。夷情有损于国体,有得轮船机器,仍可驯服,则此方生灵,免遭涂炭耳。有成此物,则显以宣中国之人心,即隐以折彼族之异谋。各处仿而行之,渐推渐广,以为中国自强之本。

译文:

学习外国的先进技术,表面上的理由是铲除内乱,暗地里的目的则是防御外强。外强是数千年从未有过的强敌,我们学习他们的才智,购买他们的轮船机器,重点不是为了镇压内乱,而是陆续购买,据为己有。

在广东一带,外国人猖獗,让人愤慨。列强这样放肆,有损我们国家尊严,我们有了轮船机器便可将其驯服,老百姓也免遭生灵涂炭了。有了这些先进的机器,表面看可稳定国人的内心,向深处说,也能打消洋人犯我中华之阴谋计划。国内各地仿效执行,逐渐推广,这才是我们中国自强的根本。

近现代/齐白石 藤萝横琴图（局部）

卷十五 忠疑

近现代 / 齐白石 /　　齐白石画集（局部）

一

盖君子之立身,在其所处。诚内度方寸,靡所于疚,则仰对昭昭,俯视伦物,心宽不怍,故冶长无愧于其师,孟博不惭于其母,彼诚有以自伸于内耳。

足下朴诚淳信,守己无求,无亡之灾,翩其相戾,顾衾对影,何悔何嫌。正宜益懋醇修,未可因是而增疑虑,稍渝素衷也。

国藩滥竽此间,卒亦非善。肮脏之习,本不达于时趋;而逡循之修,亦难跻于先进。独是蜩守介介,期不深负知己之望,所知惟此之兢兢耳。

译文:

一般来说,君子立身之道,在于他所处的环境。确实做到内心自省,无愧疚,则仰观日月,俯视万物,内心就会宽大无所畏惧,所以公冶长没有愧对老师孔子,东汉孟博没有辱没母亲的养育之恩,他们内心都足够强大自信。

您朴诚淳信,恪守本分,不求别人,然却有意外不幸发生,可想而知独处时内心会有不满。这时更要修行,不能轻易改变自己一直坚持的初心。

我在这里也是滥竽充数,结果也不太好。糟糕的习惯本就跟不上当前的形势,学习能力又慢,很难跻身先进者的行列,只能固守自己的正直刚正,不辜负朋友的期许,所追求的也只是小心翼翼地做到这点罢了。

挺经

清 / 徐扬 / 端阳故事图册（局部）

二

持矫揉之说者，譬杞柳以为桮棬，不知性命，必致戕贼仁义，是理以逆施而不顺矣。高虚无主见者，若浮萍遇于江湖，空谈性命，不复求诸形色，是理以豕恍而不顺矣。

惟察之以精，私意不自蔽，私欲不自挠，惺惺常存，斯随时见其顺焉。守之以一，以不贰自惕，以不已自循，栗栗惟惧，斯终身无不顺焉。此圣人尽性立命之极，亦即中人复性命之功也夫！

译文：

持矫揉之说的人，就好像把杞柳树当作用其枝条编成的杯盘一样，不懂本性和天命，必然导致失去仁义，使得道理颠倒不顺，那些高谈阔论没有主见的人，就像漂在江湖上的浮萍，只会空谈本性天命，不寻求事物的形状色彩，这种学问实际上模糊不清也不通。

只有细心洞察细微处，不隐瞒自己的意图，不阻挠自己的欲望，常怀警惕之心，这样才能随时万物顺遂。对事专一，警惕三心二意，遵循前进不停息的规律，如履薄冰，这样一生都没有不顺，这是圣贤之人应用尽性来安身立命的最高境界，也是普通人恢复人性天命的真手段。

三

阅王夫之所注张子《正蒙》，于尽性知命之旨，略有所会。盖尽其所可知者，于己，性也；听其不可知者，于天，命也。《易经·系辞》"尺蠖之屈"八句，尽性也；"过此以往"四句，知命也。

农夫之服田力穑，勤者有秋，散惰者歉收，性也；为稼汤世，终归礁烂，命也。爱人、治人、礼人，性也；爱之而不亲，治之而不治，礼之而不答，命也。

圣人之不可及处，在尽性以至于命。尽性犹下学之事，至于命则上达矣。当尽性之时，功力已至十分，而效验或有应有不应，圣人于此淡然泊然。若知之若不知之，若着力若不着力，此中消息最难体验。若于性分当尽之事，百倍其功以赴之，而俟命之学，则以淡泊如为宗，庶几其近道乎！

译文：

我看王夫之所注的张载的《正蒙》，对于尽性知命的意思有了点体会。就是自己所知、能改变之事，就尽力去做，这就是性；那些自己不知、无力改变的事，就听老天安排，这就是命。《易经·系辞》"尺蠖之屈"八句，说的就是尽性；"过此以往"四句，说的就是知命。

农夫在田野耕作，勤劳者会有所收成，懒惰的人会歉收，这就是性。在昏聩的商汤年代种庄稼，再怎么勤快，最后也会颗粒无收，这就是命。善待别人、管理别人、教化别人，这是性；善待别人而别人不亲近你，管理别人而别人不遵从，教化别人而别人不理睬，这就是命了。

圣人的境界是尽性知命，这是我们一般人所达不到的，尽性是一般人能学到的，知命就难了，当我们达到尽性时，自身已经拼了全力。而效验证时有时无，对此圣人是非常淡然的。似乎知道又不知道，似乎用力又不用力，这其中的分寸是最难拿捏把握的。如果是"尽性"，用百倍的力量全力以赴，然而对于听"天命"，则该像圣人那样以淡泊为根本，这几乎是接近道了。

卷十六 荷道

近现代 / 齐白石 / 水草游虫(局部)

一

文章之道,以气象光明俊伟为最难而可贵。如久雨初晴,登高山而望旷野;如楼俯大江,独坐明窗净几之下,而可以远眺;如英雄侠士,裼裘而来,绝无龌龊猥鄙之态。

此三者皆光明俊伟之象,文中有此气象者,大抵得于天授,不尽关乎学术。自孟子、韩子而外,惟贾生及陆敬舆、苏子瞻得此气象最多,阳明之文亦有光明俊伟之象,虽辞旨不甚渊雅,而其轩爽洞达,如与晓事人语,表里粲然,中边俱彻,固自不可几及也。

译文:

文章之道,以气势宏伟、文采俊秀、境界明朗为最难能可贵。如同连绵多雨之后放晴,登高山眺望广阔的平野;登上临江的高楼,独自坐在明窗净几下面远眺江水;如同英豪侠士,裼裘而来,绝没有龌龊猥琐之丑陋的神态。

这三者全部是光明俊伟的境界,文章中有这些,差不多是天赋使然了,这不全是后天的学习得到的。除了孟子、韩非子之外,只有贾谊及陆敬舆、苏轼这几人的文章多有此气象,王阳明的文章也有明朗俊伟的境界,虽然文辞旨意不是特别渊深高雅,但其文章显得通达明快,读了如同和知书达理的人谈论,字里字外都光明磊落,主次通彻明了,确实不是一般人可以达到的。

二

古人绝大事业，恒以精心敬慎出之。以区区蜀汉一隅，而欲出师关中，北伐曹魏，其志愿之宏大、事势之艰危，亦古今所罕见。

而此文不言其艰巨，但言志气宜恢宏，刑赏宜平允，君宜以亲贤纳言为务，臣宜以讨贼进谏为职而已。故知不朽之文，必自襟度远大、思虑精微始也。

译文：

古人成就大业，常用专心谨慎之心来对待。诸葛亮凭借区区蜀汉的一小块地盘，而出兵关中，北伐曹魏，他的志愿是如此宏大，当时形势是如此艰难危险，这也是古今少见。

然而他在《出师表》中，他不说北伐艰巨，只说志气应当恢宏，赏罚应公平，君主应当以亲贤人、纳广言、进良谏为职责。所以那些流传不朽的文章，肯定是出自于作者的胸怀大志、思虑精微。

卷十六 荷道

近现代 / 齐白石 /　　　　　　　　　　　甘吉藏书图（局部）

三

三古盛时,圣君贤相承继熙洽,道德之精,沦于骨髓,而学问之意,达于闾巷。是以其时置兔之野人,汉阳之游女,皆含性贞娴吟咏,若伊莘、周召、凡伯、仲山甫之伦,其道足文工,又不待言。

降及春秋,王泽衰竭,道固将废,文亦殆殊已。故孔子睹获麟,曰:"吾道穷矣!"畏匡曰:"斯文将丧!"于是慨然发愤,修订六籍,昭百王之法戒,垂千世而不刊,心至苦,事至盛也。

仲尼既没,徒人分布,转相流衍。厥后聪明魁桀之士,或有识解撰著,大抵孔氏之苗裔,其文之醇驳,一视乎见道之多寡以为差。见道尤多者,文尤醇焉,孟轲是也;次多者,醇次焉;见少者,文驳焉;尤少者,尤驳焉。自荀、扬、庄、列、屈、贾而下,次第等差,略可指数。

译文:

夏、商、周三代兴盛时,圣明君主和贤能之臣世代传承,社会和谐,道德的精义能深入人心,学问之风遍布都市乡野。所以当时狩兔的猎人,汉阳江北游玩的女子,都天性淳朴,善于歌咏,至于伊莘、周召、凡伯、仲山甫这些人,他们精妙的文章,完美的品行,自然没什么可说的。

等到了春秋，君王的恩泽衰竭，道义渐渐荒废，文风也变质。所以孔子看见世人捕获麒麟说："大道要完了啊。"被匡人威胁，就说："古人礼仪要丧失了！"于是他发奋努力，修订六籍，昭示百王订立的法令，警戒世人，让它流芳百世而不更改，用心良苦之至，事业恢宏之至了。

孔子去世后，他的徒弟分布各地，四处奔波，传授提炼他的思想。自此以后，那些聪明敏捷之士，那些见识卓越能编纂著作的人，大都是孔子的徒子徒孙，他们的文章有的醇厚，有的驳杂，这与他们学到的大道有多少密不可分。懂大道越多，其文愈醇厚，孟子就是这样人；懂大道少一点的，文章就驳杂，从荀子、扬雄、庄子、列子、屈原、贾谊之下，文章的高低等级，大致可以对照这个标准列出来。

卷十七 藏锋

近现代 / 齐白石 / 齐白石画集（局部）

一

《扬雄传》云:"君子得时则大行,不得时则龙蛇。"龙蛇者,一曲一直,一伸一屈。如危行,伸也。言孙,即屈也。此诗畏高行之见伤,必言孙以自屈,龙蛇之道也。

译文:

《扬雄传》中说:"君子在遇到好时代时,则力行其道;怀才不遇时,就像龙蛇一样。"龙蛇往往一曲一直,一伸一屈。如保持高洁操守,这是伸。言语谦逊,就是屈。此诗是说害怕行高于世,被伤害,所以言语一定要谦逊,这是保全自己的龙蛇之道啊。

二

诚中形外，根心生色，古来有道之士，其淡雅和润，无不达于面貌。余气象未稍进，岂耆欲有未淡邪？机心有未消邪？当猛省于寸衷，而取验于颜面。

译文：

一个人内心真诚，外表就会表现出来；根植于内心的本性，能表现在神色上，自古以来的有道之士，他的淡雅和润，无不显现在面貌表情之上。我的气象没有什么长进，难道是欲望没有淡化吗？心机没有消失吗？应该在心中猛然自省，那在脸色上就会看出来。

卷十七 藏锋

近现代 / 齐白石 / 春瑅纸鸢图（局部）

三

凡民有血气之性，则翘然而思有以上人。恶卑而就高，恶贫而觊富，恶寂寂而思赫赫之名。此世人之恒情。

而凡民之中有君子人者，率常终身幽默，暗然退藏。彼岂异性？诚见乎其大，而知众人所争者之不足深较也。

自秦汉以来，迄于今日，达官贵人，何可胜数？当其高据势要，雍容进止，自以为才智加人万万。及夫身没观之，彼与当日之厮役贱卒、污行贾竖，营营而生、草草而死者，无以异也。而其间又有功业文学猎浮名者，自以为材智加人万万。及夫身没观之，彼与当日之厮役贱卒、污行贾竖，营营而生、草草而死者，亦无以甚异也。然则今日之处高位而获浮名者，自谓辞晦而居显，泰然自处于高明。曾不知其与眼前之厮役贱卒、污行贾竖之营营者行将同归于澌尽，而毫毛无以少异，岂不哀哉！

译文：

大凡有血性的人，则会油然生出超越他人的念头。讨厌卑微而趋向权势，讨厌贫穷而觊觎富贵，讨厌默默无闻而思慕声名赫赫。这是人之常情。

但人中的君子，通常是终身沉寂，悄然退隐。

难道他们的天性和别人不一样吗？事实上他看得更大更远，深知众人争的名、争的利，是不足以计较的。

从秦汉以来到现在，达官贵人，数不胜数，当身居高位时，他雍容优雅，自认为才智高过千千万万人。当他逝去时再看，他和那些卑贱的士兵，品行不端的商人，营营而生，又草草而死的人，没有什么区别。这里面也有靠功业文章获取浮名之人，也自以为才智在万人之上，等他死去时再看，和那些卑贱的士兵，品行不端的商人，营营而生，又草草而死之人，也没啥区别。既然如此，今天那些身处高位获取虚名的人，那些自以为文章高明获取显赫地位的人，他们都泰然自得的自以为高明，却不明白他们和这些营营而生，又草草而死的人一样，都一同消失殆尽，丝毫没有差别，这难道不悲哀吗？

四

古之英雄，意量恢拓，规模宏远，而其训诫子弟，恒有恭谨厚藏，身体则如鼎之镇。以贵凌物，物不服；以威加人，人不厌。此易达事耳。声乐嬉游，不宜令过。蒲酒渔猎，一切勿为。供用奉身，皆有节度。奇服异器，不宜兴长。又宜数引见佐吏，相见不数，则彼我不亲。不亲，无因得尽人情；人情不尽，复何由知众事也。

数君者，皆雄才大略，有经营四海之志，而其教诫子弟，则约旨卑思，敛抑已甚。

译文：

古代英雄，他们志向和胸怀都非常恢宏广阔，事业成就宏大深远，但他们告诫子孙，一直保持谦恭谨慎，藏起锋芒，身体如鼎一样稳健。以权贵来欺凌万物，万物是不会服气的；用威严来施压于人，人也会不满。这是很容易理解的。声色游乐，不能过度。酗酒赌博、钓鱼打猎，都不要做。穿衣用食要有度，对奇异怪物，不要有太大兴趣。该适宜地多见身边的人，相见次数不多，他们就与我不亲。与我不亲，就无法了解他们的内心思想情感，人情不了解，又怎么能知道众人的事情呢？

不少人，都有雄才大略，有胸怀天下的志向，但他们在教育告诫子弟时，都意简，从卑微处思考，很是收敛。

卷十七 藏锋

近现代 / 齐白石 /　　　　　　　　　　　　　　古树归鸦图（局部）

卷十八　盈虚

近现代 / 齐白石 /　　齐白石画集（局部）

一

尝观《易》之道，察盈虚消息之理，而知人不可无缺陷也。日中则昃，月盈则亏，天有孤虚，地阙东南，未有常全而不缺者。

"剥"也者，"复"之几也，君子以为可喜也。"夬"也者，"姤"之渐也，君子以为可危也。

是故既吉矣，则由吝以趋于凶；既凶矣，则由悔以趋于吉。君子但知有悔耳。悔者，所以守其缺而不敢求全也。小人则时时求全；全者既得，而吝与凶随之矣。众人常缺，而一人常全，天道屈伸之故，岂若是不公乎？

译文：

我曾观察《周易》之道，思考盈虚的道理，知道人不可能没有缺陷。太阳到了正中就会西下，月亮圆了就要缺，天有孤虚，地阙东南，天下并没有十全十美的事物。

《周易》中象征不利的"剥"卦，倒过来就是有好运的"复"卦，君子以为"剥"卦是可喜之事。"夬"卦的气运太盛，已有衰相，"姤"卦就随之而来，所以君子认为"夬"卦暗藏危险。

吉凶悔吝都是不断变化的，吉的运势，往往就会演变为吝，再至凶；凶的境地，也会由悔再至吉。君子只有知道这世上有许多不完美，所以他才忍受缺失而不去求十全十美。小人则时时求全求美；等一切完美了，凶与吝就会随之而来。众人都不完美，而只有极个别人十全十美，这也是因为，天道屈伸转化的缘故，难道真会如此不公平吗？

近现代 / 齐白石 / 山水（局部）

二

天下事焉能尽如人意？古来成大事者，半是天缘凑泊，半是勉强迁就。金陵之克，亦本朝之大勋，千古之大名，全凭天意主张，岂尽关乎人力？

天于大名，吝之惜之，千靡百折，艰难拂乱而后予之。老氏所谓"不敢为天下先"者，即不敢居第一等大名之意。

译文：

天下事怎能事事如意呢？自古以来成就大业的人，一半是天缘机遇，一半是勉强迁就。攻陷南京，也是我朝大功勋，千古之大名，这全凭天意主张，怎么可能完全靠人力能决定呢？

上天对于大功名，是很吝惜的，需历尽千难万险而后才能给予。老子所说的"不敢为天下先"这话，就是不敢居天下第一大功名的意思。

三

弟前岁初进金陵,余屡信多危悚敬戒之辞,亦深知大名之不可强求。

今少荃二年以来屡立奇功,肃清全苏,吾兄弟名望虽减,尚不致身败名裂,便是家门之福。

疲师虽久而朝廷无贬辞,大局无他变,即是吾兄弟之幸。只可畏天知命,不可怨天尤人。所以养身祛病在此,所以持盈保泰亦在此。

译文:

弟弟前年开始围攻金陵,我多次写信给你都是危惧警戒的话,也深知大功名是不能强求的。李鸿章这二年来屡立奇功,肃清整个江苏,我们兄弟名望虽然有所减弱,但还不至于身败名裂,这是家门的福分。

湘军虽然已经疲惫很久,但朝廷也没有说责怪的话,大局也没有其他变化,这就是我们兄弟之幸。只能敬畏上天,懂得天命,不可怨天尤人,养身除病在于此,保持家族兴旺安泰也在于此。

四

谆谆慎守者但有二语,曰"有福不可享尽,有势不可使尽"而已。福不多享,故总以俭字为主,少用仆婢,少花银钱,自然惜福矣;势不多使,则少管闲事,少断是非,无感者亦无怕者,自然悠久矣。

余斟酌再三,非开缺不能回籍。平日则嫌其骤,功成身退,愈急愈好。

译文:

我一再告诫大家要严格遵守的只有两句话,就是"有福不能全部享尽,有权势也不要都使尽"罢了。福气不多享,因此总是以节俭为主,少用仆人奴婢,少花钱,自然就是惜福了;权势也不多使,少管闲事,少论是非,没人谢你,也没人怕你,自然就会活得长久了。

我反复思考,如果不采取开缺的办法,就不能回老家。往常这样做显得太急,如今大功告成,自己退隐得越快越好。

辋川十景图绢本（局部）

全书终